Springer-Lehrbuch

Christian Fichter
(Hrsg.)

Wirtschaftspsychologie für Bachelor

Mit 23 Abbildungen und 24 Tabellen

Herausgeber
Prof. Dr. Christian Fichter
Kalaidos Fachhochschule Schweiz

Zusätzliches Material zu diesem Buch finden Sie auf
http://www.lehrbuch-psychologie.springer.com

ISSN: 0937-7433
Springer Lehrbuch
ISBN 978-3-662-54943-8   ISBN 978-3-662-54944-5 (eBook)
https://doi.org/10.1007/978-3-662-54944-5

Die Deutsche Nationalbibliothek verzeichnet diese Publikation in der Deutschen Nationalbibliografie; detaillierte bibliografische Daten sind im Internet über http://dnb.d-nb.de abrufbar.

Springer
© Springer-Verlag GmbH Deutschland, ein Teil von Springer Nature 2018
Das Werk einschließlich aller seiner Teile ist urheberrechtlich geschützt. Jede Verwertung, die nicht ausdrücklich vom Urheberrechtsgesetz zugelassen ist, bedarf der vorherigen Zustimmung des Verlags. Das gilt insbesondere für Vervielfältigungen, Bearbeitungen, Übersetzungen, Mikroverfilmungen und die Einspeicherung und Verarbeitung in elektronischen Systemen.
Die Wiedergabe von Gebrauchsnamen, Handelsnamen, Warenbezeichnungen usw. in diesem Werk berechtigt auch ohne besondere Kennzeichnung nicht zu der Annahme, dass solche Namen im Sinne der Warenzeichen- und Markenschutz-Gesetzgebung als frei zu betrachten wären und daher von jedermann benutzt werden dürften.
Der Verlag, die Autoren und die Herausgeber gehen davon aus, dass die Angaben und Informationen in diesem Werk zum Zeitpunkt der Veröffentlichung vollständig und korrekt sind. Weder der Verlag noch die Autoren oder die Herausgeber übernehmen, ausdrücklich oder implizit, Gewähr für den Inhalt des Werkes, etwaige Fehler oder Äußerungen. Der Verlag bleibt im Hinblick auf geografische Zuordnungen und Gebietsbezeichnungen in veröffentlichten Karten und Institutionsadressen neutral.

Umschlaggestaltung: deblik Berlin
Einbandabbildung: © .shock/stock.adobe.com

Gedruckt auf säurefreiem und chlorfrei gebleichtem Papier

Springer ist ein Imprint der eingetragenen Gesellschaft Springer-Verlag GmbH, DE und ist Teil von Springer Nature
Die Anschrift der Gesellschaft ist: Heidelberger Platz 3, 14197 Berlin, Germany

Vorwort

Wirtschaftspsychologie hat Hochkonjunktur Sie erfreut sich wachsenden Interesses der Studierenden. Sie ist Thema in den Medien. Sie generiert einen beachtlichen Forschungsoutput und sie etabliert sich in der unternehmerischen Praxis. Endlich, denn Wirtschaftspsychologie ist keine neue Disziplin. Aber seit der Jahrtausendwende hat das Interesse an ihr stark zugenommen. Ein Hauptgrund dafür ist, dass die globale Wirtschaft seither mehrere Krisen durchlief, die psychologische Gründe hatten und die mit den herkömmlichen ökonomischen Modellen nicht erklärt werden konnten. Doch das zunehmende Interesse an Wirtschaftspsychologie nur mit den Lücken der traditionellen Wirtschaftswissenschaft zu erklären, wäre zu kurz gegriffen. Es gibt andere Gründe.

Wirtschaft braucht Psychologie Konsum zum Beispiel lässt sich nur verstehen, wenn man die dahinterliegenden Motive und Entscheidungsprozesse kennt. Dieses Verständnis nützt nicht nur den Anbietern, die mit psychologischem Wissen ihren Absatz erhöhen können, sondern es unterstützt auch mündige Konsumenten dabei, verantwortungsvolle Konsumentscheidungen zu treffen. Ebenso bedeutsam ist psychologisches Wissen für die Arbeit. Solange wir sie nicht ganz den Robotern überlassen, müssen bei der Gestaltung von Arbeit die menschlichen Fähigkeiten und Bedürfnisse berücksichtigt und geeignete Organisationen dafür geschaffen werden. Und damit sich aus Konsum und Arbeit ein fruchtbarer Kreislauf entwickeln kann, sind gesamtwirtschaftliche Rahmenbedingungen unabdingbar, die psychologisches Verständnis erfordern: Ein funktionierendes Währungssystem, Vertrauen der Marktteilnehmer, gesellschaftliche Akzeptanz der Wirtschaft, maßvolle Globalisierung und der nachhaltige Umgang mit Ressourcen, um nur einige zu nennen. Die Gestaltung und Förderung dieser Rahmenbedingungen zum Wohle aller ist ohne psychologische Einsicht undenkbar.

Damit sind bereits die drei zentralen Themenfelder der Wirtschaftspsychologie angesprochen: »Konsum, Markt und Werbung«, »Arbeit, Organisation und Personal« sowie »Geld, Gesellschaft und Entwicklung«. Insbesondere die Arbeits- und Organisationspsychologie ist längst als eigenständige Disziplin etabliert, und in etwas geringerem Maße auch die Konsumpsychologie. Dass diese beiden Bereiche, in Verbindung mit gesamtwirtschaftlichen Betrachtungen, nun vermehrt unter dem gemeinsamen Dach der Wirtschaftspsychologie auftreten, ist ein weiterer Beleg für das allgemein gestiegene Interesse an psychologischen Erklärungen für wirtschaftliches Erleben und Verhalten. Dieses Lehrbuch ist ein Ergebnis dieses Interesses.

Wie jedes Fach, das aus zuvor separaten Disziplinen hervorgegangen ist, verlangt auch die Wirtschaftspsychologie von ihren Studierenden die Bereitschaft, über den Tellerrand hinauszublicken und sich zusätzliches Wissen anzueignen. Sollte dies Ihr Vorhaben sein, so hoffen wir, Ihnen mit diesem Buch eine ebenso zugängliche wie zuverlässige Grundlage anzubieten. Es eignet sich aber nicht nur für das Studium an einer Hochschule, sondern für jeden, der sich für das Funktionieren der Wirtschaft aus psychologischer Perspektive interessiert.

Eine integrale Darstellung der Wirtschaftspsychologie auf überschaubarer Seitenzahl und ohne Ausklammerung wichtiger Themen konnte nur gelingen, weil der Springer-Verlag eine Website für begleitende Materialien zur Verfügung stellt: ▶ http://www.lehrbuch-psychologie.springer.com. Dort finden Sie Webexkurse, welche die Ausführungen in diesem Buch um zusätzliche Aspekte erweitern. Dort finden Sie auch ein Bonuskapitel, das einen kompakten Überblick über die Methoden der Wirtschaftspsychologie bietet.

Ein Lehrbuch muss leicht lesbar sein und darf kein Geschlecht ausschließen. Soll man also zum Beispiel »Wirtschaftspsychologinnen und Wirtschaftspsychologen« schreiben? Die Forschung zu dieser Frage ist unschlüssig. Es könnte sein, dass Geschlechterstereotype so erst recht aktiviert werden. Wir haben uns deshalb am sprachlichen Balanceakt aus Lesbarkeit und Neutralität versucht, im Zweifelsfall aber die leichter lesbare Variante gewählt – in der Hoffnung, dass eine weiterentwickelte Sprache diesen Balanceakt künftig erleichtern wird.

Das Buch beginnt mit einer Einführung, welche zunächst einige wesentliche Begriffe der Psychologie und der Ökonomie umreißt. Anschließend werden die drei Bereiche der Wirtschaftspsychologie überblicksartig dargestellt. Das darauffolgende Kapitel behandelt die Geschichte der Wirtschaftspsychologie. Es dient nicht dem Selbstzweck, sondern zeigt den historischen Hintergrund, vor dem die drei Hauptteile zu »Konsum, Markt und Werbung«, »Arbeit, Organisation und Personal« sowie »Geld, Gesellschaft und Entwicklung« richtig eingeordnet werden können. Zum Schluss wenden wir uns der Frage zu, was Wirtschaftspsychologie kann, was sie darf, und welche (hoffentlich vielversprechenden) Aussichten sie bietet. Wir wünschen Ihnen beim Lesen, Lernen und Anwenden wertvolle Erkenntnisse und gute Unterhaltung!

Ich folge gerne dem ehrenvollen Brauch, an dieser Stelle einigen ausgewählten Personen für ihre Mitwirkung und Unterstützung meine Dankbarkeit auszudrücken. Diese gilt zuallererst meinen Mitarbeiterinnen und Mitarbeitern, die als Autoren Ideenreichtum und Ausdauer unter Beweis gestellt haben. Zusammen mit ihnen darf ich mich über den vorbildlichen verlegerischen Rückhalt durch Herrn Joachim Coch glücklich schätzen, welcher das gemeinsame Vorhaben geduldig und souverän geleitet hat. Frau Judith Danziger danke ich für das zuverlässige Zusammenführen der organisatorischen und formalen Fäden im Hintergrund, und Frau Dr. Marion Sonnenmoser für ihr ebenso rasches wie treffsicheres Lektorat. Ein herzliches Dankeschön geht an das Team des Instituts für Wirtschaftspsychologie der Kalaidos Fachhochschule, das den zur gleichen Zeit stattfindenden Ausbau des Instituts mit sicherer Hand geführt und damit dieses Buch wesentlich gefördert hat. Besondere Erwähnung verdienen unsere Studierenden, die als Testpublikum nicht nur wertvolle Rückmeldungen zu Konzept und Inhalt gegeben haben, sondern mit ihrem überdurchschnittlichen Engagement und Interesse die Autoren und mich der Notwendigkeit dieses Vorhabens versichern konnten. Großer Dank gebührt Dr. Jakob Limacher, der als Rektor der Kalaidos Fachhochschule die Entstehung dieses Buches begrüßt und großzügig unterstützt hat. Zuletzt, aber am wichtigsten: Unschätzbar wertvoll war die emotionale, intellektuelle und praktische Unterstützung durch meine Frau Nicole. Danke!

Christian Fichter
Zürich, im Januar 2018

Inhaltsverzeichnis

1	**Einführung**	1
	Christian Fichter	
1.1	Ein erster Überblick	2
1.1.1	Psychologie	2
1.1.2	Wirtschaft	4
1.1.3	Wirtschaftspsychologie	5
1.2	Geschichte der Wirtschaftspsychologie	9
1.2.1	Das Ziel allen Wirtschaftens	10
1.2.2	Frühgeschichte und Antike: Weisheiten für Haushalt und Handel	10
1.2.3	Mittelalter: Der Handel blüht auf	12
1.2.4	Neuzeit: Die Wirtschaft wird zur Wissenschaft	13
1.2.5	Die Anfänge der Wirtschaftspsychologie	14
1.2.6	Endlich: Die Wirtschaftspsychologie wird begründet	16
	Literatur	26

I Konsum, Markt, Werbung

2	**Konsum**	29
	Christian Fichter, Stefan Ryf und Jörn Basel	
2.1	Konsummotive	29
2.1.1	Warum wir konsumieren	30
2.1.2	Konsummotive: sieben sind genug	32
2.1.3	Von der Produkteigenschaft zum Motiv	34
2.1.4	Bewusste und unbewusste Konsummotive	37
2.1.5	Der Reiz des Einkaufens	37
2.1.6	Die Motivation hinter dem Schenken	39
2.2	Der soziale Kontext beim Konsumieren	40
2.2.1	Gruppen: dazugehören	40
2.2.2	Gruppen: anders sein	41
2.3	Kaufentscheidungen	42
2.3.1	Charakteristika von Kaufentscheidungen	42
2.3.2	Typen von Kaufentscheidungen	43
2.4	Preiswahrnehmung	50
2.4.1	Preisschwellen	50
2.4.2	Paradoxe Preiseffekte	51
2.4.3	Relative Preiswahrnehmung	53
2.4.4	Gebrochene Preise	53
2.4.5	Effekte des Preisimages	54
	Literatur	55
3	**Kunden**	59
	Christian Fichter	
3.1	Kundenorientierung	60
3.1.1	Kundenorientierung wird im Kundenkontakt vermittelt	60
3.1.2	Kundenorientierung erfordert zufriedene, dienstleistungsbereite Mitarbeiter	61
3.1.3	Geschäftsprozesse statt Schlagwörter	61

3.2	**Kundenzufriedenheit**	62
3.2.1	Auslöser von Kundenzufriedenheit	62
3.2.2	Messung von Kundenzufriedenheit	63
3.3	**Kundenbindung**	65
3.3.1	Wie kommt Kundenbindung zustande?	66
3.3.2	Messung, Vorhersage und Förderung von Kundenbindung	67
3.3.3	Kunde und Anbieter: ein hübsches Paar?	67
	Literatur	68
4	**Angebot**	**71**
	Christian Fichter und Stefan Ryf	
4.1	**Produktentwicklung**	71
4.1.1	Innovationskultur in Unternehmen	73
4.1.2	Produktname	73
4.1.3	Produktdesign und Produktverpackung	74
4.2	**Positionierung**	76
4.2.1	Möglichkeiten zur Differenzierung	77
4.2.2	Positionierungsstrategien	77
4.2.3	Positionierungsmodelle	78
4.2.4	Grundnutzen und Zusatznutzen	80
4.3	**Produkt- und Dienstleistungsqualität**	81
4.3.1	Was ist Qualität?	82
4.3.2	Produktqualität	83
4.3.3	Dienstleistungsqualität	83
4.3.4	Messung von Qualität	83
4.3.5	Objektive Qualität	84
	Literatur	85
5	**Marktforschung**	**87**
	Stefan Ryf, Christian Fichter und Jörn Basel	
5.1	**Sekundärmarktforschung**	88
5.1.1	Handelspanels	88
5.1.2	Verbraucherpanels	89
5.2	**Primärmarktforschung**	89
5.2.1	Befragungen	89
5.2.2	Befragungsarten	90
5.2.3	Beobachtung	90
5.2.4	Big Data	91
5.2.5	Blickmessung	91
5.2.6	Physiologische Messungen	92
5.3	**Produkttests**	92
5.3.1	Sensoriktests	93
5.3.2	Andere Formen von Produkttests	94
5.4	**Neuro-Marketing und Neuro-Ökonomie**	94
	Literatur	97
6	**Werbung**	**99**
	Christian Fichter	
6.1	**Funktionen von Werbung**	101
6.1.1	Für Anbieter	101
6.1.2	Für Konsumenten	102

6.2	**Werbewirkungsmodelle**	103
6.2.1	Marktresonanzmodelle	103
6.2.2	Stufenmodelle	104
6.2.3	Zwei-Prozess-Modelle	104
6.3	**Inhaltliche Gestaltung von Werbung**	105
6.3.1	Informative Werbung	106
6.3.2	Emotionale Werbung	107
6.4	**Formale Gestaltung von Werbung**	109
6.4.1	Bilder	109
6.4.2	Schrift	111
6.4.3	Sprache	111
6.4.4	Farbe	112
6.4.5	Musik	112
6.4.6	Abwechslung versus Wiedererkennung	113
6.5	**Messung von Werbewirkung**	113
6.6	**Subliminale Werbung**	114
6.7	**Was darf Werbung?**	115
6.7.1	Gesetze	115
6.7.2	Selbstkontrolle	116
6.7.3	Moral	116
6.8	**Werbeformate**	116
6.8.1	Direktmarketing	117
6.8.2	Word-of-mouth-Marketing	117
6.8.3	Sponsoring	117
6.8.4	Verkaufsförderung	118
6.9	**Werbung im Internet**	118
6.9.1	Targeting	118
6.9.2	Gestaltung von Werbung im Internet	119
6.9.3	Virale Werbung	120
6.10	**Besonderheiten beim Online-Einkauf**	121
6.10.1	Vertrauen	121
6.10.2	Showrooming	121
6.10.3	Rücksendungen	121
6.11	**Image**	122
6.11.1	Die Vereinfachungsfunktion von Images	123
6.11.2	Messung von Images	123
6.11.3	Imageeffekte in Wirtschaft und Politik	123
6.11.4	Nutzung von Images in Werbung und Marketing	125
	Literatur	126

II Arbeit, Organisation, Personal

7	**Arbeit**	**131**
	Christian Fichter	
7.1	**Arbeitsanalyse und Arbeitsgestaltung**	132
7.1.1	Arbeitsanalyse	133
7.1.2	Arbeitsgestaltung	133
7.2	**Arbeitszufriedenheit und Arbeitsmotivation**	136
7.2.1	Messung von Arbeitszufriedenheit	136
7.2.2	Motivation: Warum arbeiten wir?	138

7.3	**Beanspruchung und Stress**	140
7.3.1	Objektive Belastungen, subjektive Beanspruchungen	140
7.3.2	Burnout	141
7.3.3	Umgang mit Belastungen	142
7.3.4	Erholung	142
7.4	**Arbeitssicherheit**	143
7.4.1	Systemsicherheit und Sicherheitskultur	144
7.5	**Gruppenarbeit**	145
7.5.1	Die Wiederentdeckung der Gruppenarbeit	145
7.5.2	Arbeitsgruppen bilden	147
7.5.3	Kritische Würdigung der Gruppenarbeit	147
7.5.4	Teams bilden, Teams entwickeln	148
7.6	**Unternehmertum und Selbstständigkeit**	148
7.6.1	Wer wird Unternehmer?	149
7.6.2	Unternehmertum lernen	150
7.6.3	Gibt es die Unternehmerpersönlichkeit?	150
7.6.4	Unternehmerische Konzepte	150
7.6.5	Kognitive Aspekte von Unternehmertum	151
7.6.6	Motivationale Aspekte von Unternehmertum	152
7.7	**Selbstmanagement**	154
7.7.1	Strukturwandel und Internet machen Selbstmanagement erforderlich	155
7.7.2	Selbstmanagement durch Konditionierung	156
7.7.3	Was bringt Selbstmanagement?	157
7.7.4	Warum wir Zeit schlecht managen	158
	Literatur	160
8	**Organisation**	163
	Christian Fichter, Jörn Basel und Sherin Keller	
8.1	**Organisationskultur und -klima**	163
8.1.1	Organisationskultur	164
8.1.2	Organisationsklima	168
8.1.3	Organisationsdiagnose	169
8.2	**Wandel, Organisationsentwicklung, Change Management**	170
8.2.1	Organisationsentwicklung	171
8.2.2	Change Management	175
8.3	**Führung**	177
8.3.1	Führungsansätze	178
8.3.2	Führungsinstrumente und -modelle	181
8.4	**Wissensmanagement**	183
8.4.1	Wissen bewirtschaften	184
8.4.2	Wissensmanagement: mehr Psychologie als Technik	186
8.4.3	Wissen ist leichter verfügbar, aber schwerer nutzbar	186
8.5	**Partizipation**	187
8.5.1	Partizipation ist überwiegend nützlich – aber nicht nur	189
	Literatur	190
9	**Personal**	193
	Sherin Keller, Christian Fichter und Jörn Basel	
9.1	**Personalauswahl**	194
9.1.1	Arbeits- und Anforderungsanalyse	194
9.1.2	Personalmarketing	195
9.1.3	Berufliche Eignungsdiagnostik	196

9.2	Personalentwicklung	201
9.2.1	Prozess der Personalentwicklung	201
9.2.2	Methoden der Personalentwicklung	204
	Literatur	207

III Geld, Gesellschaft, Entwicklung

10 Finanzpsychologie 211
Felix Schläpfer und Christian Fichter

10.1	Geld	212
10.1.1	Geld und Vertrauen	212
10.1.2	Bedeutung und Verwendung von Geld	212
10.1.3	Geldwert und Geldwahrnehmung	213
10.2	Entscheidungen über Finanzen	214
10.2.1	Präferenzen, Vorstellungen und Entscheidungen	214
10.2.2	Erwartungsnutzentheorie	215
10.2.3	Prospect Theory	215
10.2.4	Weitere Präferenzanomalien	217
10.2.5	Heuristiken bei Finanzentscheidungen	217
10.3	Anlegerverhalten (Behavioral Finance)	218
10.3.1	Übersicht	218
10.3.2	Grenzen der Arbitrage	219
10.3.3	Psychologie der Akteure	221
10.3.4	Anwendung auf Anlegerverhalten	221
10.3.5	Auswirkung auf Aktienkurse	221
10.4	Finanzmarktregulierung	223
10.5	Sparen und Vorsorgen	225
10.5.1	Sparmotive	225
10.5.2	Einfluss von Referenzgruppen auf das Sparverhalten	226
10.5.3	Maßnahmen zugunsten von Sparen und Vorsorge	227
10.6	Lohn	228
10.6.1	Löhne als Marktpreise	229
10.6.2	Persönlichkeitsfaktoren und Lohn	230
10.7	Steuern	231
10.7.1	Begründungen für Umverteilung über Steuern	231
10.7.2	Steuerwahrnehmung	232
10.7.3	Steuerverhalten	233
10.7.4	Unternehmenssteuern	236
10.7.5	Transferleistungen	236
	Literatur	237

11 Gesellschaft 241
Felix Schläpfer und Christian Fichter

11.1	Konjunktur	242
11.1.1	Konjunkturindikatoren	242
11.1.2	Erwartungen	243
11.1.3	Stimmungen	244
11.2	Arbeitslosigkeit	245
11.2.1	Folgen von Arbeitslosigkeit	245
11.2.2	Ursachen von Arbeitslosigkeit	246
11.2.3	Attributionen zu Arbeitslosigkeit	247

11.2.4	Antizipierte Arbeitslosigkeit	247
11.3	**Unbezahlte Arbeit**	**248**
11.3.1	Abgrenzungen und Bedeutung	248
11.3.2	Freiwilligenarbeit und ehrenamtliche Tätigkeit	249
11.4	**Regulierung**	**250**
11.4.1	Soll man Bürger und Konsumenten »stupsen«?	250
11.4.2	Ansätze für Regulierung	251
11.5	**Globalisierung**	**253**
11.5.1	Prozesse der Globalisierung	253
11.5.2	Konsequenzen für die Gesellschaft	254
11.5.3	Zukunft der Globalisierung	255
11.6	**Nachhaltigkeit**	**256**
11.6.1	Problem der Kooperation	257
11.6.2	Verhalten der Hersteller und der Verbraucher	259
11.6.3	Interventionstechniken	259
	Literatur	261
12	**Entwicklung**	**263**
	Felix Schläpfer und Christian Fichter	
12.1	**Entwicklung der Märkte**	**264**
12.1.1	Individuelle und gesellschaftliche Bedingungen für Entwicklung	264
12.1.2	Reaktionen auf Wandel	265
12.2	**Wertewandel**	**266**
12.2.1	Thesen zum Wertewandel	266
12.2.2	Dimensionen des Wertewandels	266
12.2.3	Wandel von Werten – oder Wandel von Umständen?	267
12.3	**Wohlstand und Lebenszufriedenheit**	**268**
12.3.1	Messung von Nutzen in der Wirtschaftswissenschaft	269
12.3.2	Messung von Lebenszufriedenheit und emotionalem Wohlbefinden	270
12.3.3	Einkommen, Status und Lebenszufriedenheit	271
	Literatur	275
13	**Schlussbemerkungen**	**277**
	Christian Fichter, Jörn Basel und Sarah Chiller Glaus	
13.1	**Evidenz statt Esoterik**	**277**
13.2	**Was kann und darf Wirtschaftspsychologie?**	**278**
13.2.1	Wie kann man sich wehren?	281
13.3	**Perspektiven**	**281**
13.3.1	Zur Identität der Wirtschaftspsychologie	281
13.3.2	Wirtschaftspsychologie in Zukunft	282
	Literatur	284
	Serviceteil	**287**
	Stichwortverzeichnis	288

Webexkurse zum Buch

Die Webexkurse finden Sie auf der Webseite zum Lehrbuch unter
http://www.lehrbuch-psychologie.springer.com

Kapitel 1
- Wann spricht man von Wirtschaftspsychologie?

Kapitel 2
- Produktbewertungen im Internet
- Konsumentscheidungen im Haushalt
- Preisgestaltung

Kapitel 4
- Trends und Trendforschung
- Zielgruppen und Kundensegmentierung
- Gibt es die Generationen X, Y, Z, ...?

Kapitel 6
- Die Anfänge der Werbepsychologie

Kapitel 7
- Sichtweisen auf Stress

Kapitel 8
- Konflikt, Moderation, Mediation
- Krisenmanagement und Krisenkommunikation
- Wechselseitige Führung
- Kulturelle Unterschiede und interkulturelle Kompetenz
- Wissenschaft als Mittel zur Wissensüberprüfung in Organisationen

Kapitel 9
- Kosten und Nutzen eignungsdiagnostischer Verfahren
- Coaching
- Leistungsbeurteilung
- Ältere Mitarbeiter

Kapitel 11
- Standortwettbewerb

Kapitel 13
- Wirtschaftspsychologie studieren
- Was und wo arbeiten Wirtschaftspsychologen?
- Informiert und vernetzt bleiben

Die Webexkurse sind mehr als nur Fußnoten: Sie erweitern das Buch um zusätzliche Facetten aus dem breiten Spektrum wirtschaftspsychologischer Themen. Deshalb nehmen einige der Kontrollfragen, die Sie am Ende jedes Kapitels finden, auf Webexkurse Bezug.

Fichter: Wirtschaftspsychologie für Bachelor
Der Wegweiser zu diesem Lehrbuch

Griffregister: zur schnellen Orientierung.

2 Kapitel 2 · Konsum

Lernziele

- Die Motivation hinter dem Konsum verstehen.
- Wissen, inwiefern Produkteigenschaften beim Konsum einem »höheren Zweck« dienen.
- Den Reiz des Einkaufens und die Gründe für das Schenken kennen.
- Kaufsucht erklären können.
- Gruppeneinflüsse auf den Konsum identifizieren und begründen können.
- Verschiedene Arten von Kaufentscheidungen kennen.
- Den Nutzen von Marken für Konsumenten verstehen.
- Eine Strategie gegen Informationsüberfluss beim Einkaufen kennenlernen.
- Die Bedeutung von Preisimages und Preisschwellen verstehen.

Was erwartet mich? Lernziele zeigen, worauf es im Folgenden ankommt.

2.1 Konsummotive

Menschliche **Bedürfnisse sind die Basis** für die Nachfrage an den Märkten.

Am Anfang allen Wirtschaftens stehen die menschlichen **Bedürfnisse** nach Nahrung, nach Wärme, nach Sicherheit; aber auch nach Gesundheit, nach Schönheit, nach Status. Ohne diese Bedürfnisse (und eine ganze Reihe mehr) gäbe es keine **Nachfrage**, gäbe es keinen Markt. Doch für die Nachfrage ist gesorgt: Kaum ist ein Bedürfnis gestillt, meldet sich auch schon ein anderes, das befriedigt werden will.

▶ Definition

Definitionen: Fachbegriffe kurz und knapp erläutert.

> **Definition**
> **Konsummotive** sind zielgerichtete, auf menschlichen Bedürfnissen basierende Antriebe, die bestimmen, ob und was wir kaufen und welche Verhaltensmuster wir dabei zeigen.

Exkurs

Interindividuelle Unterschiede bei Konsummotiven

Wenn Sie es genau wissen wollen: **Exkurse** vertiefen das Wissen.

Warum kauft nicht jeder dasselbe Notebook? Natürlich auch aus finanziellen Gründen. Doch genauso wichtig ist, dass verschiedene Konsumenten verschiedene Konsummotive haben. Diese korrespondieren mit verschiedenen Eigenschaften und Funktionen von Notebooks, wie sie etwa eine Means-End-Kette aufzeigen kann. Manche Notebook-Käufer sind besonders leistungsmotiviert, und verlangen deshalb hohe Rechenleistung.

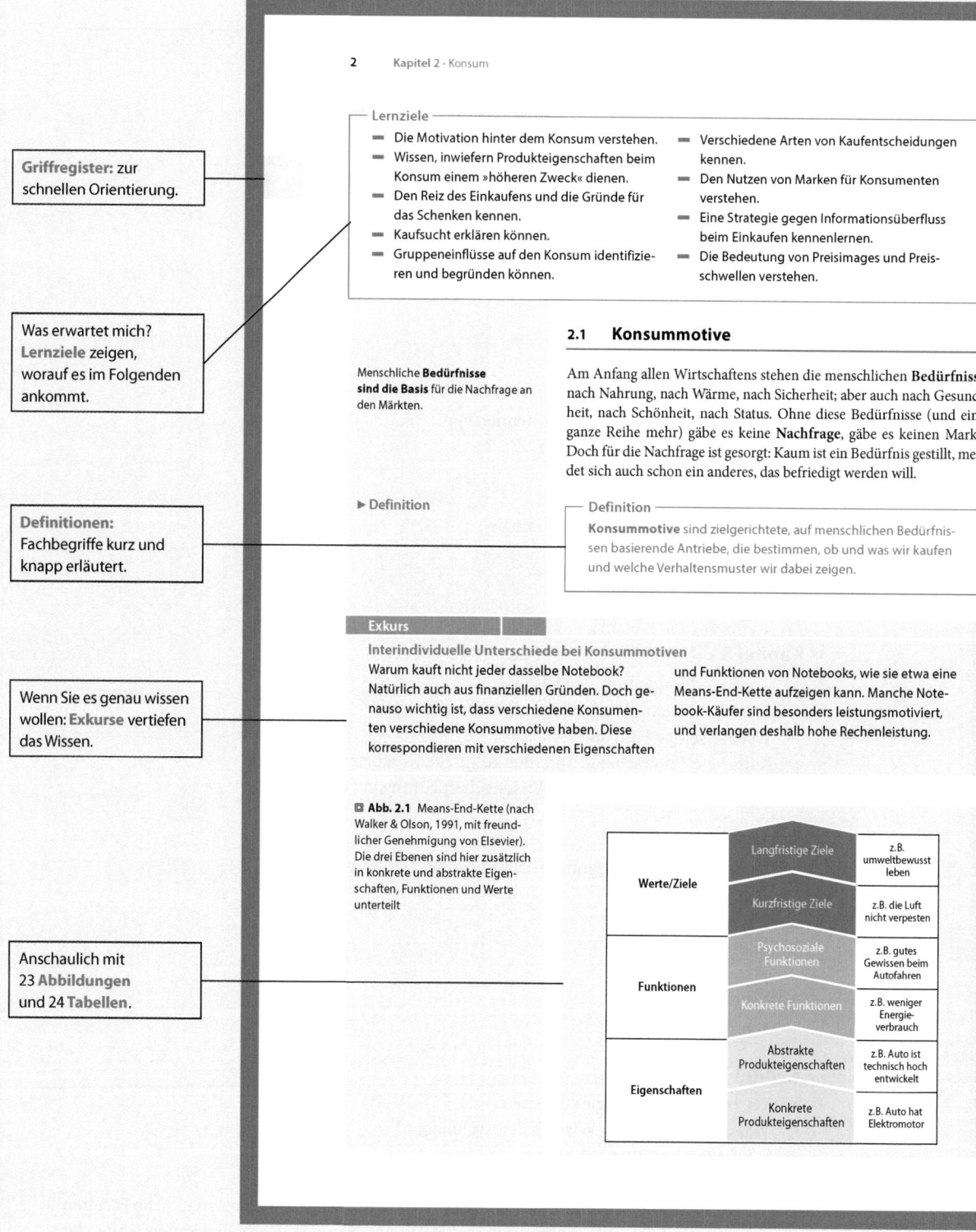

Abb. 2.1 Means-End-Kette (nach Walker & Olson, 1991, mit freundlicher Genehmigung von Elsevier). Die drei Ebenen sind hier zusätzlich in konkrete und abstrakte Eigenschaften, Funktionen und Werte unterteilt

Anschaulich mit 23 **Abbildungen** und 24 **Tabellen**.

- Konsummotive

Tab. 2.1 Beispiel einer Zusammenstellung von Konsummotiven, welche die Breite denkbarer Konsummotive illustriert (nach Raab, Unger & Unger, 2010, S. 217)

Aktivität	Amusement
Ansehen	Behaglichkeit
Besitztum	Durst
Ehrgeiz	Einfluss auf andere

Andererseits gibt es interkulturelle Unterschiede: Ob eine Gesellschaft eher Konformität oder Individualität als wünschenswert erachtet, hängt von den jeweiligen kulturellen Normen ab. Beispielsweise würde die Wahl eines Longdrinks in einem asiatischen Land deutlich homogener ausfallen als in einem europäischen Land, da in Asien Konformität besonders geschätzt wird (Ariely, 2008, S. 277 ff.). Weiter spielt es eine Rolle, welches Produkt gekauft werden soll. Bei bestimmten Produktkategorien suchen Konsumenten die Konformität zu Bezugspersonen, bei anderen hingegen nicht. Gerade bei technischen Produkten orientieren sich viele an der Mehrheitsmeinung, wie sie etwa in Online-Bewertungssystemen vermittelt wird (▶ Webexkurs »Produktbewertungen im Internet«).

Kulturelle Normen, etwa Kollektivismus oder Individualismus, wirken sich stark auf das Konsumverhalten aus.

Je nach **Produktkategorie** suchen Konsumenten **mehr oder weniger** Konformität.

⊕ Webexkurs
»Produktbewertungen im Internet«

Beispiel

Ein weiteres Beispiel für die Grenzen der Arbitrage lieferte ein Investmentfonds mit dem Börsenkürzel »CUBA« (Thaler, 2015). Der Fonds umfasste zu 69% US-Aktien und ansonsten ausländische Aktien (aber keinerlei Aktien oder sonstige Wertschriften aus Kuba) und wurde vor dem 17. Dezember 2014 zu einem Kurs gehandelt, der etwa 10% unter dem »Net asset value« (Inventarwert des Fonds) lag. Am 18. Dezember 2014 kündigte US-Präsident Obama die Normalisierung der diplomatischen Beziehungen zu Kuba an. Der Kurs des Fonds stieg in den folgenden Tagen um über 70%. Er sank zwar anschließend wieder, bewegte sich aber auch Monate später noch weit über dem Inventarwert.

Studie

Aktive Portfoliowahl in der schwedischen Sozialversicherung (Cronqvist & Thaler, 2004)

Im Jahr 2000 wurde in Schweden eine Teilprivatisierung des Sozialversicherungssystems durchgeführt. Den Versicherten wurde die Möglichkeit gegeben, aus 456 Fonds selbst auszuwählen, in welchen Fonds (maximal fünf) sie ihre Sozialversicherungsbeiträge anlegen wollten. Für alle Versicherten, die den Anlageentscheid nicht selbst tätigen wollten, wurde ein sorgfältig ausgewählter Fonds als Standard vorgegeben.

❓ Kontrollfragen

1. Auf welche sieben Konsummotive lassen sich die meisten Konsumbedürfnisse zurückführen?
2. Beschreiben Sie eine Means-End-Kette beim Autokauf.
3. Warum schenken Menschen?
4. Inwiefern hat Konsum soziale Funktionen? Unter welchen Bedingungen treten diese zutage?
5. In welche Phasen lassen sich Kaufentscheidungen unterteilen?
6. Was sind Marktüberzeugungen?

▶ Weiterführende Literatur

Felser, G. (2015). *Werbe- und Konsumentenpsychologie* (4. Aufl.). Berlin: Springer.
Kroeber-Riel, W., & Gröppel-Klein, A. (2013). *Konsumentenverhalten* (10. Aufl.). München: Vahlen.

Autorenverzeichnis

Dr. Jörn Basel
Kalaidos Fachhochschule
Institut für Wirtschaftspsychologie
Jungholzstrasse 43
8050 Zürich, Schweiz
joern.basel@kalaidos-fh.ch

Prof. Dr. Sarah Chiller Glaus
Kalaidos Fachhochschule
Institut für Wirtschaftspsychologie
Jungholzstrasse 43
8050 Zürich, Schweiz
sarah.chiller@kalaidos-fh.ch

Sherin Keller, MSc
Kalaidos Fachhochschule
Institut für Wirtschaftspsychologie
Jungholzstrasse 43
8050 Zürich, Schweiz
sherin.keller@kalaidos-fh.ch

Dr. Stefan Ryf
Kalaidos Fachhochschule
Institut für Wirtschaftspsychologie
Jungholzstrasse 43
8050 Zürich, Schweiz
stefan.ryf@kalaidos-fh.ch

Prof. Dr. Felix Schläpfer
Kalaidos Fachhochschule
Institut für Wirtschaftspsychologie
Jungholzstrasse 43
8050 Zürich, Schweiz
felix.schlaepfer@kalaidos-fh.ch

Prof. Dr. Christian Fichter
Kalaidos Fachhochschule
Institut für Wirtschaftspsychologie
Jungholzstrasse 43
8050 Zürich, Schweiz
christian.fichter@kalaidos-fh.ch

Lernmaterialien zum Lehrbuch
Wirtschaftspsychologie für Bachelor im Internet –
www.lehrbuch-psychologie.springer.com

- **Alles für die Lehre – fertig zum Download: Foliensätze, Abbildungen** und **Tabellen** für Dozentinnen und Dozenten zum Download
- Zum Vertiefen: Zahlreiche **Webexkurse** und ein **Bonuskapitel** »Methodischer Rahmen der Wirtschaftspsychologie«
- Schnelles Nachschlagen: **Glossar** mit zahlreichen Fachbegriffen
- **Karteikarten, Verständnisfragen und Antworten:** Prüfen Sie Ihr Wissen
- Aktualisierte **Literaturhinweise**
- Wirtschaftspsychologisch relevante **Websites, Youtube-Kanäle und Blogs**
- **Lernforum** zur Wirtschaftspsychologie unter https://www.facebook.com/wirtschaftspsychologiefuerbachelor zum Austausch mit anderen Leserinnen und Lesern und den Autorinnen und Autoren dieses Buchs

Weitere Websites unter www.lehrbuch-psychologie.springer.com

- Zusammenfassungen der Kapitel
- Glossar: Im Web nachschlagen
- Karteikarten: Fachbegriffe pauken
- Kontrollfragen & Antworten zur Prüfungsvorbereitung
- Dozentenmaterialien: Foliensätze, Abbildungen und Tabellen

- Deutsch-englisches Glossar mit zahlreichen Fachbegriffen
- Karteikarten: Fachbegriffe pauken
- Kommentierte Linksammlung
- Kleine Phraseologie des Business-Neusprech
- Dozentenmaterialien: Abbildungen und Tabellen

- Lernziele der 12 Buchkapitel
- Glossar der wichtigsten Fachbegriffe
- Karteikarten und Verständnisfragen mit Antworthinweisen
- Hörbeiträge aller Kapitel kostenlos zum Download
- Dozentenmaterialien: Vorlesungsfolien, Abbildungen, Tabellen

- Glossar mit zahlreichen Fachbegriffen
- Karteikarten: Überprüfen Sie Ihr Wissen
- Kapitelzusammenfassungen
- Prüfungsfragen & Antworten: Üben Sie für die Prüfung
- Dozentenmaterialien: Abbildungen und Tabellen

- Verständnisfragen und Antworten
- Glossar mit zahlreichen Fachbegriffen
- Karteikarten
- Kapitelzusammenfassungen
- Dozentenmaterialien: Folien, Abbildungen und Tabellen

- Vollständige Kapitel im MP3-Format zum kostenlosen Download
- Karteikarten: Prüfen Sie Ihr Wissen
- Glossar mit über 100 Fachbegriffen
- Kontrollfragen und Antworten
- Foliensätze sowie Tabellen und Abbildungen für Dozentinnen und Dozenten zum Download

Einfach lesen, hören, lernen im Web – ganz ohne Registrierung!
Fragen? redaktion@lehrbuch-psychologie.de

1 Einführung

Christian Fichter

1.1 Ein erster Überblick – 2
1.1.1 Psychologie – 2
1.1.2 Wirtschaft – 4
1.1.3 Wirtschaftspsychologie – 5

1.2 Geschichte der Wirtschaftspsychologie – 9
1.2.1 Das Ziel allen Wirtschaftens – 10
1.2.2 Frühgeschichte und Antike: Weisheiten für Haushalt und Handel – 10
1.2.3 Mittelalter: Der Handel blüht auf – 12
1.2.4 Neuzeit: Die Wirtschaft wird zur Wissenschaft – 13
1.2.5 Die Anfänge der Wirtschaftspsychologie – 14
1.2.6 Endlich: Die Wirtschaftspsychologie wird begründet – 16

Literatur – 26

© Springer-Verlag GmbH Deutschland 2018
C. Fichter (Hrsg.), *Wirtschaftspsychologie für Bachelor*
https://doi.org/10.1007/978-3-662-54944-5_1

Als der ehemalige deutsche Bundeskanzler Ludwig Erhard (immerhin der Vater des deutschen Wirtschaftswunders) sagte, dass fünfzig Prozent der Wirtschaft Psychologie seien, befand sich die Wirtschaftspsychologie im Dornröschenschlaf. Zu dieser Zeit (Mitte des 20. Jh.) war es höchst unorthodox, Psychologie und Wirtschaft nur schon im selben Atemzug zu nennen. Es entsprach einfach nicht dem damaligen Weltbild. Doch das Weltbild hat sich geändert.

Inzwischen ist klar: Ohne Psychologie kann man die Wirtschaft nicht verstehen. Denn wirtschaftliches Handeln ist Teil der menschlichen Natur. Es ist nicht erst einige dutzende oder hunderte Jahre alt, sondern zehntausende, denn Teilen, Tauschen und Handel treiben haben sich im Laufe der Menschheitsgeschichte herausgebildet und bewährt. Wirtschaft – das ist nichts anderes als ein Ensemble nützlicher Verhaltensweisen, die einen effizienten Umgang mit Zeit, Energie und überlebenswichtigen Ressourcen ermöglichen. Wer diese Verhaltensweisen verstehen will, braucht Psychologie. Ob beim Konsumieren, beim Arbeiten, beim Sparen oder bei irgendeinem anderen wirtschaftlichen Vorgang: Praktisch immer ist eine psychologische Betrachtungsweise hilfreich oder gar unabdingbar.

> **Definition**
> **Wirtschaftspsychologie** befasst sich mit dem Erleben und Verhalten des Menschen beim wirtschaftlichen Handeln.

▶ Definition
Wirtschaftspsychologie

1.1 Ein erster Überblick

Lernziele

- Die wichtigsten Disziplinen der Psychologie kennen und wissen, womit sich diese befassen.
- Betriebswirtschaftslehre und Volkswirtschaftslehre unterscheiden können.
- Erklären können, weshalb das Zusammenspiel von Wirtschaft und Psychologie bedeutsam ist.
- Die zentralen Themenfelder der Wirtschaftspsychologie überblicken.

Wirtschaftspsychologen befassen sich mit Menschen, mit der Wirtschaft und mit dem Zusammenspiel von beidem. Das ist eine ganze Menge, und man könnte leicht die Orientierung verlieren. Deshalb beginnen wir mit einem Überblick über einige zentrale Stichwörter der Psychologie, der Ökonomie und der Wirtschaftspsychologie. Die so gewonnene Perspektive wird es uns erlauben, die vertiefenden Darstellungen in den übrigen Kapiteln im Gesamtzusammenhang zu sehen.

1.1.1 Psychologie

Menschen finden sich selber sehr interessant. Das ist keine Selbstverständlichkeit: Es setzt voraus, sich seiner selbst bewusst zu sein. Nur wenige andere Arten haben diese Fähigkeit, und wenn, dann limitiert. Aus dem menschlichen Interesse am eigenen Funktionieren entstand letzten Endes die Psychologie. Diese besteht inzwischen aus einigen Haupt- und mehreren Nebendisziplinen.

Allgemeine Psychologie

Allgemeine Psychologie umfasst Aspekte des menschlichen Erlebens und Verhaltens, die allen Menschen gemein sind.

Die Allgemeine Psychologie umfasst die **Grundlagen des menschlichen Erlebens und Verhaltens,** die alle Menschen betreffen. Dazu gehört zu allererst der Körper, denn ohne Körper gibt es keinen Geist. Dazu gehören auch die Sinne, mit denen Menschen ihre Umwelt wahrnehmen und angemessen auf deren Reize reagieren können. Diese Reize werden vom menschlichen Gehirn verarbeitet und mit inneren Sollwerten verglichen. So entstehen Gefühle und Antriebe, von denen die wichtigsten mithilfe des Denkens verfolgt und umgesetzt werden. Dieser Prozess wiederholt sich, so dass Menschen mit der Zeit immer mehr können und immer mehr wissen.

Sozialpsychologie

Sozialpsychologie befasst sich mit dem menschlichen Erleben und Verhalten in Bezug auf die soziale Umgebung.

Die Sozialpsychologie befasst sich in erster Linie mit dem menschlichen **Erleben und Verhalten in Bezug auf die soziale Umgebung.** Menschen sind aufeinander angewiesen, deshalb unterstützen sie sich und helfen einander, so gut es geht. Dazu schließen sie sich zu Gruppen zusammen und gehen Freundschaften und Paarbindungen ein. An all diesen Vorgängen sind ebenso interessante wie vielschichtige Prozesse beteiligt: Menschen nehmen sich gegenseitig mit feinen Sinnen wahr. Oft ordnen sie diese Wahrnehmungen in vereinfachende, manchmal zu negative Kategorien. Aus den Regeln und Normen ihrer Gruppe lernen Menschen viel Nützliches. Zugleich zeigen sie den Anderen und sich selber, dass sie dazugehören. Mit der Zeit bilden sie aus Wahrnehmungen, Normen und Lernerfahrungen eigene Meinungen über ihre

Umwelt. Oft versuchen sie dann, andere von ihren Meinungen zu überzeugen – manchmal auch mit Gewalt. Überhaupt geht es beim Zusammenleben nicht immer ganz harmonisch zu – auch, weil in unserer Welt Milch und Honig nicht einfach so fließen. So kommt es im Wettstreit um Ressourcen zu Situationen, die Kooperation erfordern, die aber zugleich für Ausbeutung anfällig sind. Wenn Sie in diesen Ausführungen elementares Wissen für Wirtschaftspsychologen vermuten, so liegen Sie richtig: Die Sozialpsychologie gilt als Fundament der Wirtschaftspsychologie.

Persönlichkeitspsychologie

Die Allgemeine Psychologie und die Sozialpsychologie sehen der Einfachheit halber meist über persönliche Unterschiede hinweg. Doch jeder weiß: **Menschen haben unterschiedliche psychologische Eigenschaften.** Dies ist das Thema der Persönlichkeitspsychologie. Im Laufe der Zeit entwickelten sich unterschiedliche Vorstellungen darüber, wie Persönlichkeitseigenschaften erklärt werden können. Inzwischen ist man sich weitgehend einig, welche charakterlichen Eigenschaften für Menschen typisch sind und wie diese gemessen werden können. Doch neben den Charaktereigenschaften unterscheiden sich Menschen auch in ihren kognitiven Fähigkeiten und in so profanen Dingen wie ihrem Aussehen. Es mag unfair erscheinen, dass sich Unterschiede in diesen Bereichen – für die man ja nichts kann – auf das ganze Leben auswirken, auch auf das Berufsleben. Doch damit ist das letzte Wort nicht gesprochen: Was Menschen nämlich glücklich macht (was ein Ziel der meisten Menschen sein dürfte), hängt von viel mehr ab als von bloßer Rechenleistung und von Oberflächlichkeiten (▶ Abschn. 12.3).

> Persönlichkeitspsychologie befasst sich mit den **psychologischen Unterschieden zwischen den Menschen.**

Weitere psychologische Disziplinen

Mit Wissen über Allgemeine Psychologie, Sozialpsychologie und Persönlichkeitspsychologie lässt sich in der Wirtschaftspsychologie schon ziemlich viel anfangen. Aber auch die anderen psychologischen Disziplinen offenbaren für wirtschaftspsychologische Betrachtungen bedeutsame Zusammenhänge. Zum Beispiel zeigt die **Entwicklungspsychologie** nicht nur, wie sich Kinder entwickeln, sondern dass sich die menschliche Entwicklung über die gesamte Lebensspanne zieht. Diese Erkenntnisse müssen von Wirtschaftspsychologen bei der Gestaltung von Arbeit ebenso wie bei der Gestaltung von Konsumgütern oder finanziellen Anlagen berücksichtigt werden. Ebenso sollten sie berücksichtigen, dass man menschliches Erleben und Verhalten nicht vollständig anhand abstrakter, geistiger Begriffe erklären kann, sondern dass dazu der Körper, das Gehirn und die sich darin abspielenden physikalischen und chemischen Prozesse Berücksichtigung finden müssen. Diese sind Gegenstand der **Biologischen Psychologie**. Über die Entstehung all dieser physiologischen und psychologischen Eigenschaften im Laufe der Entwicklungsgeschichte gibt die **Evolutionäre Psychologie** Auskunft. Sie basiert auf einer der wichtigsten Einsichten der Wissenschaft überhaupt: dass sich alles Leben stets optimal an seine Umwelt anzupassen versucht. Die Konsequenzen dieser Einsicht für die Wirtschaftspsychologie sind so weitreichend, dass sie bisher erst in Umrissen erkennbar sind. (Ein Beispiel dafür ist die menschliche Präferenz für Süßes, Fettiges und Salziges, auf welcher der Erfolg von Schokolade,

> Es gibt eine ganze Reihe **weiterer Disziplinen innerhalb der Psychologie,** die für wirtschaftspsychologische Betrachtungen interessant sind.

Pizza und Chips beruht.) Daneben gibt es eine Reihe von anwendungsorientierten Teildisziplinen, die sich unter dem Oberbegriff **Angewandte Psychologie** subsumieren lassen, insbesondere **Pädagogische Psychologie, Medienpsychologie, Klinische Psychologie, Rechtspsychologie, Sportpsychologie** oder **Verkehrspsychologie**. Aufgrund ihrer hohen Anwendungsorientierung lässt sich auch die Wirtschaftspsychologie als Teil der Angewandten Psychologie verstehen.

Mehr zur Einordnung der Wirtschaftspsychologie finden Sie im ▶ Webexkurs »Wann spricht man von Wirtschaftspsychologie?«.

> Webexkurs
> »Wann spricht man von Wirtschaftspsychologie?«

1.1.2 Wirtschaft

Wer die Wirtschaft verstehen will, braucht Kenntnisse der Psychologie. Aber es ist für Wirtschaftspsychologen unabdingbar, auch die Grundbegriffe der Ökonomie zu verstehen. Studierenden der Wirtschaftspsychologie ist deshalb zu empfehlen, sich die entsprechenden Grundkenntnisse der Ökonomie und ihrer Teilbereiche Betriebs- und Volkswirtschaftslehre anzueignen.

Die Begriffe »Ökonomie« und »Wirtschaft« werden nicht immer einheitlich verwendet. Oft ist aber mit »Wirtschaft« das wirtschaftliche System gemeint und mit »Ökonomie« Lehre und Forschung dazu. In unserem Zusammenhang ist vor allem die Unterscheidung der Ökonomie in Betriebs- und Volkswirtschaftslehre von Bedeutung. Diese beiden Disziplinen werden z. B. an den Hochschulen unterrichtet und bieten das traditionelle Handwerkzeug zur Gestaltung der Wirtschaft, auf betrieblicher oder gesamtwirtschaftlicher Ebene.

Betriebswirtschaftslehre (BWL)

Die Betriebswirtschaftslehre befasst sich mit den ökonomischen Prozessen aus der Perspektive der einzelnen Betriebe. Wichtige Themen der BWL sind z. B. **Produktion, strategische Unternehmensführung** und **Finanzen**. Dabei ergeben sich je nach Unternehmensmodell und Unternehmensgröße ganz unterschiedliche Notwendigkeiten. Die Betriebswirtschaftslehre befasst sich auch mit Fragen zu Organisation, Marketing oder Personal. Ein Blick ins Inhaltsverzeichnis dieses Buches zeigt, dass es insbesondere (aber nicht nur) in diesen Bereichen sinnvolle Verbindungen zwischen BWL und Wirtschaftspsychologie gibt.

Volkswirtschaftslehre (VWL)

Die Volkswirtschaftslehre abstrahiert von den Strukturen und Prozessen innerhalb der einzelnen Betriebe. Sie untersucht das Verhalten von Wirtschaftssubjekten wie Haushalten und Unternehmen sowie deren Interaktion auf Märkten (**Mikroökonomik**). Sie analysiert auch die Rolle des Staates in der Wirtschaft und widmet sich Themen, die für die Gesellschaft als Ganzes von Bedeutung sind, etwa der gesamtwirtschaftlichen Leistung, der Konjunktur, der Geldpolitik oder der Arbeitslosigkeit (**Makroökonomik**). Besondere Bedeutung kommt auch der Analyse der **Außenwirtschaft** zu, gerade im Lichte der zunehmend kontrovers diskutierten Globalisierung (▶ Abschn. 11.5).

1.1.3 Wirtschaftspsychologie

Das zentrale **Postulat der Wirtschaftspsychologie** lässt sich in einer Kurzformel zusammenfassen: »Wirtschaft wird von Menschen gemacht.« Damit ist gemeint, dass es »die Wirtschaft« nur deshalb gibt, weil Menschen zu einem System gemeinschaftlich organisierter Austauschprozesse gefunden haben, die ihnen das Überleben in einer Welt knapper Ressourcen erleichtern. Die psychologischen Aspekte dieser Austauschprozesse werden in diesem Buch in drei Teilen dargelegt: zunächst aus der Perspektive des **Verbrauchs** der ausgetauschten Güter (▶ Sektion I), dann aus der Perspektive ihrer **Herstellung** (▶ Sektion II) und schließlich im Hinblick auf gesamtwirtschaftliche **Rahmenbedingungen**, gesellschaftliche Faktoren und deren Entwicklung (▶ Sektion III).

> Wirtschaft wird **von Menschen gemacht.**

Konsum, Markt, Werbung (Sektion I)

Wären die Menschen wunschlos glücklich, so gäbe es die Wirtschaft nicht. Aber sie sind es nicht: Sie haben Hunger, daher wollen sie Nahrung. Ihnen ist kalt, daher wollen sie Kleider. Sie sind neugierig, also wollen sie Informationen. Und sie langweilen sich, deshalb suchen sie Unterhaltung. Solche menschlichen **Bedürfnisse bilden die Basis allen Wirtschaftens** (▶ Abschn. 2.1).

> Die menschlichen Bedürfnisse sind die **Basis allen Wirtschaftens.**

Nun geben sich Menschen aber nicht mit irgendwelcher Nahrung oder irgendwelcher Kleidung zufrieden, sondern sie streben nach optimaler Versorgung. Für viele Konsumenten ist das gleichbedeutend mit »mehr« und »besser«. Manche haben aber andere Einstellungen zum Konsum, sie entscheiden sich daher bewusst für fair und umweltschonend hergestellte Güter. Solchen Kaufentscheidungen geht eine intensive Informationssuche voraus, aber andere fallen spontan. Manches wird auch aus Gewohnheit gekauft (▶ Abschn. 2.3). Letzteres wünschen sich natürlich die Anbieter von Gütern, so dass diese immer und immer wieder gekauft werden. Deshalb orientieren sich die Hersteller an den Bedürfnissen der Konsumenten und versuchen, diese durch hohe Qualität (▶ Abschn. 4.3) zufriedenzustellen – in der Hoffnung, sich so deren Treue zu sichern (▶ Abschn. 3.1).

> Konsumenten haben **spezifische Konsumwünsche.**
>
> Die Hersteller **richten ihr Angebot entsprechend aus.**

Woher aber wissen die Menschen, welche Güter sie gut finden sollen? Konsumieren sie vielleicht manchmal Güter, die qualitativ minderwertig oder eigentlich zu teuer sind? Ja, denn Konsum hat **nicht nur eine reine Nutzenfunktion,** sondern dient auch dazu, Identität auszudrücken, Zugehörigkeit zu erleben und sich von anderen abzugrenzen (▶ Abschn. 2.2 und ▶ Abschn. 4.2). Das wissen die Hersteller von Gütern, deshalb achten sie bei der Produktentwicklung nicht nur auf Merkmale wie Qualität und Preis, sondern auch auf Zusatzwerte, die sich vermarkten lassen (▶ Abschn. 4.1).

Um zu erfahren, welche Merkmale Güter haben müssen, damit sie sich gut verkaufen, werden im Rahmen der Marktforschung (▶ Kap. 5) aufwendige Studien durchgeführt. Dabei zeigt sich immer wieder, dass der Verkaufserfolg nicht nur vom eigentlichen Produkt abhängt, sondern auch davon, wie es von den Konsumenten wahrgenommen wird (▶ Abschn. 6.11). Deshalb machen die Anbieter mit Werbung auf sich aufmerksam – manchmal mit mehr, manchmal mit weniger Wirkung (▶ Kap. 6); manchmal auch mit falschen Versprechungen, vor denen man die Konsumenten schützen muss. Deshalb stellt sich die

Frage: Was darf Werbung? (▶ Abschn. 6.7). Ob sich am Ende Anbieter und Konsument einig werden, hängt also von vielen verschiedenen Faktoren ab – nicht zuletzt auch vom Preis eines Produktes, oder besser: von seiner subjektiv wahrgenommenen Höhe (▶ Abschn. 2.4).

Arbeit, Organisation, Personal (Sektion II)

Um ihre **Bedürfnisse befriedigen** zu können, **arbeiten** die Menschen.
Dazu **finden sie sich in Organisationen** zusammen.

Nun liegen aber die Güter, die sich Menschen zur Befriedigung ihrer Bedürfnisse wünschen, nicht einfach so herum. **Fast alles außer Luft ist knapp** und muss entweder gesammelt, angebaut oder fabriziert werden. Zu diesem Zweck haben Menschen Einrichtungen geschaffen, in denen sie die nachgefragten Güter durch Arbeit herstellen können. Arbeit ist anstrengend, denn sie erfordert Zeit, Energie und Überlegung. Deshalb bekommt man Geld dafür und kann dieses wiederum für den Kauf der fabrizierten Güter verwenden. So schließt sich der wirtschaftliche Kreislauf.

Die Wirtschaft **wandelt sich**, und mit ihr **die Arbeit**.

Es ist kein Zufall, dass sich die ersten Schriften der Wirtschaftspsychologie mit Arbeit befassten, denn die Menschen verbringen sehr viel Zeit damit (▶ Kap. 7). Früher war Arbeit meist körperlich anstrengend und auf dem Feld, beim Handwerk oder in Fabriken oft sogar gefährlich. Das hat sich gewandelt: Viele Arbeitstätige verbringen ihre Zeit im Büro und sitzen den ganzen Tag am Computer. Muskelkraft wird immer mehr durch Maschinen abgelöst, daher wird sie auf dem Arbeitsmarkt weniger nachgefragt und weniger hoch bezahlt – was manchem falsch erscheinen mag. Aber auch Wissensarbeiter leisten vollen Einsatz: Sie investieren viel Zeit und Geld in Aus- und Weiterbildung, riskieren körperliche Schäden durch zu wenig Bewegung und sind großen psychischen Belastungen ausgesetzt. Kein Wunder, dass Arbeitsanalyse und Arbeitsgestaltung (▶ Abschn. 7.1), Beanspruchung und Stress (▶ Abschn. 7.3) sowie Arbeitssicherheit (▶ Abschn. 7.4) wichtige Themen der Arbeitspsychologie sind, ebenso wie Arbeitszufriedenheit und Arbeitsmotivation (▶ Abschn. 7.2).

Menschen sind zur Arbeit **motiviert**.

Obwohl Arbeit anstrengend ist, sind die meisten Menschen von sich aus dazu motiviert. Dies zeigt sich beispielsweise daran, dass viele Menschen freiwillig arbeiten und dass Arbeitslosigkeit belastend ist – unter anderem, weil dann der Kontakt zu den Kollegen abreißt, mit denen man zusammengearbeitet hat (▶ Abschn. 7.5). Arbeit bietet Gelegenheit, innovativ und kreativ zu sein und dadurch die Erfahrung von Selbstwirksamkeit zu machen. In besonderem Maß gilt dies für diejenigen, die sich an Unternehmertum und Selbstständigkeit (▶ Abschn. 7.6) wagen. Dazu ist neben Motivation, Fachwissen und gutem Selbstmanagement (▶ Abschn. 7.7) auch die Bereitschaft erforderlich, eine Organisation (▶ Kap. 8) aufzubauen, die sich zur Umsetzung der Geschäftsidee eignet.

Unternehmen sollten **gut organisiert sein**.

Organisationen **lassen sich entwickeln**.

Im Idealfall floriert das Geschäft. Dann wächst die Organisation und muss sich anpassen, wobei die Organisationsentwicklung (▶ Abschn. 8.2.1) hilft. Auch das Wissen wächst und muss erhalten werden (▶ Abschn. 8.4). Immer neue Herausforderungen ergeben sich, etwa bei der interkulturellen Kommunikation (▶ Webexkurs »Kulturelle Unterschiede und interkulturelle Kompetenz«) oder wenn es gilt, Konflikte zu schlichten (▶ Webexkurs »Konflikt, Moderation, Mediation«). Und natürlich werden, wo gearbeitet wird, auch Fehler gemacht. Zwar bemühen sich alle, die an der Unternehmung beteiligt sind (▶ Abschn. 8.5), die Arbeit so zu gestalten, dass die Arbeitssicherheit (▶ Abschn. 7.4) gewährleistet ist. Dennoch kann es zu größeren oder kleineren Krisen

🌐 Webexkurs »Kulturelle Unterschiede und interkulturelle Kompetenz«

🌐 Webexkurs »Konflikt, Moderation, Mediation«

kommen, die bewältigt werden müssen (▶ Webexkurs »Krisenmanagement und Krisenkommunikation«), etwa, wenn bei einer Pharmafirma ein Fass mit Chemikalien umkippt oder in einer Großbäckerei die Hausmaus in die Teigmaschine gerät.

Es ist die Aufgabe der Führung (▶ Abschn. 8.3), eine Organisation für all diese Herausforderungen fit zu machen. Dazu gehört auch ein Klima der Wertschätzung, Offenheit und Angstfreiheit unter den Mitarbeitern (▶ Abschn. 8.1). Doch selbst in einem guten Klima kommen Mitarbeiter oder Führungskräfte manchmal an ihre persönlichen Grenzen. Dann kann Coaching (▶ Webexkurs »Coaching«) helfen, diese neu auszuloten. Das Wichtigste im Betrieb ist sowieso das richtige Personal (▶ Kap. 9). Deshalb müssen Mitarbeiter sorgfältig ausgewählt und beurteilt werden (▶ Webexkurs »Leistungsbeurteilung«). Stimmen die Leistungen, so sollten Mitarbeiter die Möglichkeit haben, sich weiterzuentwickeln. Dies bedingt Investitionen in die Personalentwicklung (▶ Abschn. 9.2). Davon profitieren nicht zuletzt auch ältere Mitarbeiter (▶ Webexkurs »Ältere Mitarbeiter«), von denen es in westlichen Gesellschaften aufgrund der demografischen Entwicklung künftig mehr geben wird.

> **Webexkurs »Krisenmanagement und Krisenkommunikation«**
> Organisationen sollten **gut geführt werden.**

> **Webexkurs »Coaching«**

> **Webexkurs »Leistungsbeurteilung«**

> **Webexkurs »Ältere Mitarbeiter«**

Geld, Gesellschaft, Entwicklung (Sektion III)

Die beiden Teilgebiete »Markt, Konsum und Werbung« sowie »Arbeit, Organisation und Personal« betreffen mikroökonomische Prozesse: Sie haben einen vergleichsweise schmalen Fokus, bei dem die einzelnen Marktteilnehmer im Zentrum stehen. Doch **Psychologie spielt auch bei makroökonomischen Themen eine wichtige Rolle**, etwa beim Geld, bei der gesellschaftlichen Einbettung der Wirtschaft und allgemein bei ökonomischen Zusammenhängen, die einen größeren Betrachtungsmaßstab erfordern. Diesen widmen wir uns in Sektion III.

Geld (▶ Abschn. 10.1) ist eine geniale Erfindung: **Es speichert Wert** und ermöglicht so wirtschaftliche Transaktionen ohne den sofortigen Austausch gleichwertiger Güter (▶ Kap. 10). Die Bedeutung von Geld geht aber über seine Funktion als universales Tauschmittel hinaus. Es dient als Lohn (▶ Abschn. 10.6), kann an der Börse (▶ Abschn. 10.3) angelegt oder für später zur Seite gelegt werden (▶ Abschn. 10.5). Weil die wenigsten Menschen das Gefühl haben, im Geld zu schwimmen, versuchen sie, ihren Umgang mit Geld zu optimieren. Dabei zeigen sich sehr interessante Phänomene, die sich nur mit Psychologie erklären lassen – beispielsweise im Bemühen, einen als angemessen wahrgenommenen Lohn zu bekommen, oder im Bestreben, möglichst wenig Steuern (▶ Abschn. 10.7) bezahlen zu müssen.

> Geld ermöglicht **Transaktionen ohne sofortigen Austausch** gleichwertiger Güter.

Gerade das Thema Geld führt uns vor Augen, dass **wirtschaftliche Prozesse oft sehr komplex** sind und eine bedrohliche Eigendynamik entwickeln können. Weil vom Funktionieren dieser Prozesse das Wohl der ganzen Gesellschaft (▶ Kap. 11) abhängt, wurden trotz ihrer großen Komplexität wirtschaftliche Modelle formuliert. Dank diesen ist es möglich, Phänomene wie Konjunktur (▶ Abschn. 11.1), Arbeitslosigkeit (▶ Abschn. 11.2) oder auch Globalisierung (▶ Abschn. 11.5) zumindest in ihren Grundzügen zu verstehen. Dieses Verständnis erlaubt es, beispielsweise durch Regulierung (▶ Abschn. 11.4) lenkend in das Geschehen einzugreifen.

> Die Wirtschaft ist ein **komplexes System.** Um es zu verstehen, bilden Ökonomen dessen Funktionsweise in **Modellen** ab.

Damit ist ein zentraler politischer Streitpunkt angesprochen: Manche fordern weniger Regeln für die Wirtschaft, andere mehr. Aus wirtschafts-

*Wirtschaft kommt nicht ohne **Regeln** aus. Diese sollten **weder zu locker noch zu eng** sein.*

psychologisch aufgeklärter Sicht ist klar: Wie alles andere Zwischenmenschliche kommt auch die Wirtschaft nicht ohne Regeln aus. Diese zum Wohle aller zu formulieren, ist allerdings ein Kunststück, denn sie müssen einerseits streng genug sein, um rücksichtsloses, unkooperatives und gemeingefährliches Verhalten zu unterbinden, andererseits müssen sie locker genug sein, um unternehmerische Initiative und privaten Konsum nicht über Gebühr zu beschränken. Gelingt dies, so darf eine wirtschaftliche Entwicklung (▶ Kap. 12) erwartet werden, die zum **Erhalt oder gar zur Vermehrung des allgemeinen Wohlstands** führt.

Hier tritt der vielbeschworene Wertewandel (▶ Abschn. 12.2) zutage: Moderne Menschen, so scheint es, definieren ihren Wohlstand nicht mehr alleine über den Wert der Güter, die sie besitzen, sondern legen Wert darauf, ein gutes Leben zu haben (▶ Abschn. 12.3). Kann die Wirtschaftspsychologie hierzu beitragen? Und soll sie das überhaupt?

Ja – Wirtschaftspsychologie kann und soll in Forschung, Lehre und Anwendung wichtige Beiträge für ein gutes Leben leisten. Wir werden in diesem Buch immer wieder auf entsprechende Gestaltungsmöglichkeiten zu sprechen kommen, denn Wirtschaftspsychologie ist ein machtvolles Gestaltungswerkzeug. Allerdings, wie Spider-Man sagte: **Mit großer Macht kommt große Verantwortung.** Wirtschaftspsychologie kann (wie viele andere Wissenschaften auch) sowohl zum Wohl als auch zum Schaden der Menschen eingesetzt werden. Deshalb befassen wir uns am Schluss dieses Buches mit der Frage: Was kann und darf Wirtschaftspsychologie (▶ Abschn. 13.2)?

*Wirtschaftspsychologie ist eine **nützliche** und **leistungsfähige** Disziplin, die **verantwortungsvoll** gehandhabt werden will.*

Webexkurs
»Wann spricht man von Wirtschaftspsychologie?«

Wann spricht man von Wirtschaftspsychologie? Die Antwort auf diese Frage finden Sie im gleichnamigen Webexkurs auf ▶ http://www.lehrbuch-psychologie.springer.com

Exkurs

Räumen wir zwei verbreitete Missverständnisse aus dem Weg

Wirtschaftspsychologie handelt nicht nur vom Irrationalen Dieses Image hat die Wirtschaftspsychologie deshalb, weil sie von Medien und Politik meist dann zu Hilfe gerufen wird, wenn das Boot aus dem Ruder läuft, und weil die Forschung manchmal dazu tendiert, die Fehleranfälligkeit ökonomischen Verhaltens auszuleuchten. Das gibt zwar gute Schlagzeilen, greift aber zu kurz. Denn Wirtschaftspsychologie erklärt nicht nur, warum etwas schiefläuft, sondern auch, warum etwas gelingt. Das vorliegende Buch vermeidet eine einseitig defizitäre Sichtweise.

Irrationales Verhalten kann gute Gründe haben Zwar verhalten sich Menschen bei wirtschaftlichen Entscheidungen nicht immer ökonomisch rational. Aber es wäre falsch zu sagen, sie handelten dabei nicht in ihrem besten Interesse. Dieser scheinbare Widerspruch wird sich bei der Lektüre dieses Buches auflösen. Vorweg eine Erklärung in Kurzform: Menschen wollen z. B. nicht möglichst viel verdienen, sondern mehr als ihre Nachbarn. Oder sie suchen zwar das absolut beste Produkt, nehmen dann aber doch das erstbeste. Menschen sind eben letzten Endes nicht an den Belohnungen interessiert, die sie in verhaltensökonomischen Laborexperimenten zur Freude der Versuchsleiter regelmäßig verwerfen (meist Kleingeld oder Kekse). Worauf sie wirklich aus sind ist: im Kampf um knappe Ressourcen mit möglichst wenig Aufwand möglichst gut dazustehen. Deshalb versuchen wir in unseren Ausführungen stets, nicht nur die naheliegenden Ursachen des Verhaltens zu erwägen (das »Wie?«), sondern auch die Letztursachen (das »Wozu?«) – die tieferliegenden Gründe, die sich nicht so leicht offenbaren.

> **? Kontrollfragen**
>
> 1. Nennen Sie drei psychologische Hauptdisziplinen, die zu den Grundlagen der Wirtschaftspsychologie gehören.
> 2. Womit befasst sich die Betriebswirtschaftslehre, womit die Volkswirtschaftslehre?
> 3. Was bedeutet das zentrale Postulat der Wirtschaftspsychologie: »Wirtschaft wird von Menschen gemacht«?
> 4. Was versteht man unter Angewandter Psychologie?
> 5. Spricht die Wirtschaftspsychologie nur mikroökonomische oder auch makroökonomische Themenbereiche an, und warum?
> 6. In welchem Verhältnis stehen Wirtschaftspsychologie, Arbeits- und Organisationspsychologie sowie Konsumpsychologie zueinander?

Wiswede, G. (2012). *Einführung in die Wirtschaftspsychologie* (5. Aufl.). Stuttgart: UTB. ▶ **Weiterführende Literatur**

1.2 Geschichte der Wirtschaftspsychologie

> **Lernziele**
>
> - Die Vorgeschichte der Wirtschaftspsychologie kennen.
> - Wissen, wann und vor welchem Hintergrund die Wirtschaftspsychologie begründet wurde.
> - Gründe für die Stagnation der Wirtschaftspsychologie nach dem Zweiten Weltkrieg kennen.
> - Die Umstände kennen, die mit der Wende zum 21. Jahrhundert zum Aufschwung der Wirtschaftspsychologie beigetragen haben.
> - Die Pioniere der Wirtschaftspsychologie und deren zentrale Werke kennen.

Edmund Lysinski, einer der frühen Wirtschaftspsychologen, schrieb 1923 in seiner »Psychologie des Betriebes« in Bezug auf Geschlechtsunterschiede beim Kaufverhalten dies:

> »Dem Manne ist der Beruf Lebenszweck. Er wird deshalb bei beruflichen Käufen mit peinlicher Genauigkeit, ja mit der dem männlichen Geschlecht eigenen Pedanterie alle Waren prüfen. Der natürliche Beruf der Frau ist der des Weibes, als Geliebte, Ehefrau oder Mutter. Sie wird deshalb, selbst wenn sie einen bürgerlichen Beruf hat, beruflichen Einkäufen viel weniger Interesse entgegenbringen als privaten. Bei Privatkäufen wird dagegen wieder der Mann gleichgültiger sein, abgesehen von solchen Dingen, für die er ein ganz besonderes Interesse hat (z. B. Zigaretten). Die Frau wird Privatkäufen, besonders solchen, die ihre Person und ihr Aeußeres betreffen, das Hauptinteresse entgegenbringen. Dazu kommt bei der Frau eine leichtere Beeinflussbarkeit durch Gefühle; ferner eine gewisse Habsucht, Gegenstände zu besitzen, auch wenn man sie nicht braucht, und schließlich eine große Empfänglichkeit für kleinliche Vorteile.« (Lysinski, 1923, S. 213)

Heute mögen wir über solche Zeilen schmunzeln – aber damals waren sie geradezu fortschrittlich. Gemeinsam mit ähnlichen Schriften markierten sie den Beginn einer neuen Weltsicht, die Ausdruck eines Brückenschlags zwischen zwei Disziplinen war, die bis dahin kaum voneinander Notiz genommen hatten: Psychologie und Ökonomie.

Zwar wussten schon die frühen Ökonomen, dass es keine Wirtschaft ohne Menschen gibt. Und Psychologen war klar, dass wirtschaftliche

Wirtschaftspsychologie schlägt eine Brücke zwischen Ökonomie und Psychologie.

Vorgänge für die menschliche Existenz von großer Bedeutung sind. Doch es dauerte lange, bis sich aus scheuem gegenseitigem Interesse eine ernsthafte Beziehung entwickeln konnte. Zum guten Ende ist daraus die Wirtschaftspsychologie hervorgegangen: eine kohärente Disziplin, die in Wissenschaft und Praxis anerkannt ist. In diesem Kapitel zeichnen wir diese Entwicklung nach. Dazu wenden wir uns zunächst frühen Zeugnissen wirtschaftspsychologischer Überlegungen zu – auch wenn diese noch nicht explizit als Wirtschaftspsychologie firmierten. Diese zeigen, dass die Wirtschaftspsychologie zwar eine kurze Geschichte hat, aber eine lange Vergangenheit (um mit Ebbinghaus zu sprechen, der dasselbe von der Psychologie gesagt hat).

1.2.1 Das Ziel allen Wirtschaftens

> Wirtschaften ist seit eh und je der **effiziente Umgang mit knappen Ressourcen**.

Das Ziel der Wirtschaft ist ursprünglich nichts anderes als das Erlangen der zum Überleben notwendigen Ressourcen. Diese waren nicht einfach im Überfluss vorhanden, sondern knapp. Da liegt es auf der Hand, dass sich **schon unsere Urahnen** über ihr Erleben und Verhalten beim wirtschaftlichen Handeln ihre Gedanken machten. Das mussten sie auch, denn die für die Menschheit so charakteristischen ökonomischen Vorgänge sind ohne Einsicht in die Wünsche und Fähigkeiten der Beteiligten unmöglich. Wollten unsere frühen Vorfahren Güter herstellen oder gewinnen (sei es durch Jagd, Sammeln, Viehzucht oder Ackerbau), so arbeiteten sie zusammen und teilten die Arbeit auf, um effizienter zu sein. Die gewonnenen Güter wurden unter den Gruppenmitgliedern aufgeteilt. Was übrig blieb, wurde zwischen einzelnen Sippen oder auf Märkten getauscht. Beim Konsum schließlich wurde Maß gehalten und an die Zukunft gedacht: Überschüssiges wurde haltbar gemacht und in Speichern für später aufbewahrt.

> Die Fähigkeit **ökonomisches Verhalten zu zeigen** ist charakteristisch für den Menschen.

Auch im Tierreich lassen sich Verhaltensweisen beobachten, die man als ökonomisch bezeichnen kann (z. B. legt das Eichhörnchen Nüsse zur Seite; Wölfe jagen im Rudel). Doch die Fähigkeit des Menschen, sein ökonomisches Verhalten an stets veränderte Umweltbedingungen anzupassen und dabei auch sehr komplexe wirtschaftliche Vorgänge zu gestalten, ist unerreicht – und sie wäre ohne Einsicht in das eigene Erleben und Verhalten undenkbar. Wie weit diese Einsicht reicht und wo sie endet, wird uns noch beschäftigen. Doch zweifellos war diese »frühgeschichtliche Wirtschaftspsychologie« des Homo sapiens sapiens ein entscheidender Überlebensvorteil und eine wichtige Grundlage für die kulturelle Entwicklung. Ob sich die gegenwärtige Wirtschaftspsychologie als ebenso nützlich erweisen wird?

1.2.2 Frühgeschichte und Antike: Weisheiten für Haushalt und Handel

> Erste Überlegungen zu ökonomischem Verhalten finden sich bei den alten **Ägyptern und Babyloniern**.

Erste schriftliche Zeugnisse, die Überlegungen zu ökonomischem Verhalten andeuten, finden sich in den Weisheitslehren der **alten Ägypter** (ab ungefähr 2800 v. Chr.). Diese enthalten Beschreibungen des öffentlichen Lebens und Ratschläge, wie man sich als ehrenwerte Person im Austausch mit anderen zu verhalten habe. Auch in einer der ältesten

Abb. 1.1 Handelsszene im alten Ägypten (ägyptischer Maler, um 1500 v. Chr.; Quelle: https://commons.wikimedia.org/wiki/File:%C3%84gyptischer_Maler_um_1500_v._Chr._001.jpg, the work of art depicted in this image and the reproduction thereof are in the public domain worldwide)

überlieferten Gesetzessammlungen, dem berühmten »Codex« des altbabylonischen Herrschers Hammurabi (um 1800 v. Chr.) finden sich Formulierungen zu Eigentum, Handel und Vermögen. Freilich verschmelzen in diesen frühen Dokumenten Betrachtungen zu Religion, Politik, Wirtschaft, Recht und Familienleben, so dass wir über die Genauigkeit der Menschenkenntnis ihrer Autoren im Ungewissen bleiben (Abb. 1.1).

Konkreter wird es bei den **griechischen Philosophen.** So äußerte sich etwa Hesiod in einem »didaktischen Epos« zur bäuerlichen Arbeitsgestaltung (ca. 700 v. Chr.). Er pries Arbeit als wichtigste Beschäftigung des Menschen, denn das damit Erwirtschaftete sei gegenüber dem Naturgegebenen zu bevorzugen. Doch sein Verhältnis zur Arbeit war ambivalent. In seinem Mythos von der »Büchse der Pandora« bezeichnet er die Arbeit als eines der großen Übel, das bei der Öffnung ebendieser Büchse in die Welt entwichen sei. Dreihundert Jahre nach Hesiod entwarf Xenophon in seiner Schrift »Oikonomikos« Regeln für redliche und wirtschaftliche Haushaltsführung. Darin hielt er fest, dass mit Reichtum nicht bloßer Besitz angehäuft, sondern Nutzen gestiftet werden solle. Er beschreibt die Aufteilung der Erwerbstätigen auf verschiedene Berufe und empfiehlt Arbeitsteilung in der Werkstatt, da sich so die Qualität der Produkte erhöhen lasse (Muller, 1995). Natürlich finden sich auch bei Platon, Aristoteles und zahlreichen anderen Stars der griechischen Philosophie immer wieder Hinweise darauf, wie nicht nur der Staat und das Familienleben, sondern insbesondere auch die Arbeit, der Handel und der Verbrauch gestaltet werden sollen. Schriften wie etwa Aristoteles' **Oikonomika** enthalten dabei oft erstaunlich viele Beschreibungen von Ethik und Moral – frühe Vorläufer unserer heutigen Psychologie.

> Schon die vorchristlichen Philosophen befassten sich mit der Frage, wie **Arbeit, Handel und Verbrauch gestaltet werden sollen.**

Ohne Zweifel waren Arbeit, Handel und Konsum auch für alle anderen frühen Hochkulturen von großer Bedeutung, etwa in Persien, China, Indien oder **im alten Rom**. Zwar sind die Römer mehr als Eroberer und Herrscher in Erinnerung geblieben denn als Ökonomen. Doch es steht außer Frage, dass ein gutes Verständnis für wirtschaftliche Vorgänge die Entwicklung komplexer Staaten mit großer geografischer

> Arbeit, Handel und Konsum waren auch für **frühe Hochkulturen** von großer Bedeutung.

Ausdehnung überhaupt erst ermöglichte – und dass ein Fehlen solchen Wissens zum Scheitern einer Hochkultur führen kann. Das ist heute nicht anders als vor 3000 Jahren.

1.2.3 Mittelalter: Der Handel blüht auf

Im frühen Mittelalter waren Klöster als Wissenshorte auch für **Diskussionen über Handel, Besitz und Reichtum** von Bedeutung.

Im frühen Mittelalter waren **Klöster** die zentralen Orte des Wissens. Dort wurde nicht nur Religiöses diskutiert, sondern durchaus auch Ökonomisches, etwa zu Fragen von Handel, Besitz und Reichtum. Es gab damals in ganz Europa immer wieder Ansätze zur Entwicklung komplexer Volkswirtschaften. Doch die Grenzen des Wissens über wirtschaftliche Zusammenhänge bildeten zugleich auch die Grenzen für das wirtschaftliche Wachstum. Zudem war diese Zeit von Aberglauben, Magie und Zauberei beherrscht – was für die Entwicklung einer auf **Vertrauen und Zuversicht** basierenden Wirtschaft bis heute nicht förderlich ist. Weit verbreitet war beispielsweise der Glaube an die Astrologie. So wie der Kriegsherr mithilfe der Sterne den besten Zeitpunkt für eine Schlacht zu erkennen glaubte, wollte der Gutsherr den besten Zeitpunkt für das Bestellen seiner Felder erfahren. Beide haben dadurch viel unnötiges Leid über ihre Gefolgschaft gebracht. (Leider trifft man auch heute noch oft auf Aberglauben, wo Vernunft erforderlich wäre: Buchtitel wie »Astro Trading – Wie Trader mit Astrologie die Börse schlagen« oder »Das geheime System: Wie die Sonne unsere Finanzwelt und die Börsenkurse steuert« belegen dies.)

Mit Beginn des Hochmittelalters im 12. Jahrhundert war Europa dann allgemein von **Aufbruch und Expansion** geprägt. Unter den wichtigen Herrschergeschlechtern kam es zu einer politisch zwar wechselvollen, aber von wirtschaftlicher Entwicklung geprägten Zeit. Zahlreiche Stadtgründungen führten zu einem Aufblühen von Märkten. Handelsbeziehungen wurden ausgebaut, Werkstätten eingerichtet und neue Berufe etabliert. Fibonacci hatte von seinen Reisen die arabischen Ziffern heimgebracht und um das Jahr 1202 die Grundlagen für das kaufmännische Rechnungswesen gelegt. Zünfte wurden begründet und die rechtlichen Grundlagen für den Handel geschaffen. Vor diesem Hintergrund wuchs das **Bedürfnis nach Erklärung und Anleitung für das Wirtschaften.**

Im Hochmittelalter wuchs das Bedürfnis nach **Erklärung und Anleitung für das Wirtschaften**.

Wie produziere ich effizient? Wo soll ich meine Güter verkaufen? Wie soll ich meine Angestellten behandeln und wie meine Familie ernähren? Es mangelte schon damals nicht an zeitgenössischer Ratgeberliteratur voller Regeln für das sittsame Haushalten und effektive Herrschen. Dieses Wissen war aber auf einen kleinen Kreis beschränkt, denn nur Fürsten und Mönche waren des Lesens mächtig, und selbst nach der Erfindung des Buchdrucks 1450 waren Bücher rar. Zudem blieb zu jener Zeit der Einfluss der Kirche auf die Wirtschaft spürbar. Luther beschrieb 1520 Arbeit als »gutes Werk«, Zwingli 1523 als »gut göttlich Ding«. Solches gipfelte 1536 in Calvins Forderung nach arbeitsamer Askese, die Max Weber (1904/1905) für die Grundlage des Kapitalismus hielt – eine Meinung, die angesichts der natürlichen Begabung des Menschen für alles Wirtschaften bezweifelt werden muss. Obwohl der Papst auch heute noch der Wirtschaft gelegentlich Ratschläge erteilt: Der Einfluss der Religion auf die Wirtschaft ist in westlich geprägten Kulturen zurückgegangen. Ganz anders sieht das freilich in Kulturen aus, in denen die Religion als wichtiger gilt als der Handel. Wir kommen im ▶ Webexkurs »Kulturelle Unterschiede und interkulturelle Kompetenz« darauf zu sprechen, was kulturelle Unterschiede heute für die Wirtschaft bedeuten.

> Webexkurs »Kulturelle Unterschiede und interkulturelle Kompetenz«

1.2.4 Neuzeit: Die Wirtschaft wird zur Wissenschaft

Nebst zahlreichen Schriften zu Rechnungswesen und Haushaltsführung erschienen auch immer mehr Abhandlungen zu volkswirtschaftlichen Themen. Aus gutem Grund, denn die wirtschaftliche Entwicklung war immer wieder von Konflikten, Streitereien und Misswirtschaft begleitet worden, was regelmäßig zu **Hungersnöten, Arbeitslosigkeit und Revolten** führte. Das Bedürfnis, die hinter diesen Dingen stehenden Beweggründe zu verstehen, bereitete den Weg für die Ablösung des vorwiegend religiös geprägten Weltbildes durch **Wissenschaft und Vernunft**. Dies brachte auch die ersten Erkenntnisse hervor, die man heute als wirtschaftspsychologisch bezeichnen würde. Etwa bei Bernardo Davanzati, der 1588 in seinen »Lezione delle monete« feststellte, dass der Wert von Gütern von den Bedürfnissen ihrer Konsumenten abhängt; oder bei Gian Francesco Lottini, der in seinem Ökonomie-Lehrbuch schon um 1548 beschrieb, dass der Mensch seinen aktuellen Bedürfnissen kaum widerstehen und für die Zukunft schlecht vorsorgen kann, weil er Gefühlen den Vorrang gegenüber der Vernunft gibt. Inzwischen wissen wir über Feststellungen wie diese einiges mehr – wir kommen in ▶ Abschn. 2.1 darauf zurück.

> Das **Bedürfnis Missstände zu beheben** bereitete den Weg für die Ablösung des vorwiegend religiös geprägten Weltbildes durch **Wissenschaft und Vernunft**.

Adam Smith begründet die moderne Wirtschaftswissenschaft

In dieser Zeit wirkte auch der Schotte Adam Smith, der mit seinem äußerst einflussreichen Werk über den »Wohlstand der Nationen« (1776) als Begründer der modernen Wirtschaftswissenschaft gilt. Smith sah Arbeit, uneingeschränkten Wettbewerb und freien Handel als Quelle des Wohlstands. Er führte die Idee ein, dass das Streben nach individuellem Glück zur Maximierung des Glücks der ganzen Gesellschaft führe. Der Versuch jedes Einzelnen, seinen Nutzen zu maximieren, wirke in der Summe als **unsichtbare Hand**, die das wirtschaftliche Geschehen lenke. Der auch heute noch oft gehörte Vorwurf, Smith habe damit einem rücksichtslosen Egoismus gehuldigt, ist unbegründet und zeugt von Unkenntnis seiner Schriften.

> Adam Smith gilt als **Begründer der modernen Ökonomie**. Er bezeichnete die Summe des individuellen Glücksstrebens als **unsichtbare Hand**, die das wirtschaftliche Geschehen lenke.

Anders als es sein Hauptwerk »An Inquiry into the Nature and Causes of the Wealth of Nations« vermuten lässt, verfügte Smith durchaus über ein ausgeprägtes psychologisches Verständnis. Dieses hatte er sich unter anderem durch die Schriften seines psychologisch bewanderten Freundes David Hume angeeignet. Wieso dieses Wissen nicht stärker in seine Wirtschaftstheorie eingeflossen ist, ist unklar. Jedenfalls blieb von Smiths Theorie über das Funktionieren der Wirtschaft in den ökonomischen Lehrbüchern bis in unsere Zeit vor allem eines haften: Die Maximierung von Gewinn und Nutzen als oberstes Gebot. Wieso wurden in diesem Denken psychologische Erklärungen ausgeklammert? Vielleicht deshalb, weil die Psychologie **noch nicht die Stellung einer richtigen Wissenschaft** hatte, wie Wärneryd (1988) vermutete.

> Seit Adam Smith stand in der Ökonomie die **Maximierung von Gewinn und Nutzen** im Vordergrund; psychologische Erklärungen waren dabei nicht mehr vorgesehen. Vermutete Gründe:
> - Die Psychologie galt **noch nicht als Wissenschaft**.
> - Ökonomen und Psychologen **verstanden sich nicht**.

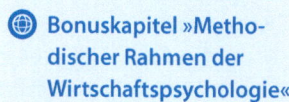

Bonuskapitel »Methodischer Rahmen der Wirtschaftspsychologie«

Sogar Kant war der Ansicht, dass aus der Psychologie gar keine richtige Wissenschaft werden könne, weil Mathematik und die experimentelle Methode auf sie nicht anwendbar seien. (Das sehen wir natürlich heute anders – wir kommen im ▶ Bonuskapitel »Methodischer Rahmen der Wirtschaftspsychologie« darauf zurück.) Doch dasselbe ließe sich für die Ökonomie sagen, die sich ähnlich wie die Psychologie erst im 19. Jahrhundert zu einer wissenschaftlichen Disziplin zu entwickeln begann. Wahrscheinlicher ist, dass Ökonomen und Psychologen trotz überlappender Fragestellungen einfach **nicht dieselbe Sprache** sprachen. Ökonomen formulierten verallgemeinernde Modelle, in denen mathematisch beschreibbare, rationale Regeln galten; Psychologen hingegen redeten von sozialen Beziehungen und individuellem Verhalten, das subjektiv, verworren und irrational zu sein schien. Was für Ökonomen Störfaktoren waren (die sich außerdem bei Betrachtung des Ganzen ausmitteln würden), bildete das Hauptinteresse der Psychologen. Kein Wunder, dass man sich nicht viel zu sagen hatte.

Den Wirtschaftswissenschaften fehlt etwas

Ende des 19. Jh. regte sich Widerstand gegen die **vereinfachende Ausklammerung der Psychologie** aus der Ökonomie.

Schon früh, nämlich Ende des 19. Jahrhunderts, regte sich Widerstand gegen die vereinfachende **Ausklammerung der Psychologie** aus der Ökonomie. Zwar bestand kein Zweifel daran, dass es sinnvoll ist, die Wirtschaft anhand vereinfachter Modelle abzubilden, um ihre Prozesse leichter nachvollziehen zu können. Schließlich wäre ein Modell der Wirtschaft, das nicht vereinfacht, unpraktisch wie eine Modelleisenbahn im Maßstab eins zu eins. Doch im Gegensatz zu den alten ökonomischen Modellen bildet eine Modelleisenbahn die Realität in allen wesentlichen Merkmalen exakt ab – was jeder, der eine Modelleisenbahn besitzt, leicht empirisch überprüfen kann. Ökonomische Modelle sind jedoch nicht ganz so einfach empirisch zu überprüfen. Daher sollte es noch gute hundert Jahre dauern, bis endlich gegen Ende des 20. Jahrhunderts angesichts der erdrückenden empirischen Evidenz aus der psychologischen Forschung erste ökonomische Lehrbücher um Kapitel über Psychologie erweitert wurden. Dünne Kapitel, notabene.

1.2.5 Die Anfänge der Wirtschaftspsychologie

Wandel und wahrgenommene Beschleunigung sind **keine neuen Probleme,** sondern normale **Begleiterscheinungen des Wirtschaftslebens.**

Oft wird heutzutage die Beschleunigung der Arbeit beklagt, und ein allgemeiner Wandel im Wirtschaftsleben, der sich immer schneller vollzieht und uns vor scheinbar unlösbare Probleme stellt (wir kommen darauf in ▶ Abschn. 8.2 und ▶ Kap. 12 zurück). Dabei sollte man nicht vergessen, dass die Menschheit immer wieder vor Herausforderungen ähnlicher Größenordnung stand. So war es auch, als nach der Aufklärung aufgrund des beschleunigten wissenschaftlichen Fortschritts und technischer Errungenschaften die Industrialisierung einsetzte und das europäische Wirtschaftsleben von tiefgreifenden Veränderungen erfasst wurde. Der technologische Fortschritt führte zu **Umwälzungen in der Wirtschaft**. Die Produktion von Gütern wurde erhöht, Urbanisierung setzte ein, Arbeitsteilung wurde zur Regel, Selbstversorgung zur Ausnahme. Das Bankenwesen gewann an Bedeutung, die Märkte dehnten sich aus, die Börsen nahmen Schwung auf. Eine neue Gesellschaftsordnung etablierte sich, die nicht mehr primär aus Fürsten und Knechten bestand, sondern aus Firmenbesitzern und Arbeitern.

Bald zeigten sich die **Schattenseiten der Industrialisierung**. Dampf ersetzte zwar die Muskelkraft und trieb Maschinen an, mit denen Güter in Massen gefertigt und per Eisenbahn in fremde Märkte exportiert werden konnten. Doch die Arbeiter waren nicht so robust und ausdauernd wie die Maschinen, die sie bedienten. Die Fabriken des 18. und 19. Jahrhunderts waren menschenfeindliche Umgebungen. Überlastung, Krankheiten und Entfremdung waren also schon damals typische Symptome einer nicht menschengerechten Arbeitswelt. Als wäre dies noch nicht genug des Wandels, wurde auch noch die Mobilität wesentlich vergrößert: Eisenbahnnetze wurden ausgebaut, Straßenbahnen eingeführt und schließlich das Auto erfunden. Daran sollte denken, wer den Wandel in unserer Zeit als beispiellos bezeichnet, denn das ist er nicht.

Neue Herausforderungen verlangen nach neuen Lösungen

So sehr die Verheißungen der wirtschaftlichen Umwälzungen begrüßt wurden, so unverkennbar waren die damit einhergehenden Probleme. Die Produktionsanlagen mussten finanziert werden, ebenso der Ausbau der Eisenbahnen. Die Arbeiter und ihre Vorgesetzten mussten ausgewählt, ausgebildet, geführt, motiviert und honoriert werden. Die in Massen produzierten Güter mussten angepriesen, verkauft und ausgeliefert werden. Vor diesem Hintergrund wird verständlich, dass die Menschen gegen Ende des 19. Jahrhunderts nach Lösungen für all die neuen Herausforderungen suchten. Da traf es sich gut, dass auch die Wissenschaften von Produktivitätssteigerungen erfasst worden waren. Das Wissen wuchs in allen Fächern exponentiell an, und Spezialisten lösten die Universalgelehrten ab. So entstand schließlich an der Schnittstelle von Philosophie und Medizin die wissenschaftliche Psychologie. Sie fand mit der Gründung des **ersten psychologischen Labors 1879 in Leipzig durch Wilhelm Wundt** einen ersten Kristallisationspunkt. Mit den einschneidenden wirtschaftlichen Entwicklungen und mit der Begründung der Psychologie als empirische Wissenschaft waren die Voraussetzungen für das **Zusammenspiel der beiden Disziplinen** gegeben. Wie kam es schließlich dazu?

Gegen Ende des 19. Jahrhunderts wurden die Probleme, die mit der beschleunigten wirtschaftlichen Entwicklung einhergingen, größer. Unzufriedene Arbeiter, ungewohnte Technologien, unbekannte Märkte und instabile Finanzen stellten die Ökonomen vor ungelöste Fragen. Doch ihr dominierendes **Modell der Wirtschaft konnte keine befriedigenden Antworten bieten**. Dieses sah im Menschen einen »Homo oeconomicus«, der rational agiert und stets bestrebt ist, seinen Nutzen zu maximieren. Dieses Menschenbild war beinahe sakrosankt – es konnte aber das tatsächlich beobachtete Verhalten der Marktteilnehmer nicht erklären. Warum stieg bei manchen Produkten die Nachfrage, wenn der Preis erhöht wurde? Warum sparten die Bürger nicht für später, sondern zogen den sofortigen Konsum vor? Wieso waren Fabrikarbeiter unzufriedener als Bauern, obwohl ihre Arbeit weniger anstrengend war? Man wusste keine Antwort.

Die Stimmen der Kritiker wurden lauter. Sie verlangten, dass die Ökonomie psychologische Faktoren berücksichtige. Schließlich hatte

---

Neue Herausforderungen erforderten neue Lösungen. Da kamen die **Fortschritte in der Wissenschaft** gerade recht.

Die Gründung des ersten psychologischen Labors **1879 in Leipzig durch Wilhelm Wundt** legte den Grundstein für die **Psychologie als empirische Wissenschaft.**

Die wirtschaftlichen Entwicklungen des 19. Jahrhunderts stellten die Ökonomen vor **ungelöste Fragen.**

Hugo Münsterberg hielt zu Beginn des 20. Jahrhunderts die Zeit für gekommen, die **Psychologie in den Dienst der Anwendung** zu stellen.

sich ja die Psychologie gerade zu einer ernstzunehmenden wissenschaftlichen Disziplin entwickelt, und die Verbindung von Ökonomie und Psychologie lag geradezu in der Luft. Allerdings: Ausgerechnet Wilhelm Wundt, als einer der Begründer der wissenschaftlichen Psychologie, vertrat die Ansicht, dass diese junge Disziplin noch nicht reif für die Anwendung in der Praxis sei. Doch sein Schüler **Hugo Münsterberg** war anderer Meinung. Er hielt die Zeit für gekommen, um die Psychologie in den Dienst der Anwendung zu stellen. Ihm lag daran, die »… Probleme zu erörtern, die für die jüngsten Bestrebungen in der neuen Welt besonders charakteristisch sind« (Münsterberg, 1912).

Münsterberg war **William James** aufgefallen, der – wie Wundt in Europa – die wissenschaftliche Psychologie in den USA begründet hatte, und dank dem er mit 29 Jahren einen Ruf an die Harvard University erhielt. Dort baute Münsterberg ein experimentalpsychologisches Labor nach Leipziger Vorbild auf. Die experimentellen Methoden, die er im Labor seines Lehrers Wundt kennengelernt hatte, setzte er vornehmlich zur Erforschung betrieblicher Fragestellungen ein. Unter anderem entwickelte er im Auftrag des Telefonkonzerns Bell ein Auswahlverfahren für Telefonistinnen, nachdem sich von diesen ein Drittel als ungeeignet erwiesen hatte. Er entwickelte auch einen Berufseignungstest für Straßenbahnfahrer, deren mangelhafte Eignung man für die grassierenden Unfallzahlen verantwortlich gemacht hatte. Mit solchen Verfahren etablierte Münsterberg die **Psychotechnik**, die mit einer Reihe von neuartigen apparativen und physiologischen Verfahren objektive Daten des menschlichen Verhaltens zu erfassen suchte. Spätestens jetzt war die Nützlichkeit der Psychologie für Anwendungen in der Wirtschaft bewiesen – zumindest, was das betriebliche Umfeld angeht (○ Abb. 1.2).

○ **Abb. 1.2** Hugo Münsterberg, Begründer der Wirtschaftspsychologie (1863–1916; Quelle: https://commons.wikimedia.org/wiki/File:Hugo_M%C3%BCnsterberg_Psychologe.jpg, this work is in the public domain)

Münsterberg machte **psychologisches Wissen für betriebliche Fragestellungen** nutzbar und etablierte so die **Psychotechnik**.

1.2.6 Endlich: Die Wirtschaftspsychologie wird begründet

Mit Münsterbergs Schrift »Psychologie und Wirtschaftsleben« (1912) wurde **Wirtschaftspsychologie zum ersten Mal in Buchform** gewürdigt.

Münsterberg hatte bereits Bücher über die Verwertbarkeit der Psychologie für Lehrer, Ärzte und Juristen verfasst, als er 1912 sein Werk »Psychologie und Wirtschaftsleben« veröffentlichte, in dem die noch junge **Wirtschaftspsychologie zum ersten Mal in Buchform** gewürdigt wurde. Im Vorwort beschreibt er, wie es dazu gekommen war:

> »Als im April dieses Jahres der deutsche Psychologenkongress in Berlin tagte, wurde am ersten Sitzungstage ein ausführliches Referat über die Fortschritte in der praktischen Verwendung der Psychologie vorgetragen. In der sich anschließenden Diskussion sprach ich meine Verwunderung darüber aus, dass die wirtschaftspsychologischen Fragen dabei ganz unberührt geblieben wären. Ich betonte, dass gerade in diesem Fragenkreis die Psychologie zu wertvoller Mithilfe berufen scheine und erwähnte, dass doch wenigstens erste Anfänge vorlägen, um den Weg zu zeigen. Diese Randbemerkungen erreichten weitere Kreise und führten zu immer neuen Anfragen. Die folgende Skizze soll auf diese Fragen eine erste orientierende Antwort geben.« (Münsterberg, 1912, S. V-VI; mit »Skizze« meinte er sein Buch)

1.2 · Geschichte der Wirtschaftspsychologie

Es lohnt sich, einen Blick in Münsterbergs Original zu werfen, verfügbar bei ▶ archive.org¹. Mussten wir bei der Betrachtung der vorherigen Zeiträume Ansätze für eine Wirtschaftspsychologie noch mit der Lupe suchen, so haben wir sie nun definitiv gefunden. Deshalb gilt Münsterberg als Begründer der Wirtschaftspsychologie.

Münsterberg war jedoch nicht der Einzige, der den Nutzen der Psychologie für die Wirtschaft erkannt hatte. Wie so oft in der Wissenschaftsgeschichte fanden verschiedene Personen ähnliche Lösungen, nachdem sie sich mit den neuartigen Problemen ihrer Zeit befasst hatten. So wirkte zur selben Zeit in Frankreich **Gabriel Tarde**, der 1902 »La Psychologie Économique« veröffentlichte. Darin kritisierte er das Menschenbild der einflussreichen österreichischen Nationalökonomen, die sich zwar als »psychologisch« verstanden, dabei aber den Abhängigkeiten und Beziehungen der wirtschaftlichen Subjekte untereinander kaum Beachtung schenkten. Zwar hatte Tarde wohl als Erster den Begriff »Wirtschaftspsychologie« verwendet, doch im Gegensatz zu Münsterbergs einflussreichem Wirken verhallte Tardes Kritik folgenlos.

Neben dem Deutschen Münsterberg und dem Franzosen Tarde gehört der Amerikaner **Walter Dill Scott** zu den Pionieren unseres Faches. Er weitete den inhaltlichen Horizont der Wirtschaftspsychologie auf die Werbe- und Konsumpsychologie aus, als er 1908 sein bahnbrechendes Werk »The Psychology of Advertising« veröffentlichte.

Hugo Münsterberg gilt als Begründer der Wirtschaftspsychologie.

Münsterberg war nicht der Einzige, der den Nutzen der Psychologie für die Wirtschaft erkannt hatte. In Frankreich gemahnte **Gabriel Tarde den Nutzen der Psychologie für die Ökonomie.**

Walter Dill Scott begründete die Werbe- und Konsumpsychologie und gehört damit ebenfalls zu den Ahnen der Wirtschaftspsychologie.

Exkurs

Die Psychologie bewährt sich im Ersten Weltkrieg

Eine interessante Episode aus Scotts Schaffen zeigt, wie schwer es damals war, den Nutzen der Psychologie zu verdeutlichen. Als 1917 die USA in den Ersten Weltkrieg eintraten, mussten in kürzester Zeit sehr viele Rekruten ausgehoben werden. Scotts Vorschlag, dazu ein psychologisches Testverfahren einzusetzen, wurde von den verantwortlichen Offizieren zunächst zurückgewiesen. Doch angesichts des Personalnotstands in der Armee gab man dem Test eine Chance und probierte ihn an bereits rekrutierten Soldaten aus. Zum Erstaunen der Militärs stimmten die Testergebnisse mit den bereits bekannten Stärken und Schwächen der Soldaten überein. Der Test wurde deshalb auf breiter Basis eingeführt und erwies sich als so nützlich, dass Scott eine militärische Ehrenmedaille verliehen wurde.

Auch von **Kurt Lewin**, der jedem Psychologiestudenten als Vater der »Feldtheorie« in Erinnerung ist, gingen wichtige Impulse für die Wirtschaftspsychologie aus. Seine Studien über Gruppenentscheidungen und Führungsstile (Lewin et al., 1939) gaben wertvolle Antworten auf Fragen der Führungs- und Organisationspsychologie. Er beschrieb auch, wie sich Unternehmen verändern können: durch Auftauen, Verändern und Stabilisieren (Lewin, 1947). Auch heute noch beziehen sich Organisationsentwickler beim Change Management auf das nach ihm benannte »3-Phasen-Modell«.

Zum illustren Kreis wirtschaftspsychologischer Impulsgeber gehörten stets auch Vertreter anderer Disziplinen. So etwa der Soziologe **Thorstein Veblen**, der 1899 irrational anmutendes Verhalten von Konsumenten beschrieb: Der »Veblen-Effekt« besagt, dass die Nachfrage nach Luxusgütern trotz Preiserhöhungen ansteigen kann, denn Käufer

Auch Kurt Lewin war ein wichtiger Impulsgeber für die Wirtschaftspsychologie.

Auch **andere Disziplinen inspirierten** die Wirtschaftspsychologie – etwa die Soziologie.

---

1 ▶ https://archive.org/stream/bub_gb_18MwAQAAMAAJ#page/n7/mode/2up

von Luxusgütern pflegen damit ihren hohen sozialen Status zu demonstrieren (▶ Abschn. 2.4.2).

Sogar in den Reihen der Ökonomen fanden sich Vorreiter der Wirtschaftspsychologie. Beispielsweise der respektierte Querdenker **Kenneth Boulding**, der seine eigene Zunft kritisierte, indem er eine am menschlichen Wissen und Lernen orientierte »evolutionäre Ökonomie« konzipierte und 1956 sein visionäres, wenngleich bescheiden rezipiertes Buch »Image« veröffentlichte. Unter den Ökonomen verdient auch **Wesley Clair Mitchell** Erwähnung, ein Bekannter Veblens. Er prognostizierte schon 1914 nicht weniger als eine Änderung des Charakters der Ökonomie. Sie werde sich von der mechanischen Analyse finanzieller Systeme in eine Wissenschaft vom menschlichen Verhalten verwandeln. Die Idee, dass Wirtschaft etwas mit Psychologie zu tun haben könnte, fand nun immer breitere Unterstützung. Dies unterstreicht, dass die Wirtschaftspsychologie keine Erfindung einiger weniger »großer Männer« war, sondern dem Zeitgeist entsprach.

> **Auch in den Reihen der Ökonomen** fanden sich Vorreiter der Wirtschaftspsychologie.

Wirtschaftspsychologie im 20. Jahrhundert: ein Auf und Ab

Zu Beginn des 20. Jahrhunderts war also die Wirtschaftspsychologie begründet worden. Ihre wesentlichen Aufgabenbereiche, wie wir sie auch in diesem Buch behandeln, waren abgesteckt, ihre Nützlichkeit war erwiesen. Dennoch verlief die weitere **Entwicklung ab ungefähr 1930 unstet.** Dabei wären die Voraussetzungen für eine weiträumige Entfaltung der Wirtschaftspsychologie gut gewesen: Die Wirtschaft hatte neuartige Fragen gestellt, und die experimentelle Psychologie lieferte die passenden Methoden und Theorien, um diese zu beantworten. Pioniere wie Münsterberg, Tarde und Scott hatten den Nutzen der Wirtschaftspsychologie deutlich gemacht und ihr Wissen publiziert. Warum wurden dann nicht konsequent Positionen geschaffen für Psychologen oder Ökonomen, welche die Wirtschaftspsychologie in Forschung und Anwendung hätten vorantreiben können?

> Trotz vielversprechender Anfänge **verlief die Entwicklung** der Wirtschaftspsychologie **ab ungefähr 1930 unstet.**

Ein Hauptgrund war der Zweite Weltkrieg, der nicht nur die Wirtschaftspsychologie, sondern die Psychologie ganz allgemein durcheinanderbrachte. Zahlreiche Psychologen mussten aus Europa emigrieren. Von der »Wehrmachtspsychologie« wurde eher eine Rassen- und Charakterpsychologie nachgefragt, die freilich unwissenschaftlich und tendenziös bleiben musste, um die verlangten Antworten zu liefern. Von der Psychotechnik wiederum hatte man sich anfangs zu viel versprochen. Manche Verfahren waren noch relativ ungenau und rechtfertigten den großen apparativen Aufwand nicht. Zudem hatte man deren Anwendung in den Betrieben den Ingenieuren überlassen – Psychologen mit Berufsdiplom gab es ja zu dieser Zeit noch nicht.

> Ein Hauptgrund für die unstete Entwicklung der Wirtschaftspsychologie war **der Zweite Weltkrieg.**

Auch gab es Kritik aus den eigenen Reihen: Geisteswissenschaftlich orientierte Psychologen kritisierten die **Psychotechnik als seelenlos** und forderten eine Sicht auf den Menschen, die dessen Ganzheit betont. Die Kritik am ökonomischen Menschenbild, wie Tarde sie geäußert hatte, wurde mit dem etwas ignoranten Einwand zurückgewiesen, Gegenstand ökonomischer Untersuchungen seien Handlungen, nicht seelische Zustände. Sogar Vertreter der angesehenen, als psychologisch bezeichneten österreichischen Schule der Nationalökonomie stützten

> Weitere Gründe waren **Kritik aus den eigenen Reihen** und eine **Reduzierung der Psychologie** auf die Beschreibung seelischer Zustände.

sich nicht auf die wissenschaftliche Psychologie, sondern auf Alltagsbeobachtungen und Laienpsychologie.

So blieb denn die Wirtschaftspsychologie vorläufig noch ein **Spezialgebiet, dessen Ausübung einigen wenigen vorbehalten war.** Diese mussten sich zudem selber darum bemühen, sich das erforderliche Wissen aus Wirtschaft und Psychologie anzueignen – Wirtschaftspsychologie studieren konnte man damals noch nicht. Zudem war es ihren Protagonisten versagt, die Wirtschaftspsychologie als eigenständige Disziplin zu etablieren. Überhaupt Gehör zu finden war schon schwer genug – dass man nicht über ein einfaches Etikett verfügte, unter dem man firmieren konnte, war zu verschmerzen. Auch heute stehen Absolventen der Wirtschaftspsychologie vor einem Labelling-Problem: Zwar sind die kombinierten Kenntnisse aus Psychologie und Ökonomie am Arbeitsmarkt äußerst gefragt, doch Stellenausschreibungen mit Wirtschaftspsychologie im Titel sind (noch) rar. Es gibt durchaus Beispiele dafür, dass aus einer neu kombinierten Fachrichtung auch eine entsprechende Berufsbezeichnung hervorgeht, etwa Biotechnologe oder Neuroinformatiker. Ob das uns Wirtschaftspsychologen auch bevorsteht?

Sozusagen unter dem Radar der öffentlichen Wahrnehmung wurde freilich weiterhin Wirtschaftspsychologie betrieben, wenngleich eingebettet in andere Disziplinen. Obwohl sich die weitere Annäherung von Psychologie und Wirtschaft nach einer gewissen anfänglichen Begeisterung verlangsamt hatte, gab es doch immer wieder bedeutende Beiträge. Dazu gehören sicherlich die Studien, die von Mayo, Roethlisberger und Dickson zwischen 1924 und 1932 in den Hawthorne-Werken bei Chicago durchgeführt wurden (Roethlisberger & Dickson, 1939; ▶ Exkurs).

> Als Folge ihrer fehlenden Etablierung blieb die **Wirtschaftspsychologie zunächst ein Spezialgebiet.**

Exkurs

Die Hawthorne-Studien: Härteres Anpeitschen führt nicht unbedingt zu mehr Leistung

Ganz im tayloristischen Sinne der »wissenschaftlichen Unternehmensführung« wurde in den Hawthorne-Werken versucht, die Arbeitsbedingungen auf noch mehr Effizienz zu optimieren. Beispielsweise wurde in einer Fabrikhalle die Beleuchtung verstärkt, wodurch erwartungsgemäß die Arbeitsleistung stieg. Als man aber die Beleuchtung wieder auf die ursprüngliche Stärke zurückstellte, blieb die Arbeitsleistung dennoch erhalten. Erstaunlicherweise leisteten die Arbeiterinnen sogar noch mehr, als die Halle weiter verdunkelt wurde. Man erklärte sich dieses scheinbar unlogische Ergebnis so, dass die Arbeiterinnen wussten, Teil einer Studie zu sein, was sie stolz machte und ihrer Arbeit mehr Sinn verlieh. Man beauftragte Mayo und Kollegen mit weiteren Studien, in deren Rahmen sie in tausenden von Interviews Motivation, Zufriedenheit und Sinnempfinden der Hawthorne-Angestellten untersuchten.

Das Ergebnis war für die damalige Zeit geradezu revolutionär: Härteres Anpeitschen führt nicht unbedingt zu mehr Leistung, sondern Mitarbeiter steigern ihre Leistung dann, wenn sie in ihrer Arbeit Sinn sehen, wenn sie für ihre Leistung Anerkennung erhalten und wenn sie zu ihren Kollegen und Vorgesetzten gute Beziehungen haben.

So nahm in den Hawthorne-Werken die **Human-Relations-Bewegung** ihren Anfang, und das Ende des Taylorismus wurde eingeläutet. Seither gilt es als eine der wichtigsten Führungsaufgaben, für ein gutes Betriebsklima zu sorgen (▶ Abschn. 8.1).

> **Exkurs**
>
> **Taylorismus**
> Der Begriff »Taylorismus« geht auf Frederick Winslow Taylor (1856–1915) zurück und gilt heute als Inbegriff für eine unmenschliche, den Menschen ausbeutende Arbeitsgestaltung. Taylors Ziel war es, die Effizienz der Produktion zu steigern. Mithilfe vermeintlich wissenschaftlicher Methoden teilte er sämtliche Arbeitsschritte in kleinste Einheiten auf, so dass sie von den Arbeitern in starrer Abfolge möglichst repetitiv und schnell erledigt werden konnten. Wo das hinführt, konnte man in den Betrieben sehen, die ihren Arbeitsprozess entlang der 1911 veröffentlichen »Principles of Scientific Management« rigide auf Effizienz getrimmt hatten: Stupide Monotonie, Leistungsdruck und Entfremdung waren die hässlichen Folgen des »Taylorismus« – in einem Ausmaß, das Charlie Chaplin zu seinem Meisterwerk »Modern Times« inspirierte, einer brillanten und leider sehr zutreffenden filmischen Parodie auf die damalige Tristesse im Leben vieler Arbeiter.

*Nach dem Zweiten Weltkrieg blieb der **Zeitgeist** für eine Anwendung der Psychologie in der Wirtschaft zunächst **ungünstig**.*

Die Entwicklung der Wirtschaftspsychologie nach dem Zweiten Weltkrieg kann man am ehesten als **zäh** beschreiben. Wir hatten vorhin vom Zeitgeist gesprochen – nun begegnen wir ihm wieder. Doch im Gegensatz zur Jahrhundertwende war er fünfzig Jahre später ungünstig für die Entwicklung einer eigenständigen Wirtschaftspsychologie. Es werden unterschiedliche Gründe für diese Veränderung diskutiert: ein kollektives Kriegstrauma, Abwehrreaktionen gegen die psychologischen Angriffe auf das ökonomische Weltbild, die Assimilation der Werbepsychologie in der Betriebswirtschaftslehre, die Herausbildung der Arbeits- und Organisationspsychologie als prägnante eigene Disziplin.

*Im wirtschaftlichen Aufschwung der Nachkriegszeit bestand **wenig Bedarf nach psychologischen Erklärungen für wirtschaftliche Fragen**.*

Aus heutiger Sicht erscheinen diese Begründungen fraglich. Der Krieg war vorbei, und Abwehrreaktionen seitens der Ökonomie gab es schon früher. Für die zeitgeistbedingte Baisse der Wirtschaftspsychologie zwischen 1950 bis 1980 gibt es einen viel einfacheren Grund: Auf den Krieg folgte eine Zeit wirtschaftlicher Prosperität – und **wo kein Problem ist, braucht es auch keine Lösung.** Es gab schlicht zu wenig Bedarf nach psychologischen Erklärungen für wirtschaftliche Fragen. Da half es natürlich auch nicht, dass Psychologen und Ökonomen immer noch ein ganz unterschiedliches Selbstverständnis hatten – zum einen wegen ihrer unterschiedlichen wissenschaftlichen Traditionen (Kirchler, 2011, S. 19), zum anderen, weil es in dieser Zeit zum Selbstverständnis von Psychologen und Ökonomen fast dazugehörte, sich voneinander abzugrenzen. Die Plausibilität dieser Erklärung kann auch heute noch jeder Student beim Besuch einer Vorlesung des anderen Fachs leicht nachprüfen. Zudem war in Europa die Psychologie nach dem Krieg wieder geisteswissenschaftlicher geworden. Ganzheitlichkeit war gefragt, nicht das vermeintlich gefühllose Sezieren des menschlichen Seins mit den als mechanistisch geltenden Werkzeugen der Naturwissenschaftler (Guski-Leinwand & Lück, 2014). Ökonomen und Psychologen sprachen also nicht nur andere Sprachen, sondern es machte auch den Anschein, als wollten sie gar nichts miteinander zu tun haben.

*Die in den 1960ern **aufflackernde Wirtschaftsfeindlichkeit hemmte** die Entfaltung der Wirtschaftspsychologie.*

Die Studentenbewegungen der sechziger Jahre halfen nicht, den Graben zu überwinden. Sie forderten ein Aufbrechen der als verkrustet, autoritär und muffig erachteten gesellschaftlichen Strukturen – auch an den Hochschulen. Damit verbunden war der Wunsch nach Überwindung eines überbordenden Materialismus, der die Menschen zu Konsumenten degradiere. Es stellte sich in Teilen der Gesellschaft eine **Wirt-

schaftsfeindlichkeit ein, in die verbreitet auch Psychologen und Hochschullehrer einstimmten. Dies hemmte die weitere Entfaltung der Wirtschaftspsychologie, denn wer wollte sich schon in einem Fach betätigen, das als Handlanger einer in Verruf geratenen Wirtschaft diente? Als Folge davon verschwand die Wirtschaftspsychologie bis Mitte der Achtziger insbesondere im deutschsprachigen Raum aus vielen Lehrplänen (Klauk & Stäudel, 2007, S. 26).

> **Exkurs**
>
> **Ein dritter Bereich der Wirtschaftspsychologie wird erkennbar: die Psychologie gesamtwirtschaftlicher Prozesse**
>
> Es fehlte nicht an Persönlichkeiten, die sich zu jener Zeit mit Fragen der Wirtschaftspsychologie beschäftigt hätten: etwa der Psychologe und Ökonom **George Katona**, der in den vierziger Jahren als Erster ein brauchbares und bis heute für Konjunkturprognosen verwendetes Messinstrument zur Erfassung der Konsumentenstimmung entwickelt hatte. Schon 1951 ging Katona in seinem Buch »Psychological Analysis of Economic Behavior« mit der traditionellen Ökonomie hart ins Gericht: »Economics without psychology has not succeeded in explaining important economic processes …«. Doch bis zu seinem Lebensende musste er die Zunft der Ökonomen daran erinnern, dass der wirtschaftlich handelnde Mensch »… beherrscht von Vorurteilen, launisch, impulsiv und schlecht informiert« sei (Strümpel & Katona, 1983, S. 225). Eine wichtige und bis heute gültige Kritik von Katona und Strümpel betrifft die Lehrmeinung, nach der solche irrationalen Verhaltensweisen bloß auf individueller Ebene zu beobachten seien, sich aber bei der Betrachtung des großen Ganzen, wie in der Ökonomie üblich, gegenseitig aufheben würden. Mit ihrer Kritik wurden Katona und Strümpel zu Wegbereitern des dritten Bereichs der Wirtschaftspsychologie, der sich mit gesamtwirtschaftlichen Prozessen und Finanzpsychologie befasst (▶ Sektion III).

Im Laufe der achtziger Jahre nahm das Interesse an psychologischen Erklärungen für wirtschaftliches Verhalten wieder zu. Es entstand neuer Bedarf nach einer Humanisierung der Arbeitswelt, die als zunehmend hektisch und fordernd erlebt wurde; die fortschreitende qualitative Nivellierung der Konsumgüter verlangte nach neuen Möglichkeiten zur Differenzierung; und an den Finanzmärkten traten immer wieder unerklärliche Phänomene auf, auf die der Homo oeconomicus keine Antwort geben konnte. Die Studentenbewegung war vorüber – ihre Forderungen waren entweder umgesetzt oder aufgegeben worden, und das Interesse an revolutionären Ideen war geschwunden. Die Teilung der Welt in Ost und West, die Umweltverschmutzung und die 1972 vom »Club of Rome« angekündigte Grenze des Wirtschaftswachstums beunruhigten die Menschen. Das Streben nach Lebensqualität rückte in den Vordergrund, definierte sich nun aber weniger durch eine Ablehnung von **Konsum und Leistung,** sondern verstand diese **als legitime Aspekte des Menschseins**. In diesem Klima erlebte die Psychologie einen allgemeinen Aufschwung, der sich auch in zunehmenden Studierendenzahlen ausdrückte. Im Zuge dessen gelangte die Wirtschaftspsychologie in die Hörsäle, zunächst sporadisch und in Form ihrer Teildisziplinen, als Arbeits-, Organisations-, Werbe- und Konsumpsychologie.

Auch die wirtschaftspsychologische Forschung nahm wieder Fahrt auf. Immer mehr Psychologen und Ökonomen erlaubten sich einen Blick über den Zaun und kamen miteinander ins Gespräch. Davon zeugen das 1981 begründete »Journal of Economic Psychology«, quasi das erste Amtsblatt der wissenschaftlichen Wirtschaftspsychologie, und die 1982

*Im Laufe der **1980er-Jahre nahm das Interesse** an psychologischen Erklärungen für wirtschaftliches Verhalten wieder zu.*

*Die wirtschaftspsychologische **Forschung nahm wieder Fahrt** auf und **zahlreiche Lehrstühle** wurden geschaffen.*

gegründete International Association for Research in Economic Psychology (IAREP). Die von nun an geleistete Aufbauarbeit für die Ideen der Wirtschaftspsychologie würde sich bald auszahlen, wie wir gleich sehen werden. Es wurde fleißig geforscht, und an zahlreichen Hochschulen wurden **Lehrstühle für Wirtschaftspsychologie** eingerichtet, oft etwas versteckt als Professuren für »Sozial- und Wirtschaftspsychologie«. So ganz traute man der Wirtschaftspsychologie ihre Eigenständigkeit noch nicht zu. Doch ihrer Attraktivität als Studienfach tat dies keinen Abbruch, wie die bis heute stetig steigenden Studierendenzahlen zeigen.

Ein Psychologe erhält den Wirtschaftsnobelpreis

Im Jahr 2002 erhielt der Psychologe Daniel Kahneman den Nobelpreis für Ökonomie.

Ökonomen waren aufgerufen, Methoden und Modelle zu überdenken.

Dann der Paukenschlag: Im Jahr 2002 erhielt der Psychologe **Daniel Kahneman** den Nobelpreis für Ökonomie! Damit war die Wirtschaftspsychologie erstmals einer breiteren Öffentlichkeit prominent ins Bewusstsein gebracht worden. Kahneman forschte mit seinem 1996 verstorbenen Kollegen **Amos Tversky** zu Urteilsheuristiken (mentalen Faustregeln) und Denkfehlern, die sie u. a. in ihrer »Prospect Theory« darstellten (▶ Abschn. 10.2.3). Das Nobelpreis-Komitee würdigte Kahneman »für das Einführen von Einsichten der psychologischen Forschung in die Wirtschaftswissenschaft, besonders bezüglich Beurteilungen und Entscheidungen bei Unsicherheit« (2002). Dass neben Kahneman auch der Ökonom **Vernon Smith** mit einem Nobelpreis bedacht wurde – für die Einführung empirischer, laborexperimenteller Untersuchungsmethoden in den Wirtschaftswissenschaften – war ein unmissverständlicher Aufruf an die Zunft der Ökonomen, ihre traditionellen Methoden und Modelle zu überdenken.

Der Aufruf wurde gehört: Praktisch über Nacht begannen Hundertschaften von Ökonomen, sich für das menschliche Verhalten zu interessieren. Wenn sich damit sogar ein Nobelpreis gewinnen ließ, dann musste da wohl etwas dran sein! Es folgte ein großer Anstieg an Publikationen zur **Verhaltensökonomie** (»Behavioral Economics«), unter der eine wirtschaftswissenschaftliche Auslegeordnung ökonomischen Verhaltens entwickelt wurde. Einige der »neuen« Erkenntnisse der Verhaltensökonomie waren freilich schon Jahrzehnte vorher von Psychologen beschrieben worden, wurden aber von Ökonomen entweder ignoriert oder schlicht umetikettiert.

*In der öffentlichen Wahrnehmung gelten **Äußerungen von Ökonomen** manchmal mehr als die von Psychologen.*

Angesichts der Bühnenpräsenz der Verhaltensökonomen argwöhnten Psychologen, warum sich denn dieser »alte Wein in neuen Schläuchen« mit dem schneidigen Wirtschaftsetikett so viel besser verkaufe. Diese Klage ist berechtigt, doch muss ihr entgegengehalten werden, dass sich in den Jahren vorher die Psychologen selber kaum berufen fühlten, ihre für das ökonomische Verhalten relevanten Erkenntnisse mitzuteilen (Wiswede, 2012, S. 21). Hier zeigt sich ein Imageeffekt (▶ Abschn. 6.11.3): In der öffentlichen Wahrnehmung gelten Äußerungen von Ökonomen manchmal mehr als die von Psychologen. Daher ist es gerade für Wirtschaftspsychologen wichtig, über solides ökonomisches Wissen zu verfügen und dieses auch vorzuweisen.

Im Schatten der Wirtschaftskrisen erblüht die Wirtschaftspsychologie

Um die Jahrtausendwende stellte sich eine Reihe wirtschaftlicher Extremereignisse ein, welche die folgenden Jahre prägten und deren

Schockwirkung bis heute anhält. All diesen Ereignissen ist gemein, dass sie mit dem klassisch-ökonomischen Menschenbild nicht in Übereinstimmung zu bringen waren: Weder verhielten sich die Wirtschaftssubjekte rational, noch zu ihrem eigenen Vorteil. Schlimmer noch: Sie überschätzten ihre eigenen Fähigkeiten und unterschätzten die Komplexität der wirtschaftlichen Kreisläufe.

Den Anfang machte der **New-Economy-Boom**, der 2001 zur **Dotcom-Krise** führte. Zahlreiche Anleger überschätzten die Gewinnmöglichkeiten der Wertpapiere von Internet-Firmen. Berichte über einige Dotcom-Millionäre, die über Nacht reich geworden waren, ließen Hunderttausende auf schnelle Gewinne hoffen. Von diesem »irrationalen Überschwang« (Shiller & Weiss, 2000) waren auch viele private Anleger betroffen, denn Anlageberater hatten die überrissenen Erwartungen nicht nur geteilt, sondern auch noch geschürt. Doch die Blase platzte: Statt saftiger Gewinne resultierten schmerzhafte Verluste.

Die wirtschaftlichen Akteure hielten dies zunächst für ein Ausnahmeereignis. Die Aktienmärkte erholten sich und die Banken vergaben munter Kredite – mitunter zu munter. Doch man hätte vorgewarnt sein müssen. So kam es 2007 in den USA zum nächsten »Ausnahmeereignis«: der **Subprime-Krise**. Diese wurde ebenfalls durch das Platzen einer Blase ausgelöst, diesmal auf dem Immobilienmarkt. Über die genauen Ursachen streitet man sich noch, aber sicher waren wiederum psychologische Gründe mit im Spiel: Dass der Preisanstieg der Immobilien auf **Herdenverhalten** und Spekulation mit ungenügend gedeckten Hypotheken beruhte, wurde ignoriert; die durch Deregulierung des US-Bankensystems entstandenen Fehlanreize wurden ausgeblendet. Diesmal waren die Folgen noch gravierender. Der Absturz der Immobilienpreise in den USA bescherte einigen der größten Finanzinstitute so hohe Verluste, dass sie ohne staatliche Hilfe zusammengebrochen wären und aufgrund der weltweiten Vernetzung viele weitere Institute mit in den Abgrund gerissen hätten. Manche Staaten sahen sich gezwungen, die für das Funktionieren ihrer Volkswirtschaften als systemrelevant erachteten Banken **mit dem Volksvermögen zu stützen.** Dadurch stieg die Staatsverschuldung in vielen Ländern stark an. Zudem begannen die Haushalte nach dem Einbruch der Immobilienvermögen zu sparen. Die Krise übertrug sich deshalb auch auf die Realwirtschaft. Die Arbeitslosigkeit erhöhte sich und die Unternehmensgewinne brachen ein. Aus der Immobilienkrise war eine Bankenkrise, eine Staatsschuldenkrise und schließlich eine Weltwirtschaftskrise geworden.

Es haben zwar viele Faktoren zur Krise beigetragen – von der zu großzügigen Vergabe von Hypothekarkrediten über die schwache Eigenkapitalbasis der Finanzinstitute bis zu ökonomischen Fehlanreizen für die Bank-Manager. Als besonders fatal erwies sich aber, dass sich damals die Ökonomie als Disziplin kaum mit den für das Verständnis von Hypotheken- und Finanzmärkten erforderlichen wirtschaftspsychologischen Grundlagen befasst hatte. So war es möglich, dass die Gefahr einer Spekulationsblase auf dem Immobilienmarkt von wichtigen Vertretern der Disziplin nicht nur verkannt, sondern sogar in Abrede gestellt wurde (Krugman, 2009): Alan Greenspan, der Vorsteher der amerikanischen Notenbank, sagte im Jahr 2004, eine »starke nationale Preisverzerrung« sei »höchst unwahrscheinlich«. Sein Nachfolger, Ben Bernanke, meinte 2005, dass die Immobilienpreisanstiege »weitgehend

---

Um die Jahrtausendwende gab eine Reihe wirtschaftlicher **Extremereignisse** Beleg für die Unzulänglichkeit des klassisch-ökonomischen Menschenbildes ab.

Während des **New-Economy-Booms** überschätzten zahlreiche Anleger die Gewinnmöglichkeiten von Internet-Firmen.

2007 kam es in den USA mit der **Subprime-Krise** zum nächsten »Ausnahmeereignis«. Es wurde maßgeblich durch Herdenverhalten auf Immobilienmärkten verursacht.

Die **Ökonomie befasste sich kaum mit den psychologischen Grundlagen**, die für das Verständnis von Spekulationsblasen erforderlich sind.

starke Fundamentaldaten widerspiegeln« (wie Paul Krugman in einem Aufsatz mit dem sinnfälligen Titel »How did economists get it so wrong?« monierte; New York Times Magazine, 2. September 2009).

Durch staatliche Rettungsaktionen konnten zwar einige der strauchelnden Banken gerettet werden. Doch die Bankenkrise löste eine weltweite Schockwelle aus, die zum **Verlust des Vertrauens der Marktteilnehmer** führte: in das Funktionieren der wirtschaftlichen Kreisläufe, in die Sicherheit ihrer Spareinlagen. Plötzlich sahen sich breite Bevölkerungsschichten einer existenziellen Bedrohung gegenüber. Die natürliche Reaktion der Marktteilnehmer auf die von ihnen wahrgenommenen Bedrohungen war Vorsicht: Lieber das Geld nicht zur Bank bringen (dort könnte es nämlich verloren gehen); lieber nicht zu viel Geld ausgeben (wer weiß, was noch alles auf uns zukommt?). Dieses Verhalten verbreitete sich weltweit und führte zu einer großen Wirtschaftskrise, deren Nachwirkungen lange spürbar waren, in Europa beispielsweise in Gestalt der Eurokrise. Wenngleich deren Ursachen noch nicht restlos geklärt sind, so gilt als sicher, dass wiederum psychologische Faktoren beteiligt waren: **Überoptimismus** der Kreditgeber und Anleger angesichts der europäischen Währungsunion, gefolgt vom **Verlust des Vertrauens** in die Funktionsfähigkeit der europäischen Volkswirtschaften.

Megatrend Wirtschaftspsychologie?

Dass auf gesamtwirtschaftlicher Ebene eine Komplexität herrscht, die nur unter Berücksichtigung des Verhaltens und Erlebens der Marktteilnehmer beherrscht werden kann, leuchtet ein. Doch auch an das einzelne Unternehmen werden heute Fragen gestellt, die ohne psychologisches Wissen nicht beantwortet werden können: Digitalisierung, Dienstleistungsgesellschaft, Wissensarbeit, Internationalisierung ebenso wie Stress, Arbeitsmobilität, Effizienz, lebenslanges Lernen und nicht zuletzt die Frage nach Sinn und Glück stehen auf der wirtschaftspsychologischen Agenda. Immerhin: Wir wissen heute mehr über die Wirtschaft und ihre Psychologie als jemals zuvor. Wir wissen, dass Phänomene wie Volatilität der Börsen, kollektive Unvernunft der Anleger und die Versuchung, aus wenig Kapital maximalen Gewinn zu schlagen, eher die Regel sind als die Ausnahme. Wir wissen auch, dass die Komplexität des wirtschaftlichen Systems schneller wächst als unsere kognitiven Fähigkeiten. Die Wirtschaftspsychologie bietet für diese und viele weitere Herausforderungen **gute Lösungen.** Wirtschaftspsychologen kommt die wichtige Aufgabe zu, diese Lösungen in der Forschung weiterzuentwickeln und in der Praxis zu etablieren.

Da trifft es sich gut, dass die **Wirtschaftspsychologie eine große Nachfrage** verzeichnet: Die Studierendenzahlen steigen, und Firmen beginnen, gezielt Wirtschaftspsychologen zu suchen. Regierungen richten Nudge-Units ein (siehe dazu den Exkurs »staatliche Beeinflussung« in ▶ Abschn. 13.2); Medien befragen Wirtschaftspsychologen als Experten. Die Ereignisse unserer Zeit und die zahlreichen größeren und kleineren Krisen, in die Firmen und Staaten immer wieder geraten, lassen vermuten, dass ihr Rat auf absehbare Zeit hinaus gefragt sein wird. Aber keiner weiß, ob das immer so bleibt, denn das Bewusstsein für Risiken schwindet, wenn im Erlebenshorizont der jeweils aktiven Generation kein Krisenereignis eingetreten ist. Das ist denn auch das einzig Positive

---

Die Bankenkrise löste eine weltweite **Schockwelle** aus. Marktteilnehmer **verloren das Vertrauen.**

Die Wirtschaftspsychologie bietet für viele wirtschaftliche Herausforderungen gute Lösungen. **Wirtschaftspsychologen sind aufgerufen,** dieses Wissen weiterzuentwickeln und zu etablieren.

Der historische Rückblick zeigt: Wirtschaftskrisen regen an, sich um die **Entwicklung der Wirtschaft** zu kümmern. Die Wirtschaftspsychologie leistet hierfür wichtige Beiträge.

an Wirtschaftskrisen: Sie fördern die Bereitschaft für notwendige Anpassungen am wirtschaftlichen System – der historische Rückblick bestätigt dies. Ob sich unser heutiges Wissen über Wichtigkeit und Nutzen der Wirtschaftspsychologie auf künftige Generationen überträgt? Das ist eines der Anliegen, die wir mit diesem Buch verfolgen. Dass Sie es lesen, lässt uns hoffen.

> **Exkurs**
>
> **Die drei Themenkreise der Wirtschaftspsychologie**
>
> Das menschliche Leben ist geprägt vom Wunsch, Ressourcen zu erlangen. Dieser Wunsch manifestiert sich im **Konsum** von Gütern, die mittels **Werbung** angepriesen und auf einem **Markt** angeboten werden, bevor sie in einem Haushalt verbraucht werden. Damit dies geschehen kann, müssen die Güter durch **Arbeit** hergestellt und von einer **Organisation** zu Markte getragen werden. Dazu ist **Personal** erforderlich, das richtig ausgewählt sein muss und angemessen entlohnt werden will. Mit dem Lohn kann dann wiederum konsumiert werden – auf dass sich der wirtschaftliche Kreislauf schließe. Aber nicht alles **Geld** darf für den Konsum ausgegeben werden, denn Staat und Altersvorsorge fordern ihren Teil, damit das wirtschaftliche System, auf das unsere **Gesellschaft** baut, funktionieren kann. Dieses System unterliegt aufgrund technologischer, gesellschaftlicher und politischer Veränderungen ständiger **Entwicklung.** Diese Stichwörter umreißen die drei Themenkreise der Wirtschaftspsychologie, denen wir uns in den folgenden Kapiteln dieses Buches zuwenden: Konsum, Markt, Werbung; Arbeit, Organisation, Personal; Geld, Gesellschaft, Entwicklung.

> **? Kontrollfragen**
>
> 1. Was ist seit eh und je das Ziel des Wirtschaftens?
> 2. In welchen frühen Kulturen zeigten sich erste Zeugnisse ökonomischer Überlegungen?
> 3. Welcher Berufsstand machte sich im antiken Griechenland Gedanken zum wirtschaftlichen Verhalten?
> 4. Welche Forderung von Calvin wurde von Max Weber als Grundlage des Kapitalismus bezeichnet – und hatte er damit wohl Recht?
> 5. Warum hat es nichts mit Magie zu tun, wenn Ökonomen von der »unsichtbaren Hand« sprechen? Und auf wen geht der Begriff zurück?
> 6. Wie wirkten sich die Hungersnöte, Arbeitslosigkeit und Revolten der Neuzeit auf das damalige Weltbild aus?
> 7. Weshalb wurde die Psychologie ursprünglich aus den Wirtschaftswissenschaften ausgeklammert?
> 8. Welche wirtschaftlichen Veränderungen führten zu immer lauteren Rufen nach psychologischen Antworten?
> 9. Welches Erbe hinterließ Wilhelm Wundt, und wieso ist dieses wichtig für die Wirtschaftspsychologie?
> 10. Wer gilt als Begründer der Wirtschaftspsychologie?
> 11. Wie verlief die Entwicklung der Wirtschaftspsychologie nach dem Zweiten Weltkrieg?
> 12. Ist »Taylorismus« empfehlenswert?
> 13. Welche Ereignisse führten um die Wende zum 21. Jahrhundert zum Aufblühen der Wirtschaftspsychologie?

▶ **Weiterführende Literatur**

Guski-Leinwand, S., & Lück, H. E. (2014). *Geschichte der Psychologie: Strömungen, Schulen, Entwicklungen.* Stuttgart: Kohlhammer.
Klauck, B., & Stäudel, T. (2007). *Studienführer Wirtschaftspsychologie.* Lengerich: Pabst.
Müller, R. (1995). *Psychologisches Denken in der Ökonomie. Vom Altertum bis heute.* http://www.muellerscience.com/PSYCHOLOGIE/Wirtschaftspsychologie/GeschichtederWirtschaftspsychologie.htm

Literatur

Boulding, K. E. (1956). *The image: Knowledge in life and society.* Ann Arbor: University of Michigan Press.

Guski-Leinwand, S., & Lück, H. E. (2014). *Geschichte der Psychologie: Strömungen, Schulen, Entwicklungen.* Stuttgart: Kohlhammer.

Kahneman, D. (2002). Maps of bounded rationality: A perspective on intuitive judgment and choice. *Nobel Prize Lecture, 8,* 351-401.

Katona, G. (1951). *Psychological analysis of economic behavior.* New York: McGraw-Hill.

Kirchler, E. (2011). *Wirtschaftspsychologie: Individuen, Gruppen, Märkte, Staat.* Weinheim: Hogrefe.

Klauck, B., & Stäudel, T. (2007). *Studienführer Wirtschaftspsychologie.* Lengerich: Pabst.

Lewin, K. (1947). Frontiers in group dynamics: Concept, method and reality in social science; social equilibria and social change. *Human Relations, 1*(1), 5-41.

Lewin, K., Lippitt, R., & White, R. K. (1939). Patterns of aggressive behavior in experimentally created »social climates«. *Journal of Social Psychology, 10*(2), 269-299.

Lysinski, E. (1923). *Psychologie des Betriebes.* Berlin: Industrieverlag Spaeth & Linde.

Mitchell, W. C. (1914). Human behavior and economics: A survey of recent literature. *Quarterly Journal of Economics, 29*(1), 1-47.

Müller, R. (1995). *Psychologisches Denken in der Ökonomie. Vom Altertum bis heute.* http://www.muellerscience.com/PSYCHOLOGIE/Wirtschaftspsychologie/GeschichtederWirtschaftspsychologie.htm

Münsterberg, H. (1912). *Psychologie und Wirtschaftsleben: ein Beitrag zur angewandten Experimentalpsychologie.* Leipzig: Barth.

Roethlisberger, F. J., & Dickson W. J. (1939). *Management and the worker.* Cambridge: Harvard University Press.

Scott, W. D. (1908). *The psychology of advertising.* Boston: Small, Maynard & Company.

Shiller, R. J., & Weiss, A. N. (2000). Moral hazard in home equity conversion. *Real Estate Economics, 28*(1), 1-31.

Smith, A. (1776/2005). *The wealth of nations.* Chicago: University of Chicago Bookstore.

Strümpel, B., & Katona, G. (1983). Psychologie gesamtwirtschaftlicher Prozesse. In M. Irle, & W. Bussmann (Hrsg.), *Enzyklopädie der Psychologie: Marktpsychologie als Sozialwissenschaft* (S. 225-281). Göttingen: Hogrefe.

Tarde, G. (1902). *Psychologie économique* (2). Paris: Presses Universitaires de France.

Veblen, T. (1899). *The theory of the leisure class: An economic study in the evolution of institutions.* New York: Macmillan.

Wärneryd, K.-E. (1988). Economic psychology as a field of study. In W. F. Van Raaij, G. M. Van Veldhoven, & K.-E. Wärneryd (Eds.), *Handbook of economic psychology* (pp. 2-41). Dordrecht: Kluwer Academic Publishers.

Weber, M. (1904/1905). Die protestantische Ethik und der »Geist« des Kapitalismus. *Archiv für Sozialwissenschaft und Sozialpolitik 20:* 1-54; *21:* 1-110.

Weisberg, D. S., Keil, F. C., Goodstein, J., Rawson, E., & Gray, J. R. (2008). The seductive allure of neuroscience explanations. *Journal of Cognitive Neuroscience, 20*(3), 470-477.

Wiswede, G. (2012). *Einführung in die Wirtschaftspsychologie* (5. Auflage). Stuttgart: UTB.

Konsum, Markt, Werbung

Kapitel 2	**Konsum** – 29	
	Christian Fichter, Stefan Ryf und Jörn Basel	
Kapitel 3	**Kunden** – 59	
	Christian Fichter	
Kapitel 4	**Angebot** – 71	
	Christian Fichter und Stefan Ryf	
Kapitel 5	**Marktforschung** – 87	
	Stefan Ryf, Christian Fichter und Jörn Basel	
Kapitel 6	**Werbung** – 99	
	Christian Fichter	

Ein Markt ist ein Ort, physisch oder virtuell, an dem sich Anbieter und Nachfrager treffen. Anbieter bringen ihre Güter zum Markt, Konsumenten eine Menge Wünsche und ein wenig Geld (seltener umgekehrt). Die Anbieter bewerben ihre Waren, Konsumenten werden auf diese aufmerksam. Nun könnten Güter und Geld getauscht werden. Weil aber die Güter aufwendig hergestellt und das Geld sauer verdient wurden, wird zuerst ein fairer Preis ausgehandelt. Scheitert dies, so geht der Konsument nach Hause oder zur Konkurrenz, und der Anbieter muss sich einen neuen Kunden suchen. Gelingt der Handel, so wechselt das Gut die Hand. Der Konsument verbraucht das Gut oder hebt es für später auf. Der Anbieter nimmt das Geld, bezahlt damit Löhne und Herstellungskosten und geht jetzt selber zum Markt – schließlich hat er ebenfalls Wünsche, zu deren Erfüllung er Güter benötigt. Aus dem Anbieter ist nun ebenfalls ein Konsument geworden. So läuft das seit tausenden von Jahren (▶ Abschn. 1.2), daher weiß jeder, wie man sich als Marktteilnehmer verhalten muss, um seine Konsumwünsche befriedigen zu können. Aber nicht jeder weiß, welch komplexe Psychologie damit verbunden ist. Rund um Konsum, Markt und Werbung besteht ein komplexes Gewebe aus sozialen, persönlichen und gesellschaftlichen Bedingungen, die das Marktgeschehen bestimmen. Gute hundert Jahre wirtschaftspsychologischer Forschung versetzen uns nun in die Lage, diese Bedingungen zu verstehen. So können wir das Marktgeschehen aktiv gestalten – sei es als produktive Anbieter oder als informierte Konsumenten.

Neben dem in dieser Sektion des Buches behandelten Gütermarkt gibt es auch noch Faktormärkte, etwa den Arbeits- oder den Kapitalmarkt. Auch dort finden sich zahlreiche psychologische Prozesse, zum Teil sogar dieselben wie auf dem Gütermarkt. Wir wenden uns diesen in ▶ Sektion III zu.

2 Konsum

Christian Fichter, Stefan Ryf und Jörn Basel

2.1	Konsummotive – 29		2.3	Kaufentscheidungen – 42
2.1.1	Warum wir konsumieren – 30		2.3.1	Charakteristika von Kaufentscheidungen – 42
2.1.2	Konsummotive: sieben sind genug – 32		2.3.2	Typen von Kaufentscheidungen – 43
2.1.3	Von der Produkteigenschaft zum Motiv – 34		2.4	Preiswahrnehmung – 50
2.1.4	Bewusste und unbewusste Konsummotive – 37		2.4.1	Preisschwellen – 50
2.1.5	Der Reiz des Einkaufens – 37		2.4.2	Paradoxe Preiseffekte – 51
2.1.6	Die Motivation hinter dem Schenken – 39		2.4.3	Relative Preiswahrnehmung – 53
2.2	Der soziale Kontext beim Konsumieren – 40		2.4.4	Gebrochene Preise – 53
			2.4.5	Effekte des Preisimages – 54
2.2.1	Gruppen: dazugehören – 40			Literatur – 55
2.2.2	Gruppen: anders sein – 41			

© Springer-Verlag GmbH Deutschland 2018
C. Fichter (Hrsg.), *Wirtschaftspsychologie für Bachelor*
https://doi.org/10.1007/978-3-662-54944-5_2

Lernziele

- Die Motivation hinter dem Konsum verstehen.
- Wissen, inwiefern Produkteigenschaften beim Konsum einem »höheren Zweck« dienen.
- Den Reiz des Einkaufens und die Gründe für das Schenken kennen.
- Kaufsucht erklären können.
- Gruppeneinflüsse auf den Konsum identifizieren und begründen können.
- Verschiedene Arten von Kaufentscheidungen kennen.
- Den Nutzen von Marken für Konsumenten verstehen.
- Eine Strategie gegen Informationsüberfluss beim Einkaufen kennenlernen.
- Die Bedeutung von Preisimages und Preisschwellen verstehen.
- Preise psychologisch gestalten können.

2.1 Konsummotive

Am Anfang allen Wirtschaftens stehen die menschlichen **Bedürfnisse**: nach Nahrung, nach Wärme, nach Sicherheit; aber auch nach Gesundheit, nach Schönheit, nach Status. Ohne diese Bedürfnisse (und eine ganze Reihe mehr) gäbe es keine **Nachfrage**, gäbe es keinen Markt. Doch für die Nachfrage ist gesorgt: Kaum ist ein Bedürfnis gestillt, meldet sich auch schon ein anderes, das befriedigt werden will. Deshalb sind – etwas provokativ gesagt – Menschen niemals ganz zufrieden. Man könnte dies als kulturpessimistische Anklage verstehen, aber es ist einfach eine nüchterne Beschreibung der menschlichen Natur. Ob so oder so: Aus unseren Bedürfnissen ergibt sich eine ganze Reihe von Konsummotiven.

> Menschliche **Bedürfnisse sind die Basis** für die Nachfrage an den Märkten.

▶ **Definition**
Konsummotive

Definition

Konsummotive sind zielgerichtete, auf menschlichen Bedürfnissen basierende Antriebe, die bestimmen, ob und was wir kaufen und welche Verhaltensmuster wir dabei zeigen.

Anbieter versuchen, Produkte anzubieten, die **zu den Bedürfnissen der Konsumenten passen**.

Für Anbieter ist es zentral, die **Konsummotive** der Konsumenten zu kennen, um passende Güter herstellen zu können. Dazu dient in erster Linie die Marktforschung (▶ Kap. 5). Viele Konsummotive sind bekannt und verändern sich nicht, z. B. Hunger. Wer ein Restaurant oder einen Lebensmittelladen eröffnet, darf also von einer gewissen Grundnachfrage ausgehen. Aber es ist auch möglich, neue Bedürfnisse zu wecken (selbst wenn dies von der Werbebranche manchmal abgestritten wird). Ein Beispiel dafür ist die Entfernung von Körperbehaarung. Hier hat sich inzwischen ein ganzer Markt entwickelt, der vor einigen Jahrzehnten noch nicht existierte, vom Wachsstreifen bis zur Laserbehandlung.

Konsummotive können nicht nur geweckt, sondern auch verändert oder abgemildert werden.

Es ist nichts als selbstverständlich, dass die Anbieter von Gütern unsere Konsummotive gezielt ansprechen, insbesondere mit Werbung (▶ Kap. 6). Aber manche Konsummotive widersprechen gesellschaftlich wünschenswerten Zielen, etwa nach einem gesunden Lebensstil. Immerhin lassen sich Konsummotive und die ihnen zugrundeliegenden Bedürfnisse im Prinzip nicht nur wecken, sondern auch verändern oder abmildern. So ließe sich z. B. mit einer geeigneten Präventionskampagne ein reduziertes Bedürfnis nach übermäßig kalorienreicher Nahrung bewirken. Dies hätte für die Hersteller entsprechender Lebensmittel nachteilige Folgen. Doch für solche Kampagnen stehen gemeinhin viel weniger Mittel zur Verfügung.

2.1.1 Warum wir konsumieren

Häufig spielen beim Konsum **mehrere, sich zum Teil widersprechende Motive** eine Rolle.

Zuallererst konsumieren wir, um zu **überleben**. Das ist banal, aber wahr. **Hunger** z. B. ist eines der stärksten Konsummotive. Da es in unserer Gesellschaft kaum noch Selbstversorger gibt, führt Hunger fast zwangsläufig zu Konsum. Um Hunger zu stillen, steht uns eine schier unendliche Auswahl an Gütern zur Verfügung. Dabei spielt oft nicht nur das Hungermotiv eine Rolle – außer vielleicht, wenn man gerade sehr starken Hunger hat. Normalerweise sind aber weitere Motive wirksam, etwa das Motiv, gesund zu sein oder das Motiv, Genuss zu erleben. Je nachdem, welches Motiv gerade im Vordergrund steht, greift man eher zum Apfel oder zur Schokolade. Das urmenschliche Problem konfligierender Motive zeigt sich also auch beim Konsum.

Neben physiologischen Bedürfnissen und Motiven wie Anschluss, Leistung und Macht gibt es **weitere Motive für Konsum**.

Auch Motive wie Anschluss, Leistung und Macht bestimmen den Konsum. Konsumenten können mit einer Lederjacke ihre Zugehörigkeit zu einer Gruppe demonstrieren (**Anschlussmotiv**), mit einem leistungsfähigen Computer ihre Leistungsfähigkeit steigern (**Leistungsmotiv**) oder mit einem Luxusauto ihren Status demonstrieren (**Machtmotiv**). Daneben gibt es eine Vielzahl weiterer Konsummotive, die nicht unmittelbar mit physiologischen Bedürfnissen oder mit Anschluss, Leistung und Macht erklärt werden können.

Es gab in der Geschichte der Psychologie viele Versuche, sämtliche Motive zu identifizieren, zu benennen und zu kategorisieren. Am bekanntesten ist sicherlich die hierarchische Ordnung von Bedürfnissen, die Abraham Maslow (1943) vorgeschlagen hat, auch bekannt als **Maslow-Pyramide**. Diese postuliert, dass zunächst die hierarchisch tieferliegenden Bedürfnisse befriedigt werden müssen, damit die höherliegenden aktiv werden können. Die unterste Ebene besteht aus physiologischen Bedürfnissen, die oberste aus **Selbstverwirklichung**. Das Modell klingt einleuchtend, ist aber überholt. Weder bauen Motive zwingend aufeinander auf, noch bilden die vorgeschlagenen Motivklassen die menschliche Motivstruktur wirklichkeitsgetreu ab (für eine Bewertung der Maslow-Pyramide siehe ▶ Abschn. 7.2.2). Aber es ist sicherlich richtig, dass »mit wachsendem Wohlstand andere Motivkonstellationen das Verbraucherverhalten bestimmen und dass expansivere Motive (wie Selbstverwirklichung) in den Vordergrund treten« (Wiswede, 2012, S. 330).

Es gibt bis heute keine allgemein akzeptierte Theorie der Motivation, auf die sich die Konsumforschung stützen könnte. Deshalb gab es in der Konsumpsychologie immer wieder eigene **Versuche, Konsummotive zu katalogisieren**. Ein Beispiel dafür ist die mit 42 Motiven ziemlich ausführliche Zusammenstellung in ◘ Tab. 2.1. Aber auch diese

Es gab verschiedene Versuche zur **Kategorisierung von Motiven**, z. B. die bekannte, aber überholte Maslow-Pyramide.

Es gibt **keine abschließende Zusammenstellung** von Konsummotiven.

◘ **Tab. 2.1** Beispiel einer Zusammenstellung von Konsummotiven, welche die Breite denkbarer Konsummotive illustriert (nach Raab, Unger & Unger, 2010, S. 217)

Aktivität	Amusement
Ansehen	Behaglichkeit
Besitztum	Durst
Ehrgeiz	Einfluss auf andere
Erfrischung	Gastlichkeit
Geborgenheit	Genuss
Geschmack	Gesundheit
Häuslicher Komfort	Herrschaft
Hingabe	Höflichkeit
Humor	Hunger
Kinderliebe	Lebensfreude
Leistung	Macht
Nachahmung	Natürlichkeit
Neugier	Prestige
Religiosität	Sauberkeit
Schutz	Schutz vor Furcht/Gefahr
Sexualität	Sicherheit
Sportlichkeit	Sympathie für andere Personen
Vergnügen	Vertrauen
Wärme	Wettbewerb
Wohlbefinden	Zusammenarbeit

ist nicht abschließend, denn Konsummotive lassen sich (genau wie andere Motive) nicht immer klar voneinander abgrenzen, und man kann sie in zahlreiche Untermotive aufteilen. Beispielsweise könnte das Geschmacksmotiv weiter unterteilt werden in ein »Motiv für Salziges« und ein »Motiv für Süßes«. Es wurde auch schon von einem »Naschmotiv« gesprochen oder bei Autofans von einem »Überholmotiv«. Doch Konsummotive so feingliedrig zu spezifizieren ist nicht besonders hilfreich, denn in dieser Detailliertheit sind Motive entweder banal oder tautologisch (der Konsument nascht, also hat er ein Naschbedürfnis). Konsumpsychologische Motivkataloge sollten daher nicht als wirklichkeitsgetreue Modelle der menschlichen Motivstruktur missverstanden werden. Ihr praktischer Nutzen besteht am ehesten darin, eine grobe Übersicht über menschliche Bedürfnisse und Ziele zu geben, an denen sich Produktentwicklung oder Werbung orientieren können. Als theoretische Basis für die anwendungs- oder grundlagenorientierte Konsumforschung eignen sie sich nicht.

2.1.2 Konsummotive: sieben sind genug

*Für die Anwendung im Konsumbereich ist eine Aufteilung in **sieben Motive sinnvoll**.*

Auf welche Konsummotive sollte man sich also beziehen, beispielsweise in der Marktforschung oder bei der Produktentwicklung? Die Motive sollten hinreichend spezifisch sein, um einen klaren Bezug zum Produkt erkennen zu lassen. Aber sie sollten auch nicht allzu spezifisch sein, denn sonst können sie nicht auf verschiedene Produktkategorien angewendet werden. Vor diesem Hintergrund schlagen Trommsdorff und Teichert (2011, S. 110 ff.) sieben Motive vor, die einen guten **Kompromiss zwischen Konkretheit und Übertragbarkeit** darstellen:

Ökonomik – Sparsamkeit – Rationalität

*Konsumenten sind motiviert, mit ihren Ressourcen **sparsam umzugehen**.*

Konsumenten sind motiviert, sparsam mit ihren Ressourcen umzugehen. Den meisten Menschen steht nur ein begrenztes Budget zur Verfügung, und für einige ist gar die Suche nach dem günstigsten Preis an sich zentraler Antrieb beim Einkaufen (»Schnäppchenjäger«). Die Mehrzahl der Konsumenten dürfte aber in die Kategorie der »Smart Shopper« fallen. Diese suchen nicht unbedingt nach dem günstigsten Angebot, sondern nach dem besten Preis-Leistungs-Verhältnis. Häufig ist in diesem Kontext auch vom **hybriden Konsumenten** die Rede: Dieser gibt in gewissen Bereichen viel Geld aus, während er sich in anderen mit dem billigsten Angebot begnügt. Zum Beispiel könnte ein hybrider Konsument mit hohem Gesundheitsbewusstsein motiviert sein, sich nur die gesündesten Nahrungsmittel in den Warenkorb zu legen (und dafür auch mehr zu bezahlen), er würde aber vielleicht für Kleidung weniger Geld ausgeben. Dennoch wären damit seine Konsummotive befriedigt. Bei einer Person mit ausgeprägtem Statusmotiv hingegen könnte es genau umgekehrt sein: teure Kleidung, billige Nahrung (solange diese nicht in Gesellschaft konsumiert wird). Auch innerhalb von manchen Produktkategorien zeigt sich hybrides Einkaufsverhalten: Zum Beispiel kaufen viele Konsumenten einmal eine teure Marmelade, einmal eine günstige (Müller, 2001).

Prestige – Ausdruck – soziale Anerkennung

Konsumenten sind motiviert, eine Persönlichkeit zu formen und diese anderen gegenüber auszudrücken. Deshalb sind beim Konsum oft soziale Motive beteiligt, oder sie stehen sogar im Vordergrund (▶ Abschn. 2.2). Zu einem großen Teil drücken wir mit unserem Konsum unsere Persönlichkeit aus (**Ausdrucksmotiv**). Augenfällig wird dies bei Kleidung: Man kann damit nicht nur guten Geschmack beweisen, sondern auch Einstellungen und Werte vermitteln. Das wirkt nicht nur nach außen, sondern auch nach innen. Mit der Wahl des Automobils, der Kleidermarke oder des bevorzugten Restaurants bekräftigen wir unser Selbstbild und formen unsere Selbstwahrnehmung. Oft steht beim sozial motivierten Konsum hohes **Prestige** im Vordergrund, wie es etwa hochpreisige Rolex-Uhren oder Mercedes-Limousinen vermitteln (▶ Abschn. 2.4.2, »Veblen-Effekt«), denn eine Swatch oder ein VW Golf würden rein funktional denselben Zweck erfüllen. Es liegt auf der Hand, dass viele Güter nicht in erster Linie wegen ihrer Funktionalität gekauft werden, sondern um etwas zu symbolisieren. Man spricht deshalb von **symbolischem Konsum.**

> Konsumenten sind motiviert, eine **Persönlichkeit zu formen und** anderen gegenüber **auszudrücken.**

Konformität

Konsumenten sind motiviert, zu Gruppen zu gehören. Meist ist mit Gruppenzugehörigkeit ein mehr oder weniger subtiler Gruppendruck verbunden, der sich auf den Konsum auswirkt. In vielen Gruppen gelten ganz bestimmte Regeln dafür, welche Marken, welche Stile oder überhaupt welche Güter konsumiert werden sollen (▶ Abschn. 2.2). Der Wunsch, mit den Konsumgewohnheiten der Gruppe **konform zu gehen**, kann ganze Modebewegungen auslösen. Wem das Konformitätsmotiv wichtig ist, der reagiert auch stärker auf Werbung, die soziale Anerkennung thematisiert.

> Konsumenten sind motiviert, **zu Gruppen zu gehören.**

Lust – Erregung – Neugier

Konsumenten sind motiviert, Aufregendes zu erleben und Neues zu entdecken. In der Persönlichkeitspsychologie spricht man in diesem Zusammenhang auch von **Sensation Seeking** (Zuckermann, 1979): Für den einen muss es Extremsport sein, dem anderen ist auch der zwanzigste Urlaub am selben Badestrand Abwechslung genug. Das Optimum zwischen Langeweile und Stress kann je nach Person also sehr unterschiedlich sein. Das hat Konsequenzen für den Konsum: Während die einen immer wieder neue Kleider oder Gadgets brauchen, bleiben andere ihren Lieblingsstücken ewig treu.

> Konsumenten sind motiviert, **Aufregendes zu erleben und Neues zu entdecken.**

Sex – Erotik

Konsumenten sind motiviert, sexuelle Befriedigung zu erleben. Sexualität ist ein sehr starkes Motiv, mit unübersehbaren Auswirkungen auf viele Bereiche des Lebens und des Konsums, etwa auf Kleidung, Körperpflege, Musik, Literatur und vieles mehr. Viele Produkte dienen dazu, Maskulinität oder Femininität zu betonen und auf potenzielle Partner attraktiv zu wirken. Auch Autos dienen als sexuelle Signale (Saad, 2011, S. 67 ff.). Erotik wird häufig in der Werbung verwendet, um die Aufmerksamkeit von Konsumenten zu wecken – manchmal auch dann, wenn kein inhaltlicher Bezug zum beworbenen Produkt besteht (▶ Abschn. 6.3).

> Konsumenten sind motiviert, **sexuelle Befriedigung zu erleben.**

Angst – Furcht – Risikoneigung

Konsumenten sind motiviert, Angst zu vermeiden und Risiken zu minimieren. **Schutz** ist ein wichtiges Konsummotiv, sei es bei der Gesundheitsvorsorge, beim Einbrecherschutz oder bei Sicherheitssystemen im Auto. Menschen fürchten sich vor Krankheiten und körperlichem Verfall, vor gesellschaftlicher Ausgrenzung, sozialer Ablehnung und materiellem Verlust. Durch das Ansprechen von Ängsten in der Werbung (mittels »Angst auslösen, Ausweg empfehlen«) kann das Bedürfnis für Produkte geweckt werden, die für solche Fälle Lösungen anbieten. Auch Umtauschmöglichkeiten und Garantieleistungen sind Maßnahmen, um Konsumenten die Angst zu nehmen. Viele Konsumenten sind gerne bereit, für Angstreduktion tief in die Tasche zu greifen. Ein Beispiel dafür sind Versicherungen gegen Schäden am Handy. Diese lohnen sich rein rational betrachtet nur für ausgesprochene Schussel, aber sie werden von vielen Smartphonebesitzern als beruhigend empfunden.

Konsistenz – Dissonanz – Konflikt

Konsumenten sind motiviert, sich selbst und ihre Umgebung als harmonisch und konsistent zu erleben. Es fühlt sich einfach gut an, wenn sich alles gut zusammenfügt. Das gilt auch für den Konsum, etwa wenn Name, Verpackung und Funktion eines Deodorants zueinander passen, oder wenn ein Verkaufsgeschäft gut gestaltet ist. Wenn etwas irritiert oder nicht richtig passt, ist dieses stimmige Gefühl schnell verschwunden. Ein Auto z. B. kann noch so perfekt sein: Wenn es »i-MiEV« heißt, kann sich kein richtiger Besitzerstolz einstellen.

2.1.3 Von der Produkteigenschaft zum Motiv

Die sieben im vorherigen Abschnitt vorgestellten Motivkategorien legen einige Beweggründe für Konsum offen. Doch welche konkreten Eigenschaften muss ein Angebot haben, damit eines oder mehrere dieser Motive angesprochen werden? Diese Frage lässt sich besser beantworten, wenn man die **Means-End-Kette** eines Produktes kennt (◘ Abb. 2.1). Hinter diesem etwas ungelenken Begriff verbirgt sich die einfache Annahme, dass Produkte konkrete Eigenschaften haben, die nützlich sind und dem Erreichen übergeordneter Ziele und Werte dienen (die Ziele und Werte wiederum entsprechen den Konsummotiven). Verfügt nun ein Produkt über Eigenschaften, die mit den Zielen und Werten eines Konsumenten korrespondieren, so bewirkt der Kauf dieses Produktes eine positive Stimmung, da es zum Erreichen der Ziele und Werte beiträgt. Zum Beispiel kaufen wir ein wohlriechendes Deodorant (Eigenschaft), das unangenehme Gerüche vermindert (Nutzen), um bei unseren Freunden beliebt zu sein (Ziel).

Laddering-Methode

Kennt ein Hersteller die Means-End-Kette seines Produktes, so kennt er damit die tieferliegenden Gründe dafür, warum Konsumenten sein Produkt kaufen, und kann dessen Eigenschaften entsprechend optimieren. Zur Identifikation der Means-End-Kette kann die **Laddering-Methode** angewendet werden (Reynolds & Gutman, 1988). Diese be-

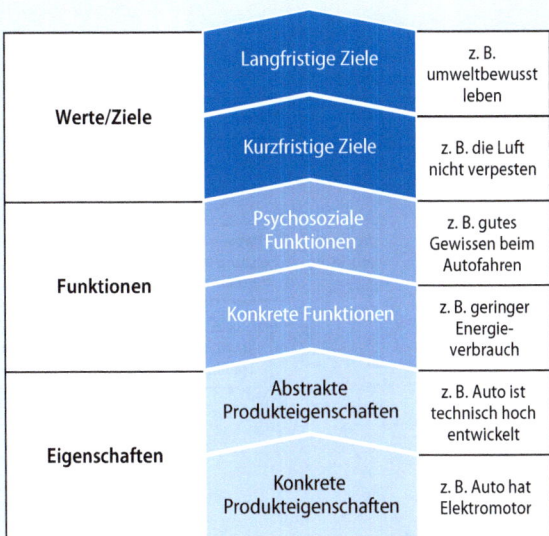

Abb. 2.1 Means-End-Kette (nach Walker & Olson, 1991, mit freundlicher Genehmigung von Elsevier). Die drei Ebenen sind hier zusätzlich in konkrete und abstrakte Eigenschaften, Funktionen und Werte unterteilt

steht aus vier Schritten, die wir am Beispiel eines Proteinshakes durchspielen (Abb. 2.2):

1. **Ermittlung der relevanten Produkteigenschaften:** Zunächst muss ermittelt werden, welche Eigenschaften eines Produktes für seine Käufer überhaupt von Bedeutung sind; bei einem Proteinshake beispielsweise Proteingehalt, Geschmack, Zubereitungsart und Preis.
2. **Laddering-Interviews:** Konsumenten werden im Stil einer »kognitiven Leiter« immer wieder gefragt, warum ihnen etwas an dem Produkt wichtig ist: »Wieso haben Sie sich für diesen Proteinshake entschieden?« »Weil er einen hohen Proteingehalt hat.« »Wieso ist Ihnen ein hoher Proteingehalt wichtig?« »Weil ich meinen Muskelaufbau verbessern will.« »Wieso ist Ihnen Muskelaufbau wichtig?« »Weil ich meinen Körper formen will.« Weitere Schritte auf der Leiter könnten dann sein: »Weil ich attraktiv sein möchte« und schließlich »weil ich einen Partner suche«.
3. **Inhaltsanalyse der Interviewprotokolle:** Aus den Protokollen der Laddering-Interviews lassen sich typische Eigenschaften, Funktionen, Werte und Motive herauskristallisieren, die bei der Nutzung des Produktes eine Rolle spielen.
4. **Erstellung einer hierarchischen Wertekarte:** Die identifizierten Eigenschaften, Funktionen und Motive werden auf den drei Ebenen (mit je einer konkreten und abstrakten Stufe) der Means-End-Kette visualisiert (Abb. 2.1). Im Idealfall werden auf diese Weise die Produkteigenschaften ersichtlich, die schlussendlich zur Produktwahl motivieren.

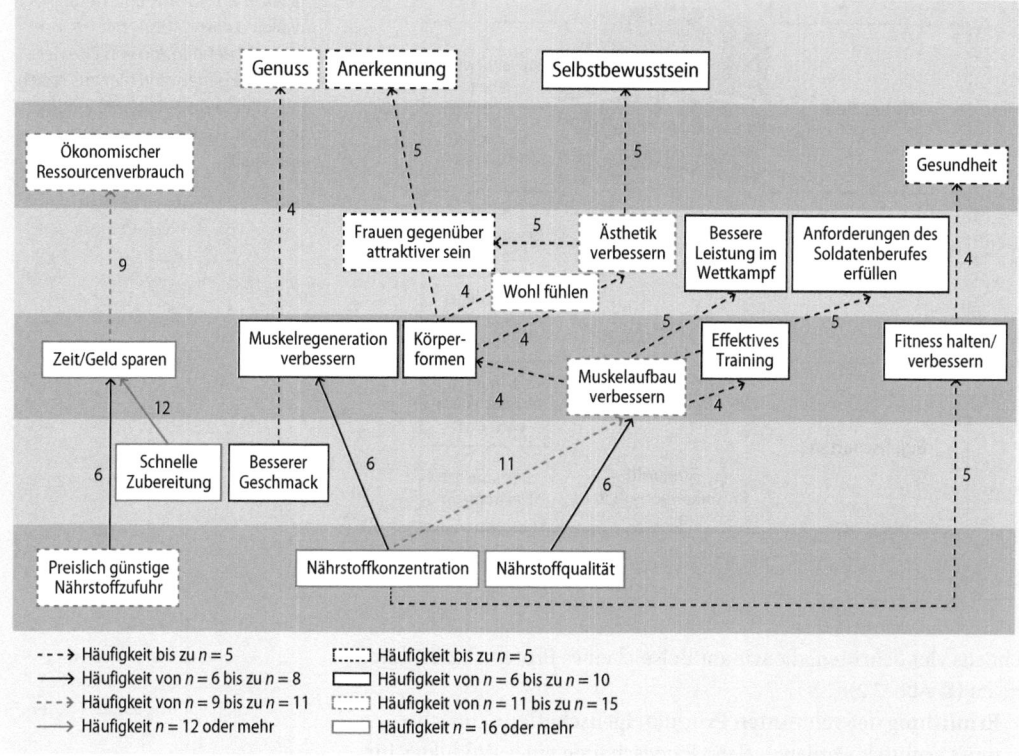

☐ **Abb. 2.2** Beispiel für das Ergebnis eines Laddering-Verfahrens für einen als Muskelaufbaupräparat vermarkteten Proteinshake (Eberhard & Altobelli, 2012, mit freundlicher Genehmigung von Claudia Fantapié Altobelli)

Exkurs

Interindividuelle Unterschiede bei Konsummotiven

Warum kauft nicht jeder dasselbe Notebook? Natürlich auch aus finanziellen Gründen. Doch genauso wichtig ist, dass verschiedene Konsumenten verschiedene Konsummotive haben. Diese korrespondieren mit verschiedenen Eigenschaften und Funktionen von Notebooks, wie sie etwa eine Means-End-Kette aufzeigen kann. Manche Notebook-Käufer sind besonders leistungsmotiviert, und verlangen deshalb hohe Rechenleistung. Andere legen mehr Wert auf ihr Erscheinungsbild, daher bevorzugen sie Geräte mit elegantem Design. Wieder andere sammeln gerne neue Erfahrungen und suchen deshalb ein möglichst reisetaugliches Notebook. Kein Gerät erfüllt all diese Kriterien gleich gut, deshalb muss man sich als Konsument entscheiden. Dabei spielen zwei Faktoren eine Rolle: die **Erwartung,** inwieweit ein Produkt zur Erreichung eines Ziels geeignet ist, und die subjektive **Bedeutung** dieses Ziels für das Individuum. Die unterschiedliche Gewichtung von Zielen und Werten führt nicht nur zur Wahl von verschiedenen Produkten, sondern ganz allgemein zu unterschiedlichen Lebensstilen, und wird deshalb auch zur Bildung von sog. Lifestyle-Segmenten und zur Definition von Zielgruppen verwendet (▶ Webexkurs »Zielgruppen und Kundensegmentierung«).

🌐 Webexkurs
»Zielgruppen und
Kundensegmentierung«

2.1.4 Bewusste und unbewusste Konsummotive

Konsumenten sind sich nicht all ihrer Motive bewusst. Befragt man Konsumenten zu ihren Konsummotiven und vergleicht diese mit den tatsächlichen Einkäufen, so zeigen sich oft große Unterschiede. Beispielsweise werden bei Befragungen zum Automobilmarkt in den USA sparsame Autos recht positiv bewertet. Die tatsächlichen Einkäufe zeigen aber ein anderes Bild: Große und schwere Fahrzeuge wie SUVs und Pick-Ups sind Verkaufsschlager. Für diese Diskrepanz sind zwei Gründe denkbar: Entweder, amerikanische Autokäufer kaufen ganz bewusst schwere Wagen, um damit ihr Machtmotiv auszuleben, geben aber in Befragungen sozial erwünschte Antworten. Es könnte aber auch sein, dass sie sich ihrer automobilen Machtmotivation nicht bewusst sind und ehrlicherweise meinen, sie würden sparsame Autos bevorzugen. Wie lassen sich solche unbewussten Konsummotive aufdecken?

Mit direkten Fragen lassen sich nur solche Motive erheben, die bewusst gut zugänglich sind und die nicht starker sozialer Erwünschtheit unterliegen. Um die schwer zugänglichen Motive von Konsumenten zu erfassen, werden deshalb Methoden wie **Tiefeninterviews** und **projektive Verfahren** verwendet. Bei Letzteren werden typischerweise Bilder gezeigt, zu denen die Testpersonen Geschichten erzählen sollen. Auf diese Weise lassen sich auch weniger bewusste Motive identifizieren und bei der Gestaltung von Produkten oder Werbung berücksichtigen. Schuldgefühlen etwa, wie sie beim Konsum ungesunder, aber leckerer Produkte entstehen können, kann mit Slogans wie »Du hast es Dir verdient« oder Produktbezeichnungen wie »Lila Pause« begegnet werden.

Es muss aber erwähnt werden, dass bei der Interpretation unbewusster Konsummotive teilweise über das Ziel hinausgeschossen wurde. So postulierte beispielsweise der von der Psychoanalyse inspirierte Konsumforscher Ernest Dichter (1964), dass das zugrundeliegende Motiv beim Kauf von Bohnen Fruchtbarkeit sei und das Motiv beim Kauf von Ketchup – Sie ahnen es – Freiheit und Unabhängigkeit. Solche Interpretationen haben Unterhaltungswert, mehr nicht. Nichtsdestotrotz sind sie in der Marketingpraxis noch hin und wieder anzutreffen.

> Es gibt bewusste und unbewusste Konsummotive.
>
> Fragt man Konsumenten nach ihren Konsummotiven, so kommt es oft zu **Diskrepanzen zwischen Befragung und Verhalten**, da unbewusste Motive mit direkten Fragen nicht gut erfasst werden können.
>
> Teilweise wurde bei der Interpretation von unbewussten Konsummotiven **über das Ziel hinausgeschossen**.

2.1.5 Der Reiz des Einkaufens

Bis jetzt haben wir den Anlass zum Kauf in den Motiven gesehen, die mit den gekauften Produkten befriedigt werden. Aber auch das Einkaufen selber kann reizvoll sein – so reizvoll, dass sich daraus eine regelrechte Freizeitbeschäftigung entwickelt hat: **Shopping**. Dabei steht nicht der Nutzen der gekauften Produkte, sondern der Spaß am Einkaufen selber im Vordergrund: Einkaufen um des Einkaufens Willen. Warum tun wir das? ◘ Tab. 2.2 gibt einen Überblick über häufig genannte Gründe für Shopping.

Die Befriedigung der in ◘ Tab. 2.2 genannten Einkaufsmotive (im Sinne von Motiven für das Einkaufen an sich) ist für manche Personen so reizvoll, dass **Kaufsucht** entsteht: Der Kaufakt wird so wichtig, dass negative Folgen auftreten, etwa finanzielle Probleme, gedankliche Fixierung oder zu wenig Zeit für die normale Lebensführung. Die erworbenen Güter werden nach dem Kauf häufig kaum genutzt, teilweise nicht

> **Der Akt des Einkaufens** selber kann reizvoll sein.
>
> Kaufsucht droht, wenn die **Befriedigung durch das Einkaufen** in den Vordergrund und der **Nutzen des Produktes** in den Hintergrund rücken.

Tab. 2.2 Liste von Einkaufsmotiven (Tauber, 1972; zitiert nach Felser, 2015, S. 309)

Einkaufsmotive	Beispiel-Aussage
Zerstreuung	Einkaufen ist eine gute Gelegenheit, einmal aus dem Haus zu kommen.
Sensorische Stimulation	Ich schaue mir gerne Schaufenster an.
Selbstbelohnung	Ich kaufe öfters mal Sachen, die ich nicht brauche, um mich aufzuheitern.
Etwas über neue Trends lernen	Was es Neues gibt, erfahre ich beim Einkaufen.
Physische Aktivität	Manchmal gehe ich ins Einkaufszentrum, nur um mich ein bisschen zu bewegen.
Soziale Aktivität	Manchmal gehe ich ins Einkaufszentrum, nur um unter Leute zu kommen.
Kommunikation mit Personen, die die gleichen Interessen haben	Ich unterhalte mich gerne mit den Verkäufern oder anderen Kunden.
Kontakt zu Freunden	Ich gehe gerne mit meinen Freunden einkaufen.
Status und Autorität	Ich genieße die Aufmerksamkeit, die mir in besseren Geschäften zuteilwird.
Vergnügen am Handeln	Wenn ich denke, dass ich handeln kann, biete ich einen niedrigeren Preis.
Vergnügen am günstigen Einkauf	Ich bin immer auf der Suche nach Sonderangeboten.

Das **Vergnügen am günstigen Einkauf** wird von den Anbietern gezielt angesprochen, um Schnäppchenjäger anzulocken.

mal ausgepackt. Dabei begünstigen ein geringes Selbstwertgefühl und die Nutzung von Kreditkarten die Entstehung von Kaufsucht (D'Astous, 1990). Gerade bei bedrohtem Selbstwertgefühl erscheinen teure, Status vermittelnde Produkte besonders attraktiv (Sivanathan & Pettit, 2010), was durch Kaufsucht entstandene finanzielle Probleme noch verstärken und in einen Teufelskreis führen kann.

Anbieter können einige dieser Motive gezielt ansprechen, beispielsweise mit einer aufwendigen Ladengestaltung, mit Degustationsmöglichkeiten (»sensorische Stimulation«) oder einer besonders aufmerksamen Betreuung und Beratung des Kunden (»Status und Autorität«). Ein vermehrt angesprochenes Motiv ist auch das »Vergnügen am günstigen Einkauf«, mit dem viel Umsatz generiert wird, z. B. am Black Friday oder bei Saisonschlussverkäufen. Für manche **Schnäppchenjäger** ist dieses Motiv so zentral, dass ihr ganzes Einkaufsverhalten darum kreist und sie sich systematisch organisieren, um über Preisvergleiche, Aktionen und Gutscheine informiert zu sein. Es ist anzunehmen, dass die durch solche Versuche ökonomischer Nutzenmaximierung erlebten, kurzfristigen Erfolgserlebnisse nicht zu einem anhaltenden Anstieg der Lebenszufriedenheit führen (Schwartz et al., 2002; Cheek & Schwartz, 2016).

Exkurs

Motivation zum Sparen

Wenn es so viele Motive gibt, für deren Befriedigung man gerne Geld ausgibt, wieso sollte man da noch sparen? Natürlich hat sich die Forschung auch mit dieser Frage auseinandergesetzt. Canova et al. (2005) postulieren insgesamt **fünfzehn Sparmotive**: von sehr konkreten wie Sparen für Ferien und Hobbys oder Verfügbarkeit des Geldes bis zu abstrakteren wie Autonomie, Sicherheit und Selbstwert. Auch mit dem Gegenteil von Konsum lassen sich also Bedürfnisse befriedigen und positive Gefühle auslösen. Diese mögen zwar weniger stark sein als beim Kauf von Produkten, dafür aber länger anhalten. Wir gehen in ▶ Abschn. 10.5 ausführlicher auf Sparmotive ein.

> **Exkurs**
>
> **Vergleichs-, Bewertungs- und Empfehlungssysteme: Perspektiven und Gefahren**
>
> Völlig neue Perspektiven ergeben sich durch Systeme zur Unterstützung von Kaufentscheidungen. Diese ermöglichen den Vergleich verschiedener Angebote (**Vergleichssysteme**) und deren Bewertung (**Bewertungssysteme**), oder sie schlagen gleich selber passende Alternativen vor (**Empfehlungssysteme**). Das nützt nicht nur den Anbietern, sondern auch den Konsumenten, die so das besser passende Produkt finden oder auf sinnvolle Produkte aufmerksam werden, auf die sie selber nicht gekommen wären. Ein Beispiel dafür sind Empfehlungen, wie sie Buchhändler am Ende von E-Books anzeigen. Um Empfehlungen oder Vergleiche zu ermöglichen, wird meist auf personenbezogene Daten zurückgegriffen, die z. B. auf dem Webseitenverlauf oder auf dem Suchverlauf basieren. Aus solchen Daten lassen sich weitreichende Rückschlüsse über Personen ziehen, was aus Gründen des Datenschutzes nicht unbedenklich ist – insbesondere, wenn die Daten ohne Einwilligung gesammelt wurden (oder ohne das Bewusstsein, dass eine solche Einwilligung gegeben wurde oder was sie genau bedeutet).
>
> **Einschränkungen der Wahlfreiheit**
> Problematisch ist dabei, dass durch automatisierte Empfehlungssysteme die Wahlfreiheit der Konsumenten faktisch eingeschränkt wird, da ihnen mit der Zeit **nur noch vermeintlich passende Angebote** nahegelegt werden – sie befinden sich damit in einer »Filterblase«. Alles, was über die von der Software vermuteten Interessen eines Konsumenten hinausgeht, wird ausgeblendet. Wurde man von der Software z. B. als Liebhaber esoterischer Lebenshilfebüchlein eingestuft, so könnte es sich später als schwierig erweisen, den eigenen Lesehorizont über diese Perspektive hinaus zu erweitern. Man verlässt sich auf die vermeintlich intelligente Software und kommt nicht auf die Idee, selber nach Alternativen zu suchen. Die Software sorgt dann dafür, dass Alternativen gar nicht erst vorgeschlagen werden. Die Anbieter stehen also vor der heiklen Aufgabe, ihre Empfehlungssysteme so zu programmieren, dass sie **den Konsumenten nützen, ohne deren Autonomie einzuschränken.** Diese Thematik reicht freilich weit über das Thema Konsum hinaus, etwa in den Bereich der politischen Meinungsbildung: Filterblasen bedrohen nicht nur die Wahlfreiheit von Konsumenten, sondern auch die Meinungsbildung von Bürgern.

2.1.6 Die Motivation hinter dem Schenken

Zum Abschluss gehen wir auf eines der kommerziell wichtigsten Konsummotive ein. Dieses besteht darin, anderen etwas zu schenken (Saad, 2007, S. 122). Insbesondere die Detailhändler machen einen großen Teil ihres Umsatzes in der Vorweihnachtszeit. Auch während des Jahres sind zahlreiche Käufe als **Geschenk** gedacht: zum Geburtstag, zum Muttertag, zu Ostern oder aus einer ganzen Reihe weiterer Anlässe (die zum Teil von den Detailhändlern aus anderen Ländern importiert werden, etwa Halloween). Aber auch spontanes Schenken ohne äußeren Anlass ist verbreitet. Vordergründig betrachtet ist das kostenlose Weggeben von wertvollen oder aufwendig selber angefertigten Gütern unökonomisch. Wieso sollte man etwas weggeben, was man hat? Jeder weiß, warum: Die Motivation zum Schenken entsteht aus dem Wunsch, jemandem eine **Freude zu bereiten**. Hinter diesem Wunsch steht die Verlockung auf das gute Gefühl, wenn sich der Beschenkte freut. Sowohl der Beschenkte als auch der Schenkende empfinden also (im Idealfall) Freude beim Schenken. Die gemeinsam empfundene Freude verbindet und stiftet Gemeinsamkeit.

> **Schenken** erscheint auf den ersten Blick unökonomisch, **verbindet** aber durch gemeinsam empfundene Freude.

*Durch Schenken kann man Wohlstand und Verbundenheit demonstrieren und sich sozial **für den Notfall absichern**.*

In manchen Fällen ist die **Demonstration von Wohlstand** das Motiv hinter dem Schenken: Männer schenken ihren Angebeteten teure Ringe, um ihre Attraktivität als Lebenspartner und als Vater der zukünftigen Kinder zu betonen. Zudem kann man Schenken auch als Mechanismus zur gegenseitigen materiellen Absicherung verstehen: Wer jemandem etwas schenkt, erhöht seine Verbundenheit mit dem Beschenkten, so dass er bei Not und Knappheit auf ihn zurückkommen kann. Evolutionspsychologisch betrachtet ist also der Hintergrund des Schenkens **nicht rein altruistisch**, sondern man schenkt, um im Notfall selber etwas zu bekommen.

2.2 Der soziale Kontext beim Konsumieren

2.2.1 Gruppen: dazugehören

*Konsum besitzt eine **soziale Funktion**. Wir signalisieren damit Identität und **Gruppenzugehörigkeit**. Umgekehrt beeinflusst die soziale Umwelt unser Konsumverhalten.*

Konsum dient nicht nur zur Befriedigung elementarer Bedürfnisse wie Essen, Trinken und Kleidung, sondern auch zur Interaktion mit der sozialen Umwelt. Unser Konsumverhalten wird von Signalen aus der sozialen Umwelt beeinflusst, und umgekehrt senden wir damit Signale aus. Wir demonstrieren beispielsweise durch das Tragen bestimmter Kleidermarken oder durch den Konsum bestimmter Nahrungsmittel unsere Gruppenzugehörigkeit, und umgekehrt passen wir unser Konsumverhalten geltenden Gruppennormen an. Die Konsumentscheidungen der Anderen sind also wichtige Bezugspunkte für unsere eigenen Konsumentscheidungen. Aus diesem Grund blenden etwa Online-Shops Hinweise darauf ein, was andere Kunden mit einem vergleichbaren Warenkorb auch noch gekauft haben (Felser, 2015, S. 206).

***Sichtbarkeit, Bedeutung und Kompetenz** bestimmen die Stärke des sozialen Einflusses beim Konsum.*

Die Bezugsgruppe beeinflusst das Konsumverhalten besonders stark, wenn
- die Nutzung des Produktes für andere sichtbar ist (z. B. Kleidung),
- das Produkt für die Gruppe von zentraler Bedeutung ist (z. B. Motorräder in einer Biker-Gang),
- sich eine Person in der fraglichen Produktkategorie als wenig kompetent einschätzt und deshalb dankbar ist, wenn sie sich an den Konsumentscheidungen anderer orientieren kann.

*Durch Konsum lässt sich ein **positives Selbstwertgefühl** erzielen, beispielsweise durch das Demonstrieren von Zugehörigkeit zu einer **erfolgreichen Gruppe** (»wir sind Weltmeister«).*

Weshalb aber möchte man überhaupt einer bestimmten Gruppe angehören? Eine mögliche Antwort lautet, dass dadurch das Selbstwertgefühl steigt – etwa, wenn man durch seinen Konsum die Zugehörigkeit zu einer besonders erfolgreichen Gruppe demonstrieren kann. Beispielsweise kann man sich das 2014er Trikot der deutschen Fußballnationalmannschaft kaufen, und schon ist man auch ein bisschen Weltmeister. Konsum bietet Gelegenheit, eine Identität anzunehmen, diese auszudrücken und sich dabei im Erfolg der Gruppe zu sonnen. In der Sozialpsychologie ist dieses Phänomen bekannt als »**basking in reflected glory**« (BIRG; Cialdini et al., 1976).

2.2.2 Gruppen: anders sein

Mit dem Konsumverhalten lässt sich nicht nur Zugehörigkeit, sondern auch Individualität demonstrieren, etwa durch eine nonkonforme Produktwahl. Zum Beispiel könnte man bei einem gemeinsamen Barbesuch einen anderen Longdrink auswählen als die Anderen. Dabei nimmt man vielleicht sogar in Kauf, sich gegen seine geschmackliche Präferenz zu entscheiden (Ariely & Levav, 2000). Konsumentscheidungen können also je nach Anwesenheit und Zusammensetzung einer Bezugsgruppe ganz unterschiedlich ausfallen. Ob nun der Kauf eines Produktes eher Konformität oder Individualität ausdrücken soll, hängt von verschiedenen Faktoren ab. Einerseits spielt das Persönlichkeitsmerkmal **Self-Monitoring** eine Rolle (Snyder, 1974). Personen mit starkem Self-Monitoring stimmen ihr Verhalten ständig im Hinblick darauf ab, was andere wohl denken und erwarten. Beim Longdrink-Beispiel könnte dies bedeuten, dass jemand einen eigentlich nicht präferierten Drink bestellt, um damit einer nonkonformistischen Gruppennorm zu entsprechen.

Andererseits gibt es interkulturelle Unterschiede: Ob eine Gesellschaft eher Konformität oder Individualität als wünschenswert erachtet, hängt von den jeweiligen kulturellen Normen ab. Beispielsweise würde die Wahl eines Longdrinks in einem asiatischen Land deutlich homogener ausfallen als in einem europäischen Land, da in Asien Konformität besonders geschätzt wird (Ariely, 2008, S. 277 ff.). Weiter spielt es eine Rolle, welches Produkt gekauft werden soll. Bei bestimmten Produktkategorien suchen Konsumenten die Konformität zu Bezugspersonen, bei anderen hingegen nicht. Gerade bei technischen Produkten orientieren sich viele an der Mehrheitsmeinung, wie sie etwa in Online-Bewertungssystemen vermittelt wird (▶ Webexkurs »Produktbewertungen im Internet«). Weniger bedeutsam ist die Gruppenmeinung hingegen bei kulturellen oder künstlerischen Produkten wie Musik (Berger & Heath, 2007). Ein Grund für diesen Unterschied könnte sein, dass bei technischen Produkten die Mehrheitsmeinung eher einer objektiven Qualitätsbewertung entspricht, während Bewertungen kultureller Produkte stärker auf subjektiven Kriterien beruhen. Außerdem hat Kunst eine identitätsstiftende Wirkung, daher wünschen viele Konsumenten nicht, dass ihre Präferenzen bezüglich kultureller Produkte von der Masse geteilt werden.

Um auch Massenprodukte wie Schokolade oder Joghurt als einzigartig hervorzuheben, setzen Marketingstrategen gerne auf »Limited Editions«. Auch eine einfache Tafel Schokolade kann mittels tatsächlicher oder auch nur vermeintlicher Verknappung (Beispiel »Künstliche Verknappung« in ▶ Abschn. 13.2) (»nur für Sie«, »solange der Vorrat reicht«) Konsumenten ansprechen, die besonderen Wert auf Individualität legen. Beispielsweise brachte die Firma Ritter Sport im Herbst 2016 eine limitierte »Einhorn«-Schokolade auf den Markt, welche eine außergewöhnlich große Nachfrage auslöste. Dies bewog den Hersteller zu einer Nachproduktion von 150 000 Tafeln dieser eigentlich »limitierten« Schokolade (◘ Abb. 2.3).

Konsum ist also nicht nur ein Mittel für den Anschluss an soziale Gruppen, sondern auch, um sich von ihnen zu differenzieren und Einzigartigkeit oder Andersartigkeit zu demonstrieren. Konsum spielt sich

---

Self-Monitoring bezeichnet die Tendenz, das eigene Verhalten an den **Erwartungen anderer** auszurichten. Dies wirkt sich auch auf das Konsumverhalten aus.

Kulturelle Normen, etwa Kollektivismus oder Individualismus, wirken sich stark auf das Konsumverhalten aus.

Je nach **Produktkategorie** suchen Konsumenten **mehr oder weniger** Konformität.

⊕ Webexkurs »Produktbewertungen im Internet«

Limitierte Auflagen werden gerne genutzt, um **Massenprodukten eine Note von Einzigartigkeit** zu verleihen.

Abb. 2.3 Ein gelungener Marketing-Coup: die »Einhorn«-Schokolade der Firma Ritter Sport (mit freundlicher Genehmigung der Alfred Ritter GmbH & Co. KG)

stets zwischen dem Wunsch nach Gruppenzugehörigkeit und Konformität sowie dem Streben nach Individualität ab. Stehen diese beiden Bedürfnisse im Einklang, wird dies als **optimale Distinktheit** bezeichnet (Hornsey & Jetten, 2004).

> Bedeutsame soziale Einflüsse auf das Konsumverhalten ergeben sich auch durch den **Einfluss von Partnern und Kindern**. Einige Ausführungen hierzu finden Sie im ▶ Webexkurs »Konsumentscheidungen im Haushalt«.

Webexkurs »Konsumentscheidungen im Haushalt«

> Mund-zu-Mund-Propaganda (persönliche Empfehlungen von Freunden und Bekannten) beeinflusst die Meinungsbildung von Konsumenten besonders stark, denn sie wirkt glaubwürdig. Durch **soziale Bewertungssysteme im Internet** hat »Word-of-Mouth« sogar noch an Bedeutung gewonnen. Wir empfehlen Ihnen zu diesem Thema den ▶ Webexkurs »Produktbewertungen im Internet«.

Webexkurs »Produktbewertungen im Internet«

2.3 Kaufentscheidungen

Kaum eine Thematik aus dem Spektrum der Konsumpsychologie interessiert mehr als die **Frage, wie sich Konsumenten zum Kauf entscheiden**. Dieses Interesse ist verständlich, denn die innovativsten Produkte und Dienstleistungen nützen nichts, wenn sie nicht abgesetzt werden können. Gleichzeitig polarisiert diese Frage, schließlich will sich niemand durch Psychotricks manipulieren lassen. Schlagzeilen wie »zum Kaufen verführt« oder »der manipulierte Konsument« liest man häufig, wenn es um die Anwendung psychologischen Wissens im Kontext des Konsums geht.

2.3.1 Charakteristika von Kaufentscheidungen

Psychologisch ist eine **Kaufentscheidung zunächst nicht anders** zu betrachten als andere Entscheidungen.

Aus psychologischer Sicht ist eine Kaufentscheidung zunächst nicht anders zu betrachten als viele andere Entscheidungen, wie wir sie täglich treffen: Auf wann stelle ich meinen Wecker? Welches Newsmedium lese ich beim Frühstück? Mit wem gehe ich zum Mittagessen? Stets wird aus einer Anzahl von Alternativen eine Option ausgewählt. Dieser Auswahlprozess kann bewusst oder unbewusst erfolgen und mehr oder minder komplexen Abwägungen unterliegen. Dabei müssen es nicht immer verschiedene Optionen sein, zwischen denen entschieden wird: Auch die Option, nichts zu unternehmen (bzw. zu kaufen) ist eine mögliche Entscheidung.

Phasen der Kaufentscheidung

Entscheidungsprozesse lassen sich in drei Phasen unterteilen (Betsch et al., 2011, S. 75 ff.):

- In der **präselektionalen Phase** werden nach dem Erkennen einer Entscheidungssituation die Handlungsoptionen identifiziert und Informationen zur anstehenden Entscheidung gesucht. Gibt beispielsweise der alte Fernseher den Geist auf und soll ein neuer angeschafft werden, so wird eine Kaufentscheidung erkannt. Nun sieht man sich in Läden oder im Internet nach aktuellen Angeboten um und informiert sich beim Verkaufspersonal oder in Konsumentenmagazinen über relevante Eigenschaften und Preise.
- In der **selektionalen Phase** wird eine Bewertung der Optionen vorgenommen und die eigentliche Entscheidung getroffen. Man hat einige infrage kommende Geräte gefunden und wägt deren Vor- und Nachteile gegeneinander ab. Nach einem mehr oder weniger lang dauernden Entscheidungsprozess wird der Favorit gekauft.
- Die **postselektionale Phase** schließlich ist durch die Ausführung des Verhaltens und das anschließende Sammeln von Erfahrungen mit dem gewählten Produkt gekennzeichnet. Das neue Fernsehgerät wird im Alltag verwendet und danach beurteilt, ob es die Erwartungen erfüllt. Bei Zufriedenheit werden dann beispielsweise Empfehlungen abgegeben, bei Unzufriedenheit wird der Kauf bereut. Die Erfahrungen mit der Marke merkt man sich für zukünftige Käufe, auch in anderen Produktkategorien.

> Entscheidungsprozesse umfassen eine **präselektionale**, eine **selektionale**, und eine **postselektionale** Phase.

Einstellungen und Marktüberzeugungen

Konsumenten werden bei ihren Kaufentscheidungen wesentlich von ihren **Marktüberzeugungen** geleitet (Solomon et al., S. 152 ff.; ◘ Tab. 2.3). Es handelt sich dabei um übergeordnete Einstellungen, die spezifischere Einstellungen, z. B. gegenüber einzelnen Marken, überlagern können. Marktüberzeugungen werden im Rahmen vieler Werbekampagnen gezielt angesprochen, denn sie können Konsumentscheidungen in bestimmte Richtungen lenken. Zum Beispiel könnte ein Konsument überzeugt sein, dass Produkte heimischer Hersteller unter faireren Bedingungen hergestellt werden als Produkte aus fernöstlichen Gefilden – beispielsweise das Landeswappen auf der Verpackung zielt genau auf solche Überzeugungen. Es liegt auf der Hand, dass solche Marktüberzeugungen nicht immer zutreffend sind. Ein klassisches Beispiel ist die Überzeugung, dass ein höherer Preis auch für höhere Qualität steht (Preis-Qualitäts-Heuristik, ▶ Abschn. 2.4.2).

> Eine Reihe von **Marktüberzeugungen** beeinflusst unsere Kaufentscheidungen.

2.3.2 Typen von Kaufentscheidungen

Wie alle Entscheidungen unterliegen auch Kaufentscheidungen einer Vielzahl unterschiedlicher Einflüsse. Etwas vereinfachend lassen sie

◘ **Tab. 2.3** Beispiele für Marktüberzeugungen (nach Solomon et al., 2001, S. 269)

Marke	»No-Name-Produkte sind dieselben Produkte wie Markenprodukte, die mit einem anderen Etikett zu einem niedrigeren Preis verkauft werden.« »Die besten Marken sind die, die am meisten gekauft werden.«
Geschäft	»Verkäufer in einem Fachgeschäft sind sachkundiger als Verkäufer in einem Warenhaus.« »Größere Geschäfte haben günstigere Preise als kleinere.«
Preise/Rabatt/Verkäufe	»Ausverkauf findet vor allem statt, weil Geschäfte Ladenhüter loswerden wollen.« »Geschäfte, die ständig Rabatte anbieten, haben höhere Grundpreise.«
Werbung und Verkaufsförderung	»Wer aggressiv Werbung machen muss, hat nur Produkte von geringer Qualität zu bieten.« »Wenn man Produkte kauft, für die viel Werbung gemacht wird, bezahlt man für die Marke, nicht für mehr Qualität.«
Produkt/Verpackung	»Verpackungen mit großen Mengen sind umgerechnet billiger als solche mit kleinen Mengen.« »Synthetische Produkte sind im Vergleich mit natürlichen Produkten qualitativ minderwertig.«
Qualität	»Bio-Produkte sind gesünder.« »Produkte aus Europa werden unter faireren Bedingungen fabriziert als Produkte aus China.«

sich dennoch in vier aus der Entscheidungspsychologie abgeleitete Typen unterteilen (nach Felser, 2015, S. 156 ff.): impulsiver Kauf, Gewohnheitskauf, extensiver Kauf und limitierter Kauf.

Impulsiver Kauf

Impulskäufe erfolgen **spontan** und werden oft durch besondere **Platzierung** des Angebots ausgelöst.

Das Paradebeispiel für **impulsiven Kauf** (oder Impulskauf) ist das sog. Quengelregal direkt an der Supermarktkasse. Hier sollen die Konsumenten dazu bewogen werden, sich neben ihren geplanten Einkäufen noch spontan etwas zu greifen, oder eben dem Quengeln der Kinder nachzugeben und diese mit einem Schokoriegel ruhig zu stellen. Der Kauf solcher Impulsware, etwa von Schokolade oder Chips, ist daher insbesondere durch die Platzierung des Angebotes beeinflusst. Dies betrifft auch das Online-Shopping, wo oft direkt neben dem Warenkorb noch auf »besondere Angebote« aufmerksam gemacht wird. Die Informationsverarbeitung erfolgt beim Impulskauf schnell und oberflächlich.

Impulskäufe sind **emotional gefärbt** und werden häufig zur **affektiven Regulation** genutzt.

Beim Impulskauf nutzen die Anbieter aus, dass der Kunde bereits im Laden ist und sich schon für einen Einkauf entschieden hat. Der zusätzliche Geldbetrag fällt dann gefühlt weniger ins Gewicht. Impulskäufe sind emotional gefärbt und kognitiv wenig aufwendig. Es überrascht deshalb nicht, dass Impulskäufe **zur affektiven Regulation genutzt** werden: Man kauft sich was, um seine Stimmung zu verbessern. Allerdings ist die Gefahr groß, dass ein Impulskauf später bereut wird (Neuner et al., 2005, zitiert nach Felser, 2015, S. 157). Die durch Impulskäufe erzielte Stimmungsverbesserung ist außerdem in der Regel nicht besonders nachhaltig, denn die Ursache einer möglicherweise schlechten Stimmung wird mit dem Impulskauf ja nicht behoben, sondern bloß vorübergehend in den Hintergrund gerückt. Wenn also jemand aus Liebeskummer impulsiv ein paar Schuhe kauft, so ist von vornherein klar, dass die kurzfristig gelinderte Stimmung bald wieder auf ihr ursprüngliches Niveau zurückpendeln dürfte.

> **Exkurs**
>
> **Verschuldung von Haushalten durch Kleinkredite**
>
> Die Thematik Impulskauf ist auch im Hinblick auf die Verschuldung von Haushalten von Bedeutung. Dass die Anbieter von Kleinkrediten (»Kredit sofort, keine aufwendige Bonitätsprüfung«) auf ein spontanes Verlangen von Konsumenten abzielen (nach dem Motto: »Leisten Sie sich jetzt die neue Handtasche und zahlen Sie einfach später, Sie sind es sich wert«), lässt vermuten, dass manche Zielgruppen für Impulskäufe besonders anfällig sind (Amos et al., 2014). Dabei liegt die Vermutung nahe, dass insbesondere eine mangelnde Selbstkontrolle zu mehr Impulskäufen und folglich zu höherer Verschuldung führt. Allerdings steht die empirische Bestätigung dieser Vermutung noch aus (Achtziger et al., 2015).

Gewohnheitskauf

Der Alltag ist voller Routine, und unser Kaufverhalten ist keine Ausnahme. So gibt es bei zahlreichen Käufen eine hohe **Marken- und Produkttreue**: Immer die gleiche Kaffee- oder Biermarke oder stets die gleichen Brötchen. Wie bei Impulskäufen ist die Informationsverarbeitung beim Gewohnheitskauf schnell und wenig tiefgehend. Der Kaufvorgang erfolgt quasi auf Autopilot. Solche Gewohnheitskäufe sind durch hohe (und tendenziell positive) Erfahrungswerte und vertraute Marken gekennzeichnet, wobei Marken die Wiedererkennung gewohnter Produkte erleichtern. Entsprechend argumentieren Kroeber-Riel und Gröppel-Klein (2013, S. 485 ff.), dass dem Gewohnheitskauf eine kognitive **Entlastungsfunktion** zugrunde liegt. In der Tat sind Gewohnheitskäufe hochgradig effizient, ansonsten würde sich der Großeinkauf im Supermarkt jeweils über Stunden hinziehen. Der Gewohnheitskauf geht mit hoher Kaufzufriedenheit einher, da die Entscheidungen auf zahlreichen vergangenen, offenbar positiven Einkaufserfahrungen basieren. Außerdem sind Gewohnheitskäufe von Markenloyalität geprägt. Nach dem Motto: »Joghurt nur von XY« werden dann nur Produkte einer bestimmten Marke ins Auge gefasst. Innerhalb dieser Vorauswahl fällt dann aber die konkrete Entscheidung für ein bestimmtes Produkt nach Lust und Laune.

> Gewohnheitskäufe sind durch positive **Erfahrungswerte** und **vertraute Marken** gekennzeichnet.
>
> Erfahrungen mit **Marken erleichtern** bei künftigen Einkäufen die Produktauswahl.

> **Exkurs**
>
> **Die Rolle von Marken beim Gewohnheitskauf**
>
> Gerade beim Gewohnheitskauf spielen Marken eine wichtige Rolle, denn sie haben für den Konsumenten eine heuristische Funktion: Wer einmal mit Produkten einer bestimmten Marke gute Erfahrungen gemacht hat, kann bei künftigen Käufen Zeit sparen und vermeidet Frust mit schlechten Produkten. Ursprünglich wurden überwiegend solche Produkte mit Marken versehen, die über hohe Qualität verfügten, aufwendig in der Herstellung waren und zu entsprechend hohen Preisen angeboten werden mussten. Wenn ein Hersteller also bereit war, ein Produkt mit seinem Namen zu »markieren«, so musste er sicher sein, dass das Produkt den Ansprüchen der Abnehmer genügen würde. Das ist heute anders: Der Zusammenhang zwischen Preis und Qualität ist in vielen Produktkategorien gering, wie Produkttests zeigen. Es gibt teure Produkte, die ungenügende Qualität bieten, und es gibt billige Produkte von sehr guter Qualität. Daher besteht heute beim Gewohnheitskauf die Funktion von Marken für Konsumenten nicht darin, teure Produkte zu kennzeichnen, sondern die gewohnten Produkte leicht wiedererkennen zu können.

Aus Marketingperspektive ist der Gewohnheitskauf eine besondere Herausforderung. Ein Verhalten, das sich einmal etabliert hat, wird nor-

> Degustationen, Muster oder Sonderangebote können gewohnte **Einkaufsmuster durchbrechen**.

malerweise nicht ohne Grund geändert. Felser (2015, S. 159) spricht hierbei von der **Änderungsresistenz** der Konsumenten. Möglichkeiten, um gewohnte Einkaufsmuster dennoch zu durchbrechen, sind beispielsweise Degustationen, Muster oder Sonderangebote. Ziel dabei ist es, Konsumenten überhaupt zum erstmaligen Konsum zu verleiten – in der Hoffnung, dass diese mit dem Probierten zufrieden sind und als Neukunden gewonnen werden können. Allerdings ist ein erfolgreiches Durchbrechen des gewohnten Verhaltens nur zu erwarten, wenn das neue Produkt tatsächlich besser ist. Genauso gut zu sein wie das gewohnte Produkt reicht nicht.

Auch wenn der Gewohnheitskauf beim alltäglichen Einkauf im Supermarkt überwiegt – irgendwann werden einem die immer gleiche Marmelade, das immer gleiche Brot vielleicht doch langweilig. Deshalb betreiben Menschen in ihrer Rolle als Konsumenten auch **Variety Seeking** (Kahn, 1995): Sie haben Lust auf Abwechslung und sind offen dafür, neue Produkte auszuprobieren. Ohne diese menschliche Eigenschaft wäre die Einführung neuer Produkte oder die Veränderung bestehender Angebote kaum möglich.

Extensiver Kauf

> Beim **extensiven Kauf** werden **alle Phasen der Entscheidung** durchlaufen, da entsprechende Anschaffungen als besonders **relevant** angesehen werden.

Beim extensiven Kauf werden alle Phasen der Entscheidung durchlaufen, da entsprechende Anschaffungen als besonders relevant angesehen werden. Die Relevanz des Kaufs kann durch einen hohen Produktpreis gegeben sein, etwa beim Kauf eines Autos, aber auch durch intensive Nutzung oder weil sich die Entscheidung langfristig auswirkt, beispielsweise bei der Wahl einer Tätowierung. Beim extensiven Kauf sind sowohl das emotionale als auch das kognitive Involvement hoch.

> In der präselektionalen Phase extensiver Kaufentscheidungen wird oft die **Vielfalt der Angebote** aufgrund von Ausschlusskriterien, Überzeugungen und Präferenzen **eingeschränkt**.

Häufig läuft eine extensive Kaufentscheidung so ab, dass in der präselektionalen Phase die Vielfalt an möglichen Angeboten aufgrund von Ausschlusskriterien, Überzeugungen und Präferenzen (z. B. »darf nicht größer sein als …«, »nur Markenprodukte kommen infrage«) auf eine Handvoll relevanter Angebote eingeschränkt wird, das sog. **Consideration Set** (Tab. 2.4). In der selektionalen Phase werden die zum Consideration Set passenden Angebote bezüglich relevanter Attribute miteinander verglichen, bis dann die Wahl auf ein Angebot fällt. Man spricht hierbei von **Multi-Attribut-Entscheidungen.** Nach welchen Regeln werden diese gefällt? In der Entscheidungsforschung wurden dazu verschiedene Entscheidungsstrategien beschrieben. Pfister et al. (2016, S. 105) z. B. zählen vierzehn Strategien auf – aber

Tab. 2.4 Informationen zu vier Automodellen eines Consideration Sets

	Auto A	Auto B	Auto C	Auto D
Aussehen	top	gut	okay	gut
Preis	25 000	23 000	21 500	21 000
Komfort	tief	hoch	mittel	mittel
Benzinverbrauch pro 100 km	8 Liter	7 Liter	6 Liter	9 Liter
Kofferraumvolumen	400 Liter	600 Liter	800 Liter	700 Liter

auch diese Liste ist nicht abschließend. Im Folgenden sollen vier dieser Strategien an einem vereinfachten Beispiel dargestellt und bewertet werden:

In ◘ Tab. 2.4 ist das Consideration Set von Peter Muster für den Kauf eines neuen Autos abgebildet, wobei die Attribute der vier infrage kommenden Automodelle nach der von Peter empfundenen Wichtigkeit geordnet sind: Das Aussehen seines neuen Autos ist ihm beispielsweise sehr wichtig, während das Kofferraumvolumen weniger wichtig ist. Welche Regel wird Peter bei der Entscheidung anwenden, und für welches Modell wird er sich entscheiden?

- **Equal Weight Rule** (EQW; Einhorn & Hogarth, 1975): Bei dieser Entscheidungsstrategie schätzt Peter für jedes Modell den Nutzen auf allen Eigenschaftsdimensionen und summiert ihn. Die Option mit dem größten resultierenden Gesamtnutzen wird dann gewählt. Peter entscheidet sich hier möglicherweise für Auto C, obwohl es nur »okay« aussieht, denn es schneidet auf mehreren anderen, für ihn eigentlich weniger wichtigen Merkmalen gut ab.
- **Weighted Additive Rule** (WADD; Payne, Bettman & Johnson, 1988)**:** Diese Regel ist etwas komplexer als EQW, weil bei der Summierung der Nutzenwerte zusätzlich eine Gewichtung einfließt, basierend auf der eingeschätzten Relevanz des jeweiligen Attributes. Bei Anwendung dieser Regel könnte also für das Auto B der größte Gesamtnutzen resultieren, denn dieses schneidet auf den für Peter wichtigen Attributen gut ab. Die WADD-Regel entspricht am ehesten der Logik des Homo oeconomicus.

> WADD und EQW sind **aufwendige** Entscheidungsstrategien, weil alle relevanten Attribute berücksichtigt werden.
>
> Dabei können negative Eigenschaften durch positive Eigenschaften **kompensiert** werden.

Bei diesen beiden Regeln können bei der Beurteilung eines Produktes wahrgenommene Schwächen durch wahrgenommene Vorteile kompensiert werden. Sie werden deshalb auch als **kompensatorische Entscheidungsstrategien** bezeichnet. Bei beiden Regeln muss viel Analyseaufwand betrieben werden, um zu einer Entscheidung zu gelangen, bei WADD noch mehr als bei EQW. Es ist eher unwahrscheinlich, dass Peter mit seiner begrenzten kognitiven Kapazität die Regeln fehlerfrei anwenden kann, und es ist auch unwahrscheinlich, dass die Verarbeitung wirklich solchen abstrakt-mathematischen Vorgaben folgt. Es gibt aber auch Strategien, die geringeren Analyseaufwand erfordern, etwa weil sie – wie die beiden folgenden Strategien – nur ausgewählte Attribute in Betracht ziehen und **nonkompensatorisch** sind:

- **Elimination by Aspects** (EBA; Tversky, 1972): Bei dieser Strategie schließt Peter alle Optionen aus, die auf dem wichtigsten Attribut einen gewissen Standard oder ein Cut-Off-Kriterium nicht erfüllen (z. B. gutes Aussehen), anschließend tut er dies auf dem jeweils nächstwichtigen Attribut (z. B. Preis sollte unter 22 000 Euro liegen), bis nur noch eine Option übrig bleibt. Das wäre in diesem Fall Auto D, denn dieses erfüllt als einziges beide genannten Kriterien.
- **Lexicographic Rule** (LEX; Fishburn, 1974): Hier macht sich Peter die Entscheidung besonders einfach. Er wählt die Option, die auf dem für ihn wichtigsten Attribut am besten abschneidet, und entscheidet sich deshalb für Auto A. Nur wenn sich mehrere Optionen die beste Ausprägung teilen würden, würde Peter noch andere Attribute in Betracht ziehen.

> EBA und LEX sind **weniger aufwendig,** denn es werden nur ausgewählte Attribute berücksichtigt. Sie sind **nonkompensatorisch**:
>
> Negative Eigenschaften können nicht durch positive Eigenschaften kompensiert werden.

Die Abläufe dieser beiden Entscheidungsstrategien sind im Vergleich zu WADD oder EQW einfacher nachvollziehbar. Die LEX-Regel ist besonders simpel, führt schnell zu einer Entscheidung und erfüllt somit die Funktion einer Heuristik.

► **Definition**
Heuristiken

> **Definition**
>
> **Heuristiken** sind mentale Faustregeln für komplexe Entscheidungen. Die Ergebnisse von Heuristiken sind zwar nicht immer ganz so exakt wie bei langsamer, algorithmischer Bearbeitung des Entscheidungsproblems, aber dafür schneller verfügbar – und meistens »gut genug«.

*Die beschriebenen Entscheidungsregeln treten in der Praxis **nicht immer in Reinform** auf.*

Bei realen Kaufentscheidungen treten die beschriebenen Entscheidungsregeln nicht in ihrer Reinform auf. Menschen springen im Entscheidungsprozess vor und zurück, sie übersehen Aspekte, und durch Aufmerksamkeitsprozesse oder neue Informationen ändert sich ihre subjektive Gewichtung der Attribute. Wie bei Peter können deshalb bei gleicher Ausgangslage unterschiedliche Entscheidungen resultieren, wenn die Optionen sich nicht zu sehr unterscheiden. Außerdem werden analytische Ansätze wie WADD und EQW eher dann angewendet, wenn nur noch zwei oder drei Optionen aus dem Consideration Set übrig sind.

Exkurs

Unbewusste Informationsverarbeitung

Können komplexe Informationen nicht auch unbewusst erfolgreich verarbeitet werden? Tatsächlich zeigen Untersuchungen von Dijksterhuis et al. (2006), dass auch komplexe Abwägungen bei Konsumentscheidungen durchaus intuitiv und somit weitgehend unbewusst getroffen werden können. Laut diesen Autoren sind intuitive Strategien bei komplexen Entscheidungen (etwa einem Immobilienkauf) bewussten Abwägungen unter bestimmten Bedingungen sogar überlegen. Man sollte also in diesen Fällen eher auf den Bauch als auf den Kopf hören. Sie bezeichnen dieses Phänomen als den **Deliberation-without-Attention Effect** und erklären es mit der beschränkten Leistungsfähigkeit unseres Arbeitsgedächtnisses, welches bei einer bewussten Informationsverarbeitung die entsprechenden Produktattribute nicht mehr optimal vergleichen kann. Die unbewusste Verarbeitung einer großen Menge von Informationen funktioniert hingegen oft gut genug, insbesondere, wenn zwischen Informationsaufnahme und Entscheidung noch ein Zeitraum liegt, in dem man sich mit etwas anderem beschäftigen kann. Es kann also durchaus sinnvoll sein, vor einer Entscheidung »nochmal drüber zu schlafen«.

Exkurs

Satisficing: Eine Strategie gegen Informationsüberfluss

Die Suche nach möglichen Angeboten, die Zusammenstellung ihrer Merkmale und die Festlegung der relevanten Kriterien in der präselektionalen Phase kann sehr lange dauern, vor allem bei wichtigen Kaufentscheidungen in Bereichen, in denen wenig Erfahrung besteht. Obwohl wir bei wichtigen Kaufentscheidungen tendenziell versuchen, möglichst viele Aspekte zu berücksichtigen, führen unsere beschränkten kognitiven und zeitlichen Ressourcen dazu, dass häufig keine Bewertung sämtlicher relevanter Optionen möglich ist. Ein Ausweg aus diesem Dilemma ist die Strategie, dass wir nicht nach der besten Alternative suchen, sondern nach einer, die als **gut genug** erscheint. Zum

Beispiel können bei der Wohnungssuche die ersten paar Besichtigungen genutzt werden, um sich ein Bild des Marktes zu machen. Basierend darauf werden die Mindestanforderungen an eine zufriedenstellende Wohnung definiert (bzgl. Miete, Platzbedarf, Komfort etc.), und sobald ein Angebot diese erfüllt, bewirbt man sich darauf, obwohl es wahrscheinlich irgendwo noch eine bessere Wohnung gibt. Diese Entscheidungsstrategie wurde von Herbert Simon (1955) als **Satisficing** bezeichnet.

Insbesondere beim extensiven Kauf spielt auch die **postselektionale Phase** eine wichtige Rolle. Der Käufer möchte das Gefühl haben, die richtige Wahl getroffen zu haben, und somit die kognitive Dissonanz reduzieren, die entsteht, weil er sich ja mit dem Kauf gegen einige Angebote entschieden hat, die andere Vorteile gehabt hätten. Bestätigung durch hochwertige Verpackung (»Unboxing« als Erlebnis) und positive Informationen in der beigelegten Dokumentation (»Sie haben sich richtig entschieden!«) können kognitive Dissonanz reduzieren und zur Bindung an die Marke oder den Hersteller beitragen. Die gegenteilige Wirkung haben natürlich nervige Probleme wie etwa eine mühsame Verpackung, eine unverständliche Bedienungsanleitung oder Mängel am neu erworbenen Produkt. So gesehen ist es für die Kundenzufriedenheit nicht förderlich, wenn man beim Auspacken als erstes Hinweise wie »Erstickungsgefahr!« oder »Kann zu Verletzungen und Tod führen!« erblickt …

> Beim extensiven Kauf spielt auch die **postselektionale Phase eine wichtige Rolle,** denn man möchte das Gefühl haben, eine gute Entscheidung getroffen zu haben.

Kognitive Dissonanz ist ein unangenehmes Gefühl aufgrund sich widersprechender Gedanken, z. B. »ich möchte sparen« und »ich möchte das neueste Handy«.

Limitierter Kauf

Nicht immer haben wir bei Kaufentscheidungen Zeit und Lust, uns mit allen Produkteigenschaften auseinanderzusetzen. Insbesondere wenn wir bereits Erfahrungen mit vergleichbaren Produkten gemacht haben oder wenn wir abgelenkt sind, greifen wir auch bei wichtigen Kaufentscheidungen auf Faustregeln zurück (Park & Lessig, 1981). So kann bereits ein einziges Attribut als Grund für eine Kaufentscheidung ausreichend sein, insbesondere der Preis oder die Marke. Ein Beispiel für eine limitierte Kaufentscheidung ist, wenn man beim Restaurantbesuch einfach das erstbeste Tagesmenu nimmt und nicht weiter nach anderen Speisen sucht, etwa weil man Zeit sparen möchte, sich in kulinarischen Dingen nicht auskennt oder mit Tagesmenus bereits gute Erfahrungen gemacht hat. Der limitierte Kauf stellt also eine eigentlich komplexere Entscheidung dar, die aber **limitierenden Faktoren unterliegt** (fehlendes Wissen, Zeitnot, Erfahrung, etc.), so dass auf einfache Entscheidungsregeln zurückgegriffen wird. In der Praxis zeigt sich, dass limitierte Kaufentscheidungen durch die Anbieter stark beeinflusst werden können, beispielsweise durch geeignete Ladengestaltung, Schaufensterauslagen oder Aktionstafeln.

> Auch bei **wichtigen Kaufentscheidungen** greifen Konsumenten auf **Heuristiken** zurück, insbesondere bei bestehender **Erfahrung** mit ähnlichen Produkten oder bei **Ablenkung.**

Abschließend sei betont, dass Kauftypologien immer Vereinfachungen darstellen. In der Praxis unterscheiden sich Kaufentscheidungen noch in weiteren Aspekten, etwa im Involvement, bei der Verarbeitungs-

◘ Tab. 2.5 Typen von Kaufentscheidungen, charakterisiert nach Involvement, Verarbeitungstiefe und Verarbeitungsgeschwindigkeit

		Typen von Kaufentscheidungen			
		extensiv	**limitiert**	**impulsiv**	**habitualisiert**
Involvement	kognitiv	stärker	mittel	schwach	schwach
	emotional	stark	schwach	stark	schwach
Verarbeitungstiefe		hoch	mittel	gering	gering
Verarbeitungsgeschwindigkeit		langsam	mittel	schnell	schnell

tiefe oder der Verarbeitungsgeschwindigkeit. In ◘ Tab. 2.5 werden die vorgestellten Kauftypologien anhand dieser Aspekte charakterisiert.

2.4 Preiswahrnehmung

*Preise werden durch Konsumenten oft **nicht exakt** eingeschätzt.*

Wissen Sie, was ein Liter Milch kostet? Ein 6er-Pack Eier? Ein Kilo Mehl? Wenn es Ihnen wie den meisten geht, dann können Sie keinen genauen Preis angeben (Kirchler, 2011, S. 340 ff.). Vielleicht sind Sie ja Multimillionär, und Geld spielt für Sie keine Rolle – dann herzlichen Glückwunsch. Für uns andere gilt: Eigentlich müssten wir uns für Preise interessieren. Wie wir in diesem Kapitel sehen werden, tun wir das auch. Aber nicht so, wie man es von ökonomisch rational denkenden Menschen erwarten würde. Vielmehr beeinflussen verschiedene psychologische Effekte die Einschätzung von Preisen – woraus sich überraschende Entwicklungen beim Absatz ergeben können. Auffällig dabei ist: Preise sind im Gegensatz zum subjektiven Nutzen quantifizierbar, werden aber trotzdem oft nicht exakt eingeschätzt.

Exkurs

Der Schmerz des Bezahlens

Das Bezahlen ist der unangenehme Teil des Konsums. Der Bezahlvorgang kann je nach konkreter Ausführung als mehr oder weniger schmerzhaft empfunden werden (man spricht hierbei auch von **Pain of Paying**). Bezahlt man mit Kreditkarte, so werden dabei weniger negative Gefühle ausgelöst als wenn man bar bezahlt, da bei Barzahlung das Loslassen einer Ressource materiell greifbar ist und daher viel direkter erlebt wird (Prelec & Loewenstein, 1998; Soman, 2003). Aus einem ähnlichen Grund sind auch Flatrates aus Konsumentensicht verlockend: Sie entkoppeln Konsum und Bezahlung. Diese vergleichsweise schmerzlosen Formen von Bezahlung können aber auch dazu führen, dass man deutlich mehr kauft und sich eher verschuldet als wenn man bar bezahlen würde.

2.4.1 Preisschwellen

*Bei der Wahrnehmung von Preisen gibt es **absolute und relative** Schwellenwerte.*

Ein ökonomisches Prinzip besagt, dass der Absatz eines Produktes mit steigendem Preis kontinuierlich abnimmt. Ganz so einfach ist es aber nicht. Zum einen scheint es – ähnlich wie in der Wahrnehmungspsychologie – auch bei der Wahrnehmung von Preisen absolute und relative Schwellen zu geben. Ab einem gewissen Preis wird vom Erwerb eines

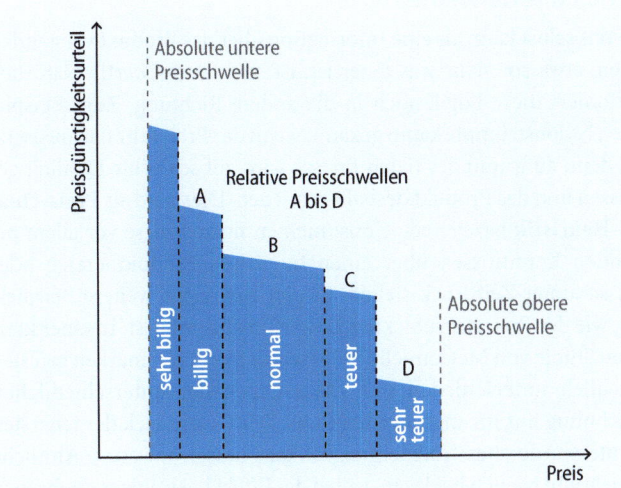

Abb. 2.4 Beispiel für Preisschwellen (nach Kirchler, 2011, S. 344, mit freundlicher Genehmigung von Hogrefe)

Produktes Abstand genommen, weil der Kauf dann nicht mehr lohnend erscheint oder gar als unfair wahrgenommen wird. Dies entspricht einer **absoluten oberen Preisschwelle**. Vor allem bei Produkten, bei denen man vor dem Kauf die Qualität nicht so einfach einschätzen kann, gibt es auch **absolute untere Preisschwellen**. Hier ist der Preis so günstig, dass Zweifel an der Qualität des Produktes aufkommen können und darum kein Kauf stattfindet. Diese beiden absoluten Schwellen bilden den von den Konsumenten akzeptierten Preisbereich (Abb. 2.4).

Zwischen der absoluten oberen Preisschwelle und der absoluten unteren Preisschwelle finden sich mehrere relative Preisschwellen. Preisänderungen zwischen diesen Schwellen beeinflussen den Absatz kaum, die Absatzkurve zeigt also eher ein Stufenmuster als eine Kurve (Abb. 2.4). So verkaufte sich z. B. eine Zahnpasta mit einem Preis zwischen 3 bis 3,19 Gulden fast gleich gut (die Studie fand in Holland statt, vor der Euroumstellung). Sobald der Preis aber auf 3,20 Gulden oder höher stieg, nahmen die Käufe deutlich ab (van Raaij & van Rijen, 2003). Psychologisch kann das so erklärt werden, dass Menschen Preiskategorien bilden, die auf ihren Erfahrungen mit der jeweiligen Produktkategorie beruhen. Obwohl es mit dem expliziten Preiswissen der Konsumenten oft nicht weit her ist, so bildet sich bei ihnen doch ein Gefühl dafür aus, was für ein bestimmtes Produkt ein hoher, ein tiefer oder ein fairer Preis ist.

> Menschen bilden **Preiskategorien**, die auf ihren Erfahrungen mit der jeweiligen Produktkategorie beruhen.

2.4.2 Paradoxe Preiseffekte

Teilweise kommt es zu einem Phänomen, das der ökonomischen Logik ganz zu widersprechen scheint: Der Absatz nimmt unter gewissen Bedingungen bei steigenden Preisen sogar zu! Dafür gibt es verschiedene Erklärungsansätze, von denen zwei im Folgenden kurz vorgestellt werden.

Preis-Qualitäts-Heuristik

> Der Preis kann als **Information über die Produktqualität** verstanden werden.

Der Preis selbst kann als eine Information über das Produkt verstanden werden, etwa so: »Nur was teuer ist, ist auch etwas wert!« Natürlich funktioniert diese Logik auch in die andere Richtung. Zum Beispiel werden Nylonstrümpfe kaum gekauft, wenn der Preis sehr tief angesetzt wird, denn aufgrund des tiefen Preises wird auf schlechte Qualität geschlossen und das Produkt deshalb gemieden. Dies wird als **Preis-Qualitäts-Heuristik** bezeichnet. Konsumenten nutzen diese vor allem bei fehlenden Kenntnissen über einen fraglichen Produktbereich oder wenn sie unter Zeitdruck stehen. Es gibt zahlreiche weitere Beispiele dafür, wie der Preis die subjektive Bewertung beeinflusst. In einer klassischen Studie von McConnell (1968) wurden drei Biermarken getestet. Tatsächlich unterschieden sich diese neben der unterschiedlichen Bezeichnung nur im angegebenen Preis. Der Geschmack der teuersten Variante wurde aber trotzdem signifikant besser bewertet. Ähnliche Beispiele gibt es auch bei Wein, wobei der Effekt bei weniger erfahrenen Weintrinkern deutlich größer ist. Auch die Wirkung von Schmerztabletten ist nachweisbar schwächer, wenn den Studienteilnehmern mitgeteilt wird, dass die Tabletten besonders günstig sind oder zu einem reduzierten Preis eingekauft wurden. Es gibt in diesem Zusammenhang auch individuelle Unterschiede: So schätzen preisbewusste Konsumenten den Zusammenhang von Preis und Qualität als deutlich weniger stark ein (Völkner, 2008) – was aufgrund ihres Einkaufsverhaltens ja auch zu erwarten ist.

Veblen-Effekt

> Der **Veblen-Effekt** bezeichnet Konsum, bei dem die Demonstration von sozialem Status im Vordergrund steht.

Eine weitere mögliche Erklärung für eine »verkehrte« Absatzkurve lieferte Veblen (1899). Der nach ihm benannte Effekt bezeichnet Konsum, bei dem der soziale Status im Vordergrund steht: Man möchte zeigen, was man hat. Dies ist nur mit Gütern möglich, die für die meisten in der Vergleichsgruppe nicht oder nur schwer erschwinglich sind. Typisch dafür sind Luxusgüter wie exklusive Weine, Schmuck und Uhren oder Statussymbole wie Luxuswagen und Designerhandtaschen. Bei solchen Produkten kann es sich nachteilig auf den Absatz auswirken, wenn die Preise zu tief angesetzt werden, da der hohe Preis als solcher zum exklusiven Produkterlebnis beiträgt. Eine spezielle Variante des Veblen-Effekts ist der **Geltungskonsum**, bei dem Konsumenten für bestimmte Produkte bereitwillig mehr bezahlen, um anderen ihre Werte und Einstellungen vor Augen zu führen. So zeigte sich etwa bei einer Befragung von Besitzern eines Toyota Prius (wegen seines Hybridmotors relativ umweltfreundlich und ein Verkaufsschlager), dass dessen Umweltfreundlichkeit als Grund für den Kauf erst an fünfter Stelle genannt wurde. Am häufigsten genannt wurde: »Macht eine Aussage über mich.« Offenbar wird der vergleichsweise hohe Preis dieses Autos in Kauf genommen, weil man dafür Umweltbewusstsein demonstrieren und die Mitmenschen beeindrucken kann. Es konnte sogar gezeigt werden, dass gerade für statusbewusste Menschen umweltfreundliche Produkte an Attraktivität verlieren, wenn diese preisgünstiger sind als Standardprodukte (Griskevicius et al., 2010). Es ist daher zu erwarten, dass ein Teil der Käufer von Bioprodukten auf diese verzichten, wenn sie sich an das Preisniveau konventioneller Produkte angleichen.

2.4.3 Relative Preiswahrnehmung

Preise und Geldbeträge werden nicht absolut, sondern relativ wahrgenommen. Wenn Sie z. B. erfahren, dass ein Pullover, der Ihnen gefällt und den Sie in einem Geschäft für 30 Euro gefunden haben, in einem anderen, zwanzig Minuten entfernten Geschäft für 5 Euro weniger zu haben ist: Würden Sie den Umweg in Kauf nehmen? Und wie würden Sie sich entscheiden, wenn es sich um einen etwas hochwertigeren Mantel für 125 Euro handeln würde, bei dem Sie ebenfalls 5 Euro sparen könnten? Entscheiden Sie sich wie die Mehrheit, so nehmen Sie im ersten Fall den Umweg in Kauf, im zweiten eher nicht (Tverksy & Kahneman, 1981). Die absolute Ersparnis für den gleichen Aufwand ist zwar in beiden Fällen die gleiche. Doch offenbar orientieren wir uns an den **Relationen der Preise** zueinander. Wer gerade im Begriff ist, eine teure Hifi-Anlage zu kaufen, der wird bei der Auswahl von Zubehör wahrscheinlich den teureren Kopfhörer in den Warenkorb legen, als wenn nur der Kopfhörer alleine angeschafft würde. Deshalb sind Konsumenten auch eher bereit, beim Kauf eines neuen Autos eigentlich unnötige Extras für mehrere tausend Euro mit zu bestellen, ohne mit der Wimper zu zucken.

Ein Betrag ist also subjektiv nicht immer gleich viel wert, und die Wahrnehmung eines Preises ist stark vom Kontext abhängig. So führt das Hinzufügen eines besonders teuren Produktes zu einem bestehenden Sortiment dazu, dass die bisher teuerste Option nun deutlich häufiger gekauft wird (**Kompromisseffekt** oder Extremeness Aversion; Neumann et al., 2016; Simonson & Tversky, 1992). Auf diese Weise kann ein Produkt zur Umsatzsteigerung beitragen, ohne dass es selber besonders häufig gekauft wird. Dieser Effekt ist mit ein Grund dafür, warum auch Hersteller alltäglicher Autos ein teures, aber wenig verkauftes Spitzenmodell in ihrem Sortiment führen: um den Absatz der übrigen Palette anzukurbeln.

Auch auf den **Ankereffekt** treffen wir bei der Preiswahrnehmung: Wenn Konsumenten in einem Produktbereich wenig Preiskenntnisse haben, lassen sie sich von relativ willkürlichen Preisangaben bei der Einschätzung des fairen Preises für ein Produkt beeinflussen. Diese Erkenntnis kann beispielsweise bei der Preisfestlegung für den Flohmarkt ganz nützlich sein. Aber der Ankereffekt zeigt sich auch bei Profis: Höhere Preiserwartungen der Hausbesitzer führen bei Immobilienmaklern zu höheren Preisschätzungen, obwohl deren Bewertung neutral ausfallen sollte (Northcraft & Neale, 1987); und in Verhandlungen ist der ausgehandelte Endpreis umso höher, je höher das Startgebot angesetzt wird (Galinsky & Mussweiler, 2001).

2.4.4 Gebrochene Preise

Überall sieht man »gebrochene Preise«, etwa 2,99 Euro, 19,99 Euro oder 999 Euro, die knapp unter einem runden Betrag liegen. Sicher haben Sie sich auch schon gefragt, ob das verkaufstechnisch wirklich etwas bringt, denn es dürfte jedem Konsumenten klar sein, dass ein Unterschied von einem Cent (oder bei höheren Beträgen: von einem Euro) nicht ins Gewicht fällt. Weshalb scheinen gebrochene Preise also trotzdem im Sinne der Anbieter zu funktionieren?

Preise und Geldbeträge werden nicht absolut, sondern **relativ** wahrgenommen.

Ein Betrag ist subjektiv **nicht immer gleich viel wert.**

Die Wahrnehmung eines Preises ist stark vom **Kontext** abhängig.

Bei geringen Preiskenntnissen lassen sich Konsumenten von **relativ willkürlichen Preisangaben** bei der Einschätzung des fairen Preises beeinflussen.

Nichtbeachtung der rechten Ziffern Eine Erklärung ist, dass die letzten Ziffern auf der rechten Seite einer Preisangabe weniger beachtet werden, weil sie weniger relevant sind für die Preishöhe. Bei der Zahl 9 wäre dieser Effekt der Nichtbeachtung der rechten Ziffern dann natürlich maximal im Vergleich zu einem runden Preis. Bizer und Schindler (2005) fragten Personen, wie viele Exemplare eines Produktes sie mit 73 Euro kaufen können, wenn dieses 2,99 Euro bzw. 3,00 Euro kostet. Die Menge wurde bei 2,99 Euro überschätzt, bei 3,00 Euro dagegen unterschätzt. Der gleiche Effekt zeigte sich für alle untersuchten Preisniveaus. In einer anderen Studie (Coulter & Coulter, 2007) konnte nachgewiesen werden, dass der Unterschied zwischen 93 Euro zu 79 Euro größer wahrgenommen wird als der Unterschied von 89 Euro zu 75 Euro. Objektiv handelt es sich zwar jeweils um eine Differenz von 14 Euro, aber im ersten Fall ist der Unterschied zwischen den linken Ziffern größer als im zweiten Fall. Die Aufmerksamkeit liegt also stärker auf der linken Ziffer, da diese für die Höhe des Preises die relevanteste ist, während die Ziffer rechts weniger beachtet wird.

> Auf Preisschildern werden die **letzten Ziffern rechts** weniger beachtet.

Assoziationen mit Preisgünstigkeit Häufig wird bei gebrochenen Preisen die Ziffer 9 verwendet – aus gutem Grund, denn Preise, die auf 9 oder 99 enden, senden ein bestimmtes Signal aus. In einem Feldexperiment verschickte Schindler (1994) drei Versionen eines Warenhauskataloges, die sich nur bezüglich der Preisendungen unterschieden: ,00; ,99 (minus 1 Cent) oder ,88 (minus 12 Cent). In der 99er-Version waren die Bestellungen um 10% höher als bei der Version mit 00. Bei der 88er-Version gab es nicht mehr Bestellungen, obwohl hier die Ersparnis mit 12 Cent ja größer gewesen wäre. Der Grund dafür liegt darin, dass die Ziffer 9 auf der rechten Seite einer Preisangabe mit Preisgünstigkeit assoziiert wird.

> Die **Ziffer 9** auf der rechten Seite wird mit **Preisgünstigkeit** assoziiert.

Holistische und analytische Verarbeitung Einige Studien zeigen auch, dass Preise in bestimmten Fällen holistisch verarbeitet werden, in anderen dagegen analytisch. Wenn wir zwei Produkte mit Preisen von 19 und 82 Euro vergleichen, so werden deren Preise holistisch wahrgenommen, da sie deutlich unterschiedlichen Größenklassen zugeordnet werden. In solchen Fällen macht es dann auch keinen Unterschied mehr, ob gebrochene oder runde Preise vorliegen. Anders liegt der Fall, wenn die Preise näher beieinanderliegen, z. B. 55 Euro und 70 Euro. Dann werden die Preise eher analytisch verarbeitet. Hier kann eine Reduktion des Preises beim teureren Produkt um einen Euro dazu führen, dass dieses dem preiswerteren nun deutlich häufiger vorgezogen wird, weil wie oben beschrieben der Unterschied bei der relevanten linken Ziffer reduziert wird.

> Preise können **holistisch und analytisch** verarbeitet werden, je nach Größenklasse.

2.4.5 Effekte des Preisimages

Einigen Unternehmen gelingt es, als besonders günstig wahrgenommen zu werden. Für ihr **Tiefpreisimage** müssen diese Unternehmen viel in die Kommunikation investieren (die damaligen Slogans von Saturn und Mediamarkt wie »Geiz ist geil« oder »Ich bin doch nicht blöd« kennt auch heute noch jeder), und sie müssen zumindest bei einigen promi-

> Unternehmen können unterschiedliche Preisimages haben.

nent beworbenen Produkten tatsächlich die tiefsten Preise anbieten. Ist das Tiefpreisimage einmal etabliert, werden auch die anderen Produkte im Sortiment als günstig eingeschätzt, obwohl sie oft genauso viel kosten wie bei der Konkurrenz. Dieser Effekt tritt vor allem dann auf, wenn Konsumenten nur wenig Wissen über die Preise in einem Produktbereich haben und keine Vergleichspreise verfügbar sind. Am anderen Ende des Preisspektrums liegen die **Luxusmarken**, die sich den schon beschriebenen Veblen-Effekt zu Nutze machen. In der Kommunikation wird deshalb die Exklusivität dieser Marken betont und mit entsprechenden Assoziationen wie Macht und Prestige in Verbindung gebracht, indem man beispielsweise Bilder des Produktes vor Yachten oder exklusiven Villen zeigt. Denn richtig zum Tragen kommt der Veblen-Effekt ja erst, wenn die Mitmenschen auch wissen, was für ein exklusives und teures Produkt da jemand besitzt. Zwischen diesen beiden Extremen liegen Marken, die vor allem auf ein gutes **Preis-Leistungs-Verhältnis** setzen. Bei diesen wird in der Kommunikation außer für konkurrenzfähige Preise auch für zusätzlichen Nutzen geworben – etwa eine große Auswahl oder gute Beratung – um den Kunden das Gefühl zu geben, am richtigen Ort einzukaufen.

> Nun wissen Sie einiges darüber, wie Preise wahrgenommen werden. Um zu erfahren, **wie Preise psychologisch gestaltet werden können**, konsultieren Sie bitte den ▶ Webexkurs »Preisgestaltung«, den Sie (wie alle Webexkurse) kostenlos auf ▶ http://www.lehrbuch-psychologie.springer.com/ finden.
>
> **Webexkurs »Preisgestaltung«**

? Kontrollfragen

1. Auf welche sieben Konsummotive lassen sich die meisten Konsumbedürfnisse zurückführen?
2. Beschreiben Sie eine Means-End-Kette beim Autokauf.
3. Warum schenken Menschen?
4. Inwiefern hat Konsum soziale Funktionen? Unter welchen Bedingungen treten diese zutage?
5. In welche Phasen lassen sich Kaufentscheidungen unterteilen?
6. Was sind Marktüberzeugungen?
7. Welche Typen von Kaufentscheidungen gibt es, und wodurch zeichnen sich diese aus? Nennen Sie für jeden Typ ein Beispiel.
8. Was ist eine Preisschwelle?
9. Preis und Qualitätseindruck hängen zusammen. Mit welchem Experimentalsetting lässt sich dies aufzeigen?
10. Nennen Sie ein Beispiel für Geltungskonsum.
11. Wie lässt sich der optimale Preis für ein neues Produkt finden?
12. Welche Vor- und Nachteile haben Empfehlungssysteme aus Konsumentensicht?

Felser, G. (2015). *Werbe- und Konsumentenpsychologie* (4. Aufl.). Berlin: Springer.
Kroeber-Riel, W., & Gröppel-Klein, A. (2013). *Konsumentenverhalten* (10. Aufl.). München: Vahlen.

▶ **Weiterführende Literatur**

Literatur

Achtziger, A., Hubert, M., Kenning, P., Raab, G., & Reisch, L. (2015). Debt out of control: The links between self-control, compulsive buying, and real debts. *Journal of Economic Psychology, 49*, 141-149.

Amos, C., Holmes, G. R., & Keneson, W. C. (2014). A meta-analysis of consumer impulse buying. *Journal of Retailing and Consumer Services, 21*(2), 86-97.

Ariely, D. (2008). *Denken hilft zwar, nützt aber nichts*. München: Droemer.
Ariely, D., & Levav, J. (2000). Sequential choice in group settings: Taking the road less traveled and less enjoyed. *Journal of Consumer Research, 27*(3), 279-290.
Berger, J., & Heath, C. (2007). Where consumers diverge from others: Identity signaling and product domains. *Journal of Consumer Research, 34*(2), 121-134.
Betsch, T., Funke, J., & Plessner, H. (2011). *Denken – Urteilen, Entscheiden, Problemlösen*. Heidelberg: Springer.
Bizer, G. Y., & Schindler, R. M. (2005). Direct evidence of ending-digit drop-off in price information processing. *Psychology & Marketing, 22*(10), 771-783.
Canova, L., Rattazzi, A. M. M., & Webley, P. (2005). The hierarchical structure of saving motives. *Journal of Economic Psychology, 26*(1), 21-34.
Cheek, N. N., & Schwartz, B. (2016). On the meaning and measurement of maximization. *Judgment and Decision Making, 11*(2), 126-146.
Cialdini, R. B., Borden, R. J., Thorne, A., Walker, M. R., Freeman, S., & Sloan, L. R. (1976). Basking in reflected glory: Three (football) field studies. *Journal of Personality and Social Psychology, 34*(3), 366-375.
Coulter, K. S., & Coulter, R. A. (2007). Distortion of price discount perceptions: The right digit effect. *Journal of Consumer Research, 34*, 162-173.
D'Astous, A. (1990). An inquiry into the compulsive side of »normal« consumers. *Journal of Consumer Policy, 13*(1), 15-31.
Dichter, E. (1964). *Handbuch der Kaufmotive: Der Sellingappeal von Waren, Werkstoffen und Dienstleistungen*. Wien: Econ.
Dijksterhuis, A., Bos, M. W., Nordgren, L. F., & Van Baaren, R. B. (2006). On making the right choice: The deliberation-without-attention effect. *Science, 311*(5763), 1005-1007.
Eberhard, D., & Altobelli, C. F. (2012). *Muskeln aus der Dose? Kaufmotive für anabole Nahrungsergänzungsmittel am Beispiel von Freizeitsportlern*. Hamburg: Helmut Schmidt Universität.
Einhorn, H. J. & Hogarth, R. M. (1975). Unit weighting schemes for decision making. *Organizational Behavior and Human Performance, 13*, 171-192.
Fishburn, P. C. (1974). Lexicographic orders, utilities and decision rules: A survey. *Management Science, 20*, 1442-1471.
Galinsky, A. D., & Mussweiler, T. (2001). First offers as anchors: The role of perspective-taking and negotiator focus. *Journal of Personality and Social Psychology, 81*(4), 657-669.
Griskevicius, V., Tybur, J. M., & Van den Bergh, B. V. (2010). Going green to be seen: Status, reputation, and conspicuous conservation. *Journal of Personality and Social Psychology, 98*, 392-404.
Kahn, B. E. (1995). Consumer variety-seeking among goods and services: An integrative review. *Journal of Retailing and Consumer Services, 2*(3), 139-148.
Kirchler, E. (2011). *Wirtschaftspsychologie: Individuen, Gruppen, Märkte, Staat* (4. Auflage). Göttingen: Hogrefe.
Kroeber-Riel, W., & Gröppel-Klein, A. (2013). *Konsumentenverhalten* (10. Auflage). München: Vahlen.
Maslow, A. H. (1943). A theory of human motivation. *Psychological Review, 50*, 370-396.
McConnell, J. D. (1968). Effect of pricing on perception of product quality. *Journal of Applied Psychology, 52*, 331-334.
Müller, I. (2001). Der hybride Verbraucher: Ende der Segmentierungsmöglichkeit im Konsumgütermarketing. In H. Diller (Hrsg.), *Der moderne Verbraucher: Neue Befunde zum Einkaufsverhalten* (S. 29-52). Nürnberg: GIM.
Neumann, N., Böckenholt, U., & Sinha, A. (2016). A meta-analysis of extremeness aversion. *Journal of Consumer Psychology, 26*(2), 193-212.
Neuner, M., Raab, G., & Reisch, L. A. (2005). Compulsive buying in maturing consumer societies: An empirical re-inquiry. *Journal of Economic Psychology, 26*(4), 509-522.
Northcraft, G. B., & Neale, M. A. (1987). Experts, amateurs, and real estate: An anchoring-and-adjustment perspective on property pricing decisions. *Organizational Behavior and Human Decision Processes, 39*(1), 84-97.
Park, C. W., & Lessig, V. P. (1981). Familiarity and its impact on consumer decision biases and heuristics. *Journal of Consumer Research, 8*(2), 223-230.
Payne, J. W., Bettman, J. R., & Johnson, E. J. (1988). Adaptive strategy selection in decision making. *Journal of Experimental Psychology: Learning, Memory and Cognition, 14*, 534-552.

Pfister, H. R., Jungermann, H., & Fischer, K. (2016). *Die Psychologie der Entscheidung: Eine Einführung.* Berlin: Springer.

Prelec, D., & Loewenstein, G. (1998). The red and the black: Mental accounting of savings and debt. *Marketing Science, 17*(1), 4-28.

Raab, G., Unger, F., & Unger, F. (2010). *Marktpsychologie* (3. Aufl.). Wiesbaden: Gabler.

Reynolds, T. J., & Gutman, J. (1988). Laddering theory, method, analysis, and interpretation. *Journal of Advertising Research, 28*(1), 11-31.

Saad, G. (2007). *The evolutionary bases of consumption.* London: Lawrence Erlbaum Associates.

Saad, G. (2011). *The consuming instinct: What juicy burgers, Ferraris, pornography, and gift giving reveal about human nature.* Amherst, NY: Prometheus Books.

Schindler, R. M. (1994). How to advertise price. In E. M. Clark, T. C. Brock, & D. C. Stewart (Eds.), *Attention, attitude, and affect in response to advertising* (pp. 251–269). Hillsdale, NJ: Lawrence Erlbaum.

Schwartz, B., Ward, A., Monterosso, J., Lyubomirsky, S., White, K., & Lehman, D. R. (2002). Maximizing versus satisficing: Happiness is a matter of choice. *Journal of Personality and Social Psychology, 83*, 1178-1197.

Simon, H. A. (1955). A behavioral model of rational choice. *Quarterly Journal of Economics, 69*(1), 99-118.

Simonson, I., & Tversky, A. (1992). Choice in context: Tradeoff contrast and extremeness aversion. *Journal of Marketing Research, 29*(3), 281-295.

Sivanathan, N., & Pettit, N. C. (2010). Protecting the self through consumption: Status goods as affirmational commodities. *Journal of Experimental Social Psychology, 46*(3), 564-570.

Snyder, M. (1974). Self-monitoring of expressive behavior. *Journal of Personality and Social Psychology, 30*(4), 526-537.

Solomon, M., Bamossy, G., & Askegaard, S. (2001). *Konsumentenverhalten. Der europäische Markt.* München: Pearson.

Soman, D. (2003). The effect of payment transparency on consumption: Quasi-experiments from the field. *Marketing Letters, 14*(3), 173-183.

Tauber, E. M. (1972). Why do people shop? *Journal of Marketing, 36*(4), 46-49.

Trommsdorff, V., & Teichert, T. (2011). *Konsumentenverhalten* (8. Aufl.). Stuttgart: Kohlhammer.

Tversky, A. (1972). Elimination by aspects: A theory of choice. *Psychological Review, 79*(4), 281-299.

Tversky, A., & Kahneman, D. (1981). The framing of decisions and the psychology of choice. *Science, 211*, 1124-1131.

Van Raaij, W. F., & van Rijen, C. (2003). Money illusion and euro pricing. *Proceedings of the IAREP-Workshop »Euro: Currency and Symbol«.* Vienna, Austria.

Veblen, T. (1899). *The theory of the leisure class.* New York: Macmillan.

Völkner, F. (2008). The dual role of price: Decomposing consumers' reactions to price. *Journal of the Academy of Marketing Science, 36*, 359-377.

Walker, B. A., & Olson, J. C. (1991). Means-end chains: Connecting products with self. *Journal of Business Research, 22*(2), 111-118.

Wiswede, G. (2012). *Einführung in die Wirtschaftspsychologie* (5. Auflage). München: Reinhardt.

Zuckerman, M. (1979). *Sensation seeking: Beyond the optimal level of arousal.* Hillsdale, NJ: Erlbaum Associates.

3 Kunden

Christian Fichter

3.1	Kundenorientierung – 60	3.3	Kundenbindung – 65
3.1.1	Kundenorientierung wird im Kundenkontakt vermittelt – 60	3.3.1	Wie kommt Kundenbindung zustande? – 66
3.1.2	Kundenorientierung erfordert zufriedene, dienstleistungsbereite Mitarbeiter – 61	3.3.2	Messung, Vorhersage und Förderung von Kundenbindung – 67
3.1.3	Geschäftsprozesse statt Schlagwörter – 61	3.3.3	Kunde und Anbieter: ein hübsches Paar? – 67
3.2	Kundenzufriedenheit – 62		Literatur – 68
3.2.1	Auslöser von Kundenzufriedenheit – 62		
3.2.2	Messung von Kundenzufriedenheit – 63		

© Springer-Verlag GmbH Deutschland 2018
C. Fichter (Hrsg.), *Wirtschaftspsychologie für Bachelor*
https://doi.org/10.1007/978-3-662-54944-5_3

Lernziele

- Wissen, inwiefern Kundenorientierung von Bedeutung ist und wie sie sich erreichen lässt.
- Wissen, wodurch sich kundenorientierte Mitarbeiter auszeichnen.
- Verstehen, welche Rolle Mitarbeiter und Organisationskultur für die Kundenorientierung spielen.
- Kundenzufriedenheit theoretisch erklären und praktisch umsetzen können.
- Den Nutzen der Kundenbindung kennen – für Anbieter und Kunden.
- Die Psychologie der Kundenbindung verstehen.

Der Tag wird kommen, an dem man Sie fragt: »Worin sehen Sie den Schlüssel zum betrieblichen Erfolg?« Dann erinnern Sie sich bitte an dieses Kapitel. Es handelt zwar nicht direkt vom Erfolg, denn dieser ist im »unternehmerischen Experiment« ja bloß die abhängige Variable. Sie lernen auch nicht stereotype »Erfolgsfaktoren« kennen, von denen Sie behaupten könnten, dass sich mit deren Identifikation unausweichlich Erfolg einstellt. Stattdessen handelt dieses Kapitel von den beiden Größen, die schon historisch und wohl auch in Zukunft das größte Potenzial für unternehmerischen Erfolg bergen: von Kunden, und von Qualität. Die Maxime dabei lautet: Erst die Orientierung an den Bedürfnissen von Kunden – gepaart mit guter Qualität – führt zu zufriedenen Kunden, und schließlich zu Kundenbindung.

Kundenorientierung und **Qualität** sind Grundpfeiler des unternehmerischen Erfolgs.

3.1 Kundenorientierung

»Kundenorientierung!« ist der unwidersprochene Schlachtruf zahlloser Management-Gurus. Sie hat in Kiesers entlarvendem Stelldichein der »Moden und Mythen des Organisierens« (Kieser, 1996) einen Podestplatz inne. Kundenorientierung heißt im Prinzip einfach, die Bedürfnisse und Erwartungen der Kunden zu erkennen und zu erfüllen (Nerdinger, 2007). Aber ist das nicht selbstverständlich? Schon für Tante Emma waren doch stets die Bedürfnisse der Kunden das Wichtigste!

Tatsächlich ist es für eine Organisation nicht selbstverständlich, eine **kundenorientierte Geschäftsstrategie** zu haben. Eine Unternehmung könnte nämlich auch die Strategie verfolgen, sich nicht am Kunden, sondern am technisch Machbaren auszurichten. Allerdings bestünde dann die Gefahr, dass technisch führende Produkte entwickelt werden, die keiner will. Zahllose Neueinführungen von innovativen Produkten sind schon genau daran gescheitert. Wohl gab es Zeiten, in denen Firmen ihre Produkte und Dienstleistungen lediglich herzustellen brauchten, denn das Angebot war knapp und die Nachfrage quasi von alleine gegeben. Aber das war einmal. Heute ähneln sich die Angebote; zudem sind Preise und Qualität im Internet leicht vergleichbar. Unzufriedene Kunden sind mehr denn je bereit, den Anbieter zu wechseln, wenn dessen Leistungen als nicht zufriedenstellend erachtet werden. Zudem sind die Märkte gesättigt, was das Gewinnen neuer Kunden erschwert. Daraus folgt – ob modisch oder nicht – dass Organisationen (und damit sind nicht nur Unternehmen gemeint) sich mehr denn je an den Bedürfnissen und Erwartungen der Kunden zu orientieren haben. Bloß wie?

> **Gesättigte Märkte, große Produktvielfalt, zahlreiche Alternativen** und **sinkende Kundenbindung** erfordern von Organisationen mehr denn je eine konsequente Kundenorientierung.

3.1.1 Kundenorientierung wird im Kundenkontakt vermittelt

Am naheliegendsten ist die Erfordernis nach Kundenorientierung bei **Mitarbeitern mit Kundenkontakt**. Sie sind der entscheidende Berührungspunkt zwischen der Organisation und ihren Kunden. Sie müssen deren Bedürfnisse abholen, ein passendes Angebot erstellen und es dann verkaufen. Dabei sollten sie nicht nur freundlich, sondern auch motiviert sein. Wie jeder aus seiner Erfahrung als Konsument weiß, gibt es hier große Unterschiede – sowohl zwischen einzelnen Mitarbeitern als auch allgemein zwischen Geschäften. Ganz wesentlich hängt kundenorientiertes Verhalten der Mitarbeiter von deren Einstellung zur Arbeit ab (Stock & Hoyer, 2005). Auch ob sich Mitarbeiter überheblich und distanziert oder aber zuvorkommend und empathisch verhalten, wirkt sich auf die Kundenzufriedenheit aus – und schließlich auf den Geschäftserfolg (Nerdinger, 2007). (Eine Ausnahme bilden manche Szenebars, in denen eine unterkühlte Bedienung anscheinend zum Geschäftsmodell gehört …)

Von kundenorientierten Mitarbeitern wird erwartet, dass sie über vertrauenerweckende Umgangsformen und eine ausgeprägt soziale Seite verfügen. Zwar korreliert Kundenorientierung mit den Persönlichkeitsfaktoren Extraversion (.14) und Gewissenhaftigkeit (.26; Mount et al., 1998). Wichtiger als diese schwachen Zusammenhänge sind aber

> Kundenorientierung zeigt sich insbesondere bei **Mitarbeitern mit Kundenkontakt**.

> Ob sich Mitarbeiter kundenorientiert verhalten, hängt im Wesentlichen von ihrer **Einstellung zur Arbeit** ab.

> Kundenorientierte Mitarbeiter verfügen über **soziale Fähigkeiten**, insbesondere **Umgänglichkeit** und **Zuverlässigkeit**.

andere Aspekte: Wirklich kundenorientiert können nur Mitarbeiter sein, die nicht nur umgänglich und zuverlässig sind, sondern auch fachlich kompetent (Nerdinger, 2007). Es nützt dem Kunden ja nichts, wenn er gut behandelt wird, aber sein Wunsch unerfüllt bleibt. Daraus ergibt sich für die Praxis, dass bei **Selektion und Schulung von Mitarbeitern** sowohl die soziale als auch die fachliche Eignung beachtet werden sollten.

Für die Selektion entsprechenden Personals kommen Fragebögen, Verhaltenssimulationen oder auch videogestützte Szenarioverfahren infrage. Bei letzteren kann z. B. eine aufgezeichnete Interaktion zwischen Kunde und Mitarbeiter beurteilt werden. Um die Kundenorientierung bei bestehenden Mitarbeitern aufrechtzuerhalten, bieten sich Schulungen an: formelle, bei denen Fachkenntnisse und Sozialkompetenzen im Rahmen von Seminaren gestärkt werden, und informelle, bei denen z. B. erfahrenere Kollegen weniger Erfahrene in der Praxis begleiten.

*Kundenorientierung erfordert aber auch **fachliche Kompetenz.***

*Kundenorientierung kann in **Trainings** vermittelt werden.*

3.1.2 Kundenorientierung erfordert zufriedene, dienstleistungsbereite Mitarbeiter

Auch **Arbeitszufriedenheit** ist eine wichtige Bedingung für Kundenorientierung (Nerdinger, 2007). Einerseits liegt das auf der Hand, denn wer unter nicht zufriedenstellenden Bedingungen arbeitet, dürfte kaum zu kundenorientiertem Verhalten motiviert sein. Allerdings beißt sich die Katze in den Schwanz: Wer sich nicht kundenorientiert zeigt, der wird unzufriedene Kunden haben und als Folge davon eine tiefere Arbeitszufriedenheit.

Nicht nur die Mitarbeiter mit Kundenkontakt, sondern auch ihre Führungskräfte und die gesamte Organisation sollten auf Kundenorientierung eingestellt sein. Vorgesetzte müssen Kundenorientierung vorleben und gute Arbeitsbedingungen ermöglichen, Organisationen sollten eine **Kultur der Dienstleistungsbereitschaft** etablieren und auch Mitarbeiter ohne direkten Kundenkontakt müssen ihr Tun an den Erwartungen der Kunden ausrichten. Dazu ist es hilfreich, wenn Rückmeldungen von Kunden nicht nur dem Verkaufspersonal, sondern allen Mitarbeitern weitergegeben werden. Der Monteur, der das Lenkrad ans Auto schraubt, sollte erfahren, ob der Autokäufer damit zufrieden ist, obwohl sich die beiden nie begegnen. Lohn all dieser Anstrengungen sind gesteigerte Produktivität und höherer Ertrag (Harter et al., 2002).

***Arbeitszufriedenheit** und **Kundenorientierung** verstärken sich gegenseitig.*

*Kundenorientierung sollte **unternehmensweit gelebt** werden, auch von Führungskräften und von Mitarbeitern ohne direkten Kundenkontakt.*

3.1.3 Geschäftsprozesse statt Schlagwörter

Man sollte im Auge behalten, dass Kundenorientierung trotz aller augenscheinlichen Evidenz ein theoretisch unscharf definiertes Konstrukt ist, das schwer zu operationalisieren und noch schwerer zu überprüfen ist. Zwar wurden einige Skalen zur Messung von Kundenorientierung entwickelt (z. B. Saxe & Weitz, 1982), doch leider genügen viele davon den wissenschaftlichen Gütekriterien nicht. Zu allem Übel wird Kundenorientierung oft als **Schlagwort** missbraucht, das den Verkauf ungenügend überprüfter Seminarangebote ankurbeln soll. Für die wirt-

*Kundenorientierung ist ein **vages Konstrukt.** Sie kann aber **Richtschnur** für das Verhalten sein.*

schaftspsychologische Praxis bedeutet dies, dass Kundenorientierung nicht unhinterfragt als Floskel missbraucht werden sollte, sondern als **Richtschnur** im Bemühen, seinen Kunden zu dienen (Schenk, 1997).

Es muss auch gesagt werden, dass Kundenorientierung nur umgesetzt werden kann, wenn **effiziente Geschäftsprozesse und Arbeitsmittel** zur Verfügung stehen. Es existiert eine Vielzahl verschiedener Managementkonzepte (z. B. Lean Management, Prozessorientierung) und Softwaretools, welche diese Basis gewährleisten sollen. Ohne zuverlässiges Funktionieren von Produktion, Forschung und Entwicklung, Rechnungswesen und Verkauf können auch noch so kundenorientierte Mitarbeiter die Erwartungen der Kunden nicht erfüllen. Ein wirtschaftspsychologisch aufgeklärter Unternehmensberater sollte sich daher nicht ausschließlich um die »weichen« Faktoren wie Mitarbeiter oder Kultur kümmern, sondern muss auch mögliche Mängel bei Effizienz und Arbeitsmitteln aufdecken.

> Kundenorientierung kann nur umgesetzt werden, wenn auch die benötigten **Geschäftsprozesse und Arbeitsmittel** zur Verfügung stehen.

3.2 Kundenzufriedenheit

Der Erfolg einer Unternehmung bemisst sich nicht nur an ihrem Ertrag, sondern auch an der Zufriedenheit ihrer Kunden. Zwischen diesen beiden Größen besteht eine hohe Korrelation – was kaum überraschen dürfte, schließlich sorgen zufriedene Kunden dafür, dass der Ertrag stimmt. Das gilt zumindest für Märkte mit Wettbewerb zwischen den Anbietern, denn auf diesen können unzufriedene Kunden mehr oder weniger einfach zwischen den Anbietern wechseln.

> Zwischen **Kundenzufriedenheit und Ertrag** besteht ein starker **Zusammenhang.**

Kundenzufriedenheit kann sozialpsychologisch als **Einstellung** aufgefasst werden. Sie basiert auf persönlichen Erfahrungen, affektiven Eindrücken, den Einstellungen Dritter, der persönlichen Situation und den Bedürfnissen und Zielen des Kunden. Sie kann sich verändern, und sie kann gemessen werden. Eine stabile Einstellung entsteht nicht von heute auf morgen, daher entsteht auf Basis einer einzelnen zufriedenstellenden Aktion höchstens eine momentane, aber keine stabile Kundenzufriedenheit. Diese ist aber Grundbedingung für die Loyalität von Kunden – und sie ist damit für den Unternehmenserfolg äußerst wichtig. Doch wie entsteht Kundenzufriedenheit?

> Kundenzufriedenheit kann **als Einstellung aufgefasst** werden.

3.2.1 Auslöser von Kundenzufriedenheit

Kundenzufriedenheit wird oft anhand des Diskonfirmationsparadigmas erklärt, auf das wir beim Thema Qualität (▶ Abschn. 4.3) nochmals eingehen werden. Danach sind Kunden zufrieden, wenn die erbrachte Leistung (Ist-Wert) die Erwartungen der Kunden (Soll-Wert) erreicht (Konfirmation) oder übertrifft (positive Diskonfirmation). Kunden haben in Abhängigkeit von ihren Erfahrungen und Bedürfnissen nicht nur unterschiedlich hohe Erwartungen, sondern nehmen objektiv gleiche Leistungsniveaus unterschiedlich wahr. Obwohl im Diskonfirmationsparadigma der kognitiven Komponente des Soll-Ist-Vergleichs eine große Bedeutung zukommt, kann Kundenzufriedenheit auch eine emotionale Komponente haben, insbesondere, wenn das Produkt oder die Dienstleistung für den Kunden von großer Relevanz ist.

> Gemäß Diskonfirmationsparadigma **sind Kunden zufrieden,** wenn die erbrachte Leistung ihren Erwartungen **entspricht** (Konfirmation) oder sie **übertrifft** (positive Diskonfirmation).

Eine andere Sichtweise auf Kundenzufriedenheit bietet das **Kano-Modell** (Kano et al., 1984). Dieses ist an die Zwei-Faktoren-Theorie von Herzberg et al. (1959) angelehnt, nach welcher die verschiedenen Bedingungen von Arbeit Hygienefaktoren und Motivatoren darstellen. Manche Bedingungen wirken nur auf die Zufriedenheit, manche nur auf die Unzufriedenheit und manche auf beides (▶ Abschn. 7.2). Ähnlich argumentieren Kano et al. (1984): Die Zufriedenheit von Kunden sei nicht eindimensional, sondern bestehe aus drei unterschiedlichen Arten von Merkmalen. Da gibt es einmal die **Basismerkmale**. Deren Erfüllung wird vom Kunden als selbstverständlich erachtet. Werden sie erfüllt, machen sie nicht zufrieden. Werden sie aber nicht erfüllt, machen sie unzufrieden, genau wie die Herzberg'schen Hygienefaktoren. Ferner gibt es die **Leistungsmerkmale**. Deren Erfüllung wird vom Kunden zwar auch erwartet, doch im Gegensatz zu den Basismerkmalen werden hier Leistungsunterschiede toleriert (was sich dann allerdings auch in mehr oder weniger Zufriedenheit niederschlägt). Leistungsmerkmale können also sowohl Zufriedenheit als auch Unzufriedenheit auslösen. Sozusagen die Krönung im Kano-Modell sind die **Begeisterungsmerkmale**. Diese werden vom Kunden nicht erwartet, daher können sie auch keine Unzufriedenheit auslösen. Treten sie aber ein, so können sie besonders hohe Zufriedenheit auslösen. Diese entsprechen im Herzberg-Modell den Motivatoren (▶ Exkurs).

> Das **Kano-Modell** ist an die Zwei-Faktoren-Theorie von Herzberg angelehnt. Es erklärt Kundenzufriedenheit anhand von **Basismerkmalen, Leistungsmerkmalen** und **Begeisterungsmerkmalen.**

Exkurs

Begeisterung bis zum Exzess

Manche Marketing-Autoren sprechen etwas überschwänglich davon, dass Kunden, deren Erwartungen übertroffen würden, »begeistert« seien (Stauss, 1999). Leider entwickelte sich daraus mancherorts ein **Imperativ, nach welchem man die Kunden stets zu begeistern habe,** da man sie ansonsten verliere. Das ist allerdings **stark übertrieben,** denn die meisten Konsumenten wollen nicht permanent von Begeisterung zu Begeisterung taumeln, sondern einfach in Ruhe ihre Einkäufe erledigen. Ein wirtschaftspsychologisch kundiger Rat lautet daher, die Erwartungen der Kunden nicht stets und überall übertreffen zu wollen. Die Erwartungen passen sich nämlich rasch der erbrachten Mehrleistung an, so dass irgendwann trotz maximaler Anstrengung des Personals die Leistung nicht mehr ohne zusätzliche Kosten gesteigert werden kann – worauf die vermeintlich so wichtige Begeisterung der Kunden einen Dämpfer erfährt.

3.2.2 Messung von Kundenzufriedenheit

Einsicht in die Zufriedenheit von Kunden lässt sich anhand von objektiven Daten (z. B. Häufigkeit von Reklamationen, Vertragsverlängerungen etc.) oder von subjektiven Daten gewinnen. Da Kundenzufriedenheit als Einstellung aufgefasst werden kann, wird sie meist mit Einstellungsmessmethoden wie Fragebogen oder Interviews erhoben. Seltener kommen implizite Verfahren zum Einsatz, etwa der **Implizite Assoziationstest** (IAT, Greenwald et al., 1998). Diese bieten zum Preis eines höheren Aufwands den Mehrwert, auch nicht bewusst zugängliche Facetten der Kundenzufriedenheit aufzudecken – allerdings nur auf recht pauschalem Niveau und mit unsicherer Validität. Auch aus den immer umfangreicher erfassten Daten zum Kaufverhalten lassen

> Kundenzufriedenheit lässt sich mit **objektiven Daten** (z. B. Häufigkeit von Reklamationen) oder **subjektiven Daten** (z. B. Fragebogen) erfassen.
>
> Zur **Messung impliziter Aspekte** der Kundenzufriedenheit können Verfahren wie der Implizite Assoziationstest (IAT) verwendet werden.

sich Rückschlüsse auf die Kundenzufriedenheit ziehen, beispielsweise durch statistische Verfahren wie multidimensionale Skalierung oder Conjoint-Analyse. Leider ist es nicht immer einfach, diese Rückschlüsse theoretisch zu begründen. Daher werden solche Daten zur Ableitung von Handlungsempfehlungen in der Regel um Beobachtungs- oder Interviewdaten ergänzt.

Eine andere Herangehensweise bietet die **Methode der kritischen Ereignisse** (Critical Incident Technique; Flanagan, 1954), die wie das Kano-Modell aus der Arbeitspsychologie stammt. Dabei wird in einem halbstrukturierten Interview nach besonders guten und schlechten Kundenerfahrungen gefragt, denn diese werden als »kritisch« für die Kundenzufriedenheit erachtet. Ein kritisches Ereignis könnte sich z. B. in einer Antwort wie dieser äußern: »Als der Kassierer bemerkte, dass ich den Code für meine Bankkarte vergessen hatte, schaute er mich grimmig an und wurde ungeduldig«, oder: »Als meine Dozentin mich auf dem Bahnsteig sah, wandte sie sich mir mit freundlichem Blick zu und erkundigte sich, ob ich mit meiner Seminararbeit gut vorankomme.« Aus solch anschaulichen Hinweisen lassen sich gut Verbesserungsvorschläge für die Praxis ableiten. Doch die Methode der kritischen Ereignisse ist aufwendig in der Durchführung und von unsicherer Validität (Moser, 2015, S. 132) – unter anderem, weil nur besonders positive und besonders negative Aspekte erfasst werden, die außerdem Momentaufnahmen darstellen. Diesem Punkt trägt die **sequentielle Ereignismethode** (Stauss & Weinlich, 1996) Rechnung, bei welcher sämtliche Schritte einer Dienstleistung in einem Diagramm abgebildet sind. Kunden geben dann zu jedem der Schritte ihre Erlebnisse, Gedanken und Gefühle zu Protokoll.

Auch ein weiteres Instrument, das in der Praxis zur Messung von Kundenzufriedenheit eingesetzt wird, ist nicht ohne Fehl und Tadel: der SERVQUAL-Fragebogen, auf den wir im Kapitel zur Dienstleistungsqualität noch detaillierter zu sprechen kommen (▶ Abschn. 4.3). Die Kritik an dieser Praxis besteht darin, dass für die Kundenzufriedenheit ja nicht nur die Qualität, sondern auch zahlreiche weitere, teilweise ganz profane Merkmale verantwortlich sind, beispielsweise Preise oder Verfügbarkeit. Bei einer Anwendung von SERVQUAL sollten diese daher zusätzlich erhoben werden.

Auch eine Analyse von **Beschwerden und Lob** der Kunden bietet sich an. Diese kann die oben genannten Verfahren mangels Repräsentativität nicht ersetzen, aber kostengünstig um wertvolle Hinweise von hoher Aktualität und Relevanz ergänzen. Eine spezielle Erhebung ist nicht erforderlich, denn die Äußerungen gehen ja direkt von den Kundinnen und Kunden aus. Zweifelsohne gibt es sehr viele Kunden, die zwar Beschwerden (oder Lob) haben, diese aber nicht äußern **(unvoiced complaints)**. Gerade deshalb sollte man es Kunden leichtmachen, sich Gehör zu verschaffen, beispielsweise über gut zugängliche und sichtbare Zettelkästen, eine funktionierende Hotline oder durch einfach aufzufindende und bedienbare Feedbackformulare auf der Website. Entscheidend ist dann natürlich, dass diese Daten nicht nur zur Kenntnis genommen, sondern dass sie auch tatsächlich für Verbesserungen genutzt werden. Dass eine dankende Rückmeldung erfolgen sollte, versteht sich eigentlich von selber – wird allerdings keineswegs überall zuverlässig umgesetzt.

Bei der Critical Incident Technique werden Kunden nach **besonders negativen oder positiven Ereignissen** gefragt. Diese werden als kritisch für die Kundenzufriedenheit erachtet.

Auch SERVQUAL wird zur Messung von Kundenzufriedenheit eingesetzt, sollte aber **um weitere Merkmale ergänzt** werden.

Kundenfeedback bietet kostengünstig Einblick in die Kundenzufriedenheit. Dazu muss den Kunden **Gelegenheit gegeben werden**, Anliegen zu äußern.

> **Exkurs**
>
> **Wundermittel Net Promoter Score?**
>
> Zur Messung von Kundenzufriedenheit steht eine Vielzahl von Verfahren zur Verfügung, die aber alle mehr oder weniger aufwendig, teuer oder von geringer Validität sind. Wäre es nicht fantastisch, wenn man nur eine einzige Frage stellen müsste und trotzdem gültige Aussagen erhielte? Die Methode **Net Promoter Score** (NPS), 2003 von Fred Reichheld entwickelt, verspricht genau dies – und hat so manche Managementetage im Sturm erobert. Die einzelne, alles umfassende Frage lautet: »Wie wahrscheinlich ist es, dass Sie unsere Dienstleistung (oder unser Produkt, unsere Firma) einem Freund oder Bekannten weiterempfehlen würden?« Die Antwortmöglichkeiten reichen von 0 (äußerst unwahrscheinlich) bis 10 (äußerst wahrscheinlich). Wer mit 9 oder 10 antwortet, gilt als »Promoter«, wer mit 0 bis 6 antwortet, als »Detraktor«, wer mit 7 oder 8 antwortet als »indifferent«. Den eigentlichen Net Promoter Score berechnet man dann durch Subtraktion der Detraktoren von den Promotoren in Prozent.
>
> Daraus ergibt sich ein über verschiedene Firmen vergleichbarer Wert, der äußerst hoch mit dem Unternehmenserfolg korrelieren soll. Augenscheinlich wirkt der NPS valide, denn es ist plausibel, dass die Frage nach der Weiterempfehlung alle wesentlichen Aspekte einer zu bewertenden Leistung zusammenfasst. Doch inzwischen gibt es zahlreiche Belege dafür, dass der NPS zwar schneller und einfacher, aber auch weniger genau und weniger aussagekräftig ist als andere Verfahren. Auch die behauptete Korrelation mit dem Unternehmenserfolg ist nicht höher als bei anderen Verfahren. Zwar dürfte die Kritik am NPS teilweise auf die Konkurrenz von Marktforschern zurückgehen, die befürchten, der NPS nehme ihnen die Butter vom Brot, doch wissenschaftliche Studien unterstreichen die Kritik. Die Empfehlung lautet daher: Der NPS konnte die in ihn gesetzten Hoffnungen nach einem einfachen und zugleich überlegenen Verfahren nicht erfüllen – er **kann andere Verfahren ergänzen, aber nicht ersetzen.**

3.3 Kundenbindung

Unternehmen sind sehr daran interessiert, Kunden an sich zu binden – außer, diese haben keine Wahl oder sie kaufen nur ein einziges Mal. Doch die meisten Unternehmen müssen um jeden Kunden werben. Das ist nicht einfach: Kunden überhaupt erstmal zu gewinnen, erfordert mehr Aufwand als sie dann an sich zu binden (Meffert et al., 2013). Deshalb lohnt es sich, **Kundenbindung als unternehmerisches Ziel** zu definieren. Aber was ist Kundenbindung, wie entsteht sie, wie kann man sie messen?

An Kundenbindung sind zwei ungleiche Partner beteiligt, die beide an einem lohnenden Austausch interessiert sind, aber unterschiedliche Perspektiven mitbringen. Aus Sicht eines Unternehmens zeigt sich Kundenbindung insbesondere im bisherigen und im künftig beabsichtigten Kauf- und Weiterempfehlungsverhalten der Kundschaft. Aus Kundensicht ist Kundenbindung eine positive kognitive oder emotionale Bewertung eines Anbieters, die mit einem Gefühl des Vertrauens und der Verbundenheit einhergeht und die Wahrscheinlichkeit für Folgekäufe erhöht. Für beide Partner ist Kundenbindung zudem eine **Vereinfachungsstrategie**: Dem Anbieter vereinfacht sie den Absatz, dem Kunden die Suche nach einem geeigneten Anbieter.

*Neue Kunden zu **gewinnen ist aufwendiger** als bestehende an sich zu binden.*

*Sowohl **Kunden** als auch **Unternehmen ziehen Nutzen** aus ihrer Bindung.*

3.3.1 Wie kommt Kundenbindung zustande?

Rationale Ursachen für Kundenbindung: situative, ökonomische, vertragliche oder technische Aspekte; Leistungsunterschiede.

Emotionale Ursachen für Kundenbindung: Involvement, Zufriedenheit, Vertrauen, Commitment, Erlebnisse, Soziales.

Als Ursachen für Kundenbindung kommen nach Moser (2015, S. 122) sowohl **rationale als auch emotionale Aspekte** infrage. Zu den rationalen Aspekten gehören situative (z. B. die Lage eines Geschäfts), ökonomische oder vertragliche Faktoren (z. B. ein laufendes Mobilfunkabo), technische Faktoren (z. B. Software für ein bestimmtes Betriebssystem) und Leistungsunterschiede (z. B. überlegene Qualität); zu den emotionalen gehören Involvement (wie es z. B. viele Kunden von Harley Davidson oder Apple aufbringen), Zufriedenheit (als positives Gefühl bei Erfüllung der Kundenerwartung), Vertrauen, Commitment (innere Verpflichtung gegenüber dem Anbieter), Erlebnisse (z. B. durch Ladengestaltung oder spezielle Events) und Soziales (z. B. Kundenclubs oder Kundentreffen).

Die Psychologie der Kundenbindung

Kundenbindung kann psychologisch als Folge von Dissonanzreduktion, Risikominimierung, operanter Konditionierung oder Lernen am Modell **erklärt werden.**

Zum Verständnis dieser Ursachen für Kundenbindung sind psychologische Theorien hilfreich. Moser (2015, S. 126 ff.) nennt zunächst die Theorie der **kognitiven Dissonanz**. Gemäß dieser ist zu erwarten, dass Kunden ihre Kaufentscheidungen im Nachhinein zu rechtfertigen versuchen, um die nach einem Kauf typische kognitive Dissonanz (z. B. wegen der verworfenen Alternativen oder dem ausgegebenen Geld) zu reduzieren. Ebenfalls von Bedeutung sind Theorien zur **Risikowahrnehmung**. Danach versuchen Kunden, die mit einem Kauf verbundenen funktionalen, finanziellen, physischen und psychologischen Risiken zu vermindern (»Hält diese Regenjacke wirklich dicht? Kann ich sie mir leisten? Bin ich damit im Straßenverkehr gut sichtbar? Ist die Marke nicht zu versnobt?«). Schließlich gibt es auch **lerntheoretische Erklärungen** für Kundenbindung: Einerseits sollten positive Konsequenzen eines Kaufs nach der Theorie der operanten Konditionierung zur Wiederholung des gezeigten Kaufverhaltens führen. Andererseits dürfte gemäß Banduras (1986) sozial-kognitiver Lerntheorie das von einem glaubwürdigen oder attraktiven Modell gezeigte Kaufverhalten nachgeahmt werden – was erklärt, warum in Werbekampagnen häufig modellhaft agierende Personen oder Prominente anzutreffen sind, die sozusagen ein Vorbild für das vom Unternehmen gewünschte Kaufverhalten abgeben sollen.

Kundenbindung in Form von **Gebundenheit** (z. B. durch Verträge) kann zu **Reaktanz** führen.

Nicht alle Gründe für Kundenbindung sind positiv zu bewerten. So stellen vertragliche oder technische Hürden (ob absichtlich errichtet oder nicht) Einschränkungen der Freiheit dar und können Reaktanz auslösen, was sich in erhöhter Wechselbereitschaft niederschlägt. Die Bindung wird dann nicht mehr als Verbundenheit, sondern als **Gebundenheit** empfunden. Ein Beispiel dafür sind die früher üblichen proprietären Dateiformate von Software, die zur Verärgerung zahlreicher Kunden geführt hatten und schließlich von den meisten Anbietern aufgegeben wurden.

3.3.2 Messung, Vorhersage und Förderung von Kundenbindung

Was man nicht messen kann, kann man nicht verbessern. Trotz der offensichtlichen Wichtigkeit von Kundenbindung ist zu beklagen, dass die Entwicklung entsprechender Messmethoden bisher vernachlässigt wurde (Moser, 2015, S. 122). Eine bloße Betrachtung betrieblicher Größen wie Umsatz oder Marktanteil genügt nicht, denn diese werden durch zu viele andere Faktoren beeinflusst. Die durchschnittliche Dauer der Kundenbeziehung oder die Abwanderungsrate geben die Kundenbindung schon besser wieder, erlauben aber nur eine Rückschau und sind daher von beschränktem Wert. Nützlicher dürfte es sein, die **Wiederkaufabsicht**, das **Vertrauen** oder das **Commitment** zu einem Anbieter zu messen, um daraus die Kundenbindung abzuschätzen. Genügt denn nicht die Messung der Kundenzufriedenheit, um Kundenbindung vorherzusagen? Nicht ganz. Zwar besteht zwischen diesen beiden Größen ein Zusammenhang (z. B. Szymanski & Henard, 2001), doch dieser wird durch Faktoren wie die eben beschriebenen moderiert, etwa die Lage eines Geschäfts oder technische Gebundenheit.

Retrospektive Maße für Kundenbindung: Dauer der Kundenbeziehung, Abwanderungsrate.

Prospektive Maße: Wiederkaufsabsicht, Vertrauen, Commitment zum Anbieter.

3.3.3 Kunde und Anbieter: ein hübsches Paar?

Unter den psychologischen Faktoren für Kundenbindung lassen außer Zufriedenheit insbesondere Vertrauen und Commitment Rückschlüsse auf die Kundenbindung zu. Sie sollten daher in der Praxis miterhoben werden. Allerdings moniert Wiswede (2012, S. 298) die Vagheit und Vielschichtigkeit dieser Konzepte. Er schlägt daher vor, zur Analyse der Kundenbindung auf das theoretisch und empirisch besser abgestützte **Investment-Modell der Paarbindung** zurückzugreifen (Rusbult, 1983). Nach diesem Modell sind die für eine Bindung ausschlaggebenden Faktoren die Zufriedenheit mit der Beziehung, die Attraktivität verfügbarer Alternativen und die bereits geleisteten Investitionen für die Beziehung. Dahinter steht die Auffassung, dass es sich ja sowohl bei der Kunden- als auch bei der Paarbindung um Beziehungen zwischen Partnern handelt, die miteinander in einem profitablen Austausch stehen. Kirchler et al. (2002) fanden in Längsschnittstudien tatsächlich erste Evidenz dafür, dass dieses Modell auch zur Erklärung der Kundenbindung geeignet sein könnte. Doch für eine valide Anwendung in der wirtschaftspsychologischen Praxis ist es noch zu früh. Damit bleibt vorderhand ein Problem bestehen, dem Wirtschaftspsychologen im betrieblichen Umfeld immer wieder begegnen: Eine bedeutsame betriebliche Kenngröße (hier die Kundenbindung) wurde bisher theoretisch zu wenig stringent untermauert, und der Transfer besserer Ansätze (wie des Investment-Modells) in die Praxis harrt der Bestätigung. Hier gibt es also für die anwendungsorientierte wirtschaftspsychologische Forschung noch reichlich zu tun.

Kundenbindung lässt sich mit dem Investment-Modell der Paarbindung analysieren. Ausschlaggebend sind die Zufriedenheit mit der Beziehung, die Attraktivität der Alternativen und bereits geleistete Investitionen in die Beziehung.

? Kontrollfragen

1. Was ist Kundenorientierung und worin manifestiert sie sich?
2. Wo und wodurch lässt sich Kundenorientierung am besten vermitteln?
3. Welche einfache Bedeutung verbirgt sich hinter dem komplizierten Begriff »Diskonfirmationsparadigma«?
4. Wie erklärt sich Kundenzufriedenheit nach dem Kano-Modell?
5. Ist es ratsam, Kunden stets zu begeistern?
6. Wie kann man Kundenzufriedenheit messen?
7. Welche Vor- und Nachteile hat der Net Promotor Score?
8. Welchen Nutzen bringt es, wenn ein Ladengeschäft einen Briefkasten für Beschwerden aufstellt?
9. Weshalb sollten Unternehmen versuchen, ihre Kunden an sich zu binden – und wie erreichen sie dies?
10. Wie lässt sich Kundenbindung erfassen?
11. Welche Faktoren sind gemäß Investment-Modell der Paarbindung auch für die Kundenbindung ausschlaggebend?

▶ Weiterführende Literatur

Nerdinger, F. W., & Neumann, C. (2015). Kundenzufriedenheit und Kundenbindung. In K. Moser (Hrsg.), *Wirtschaftspsychologie* (2. Aufl., S. 127-146). Berlin: Springer.

Literatur

Bandura, A. (1986). *Social foundations of thought and action: A social cognitive perspective.* Englewood Cliffs, NJ: Princeton-Hall.
Flanagan, J. C. (1954). The critical incident technique. *Psychological Bulletin, 51,* 327-358.
Greenwald, A. G., McGhee, D. E., & Schwartz, J. L. (1998). Measuring individual differences in implicit cognition: The implicit association test. *Journal of Personality and Social Psychology, 74*(6), 1464-1480.
Harter, J. K., Schmidt, F. L., & Hayes, T. L. (2002). Business-unit-level relationship between employee satisfaction, employee engagement, and business outcomes: a meta-analysis. *Journal of Applied Psychology, 87*(2), 268-279.
Herzberg, F., Mausner, B., & Snyderman, B. (1959). *The motivation to work.* New York: Wiley.
Kano, N., Seraku, N., Takahashi, F., & Tsuji, S. (1984). Attractive quality and must-be quality. *Journal of the Japanese Society for Quality Control, 14*(2), 147-156.
Kieser, A. (1996). Moden & Mythen des Organisierens. *Die Betriebswirtschaft, 56*(1), 21-39.
Kirchler, E., Rodler, C., Haupt, B., & Hofmann, E. (2002). Zum Commitment von Bankkunden. *Der Markt, 41*(4), 138-143.
Meffert, H., Burmann, C., & Kirchgeorg, M. (2013). *Marketing: Grundlagen marktorientierter Unternehmensführung* (12. Aufl.). Wiesbaden: Springer Gabler.
Moser, K. (Hrsg.). (2015). *Wirtschaftspsychologie* (2. Aufl.). Berlin: Springer.
Mount, M. K., Barrick, M. R., & Stewart, G. L. (1998). Five-factor model of personality and performance in jobs involving interpersonal interactions. *Human Performance, 11*(2-3), 145-165.
Nerdinger, F. W. (2007). Dienstleistung. In L. von Rosenstiel & D. Frey (Hrsg.), *Marktpsychologie. Enzyklopädie der Psychologie* (Bd. D/III/5, S. 375–418). Göttingen: Hogrefe.
Reichheld, F. F. (2003). The one number you need to grow. *Harvard Business Review, 81*(12), 46-55.
Rusbult, C. E. (1983). A longitudinal test of the investment model: The development (and deterioration) of satisfaction and commitment in heterosexual involvements. *Journal of Personality and Social Psychology, 45*(1), 101-117.
Saxe, R., & Weitz, B. A. (1982). The SOCO scale: A measure of the customer orientation of salespeople. *Journal of Marketing Research, 19,* 343-351.
Schenk, H.-O. (1997). Ansatzstellen der Kundenorientierung im Einzelhandel und ihre Implikationen. In V. Trommsdorff, H. Bunge, & A. Bookhagen (Hrsg.), *Handelsforschung 1997/98: Kundenorientierung im Handel* (S. 21-43). Wiesbaden: Gabler.

Literatur

Stauss, B. (1999). Kundenzufriedenheit. *Marketing: Zeitschrift für Forschung und Praxis, 19*, 5-24.

Stauss, B., & Weinlich, B. (1996). Die Sequentielle Ereignismethode – Ein Instrument der prozessorientierten Messung von Dienstleistungsqualität. *Der Markt: Zeitschrift für Absatzwirtschaft und Marketing, 35*(1), 49-58.

Stock, R. M., & Hoyer, W. D. (2005). An attitude-behavior model of salespeople's customer orientation. *Journal of the Academy of Marketing Science, 33*(4), 536-552.

Szymanski, D. M., & Henard, D. H. (2001). Customer satisfaction: A meta-analysis of the empirical evidence. *Journal of the Academy of Marketing Science, 29*(1), 16-35.

Wiswede, G. (2012). *Einführung in die Wirtschaftspsychologie* (5. Auflage). München: Reinhardt.

4 Angebot

Christian Fichter und Stefan Ryf

4.1	Produktentwicklung – 71		4.3	Produkt- und Dienstleistungsqualität – 81
4.1.1	Innovationskultur in Unternehmen – 73		4.3.1	Was ist Qualität? – 82
4.1.2	Produktname – 73		4.3.2	Produktqualität – 83
4.1.3	Produktdesign und Produktverpackung – 74		4.3.3	Dienstleistungsqualität – 83
			4.3.4	Messung von Qualität – 83
4.2	Positionierung – 76		4.3.5	Objektive Qualität – 84
4.2.1	Möglichkeiten zur Differenzierung – 77			
4.2.2	Positionierungsstrategien – 77			Literatur – 85
4.2.3	Positionierungsmodelle – 78			
4.2.4	Grundnutzen und Zusatznutzen – 80			

© Springer-Verlag GmbH Deutschland 2018
C. Fichter (Hrsg.), *Wirtschaftspsychologie für Bachelor*
https://doi.org/10.1007/978-3-662-54944-5_4

Lernziele

- Kriterien erfolgreicher Produktentwicklungen beschreiben können.
- Wissen, warum Produkt und Name zusammenpassen sollten.
- Wissen, bei welchen Produkten Design und Verpackung besonders wichtig sind.
- Wissen, wie man sich mittels Positionierungsstrategien von der Konkurrenz abheben kann.
- Möglichkeiten zur Kundensegmentierung kennen.
- Erklären können, weshalb außer Image, Werbung und Bekanntheit auch Qualität eine Rolle spielt.
- Verschiedene Arten von Qualität kennen und messen können.
- Wissen, inwiefern Produkt- und Dienstleistungsqualität psychologisch unterschiedlich sind.

Am Anfang des unternehmerischen Erfolgs steht häufig eine Produktidee, oder eine Idee für eine bessere Dienstleistung. Doch das ist erst die halbe Miete, denn aus der Idee muss ein fertiges Angebot entwickelt werden, das optimal zu den Bedürfnissen der Zielgruppe passt. Dabei müssen die Kosten so tief wie möglich gehalten werden – aber an der Qualität darf es natürlich auch nicht fehlen. Lohn der Mühe ist eine reelle Chance, dass das Angebot am Markt bestehen kann.

4.1 Produktentwicklung

Unternehmen investieren viel Zeit, Geld und Energie in die Entwicklung neuer Produkte. So werden etwa in den Bereichen Lebensmittel und Körperpflege jedes Jahr Tausende neuer Produkte eingeführt, doch nur etwa 20-30% davon bleiben langfristig auf dem Markt. Da mit der

Wiederkaufrate und **Wiederkaufabsicht** sind wichtige Indikatoren für die Erfolgschancen neuer Angebote.

Einführung eines Produktes hohe Kosten verbunden sind, sollte eine Produktentwicklung, die an den Kundenbedürfnissen vorbeizielt, vermieden werden. Zwar profitieren die meisten neuen Produktentwicklungen zunächst vom Wunsch der Konsumenten, Neues auszuprobieren (▶ Abschn. 2.1), und die Auszeichnung »NEU!« lenkt in Supermärkten und Fachgeschäften recht erfolgreich die Aufmerksamkeit auf die neuen Produkte. Doch wenn ein neues Produkt die Erwartungen der Kunden nicht erfüllt, muss es schließlich wieder vom Markt genommen werden. Die besten Indikatoren für die langfristigen Erfolgschancen neuer Angebote sind deshalb die Wiederkaufrate und die Wiederkaufabsicht.

Viele Neueinführungen sind nicht komplett neu, sondern **Linienerweiterungen.**

Aber was ist überhaupt ein neues Produkt? Echte Innovationen sind selten. Viele Neueinführungen sind nicht komplett neu, sondern **Linienerweiterungen,** d. h. Variationen bestehender Produkte, die einen neuen Geschmack oder Duft enthalten oder auf aktuelle Trends aufsetzen. So kann z. B. ein Müsli-Hersteller eine Produktvariante mit Chia-Samen oder Goji-Beeren (Trend zu »Superfood«) oder ohne Gluten (Trend zu gluten- und laktosefreien Lebensmitteln) einführen, um neue Kundenbedürfnisse besser abzudecken. Teilweise wird dabei auf Trends gesetzt, die zunächst als »das nächste große Ding« erscheinen, die sich dann aber doch nicht durchsetzen, beispielsweise Fernseher mit 3D-Darstellung. Gelingt es einem Anbieter, mit einem wirklich neuen, nützlichen Produkt als Erster am Markt zu sein, kann er damit durchaus neue Kunden gewinnen. Die Konkurrenz wird allerdings versuchen, die Abwanderung ihrer Kunden zu verhindern, beispielsweise durch Nachahmerprodukte oder Preisnachlässe.

Viele Trends in der Produktentwicklung **entpuppen sich als vorübergehend.**

Während Produkte wie Mobiltelefone oder Fernsehgeräte oft eine kurze Lebensdauer haben, alsbald von neuen Modellen abgelöst werden und vom Markt verschwinden, halten sich Klassiker wie die Nivea-Creme oder Persil-Waschmittel seit Jahrzehnten. Aber auch diese Produkte werden regelmäßig im Design und in der Zusammensetzung modifiziert, um den sich entwickelnden Ansprüchen der Kunden bezüglich Produktleistung oder Ästhetik zu genügen (◘ Abb. 4.1). Diese **Produktmodifikationen** werden dann mit Auszeichnungen wie »verbesserte Formel« auf der Verpackung und in der Kommunikation beworben und erhöhen die Wahrscheinlichkeit, dass auch Kunden zugreifen, die dieses Produkt schon länger nicht mehr im Warenkorb hatten. Dabei ist es wesentlich, dass die Modifikationen insbesondere hinsichtlich Gestalt und emotionalem Charakter nicht allzu tiefgreifend

Auch etablierte Produkte werden modifiziert, um neuen Ansprüchen zu genügen. Dabei sollte der »Wesenskern« des Produktes erhalten bleiben.

◘ **Abb. 4.1** Historische Entwicklung des Waschmittels Persil (mit freundlicher Genehmigung der Henkel AG & Co. KGaA)

sind, da ansonsten das Produkt nicht mehr als dasselbe wahrgenommen wird und bei der Kundschaft auf Ablehnung stößt. Ein Beispiel dafür ist der Kleinwagen Renault Twingo, der mit seiner Überarbeitung zwar ein objektiv besseres Auto geworden ist, dabei aber seinen Kultstatus verloren hat. Wie man es besser macht, zeigte Volkswagen mit dem »Beetle«, der erfolgreichen Neuauflage des Käfers – ein völlig neues Produkt, das aber den Wesenskern des Original-Käfers in sich trägt.

4.1.1 Innovationskultur in Unternehmen

Um die sich bietenden Chancen für die Lancierung neuer Produkte nicht zu verpassen, sollte ein Unternehmen über eine gute Innovationskultur verfügen. Dazu gehört, regelmäßig Marktanalysen durchzuführen (▶ Kap. 5). Viele Unternehmen sammeln außerdem aus verschiedenen Quellen (Kunden, Mitarbeiter, interne Kreativ-Workshops etc.) systematisch Ideen für neue Produkte oder für Produktverbesserungen. Wichtige Informationen über Neuentwicklungen erhalten Unternehmen zudem auf Fachmessen, aus Branchenzeitschriften und von spezialisierten Dienstleistern, die Neuentwicklungen aus der ganzen Welt sammeln und bewerten (z. B. Global New Product Database, GNPD). Erfolgversprechende Ideen müssen dann aber auch als solche identifiziert und auf ihr Potenzial geprüft werden. Eine auf diese Weise umgesetzte **Innovationskultur** ist für den langfristigen Erfolg eines Unternehmens entscheidend (Ernst, 2002).

Es ist nicht einfach, das Potenzial von Neuentwicklungen im Voraus abzuschätzen. Wenn die ersten Daten der Marktforschung vorliegen, ist es für ein zögerlich agierendes Unternehmen vielleicht schon zu spät, da ein schnelleres (der »First Mover«) den Markt bereits für sich gesichert haben könnte. Wer gewinnt, hängt einzig davon ab, ob das neue Produkt reüssiert oder nicht. Es ist die gemeinsame Verantwortung von Management, Marktforschung und Produktentwicklung, bei der Einführung neuer Produkte die optimale Balance zwischen Risiko und Chancennutzung zu finden.

> **Was bringt die Zukunft?** Diese Frage ist für die Entwicklung von neuen Angeboten von großer Bedeutung. Lesen Sie mehr dazu im ▶ Webexkurs »Trends und Trendforschung«.

Eine **Kultur der Innovation** ist für den langfristigen Erfolg eines Unternehmens entscheidend.

Es ist schwierig, das **Potenzial von Neuentwicklungen** abzuschätzen.

🌐 **Webexkurs »Trends und Trendforschung«**

4.1.2 Produktname

Zur Entwicklung eines Produktes gehört die Wahl eines passenden Namens oder einer Produktbezeichnung. Besonders wichtig ist der Name auch bei der Schaffung einer neuen Marke.

Klang des Namens

Allein der Klang des Namens kann schon Assoziationen hervorrufen. Die Namen »Takete« und »Maluma« (nach Köhler, 1947) z. B. passen zu ganz unterschiedlichen Produkten. Welches dieser Worte würden Sie eher für ein Pflegeprodukt, welches für ein technisches Gadget ver-

> **Anmutungen** wie »weich« oder »hart« sind **nicht auf sinnliche Kategorien beschränkt.**

wenden? »Takete« klingt hart und passt besser zu einem technischen Produkt; »Maluma« hingegen klingt weich und passt eher zu einer Hautcreme. Das ist kein Zufall: Aus gestaltpsychologischer Sicht sind Anmutungen wie »weich« oder »hart« nicht auf sinnliche Kategorien beschränkt, sondern lassen sich auf andere Kategorien übertragen, etwa auf Produkte. Anmutungen finden sich nicht nur bei ganzen Namen, sondern sogar auf noch kleinerer Ebene, nämlich der einzelner Buchstaben. Das lässt sich schön an der Wirkung von Vorderzungenvokalen (e, i und a) und Hinterzungenvokalen (o und u) demonstrieren. Ein Bier wird als stärker und schwerer erlebt, wenn der Name einen Hinterzungenvokal enthält (Klink, 2003). Die Bezeichnung des Produktes kann sich also auf seine Beurteilung durch Konsumenten auswirken.

> **Gestaltpsychologie** befasst sich mit der menschlichen Fähigkeit und Neigung, bei der Wahrnehmung der Umwelt deren Struktur, Ordnung, Ganzheit und Konsistenz zu detektieren – »gute Gestalt« eben.

Assoziationen bei Produktnamen

> Der **Name** eines Produktes oder einer Marke soll **positive und passende Assoziationen** wecken und negative vermeiden.

Mit dem Namen eines Produktes oder einer Marke wird angestrebt, positive und passende Assoziationen zu wecken und negative zu vermeiden. Zum Beispiel änderte Kentucky Fried Chicken den offiziellen Namen zu KFC, um durch das Wegfallen des »Fried« (engl. für frittiert) dem gewachsenen Gesundheitsbewusstsein der Konsumenten zu entsprechen. Und um zu wissen, dass ein Auto wie der Mitsubishi i-MiEV im deutschen Sprachraum kein Erfolg wird, braucht man kein Marketing-Profi zu sein. Bei einem Hotelnamen wie »Edelweiß« werden Sie eher an ein gemütliches Hotel und bei »Alpina« eher an ein Sporthotel denken. Diese Einschätzung bleibt größtenteils auch dann bestehen, wenn darauf hingewiesen wird, dass sich die beiden Hotels eigentlich nicht unterscheiden – und sogar, wenn gegenteilige Informationen bereitgestellt werden (Wänke et al., 2007). Diese Beispiele verdeutlichen, dass sich Konsumenten im Kaufprozess stark an Produkt- und Markennamen orientieren. Bei einer Margarine, die »Du darfst« heißt, wird allein aufgrund der Bezeichnung eher angenommen, dass sie kalorienarm ist. Und natürlich wird diese Eigenschaft im Gedächtnis einfacher mit dem Produktnamen verbunden und somit im Moment der Kaufentscheidung besser erinnert.

4.1.3 Produktdesign und Produktverpackung

> **Produktdesign** spielt vor allem eine Rolle bei Produkten, die **teuer** sind, **häufig** verwendet werden oder einen starken **Lifestyle-Bezug** haben.

Kleider machen Leute, Verpackungen machen Produkte. Produktdesign spielt bei der Kaufentscheidung eine große Rolle, vor allem bei Produkten, die teuer sind, häufig verwendet werden oder einen starken Bezug zum individuellen Lebensstil haben (»Lifestyle-Produkte«). Bei der Produktentwicklung wird deshalb ein insgesamt harmonisches Erscheinungsbild angestrebt, das die beworbenen Produkteigenschaften vermittelt (z. B. könnte bei einer Kaffeemaschine durch eine Oberfläche aus gebürstetem Stahl Modernität ausgedrückt werden).

Bei Verbrauchsgütern wie verpackten Lebensmitteln, Körperpflegeartikeln und Putz- und Waschmitteln, sog. **Fast Moving Consumer Goods** (FMCG; deutsch »Schnelldreher«), steht die Verpackung stark im Fokus. Aber natürlich wird auch auf die Gestaltung des eigentlichen Produktes geachtet – ansonsten ist die Enttäuschung nach dem Auspacken vorprogrammiert. Daher ist es beispielsweise kein Zufall, wie ein Erdbeer-Joghurt aussieht, welche Farbe und Konsistenz es hat und wie die Fruchtstückchen verteilt sind. Aber bevor es ausgepackt werden kann, muss sich das Produkt im Supermarkt gegen ähnliche Produkte im gleichen Regal durchsetzen. Dazu muss die Verpackung widersprüchliche Ziele in Einklang bringen. Zum einen sollte sie den üblichen Gestaltungsrichtlinien in einer bestimmten Warenkategorie und somit den Erwartungen der Kunden entsprechen (z. B. hoher Weißanteil bei Waschmitteln, bei Körperpflegeprodukten für Frauen Pastellfarben und dunklere Farben für Männer). Zum anderen sollte die Verpackung möglichst auffällig sein, damit das Produkt bei der Menge der im Regal stehenden Produkte ins Auge sticht, was beispielsweise über Glanzeffekte oder ungewöhnliche Formen versucht wird. Eine weitere Aufgabe der Verpackung ist Information: zum einen über allgemeine Produkteigenschaften, zum anderen über die besonderen Merkmale genau dieses Produktes (z. B. »effektiv gegen Schuppen« oder »nur 0,1 % Fett«). Diese werden auf der Verpackung mit Logos oder passenden Darstellungen prominent ausgezeichnet. Dadurch und allgemein mit einer attraktiv gestalteten Verpackung soll der Kunde zum Zugreifen bewogen werden, wenn er vor dem Regal steht.

Name, Design und Verpackung von Produkten spielen auch in der Werbung eine wichtige Rolle. Überlegungen dazu sollten deshalb schon bei der Produktentwicklung einbezogen werden, damit die Werbebotschaft später auch wirklich zum Produkt und seinem Image passt (▶ Abschn. 6.11).

> Eine attraktive **Verpackung** soll zum **Zugreifen** bewegen.

Exkurs

Ladengestaltung:
Warum Läden so gestaltet sind, dass sich unsere Urahnen darin wohl fühlen würden

Nicht nur Produkte werden mit viel Aufwand gestaltet, sondern auch die Orte, an denen sie verkauft werden. Ob sich die Kunden in einem Laden wohl fühlen oder nicht, hat nämlich einen direkt messbaren Effekt auf den Umsatz. Wertvolle Hinweise für gute Ladengestaltung kommen aus der **Umweltpsychologie**, die sich mit der Wechselwirkung zwischen Mensch und Umwelt beschäftigt, etwa im Hinblick auf Umweltschutz, Städteplanung oder Architektur. Dabei spielen insbesondere Überlegungen aus der evolutionären Psychologie eine Rolle. Da die Menschen einen großen Teil ihrer Entwicklungsgeschichte in natürlichen Umgebungen verbracht haben, sind sie an diese Umwelten angepasst. Sie fühlen sich insbesondere an Orten wohl, die sowohl Nahrung als auch Aussicht und Schutz bieten, wie beispielsweise in reichhaltigen afrikanischen Savannen (**Prospect-Refuge-Theorie,** Orians & Heerwagen, 1992; Dosen & Ostwald, 2016). Diese Erkenntnisse lassen sich auf die Ladengestaltung anwenden (Joye et al., 2011): Natürliche Farben wie Grün und Braun sowie Elemente wie Holz, Pflanzen und Wasser wirken beruhigend auf Konsumenten und bringen sie in eine gute Stimmung, woraus eine sorglosere, weniger kritische Haltung und eine höhere Kaufbereitschaft resultieren. Auch das optimale Maß an Stimulation durch Reize aus der Umwelt lässt sich so ableiten: Zu viele Aktionsschilder, Leuchtreklamen oder Durchsagen setzen Konsumenten unter Stress. Eine solche Umgebung wird als aversiv empfunden und rasch wieder verlassen. Aber auch eine allzu reizarme Umgebung ist nachteilig, da dort Langeweile aufkommen kann.

Geschäfte sollten übersichtlich sein und zugleich Rückzugsmöglichkeiten für etwas schwierigere Kaufentscheidungen (▶ Abschn. 2.3) bieten. Große Warenhäuser und Einkaufszentren sollten so gestaltet werden, dass ihre Besucher die Orientierung nicht verlieren. Wenngleich Ladengeschäfte deutlich weniger gefährliche Umwelten sind als die urzeitliche Savanne (es besteht lediglich die Gefahr des Impulskaufs …), so sollten sie dennoch so gestaltet sein, dass sich auch unsere Urahnen darin wohl fühlen würden.

4.2 Positionierung

Strategien zur Positionierung sind: **Kostenführerschaft**, Konzentration auf ein bestimmtes **Marktsegment** und **Differenzierung**.

Wer etwas auf einem Markt anbieten möchte, ist meist nicht allein. Viele Märkte sind gesättigt, und die Angebote der Marktteilnehmer unterscheiden sich bezüglich Grundnutzen und Qualität kaum noch. Wie ist es da möglich, Umsatz und Gewinn zu halten oder noch zu steigern? Im Wesentlichen gibt es dazu drei strategische Möglichkeiten:

- **Kostenführerschaft:** Man versucht sich gegen die Konkurrenz durchzusetzen, indem man alle Bereiche des Unternehmens auf maximale Effizienz trimmt und auf Skaleneffekte setzt (günstigere Stückkosten dank Massenproduktion). Damit verbinden Unternehmen die Hoffnung, selbst bei tiefen Marktpreisen, bei denen die Konkurrenz nicht mehr profitabel arbeiten kann, noch Gewinn machen zu können. Diese Strategie ist vor allem in Märkten mit stark standardisierten Gütern und im B2B-Bereich verbreitet (B2B steht für Business to Business, also Handel zwischen Geschäften; in Abgrenzung zu B2C, Business to Consumer). Aber auch im Konsumgüterbereich (B2C) kann diese Strategie erfolgreich sein, wie das Beispiel Aldi zeigt. Durch Verzicht auf aufwendige Ladengestaltung, durch wenig Personal, geringe Produktvielfalt, aber große Mengen können Kampfpreise angeboten werden. Bei Aldi ist diese Konzentration auf Kosten und Preis auch Teil des Images und damit der Kommunikationsstrategie.
- **Konzentration:** Man konzentriert sich auf ein bestimmtes Marktsegment. Ist dieses noch kaum abgedeckt, spricht man von einer Nischenstrategie. Durch Fokussierung auf eine Nische kann man sein Angebot besser auf ein spezifisches Kundensegment abstimmen, als es breiter aufgestellte Wettbewerber können. Wir gehen darauf im ▶ Webexkurs »Zielgruppen und Kundensegmentierung« detaillierter ein.
- **Differenzierung:** Hier geht es darum, sich möglichst eindeutig von der Konkurrenz abzugrenzen, indem man sich bei der Entwicklung des Angebotes und später bei der Kommunikation auf Eigenschaften konzentriert, die die Konkurrenz so nicht bietet. Dies kann auf der Ebene von Produkt, Service, Vertrieb, Personal oder Image geschehen. Da diese Strategie im Konsumgüterbereich eine zentrale Rolle spielt, werden wir auf diese und auf das damit zusammenhängende Konzept der **Positionierung** im Folgenden detaillierter eingehen.

🌐 **Webexkurs »Zielgruppen und Kundensegmentierung«**

> **Definition**
> »Unter **Positionierung** versteht man alle Maßnahmen, die darauf abzielen, das Angebot so in die subjektive Wahrnehmung der Abnehmer einzufügen, dass es sich von den konkurrierenden Angeboten abhebt und diesen vorgezogen wird« (Kroeber-Riel & Esch, 2015, S. 73).

▶ Definition Positionierung

4.2.1 Möglichkeiten zur Differenzierung

Wären Sie der erste und einzige Anbieter, der Schuhe anbietet, die nicht mehr gereinigt werden müssen, wäre Ihnen die Aufmerksamkeit der Kunden gewiss. Ihr Produkt würde über ein **Leistungsmerkmal** verfügen, das Sie von allen anderen Anbietern differenzieren würde. Neben solchen einzigartigen Merkmalen können auch andere Produkteigenschaften zur Differenzierung genutzt werden, etwa überragende Qualität oder ein gefälliges Design. Auch in den Bereichen **Service** oder **Vertrieb** ist Differenzierung möglich, etwa durch kurze Lieferzeiten oder durch Zusatzleistungen, beispielsweise die Lieferung eines online bestellten Hometrainers am selben Tag und die Montage beim Kunden zu Hause – insbesondere, wenn die Konkurrenz dies noch nicht anbietet. Auch Mitarbeiter mit Kundenkontakt können dafür sorgen, dass ein Anbieter als einzigartig wahrgenommen wird: durch Höflichkeit (besonders wichtig im Gastronomie- oder Hotelbereich) oder Kompetenz (vor allem bei teuren und komplizierten Produkten). Entscheidend sind aber schlussendlich gar nicht die objektiven Eigenschaften oder Leistungen, sondern wie diese wahrgenommen werden. Gerade in Märkten, in denen sich Produkte objektiv kaum unterscheiden oder die einen starken Lifestyle-Bezug haben, spielt das **Image** eine zentrale Rolle (▶ Abschn. 6.11).

Differenzierung ist nicht nur durch außergewöhnliche **Leistungsmerkmale** des Produktes möglich, sondern auch durch **Qualität**, **Design**, kurze **Lieferzeiten** oder **Zusatzleistungen**.

Je besser ein Angebot auf potenzielle Kunden zugeschnitten ist, desto größer ist die Wahrscheinlichkeit, dass es auch gekauft wird. Deshalb muss ein Unternehmen **wissen, wer seine Kunden sind und was ihnen wichtig ist**. Wie das geht, erfahren Sie im ▶ Webexkurs »Zielgruppen und Kundensegmentierung«.

🌐 Webexkurs »Zielgruppen und Kundensegmentierung«

4.2.2 Positionierungsstrategien

In ihrem Marketing-Klassiker »Positioning: The Battle for Your Mind« entwickelten Ries und Trout (1981) Strategien zur Positionierung, die mit den folgenden vier Schlagworten zusammengefasst werden können (Trommsdorf & Teichert, 2011, S. 137):
- USP (»Unique Selling Proposition«)
- KISS (»Keep it short and simple«)
- FIRST (als erster am Markt)
- VOICE (mit großer »Lautstärke«)

Eine »Unique Selling Proposition« bezeichnet ein Alleinstellungsmerkmal. Beispielsweise wurden Staubsauger von Dyson zu Beginn erfolg-

> Die »Unique Selling Proposition« ist ein **Alleinstellungsmerkmal**, welches ein Produkt von der Konkurrenz abheben soll.
>
> **Weitere Positionierungsstrategien** sind: KISS, FIRST, VOICE

reich mit dem USP »ohne Saugkraftverlust« vermarktet. Dyson hatte sich vorwiegend auf dieses eine Merkmal konzentriert, obwohl die Staubsauger auch noch andere Vorteile hatten (KISS). Sie waren die ersten mit einem solchen Staubsaugerkonzept (FIRST) und haben dies auch mit großem Werbeaufwand kommuniziert (VOICE). Schließlich zogen andere Hersteller mit ähnlichen Produkten und einer **Me-Too-Strategie** (▶ Exkurs) nach. Dyson hat im Staubsaugerbereich erfolgreich einen Teilmarkt geschaffen, dessen Kundenkreis dann auch die (häufig günstigeren) Nachahmerprodukte anzusprechen versuchten.

Exkurs

Me-Too-Strategie

Wenn sich Innovationen im Markt bewähren, werden diese von anderen Herstellern häufig kopiert: Nachahmer-Produkte mit vergleichbaren Eigenschaften und Fähigkeiten wie das Originalprodukt kommen auf den Markt. Die Strategie besteht darin, den neu geschaffenen Markt möglichst rasch ebenfalls zu betreten, und heißt deshalb »Me-Too-Strategie«. Durch den Verzicht auf eine eigene Produktentwicklung können Me-Too-Anbieter ihre Fabrikate zu deutlich tieferen Preisen anbieten. Deshalb versuchen Anbieter, ihre teuren Eigenentwicklungen möglichst mit Patenten zu schützen. Daraus entstehen immer wieder Streitigkeiten, die sich zu regelrechten Wirtschaftskriegen entwickeln können, wie das Beispiel von Apple und Samsung zeigt, die sich gegenseitig Patentverletzungen vorgeworfen hatten.

> Der USP muss **nicht unbedingt ein tatsächlicher Nutzen** des Produktes sein.

Der USP besteht nicht unbedingt aus einem tatsächlichen Nutzen des Produktes. Zum Beispiel wurde es einer Hautcreme immer als Vorteil ausgelegt, egal ob es hieß, diese enthalte einen bestimmten (fiktiven) Inhaltsstoff (»mit Rezitin«), oder eben gerade nicht (»ohne Rezitin«; Wänke, Reutner und Friese, 2008, zitiert nach Wänke & Reutner, 2010, S. 187). Je nach Botschaft wurde dem Stoff also eine schädliche oder nützliche Wirkung zugeschrieben, rein anhand der Tatsache, dass er überhaupt erwähnt worden war. In den Supermärkten finden sich vor allem im Körperpflegebereich zahlreiche Produkte, die mit eigentlich unbekannten Inhaltsstoffen beworben werden, weil sie wissenschaftlich klingen und auch noch passende Assoziationen wecken (z. B. »Phytocelltec« für zellschützende und »Liftessence« für hautstraffende Wirkung). Leider verjüngen solche angeblichen Wirkstoffe meist mehr das Portemonnaie als die Haut (wir greifen dieses Thema in ▶ Abschn. 6.7 und ▶ Abschn. 13.2 wieder auf).

4.2.3 Positionierungsmodelle

> Die relevanten **Dimensionen** eines Marktes lassen sich in **Positionierungsmodellen** darstellen.

Für die Positionierung von Produkten im Markt sind die Eigenschaften entscheidend, die vom Kunden als relevant wahrgenommen werden und die zwischen den Optionen differenzieren. Handelt es sich um Eigenschaften, die mehr oder weniger stark ausgeprägt sein können, so lassen sich die verschiedenen Angebote eines Marktes in einem **Positionierungsmodell** darstellen. Man spricht dabei auch von Marktmodellen mit multidimensionalen Merkmalsräumen. Beispielsweise ist in ◘ Abb. 4.2 zu sehen, wie der Automarkt durch zwei Dimensionen aufgespannt wird: Die horizontale Dimension wird durch das Merkmal Preis aufgespannt, wobei Eigenschaften wie Motorleistung und Komfort

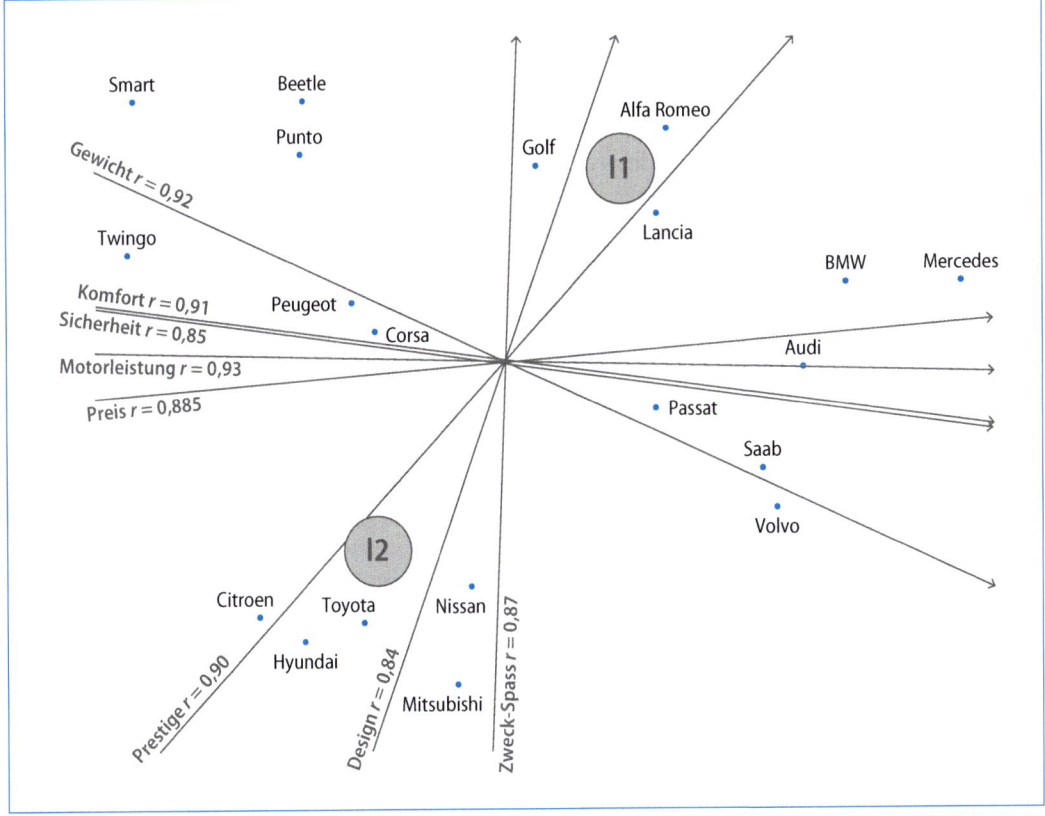

Abb. 4.2 Positionierung von Automarken in einem multidimensionalen Merkmalsraum (Ryf, 2007). I1 und I2 sind die Idealpunkte der beiden Kundensegmente

stark damit zusammenhängen. Die vertikale Dimension ist bestimmt durch den Gegensatz von Zweck- und Spaßorientierung. Je ähnlicher die Automarken und -modelle wahrgenommen werden, desto näher sind sie beieinander positioniert und desto stärker stehen sie zueinander im Wettbewerb. Außer den Angeboten können in diesen Modellen auch Konsumenten als sog. **Idealpunkte** abgebildet werden. Beispielsweise repräsentiert der in ◘ Abb. 4.2 dargestellte Idealpunkt I1 das Kundensegment »sportliche Fahrer«, denen Spaß beim Autofahren wichtig ist und die dafür gerne auch etwas mehr (aber auch nicht zu viel) ausgeben wollen. Je näher ein Automodell bei einem Idealpunkt positioniert ist, desto höher ist die Kaufwahrscheinlichkeit für den entsprechenden Kunden oder das entsprechende Segment. Kunden mit anderen Präferenzen werden im Modell an einer anderen Stelle positioniert. Worauf könnten etwa Personen Wert legen, die ihren Idealpunkt bei I2 haben? Diesen ist vor allem wichtig, dass das Auto zuverlässig seinen Zweck erfüllt und vergleichsweise preiswert ist. Dieses Kundensegment könnte also beispielsweise als »pragmatische Fahrer« bezeichnet werden.

Zwar können Positionierungsmodelle auch auf theoretischen Überlegungen beruhen, meist werden sie aber anhand empirischer Daten erstellt. Dazu können Beurteilungen aus semantischen Differentialen, Ähnlichkeitsurteile oder Assoziationen verwendet werden, die dann mit statistischen Methoden wie der Faktorenanalyse oder der multidimensionalen Skalierung (MDS) in geometrische Darstellungen überführt werden (siehe dazu z. B. Borg & Groenen, 2005).

Nischen bei der Produktpositionierung

Positionierungsmodelle eignen sich, um eine Übersicht über einen Markt zu erhalten und sich für die strategisch richtige Positionierung zu entscheiden – im besten Fall weit weg von der Konkurrenz und bei der **Idealposition** eines großen Kundensegmentes. Eine **latente Nische** besteht dann, wenn Konsumenten auf ein Produkt ausweichen, das zwar ihrer Idealvorstellung nicht entspricht (z. B. ein Auto, das sowohl umweltfreundlich als auch sportlich ist), dieser aber von allen Angeboten am nächsten kommt. Ein Unternehmen kann nun versuchen, sein Produkt nahe an diesem Ideal zu positionieren, um die latente Nische abzudecken. Bei einer **manifesten Nische** ist es sogar so, dass die ihr zugeordneten Konsumenten bisher gar kein Produkt gekauft haben, weil keines der Angebote ihre Bedürfnisse erfüllte. Gelingt es einer Firma, ein Produkt zu entwickeln, das diese Bedürfnisse befriedigen kann, so bietet sich ihr ein vielversprechendes Erfolgspotenzial, da hier ganz neue Kunden für einen Markt gewonnen werden können. Ein Beispiel dafür ist die Entwicklung von glutenfreiem Brot: Damit konnten Menschen angesprochen werden, die auf Gluten verzichten möchten.

> Überlegungen zur Positionierung gelten **nicht nur für den Konsumbereich,** sondern auch für andere Märkte.

Übrigens gelten die hier dargestellten Überlegungen zur Positionierung nicht nur für den Konsumbereich, sondern auch für andere Märkte, etwa für die Positionierung von Unternehmen als Arbeitgeber, von Parteien im politischen Spektrum und sogar von Musikern in verschiedenen Musikstilen. Im Konsumbereich sind Positionierungsmodelle besonders für Märkte geeignet, in denen Lifestyle und Image eine große Rolle spielen, denn hier lassen sich die Präferenzen der Kundensegmente gut unterscheiden und durch Positionierung ansprechen. Außerdem ist hier die Positionierung häufig weniger durch die objektiven Eigenschaften eines Produktes festgelegt, sondern durch Motive, Werte und Emotionen, die über die Verpackung und vor allem mittels Werbung angesprochen werden, wie es beispielsweise bei Parfüm oder Bier der Fall ist. Weniger gut geeignet sind dimensionale Positionierungsmodelle für Produkte, die sich durch eine besondere Eigenschaft (USP) unterscheiden. So hätte der schon erwähnte Dyson-Staubsauger kaum in einem dimensionalen Marktmodell positioniert werden können, solange er sich als einziger mit dem USP »ohne Saugkraftverlust« klar von den Konkurrenzmodellen abgrenzte, da sich diese Eigenschaft in den damals für die Positionierung von Staubsaugern relevanten Marktdimensionen nicht direkt abbilden ließ.

4.2.4 Grundnutzen und Zusatznutzen

> Der **Grundnutzen** ist bei allen Produkten einer Kategorie derselbe. Entscheidend für die Differenzierung ist der jeweilige **Zusatznutzen.**

Bei einem Produkt kann zwischen dem Grundnutzen (auch: Gebrauchswert) und dem Zusatznutzen unterschieden werden. Der Grundnutzen steht für den subjektiven Wert eines Gutes und ist bei den verschiedenen Alternativen einer Kategorie derselbe – alle Autos bringen einen von A nach B, alle Deos vermindern unangenehme Gerüche. Es ist der Zusatznutzen, der für die Differenzierung der Produkte in der Wahrnehmung der Konsumenten entscheidend ist. Autos können unterschiedliche

Ausprägungen von Komfort bieten, Deos können schweißreduzierend sein oder sich dadurch auszeichnen, dass sie keine Spuren auf der Kleidung hinterlassen. Weisen viele Produkte denselben Zusatznutzen auf, so kann ein eigener Teilmarkt entstehen, wie es z. B. bei »probiotischen«, als verdauungsfördernd angepriesenen Joghurts geschehen ist. Damit wird der Zusatznutzen wieder zum Grundnutzen.

In den meisten Fällen entsteht der Zusatznutzen eher durch symbolische Eigenschaften des Produktes (Kirchler, 2011, S. 215): Durch Erwerb und Nutzung solcher Produkte kann man als Konsument Aufmerksamkeit auf sich ziehen, Prestige gewinnen oder sogar seine eigene Attraktivität steigern (Dunn & Searle, 2010). Häufig spielt dabei die Marke des Produktes eine wichtige Rolle. Durch die mit den Marken verbundenen, vorwiegend über die Werbung kommunizierten Werte (▶ Abschn. 6.11) kann man seinen persönlichen Lebensstil demonstrieren. In einer Gesellschaft, in der sich viele Personen über die Sicherung der Grundbedürfnisse keine Sorgen machen müssen, **steht der Zusatznutzen beim Konsum häufig im Vordergrund** (Gabriel & Lang, 1995, S. 116).

> **Haben Konsumenten heute völlig andere Werte als früher?**
> Diese Frage ist für die Entwicklung und Positionierung von Gütern von einiger Bedeutung – aber sie ist nicht zweifelsfrei mit ja zu beantworten, wie wir im ▶ Webexkurs »Gibt es die Generationen X, Y, Z, …?« feststellen.

Zusatznutzen besteht meist aus **symbolischen** Produkteigenschaften, etwa Prestige.

Sind die Grundbedürfnisse gedeckt, steht häufig der Zusatznutzen im Vordergrund.

🌐 Webexkurs
»Gibt es die Generationen X, Y, Z, …?«

4.3 Produkt- und Dienstleistungsqualität

Ist Qualität überhaupt noch wichtig, wenn sich doch mit guter Werbung praktisch alles verkaufen lässt? Im Bemühen um wirtschaftlichen Erfolg wird Wert gelegt auf Marktforschung, Werbung, Bekanntheit und Image. Daneben wird manchmal ein wesentlicher Aspekt vergessen: Qualität. In jedem BWL-Lehrbuch findet sich ein Kapitel über Marketing, doch in kaum einem findet sich eines zu **Qualitätsmanagement**. Auch die übrige Fachliteratur scheint sich bevorzugt damit zu befassen, wie man Kunden durch Überredung, Bindung und Vertrauensförderung zum Kauf animieren kann. Das kommt daher, dass sich ab Mitte des 20. Jahrhunderts viele Produkte immer ähnlicher und damit austauschbar wurden. Eine Differenzierung konnte nur erreicht werden, indem man die Güter mit fiktiven »Markenwerten« aufzuladen begann. Dies führte zu einem Boom von Marketing und Werbung, ob dem bei manchen Herstellern die Qualität etwas in den Hintergrund rückte. Doch nach zahlreichen Skandalen wegen schlechter, teilweise sogar gefährlicher Produkte wurden Einrichtungen ins Leben gerufen, welche die Hersteller zur Einhaltung qualitativer Mindeststandards bewegen konnten (z. B. Stiftung Warentest, **Konsumentenschutz**-Organisationen). Das Internet beschleunigte und erleichterte diese Entwicklung, denn heute sind Informationen zu Qualität und Preis von Produkten transparent im Web verfügbar.

Somit lässt sich die eingangs gestellte Frage beantworten: Ja, Qualität ist wichtig. Deshalb darf sich der wirtschaftspsychologische Beitrag

Qualität wurde im Vergleich zu Marketing und Werbung **hin und wieder vernachlässigt.**

nicht auf die Förderung der psychologischen Bedingungen (wie Vertrauen, Bindung, Image) für wirtschaftlichen Erfolg beschränken, sondern muss auch die Bedeutung der Qualität von Produkten und Dienstleistungen unterstreichen.

Es ist empirisch gesichert: **Qualität ist ein Hauptgrund für Kundenzufriedenheit** (z. B. Szymanski & Henard, 2001; Brown & Lam, 2008) und Grundbedingung für den Erfolg am Markt (Buzzell & Gale, 1987). Zwar lässt sich auch ein qualitativ schlechtes Produkt erfolgreich vermarkten, aber nicht dauerhaft. Die meisten Unternehmen haben dies erkannt. Sie haben Managementkonzepte eingeführt, um ihre Qualität zu verbessern, z. B. »Total Quality Management« (TQM). Dabei soll mit Analysen, Interventionen, Evaluationen und Zertifikaten (z. B. von der European Foundation for Quality Management, EFQM) eine organisationsweite **Kultur der ständigen Verbesserung** etabliert werden, die Mitarbeiter, Prozesse und Kundenorientierung umfasst. Nicht ganz zu Unrecht ist Qualitätsmanagement (wie auch Kundenorientierung) als etwas Selbstverständliches kritisiert worden, das manchmal als Basis für unpopuläre Führungsentscheidungen oder als Schlagwort im Wettstreit unter Managern missbraucht wird (Kieser, 1996). Aber ob Schlagwort oder nicht: Im betrieblichen Umfeld ist das Management von Qualität eigentlich unverzichtbar, deshalb lohnt sich ein psychologischer Blick hinter die Kulissen von Qualität.

> Zwar lässt sich auch ein qualitativ schlechtes Produkt vermarkten, aber **nicht auf Dauer.**
>
> Es ist empirisch gesichert, dass **Qualität** ein **Hauptgrund für Kundenzufriedenheit** ist.

4.3.1 Was ist Qualität?

Qualität beschreibt, wie gut ein Produkt oder eine Dienstleistung die Erreichung des vom Kunden gewünschten Nutzens ermöglicht. Traditionell lassen sich drei Arten von Qualität unterscheiden: **Prüfqualität** betrifft Eigenschaften, die vor dem Kauf geprüft werden können, z. B. die Polsterung eines Bürostuhls, den wir im Einrichtungshaus ausprobieren. **Erfahrungsqualität** betrifft Eigenschaften, die sich erst mit der Zeit zeigen, etwa ob unser Bürostuhl auch nach einigen Monaten noch stabil ist. **Vertrauensqualität** schließlich betrifft Eigenschaften, die wir selber nicht wirklich prüfen können, z. B. ob unser Bürostuhl unter fairen Bedingungen hergestellt wurde. Doch unser Kaufverhalten hat sich durch das Internet stark verändert: Wir kaufen viel häufiger Dinge, die wir vorher nicht selber geprüft haben. Einerseits erlaubt ein umfangreiches Rückgaberecht (wo ein solches besteht) eine Prüfung nach dem Kauf. Andererseits kann man sich vor dem Kauf auf die Erfahrungen anderer stützen: Bewertungen im Internet ermöglichen es sogar, die zu erwartende Qualität einer Dienstleistung einzuschätzen, bevor man sie bezieht. Selbst der Bezug ärztlicher Leistungen – früher eine reine Vertrauensangelegenheit – wird heute von vielen Patienten durch eine Konsultation bei Dr. Google ergänzt. Die strikte Trennung zwischen Prüf-, Erfahrungs- und Vertrauensqualität gilt also nicht mehr: Konsumenten können heute manches selber prüfen, bei dem sie früher auf eigene Erfahrungen angewiesen waren; und sie kaufen auf Vertrauensbasis, was sie früher nur nach eigener Prüfung gekauft haben. Doch egal, auf welche Art sie geprüft wird: Qualität ist wieder eine wichtige Größe geworden. Dabei muss unterschieden werden zwischen der Qualität von Produkten und der Qualität von Dienstleistungen.

> Qualität drückt aus, wie gut ein Angebot die Erreichung des **gewünschten Nutzens** ermöglicht.
>
> Die Trennung zwischen **Prüf-, Erfahrungs- und Vertrauensqualität** gilt nicht mehr: Konsumenten können heute im Internet manches **selber prüfen;** und sie kaufen vermehrt auf **Vertrauensbasis.**

4.3.2 Produktqualität

Die Qualität von Produkten wird im Wesentlichen durch deren **technisch-physikalische Eigenschaften** bestimmt. Deshalb werden mit der Erhaltung oder Verbesserung von Qualität oft zunächst Techniker, Ingenieure und Materialwissenschaftler betraut. Inzwischen hat sich aber die Erkenntnis durchgesetzt, dass ja die meisten Produkte von Menschen genutzt werden und dass es deshalb nicht verkehrt ist, bei der Produktentwicklung auf deren Fähigkeiten und Wünsche Rücksicht zu nehmen. So werden heute bei der Produktentwicklung gerne Psychologen hinzugezogen, die z. B. Klang, Haptik, Gestalt oder Farbe verschiedenster Waren nach **psychologischen Kriterien** beurteilen. Ein augenfälliges Beispiel dafür findet sich in der Automobilindustrie. Autos werden heute immer weniger nach funktionalen, sondern mehr nach symbolischen Kriterien gestaltet, die von der entsprechenden Zielgruppe gewünscht werden. So findet sich bei manchen Automarken eine betont kraftvolle Optik und Akustik (Audi, BMW), während sich andere mehr durch Sparsamkeit und Nüchternheit (VW, Skoda) oder durch Niedlichkeit und Verspieltheit (Fiat, Mini) zu positionieren versuchen. Ein anderer wichtiger Qualitätsbereich, der psychologische Fachkenntnisse bedingt, ist **Usability**: die Bedienbarkeit, insbesondere von Software. Dank menschengerechter Softwaregestaltung erfordern Computer heute keine besondere Expertise mehr (eine unrühmliche Ausnahme sind manche Ticket-Automaten im öffentlichen Nahverkehr).

> Die Qualität von Produkten wird wesentlich durch ihre **technisch-physikalischen Eigenschaften** bestimmt.
>
> Aber auch **psychologische Aspekte** wie Verständlichkeit, Bedienbarkeit und Ästhetik sind relevante Qualitätsmerkmale.

4.3.3 Dienstleistungsqualität

Die Qualität von Dienstleistungen ist im Vergleich zur Qualität von Produkten psychologisch unterschiedlich zu betrachten. Erstens sind Produkte aufgrund ihrer physischen Materialität für Konsumenten leichter sinnlich erfahrbar. Ein Qualitätsurteil fällt daher leicht. Zweitens sind Dienstleistungen oft von größerer wahrgenommener Komplexität als Produkte. Dies erschwert das Qualitätsurteil und kann Unsicherheit auslösen. Drittens werden Dienstleistungen in der Regel durch Personen erbracht. Es liegt auf der Hand, dass die Persönlichkeit des Dienstleisters und die Interaktion mit dem Kunden dessen Qualitätsurteil beeinflussen, und umgekehrt beeinflussen Persönlichkeit und Auftreten des Kunden das Verhalten des Dienstleisters. Derselbe Dienstleister erbringt also vielleicht beim einen Kunden eine qualitativ andere Leistung als beim anderen. Für die Praxis ergibt sich daraus, dass Dienstleistungen klar und zugänglich kommuniziert und in ihrer wahrgenommenen Komplexität reduziert werden sollten. Außerdem sollten Mitarbeiter im Hinblick auf den Kundenkontakt ausgewählt und geschult werden.

> Die Qualität von Dienstleistungen ist **psychologisch anders zu betrachten** als die Qualität von Produkten.

4.3.4 Messung von Qualität

Die Messung der Qualität von Produkten gestaltet sich relativ einfach: Man nehme das Produkt und prüfe es. Beispiele dafür finden sich

> Die Qualität von Dienstleistungen lässt sich mithilfe des **Gap-Modells** bestimmen, das auf dem **Diskonfirmationsparadigma** basiert. Dazu wurde der **SERVQUAL**-Fragebogen vorgeschlagen.

zuhauf auf Youtube: Es gibt nichts, was dort nicht einer sorgfältigen (ja, manchmal fast grausamen) Überprüfung ausgesetzt würde. Die Messung der Dienstleistungsqualität erfordert da schon etwas mehr Überlegung. Dabei stützt man sich vielfach auf das **Gap-Modell** von Parasuraman et al. (1985) und das diesem zugrunde liegende **Diskonfirmationsparadigma**. Dieses postuliert, wenig überraschend, dass Kunden Erwartungen haben, die sie dann mit der erbrachten Dienstleistung vergleichen. Entsprechen sich Erwartung und Leistung nicht, so entsteht eine Lücke (»Gap«). Dies wird als Diskonfirmation bezeichnet. Nach Parasuraman et al. (1985) zeigt diese Lücke, wie groß die Dienstleistungsqualität ist. Zu deren Messung entwickelten sie den **SERVQUAL**-Fragebogen (Zeithaml et al., 1992), der die fünf Dimensionen Souveränität, Einfühlung, Entgegenkommen, Zuverlässigkeit und Materielles umfasst. Zu jedem Item wird nicht nur dessen Ausprägung abgefragt (z. B. »wie ernst werden Kundenprobleme genommen?«), sondern auch dessen Wichtigkeit (»wie ernst sollten Kundenprobleme genommen werden?«).

> SERVQUAL ist zwar verbreitet, die **Aussagekraft ist** aber **umstritten**.

SERVQUAL ist zwar weit verbreitet, wird aber kritisiert: Erstens ist das Instrument entgegen seinem Anspruch nicht branchenübergreifend valide. In der Praxis müssen deshalb für jede Dienstleistungskategorie die relevanten Items neu identifiziert werden (Hentschel, 2000). Das erscheint einleuchtend. Es käme ja auch keiner auf die Idee, so unterschiedliche Dienstleister wie Friseure, Bankberater oder Ärzte anhand derselben Kriterien zu beurteilen. Zweitens rechtfertigt der zusätzliche Aufwand, der mit der Erhebung der Wichtigkeit eines jeden Items anfällt, den bescheidenen Mehrwert nicht. In der Praxis genügt es daher, für jedes interessierende Item nur dessen Ausprägung zu erheben, denn darin ist implizit auch die Wichtigkeit enthalten. Eine weitere Kritik ergibt sich daraus, dass Kunden nicht immer wohldefinierte Erwartungen haben – beispielsweise, wenn sie eine für sie neue Dienstleistung beziehen, etwa die erste Steuerberatung oder die erste Hypothek. Eine Messung der Dienstleistungsqualität mit SERVQUAL würde dann fehlschlagen. Für den Einsatz in der Praxis sind daher weiterentwickelte Varianten zu empfehlen.

4.3.5 Objektive Qualität

> Anbieter sollten die Qualität ihrer Produkte und Dienstleistungen nicht nur an den Erwartungen der Kunden ausrichten, sondern auch an **objektiven Qualitätsmaßstäben**.

Wurden die Erwartungen eines Kunden erfüllt, so bedeutet das noch nicht, dass er wirklich die objektiv beste Dienstleistung erhalten hat. Deshalb sollten Anbieter in der Praxis die Qualität ihrer Produkte und Dienstleistungen nicht nur an den Kundenerwartungen ausrichten, sondern auch an **objektiven Kriterien** – selbst wenn diese den Kunden zunächst verborgen bleiben. Dies bedarf einer umfassenden Dienstleistungskultur, die sich durch die gesamte Organisation zieht und auch in Bereichen wirksam ist, von denen Kunden noch nicht einmal ahnen, dass sie existieren. Das wusste der Automobil-Industrielle Henry Ford schon vor über hundert Jahren: »Wenn ich die Menschen gefragt hätte, was sie wollen, hätten sie gesagt: ›schnellere Pferde‹.«

? Kontrollfragen

1. Welche Indikatoren lassen Rückschlüsse auf die Erfolgschancen neuer Produkte zu?
2. Was ist bei der Gestaltung des Namens und der Verpackung eines Produktes zu beachten?
3. Wieso sollte man sich Gedanken zur Positionierung machen?
4. Nennen Sie Beispiele für Zusatznutzen.
5. Wozu dienen Positionierungsmodelle?
6. Anhand welcher Merkmale lassen sich Kunden zu Zielgruppen zuordnen?
7. Welchen Nutzen hat Kundensegmentierung für Anbieter?
8. Wie würden Sie in einem Unternehmen die Einführung von Qualitätsmanagement begründen?
9. Welche Arten von Qualität kann man unterscheiden?
10. Wie kann man Qualität messen?

▶ **Weiterführende Literatur**

Felser, G. (2015). Marketinginstrumente – psychologisch betrachtet. In K. Moser (Hrsg.), *Wirtschaftspsychologie* (S. 139-158). Berlin: Springer.

Kroeber-Riel, W., & Gröppel-Klein, A. (2013). *Konsumentenverhalten* (10. Aufl.). München: Vahlen.

Wänke, M., & Florack, A. (2015). Markenmanagement. In K. Moser (Hrsg.), *Wirtschaftspsychologie* (S. 101-117). Berlin: Springer.

Literatur

Borg, I., & Groenen, P. J. F. (2005). *Modern multidimensional scaling: Theory and applications* (2nd ed.). New York: Springer.

Brown, S. P., & Lam, S. K. (2008). A meta-analysis of relationships linking employee satisfaction to customer responses. *Journal of Retailing, 84*(3), 243-255.

Buzzell, R. D., & Gale, B. T. (1987). *The PIMS principles: Linking strategy to performance*. New York: Free Press.

Dosen, A. S., & Ostwald, M. J. (2016). Evidence for prospect-refuge theory: a meta-analysis of the findings of environmental preference research. *City, Territory and Architecture, 3*(1), 4.

Dunn, M. J., & Searle, R. (2010). Effect of manipulated prestige-car ownership on both sex attractiveness ratings. *British Journal of Psychology, 101*(1), 69-80.

Ernst, H. (2002). Success factors of new product development: a review of the empirical literature. *International Journal of Management Reviews, 4*(1), 1-40.

Gabriel, Y., & Lang, T. (1995). *The unmanageable consumer: Contemporary consumption and its fragmentations*. London: Sage.

Hentschel, B. (2000). Multiattributive Messung von Dienstleistungsqualität. In M. Bruhn & B. Stauss (Hrsg.), *Dienstleistungsqualität: Konzepte – Methoden – Erfahrungen* (3. Aufl., S. 289-320). Wiesbaden: Gabler.

Joye, Y., Poels, K., & Willems, K. (2011). »Evolutionary store atmospherics« – designing with evolution in mind. In G. Saad (Ed.), *Evolutionary psychology in the business sciences* (pp. 289-317). Heidelberg: Springer.

Kieser, A. (1996). Moden & Mythen des Organisierens. *Die Betriebswirtschaft, 56*(1), 21-39.

Kirchler, E. (2011). *Wirtschaftspsychologie: Individuen, Gruppen, Märkte, Staat* (4. Aufl.). Göttingen: Hogrefe.

Klink, R. R. (2003). Creating brand names with meaning: The use of sound symbolism. *Marketing Letters, 11*(1), 5–20.

Köhler, W. (1947). *Gestalt Psychology* (2nd ed.). New York: Liveright.

Kroeber-Riel, W., & Esch, F. R. (2015). *Strategie und Technik der Werbung* (7. Aufl.). Stuttgart: Kohlhammer.

Orians, G. H., & Heerwagen, J. H. (1992). Evolved responses to landscapes. In J. H. Barkow, L. Cosmides, & J. Tooby (Eds.), *The adapted mind: Evolutionary psychology and the generation of culture* (pp. 555-579). New York: Oxford University Press.

Parasuraman, A., Zeithaml, V. A., & Berry, L. L. (1985). A conceptual model of service quality and its implications for future research. *Journal of Marketing, 49*(4), 41-50.

Ries, A., & Trout, J. (1981). *Positioning: The battle for your mind*. New York: McGrawHill.

Ryf, S. (2007). *Multidimensionale Skalierung in der Marktforschung: Möglichkeiten und Grenzen*. Dissertation am Psychologischen Institut der Universität Zürich.

Szymanski, D. M., & Henard, D. H. (2001). Customer satisfaction: A meta-analysis of the empirical evidence. *Journal of the Academy of Marketing Science, 29*(1), 16-35.

Wänke, M., Herrmann, A., & Schaffner, D. (2007). Brand name influence on brand perception. *Psychology & Marketing, 24*(1), 1-24.

Wänke, M., & Reutner, L. (2010). Pragmatic persuasion. How communicative processes make information appear persuasive. In J. P. Forgas, W. D. Crano, & J. Cooper (Eds.), *The Psychology of Attittudes & Attitude Change* (S. 183-198). New York: Psychology Press.

Wänke, M. Reutner, L., & Friese, M. (2008). The persuasiveness of ambiguous information: If they advertise it, it must be good. *International Journal of Psychology, 43*(3/4), 75.

Zeithaml, V. A., Parasuraman, A., & Berry, L. L. (1992). *Qualitätsservice. Was Ihre Kunden erwarten – was Sie leisten müssen*. Frankfurt a. M.: Campus.

5 Marktforschung

Stefan Ryf, Christian Fichter und Jörn Basel

5.1 Sekundärmarktforschung – 88
5.1.1 Handelspanels – 88
5.1.2 Verbraucherpanels – 89

5.2 Primärmarktforschung – 89
5.2.1 Befragungen – 89
5.2.2 Befragungsarten – 90
5.2.3 Beobachtung – 90
5.2.4 Big Data – 91
5.2.5 Blickmessung – 91
5.2.6 Physiologische Messungen – 92

5.3 Produkttests – 92
5.3.1 Sensoriktests – 93
5.3.2 Andere Formen von Produkttests – 94

5.4 Neuro-Marketing und Neuro-Ökonomie – 94

Literatur – 97

© Springer-Verlag GmbH Deutschland 2018
C. Fichter (Hrsg.), *Wirtschaftspsychologie für Bachelor*
https://doi.org/10.1007/978-3-662-54944-5_5

Lernziele

- Wissen, welche Fragen die Marktforschung beantworten kann.
- Die Phasen des Marktforschungsprozesses kennen.
- Verschiedene methodische Zugänge zur Marktforschung beurteilen können.
- Begründen können, weshalb sich Produkttests lohnen.
- Verschiedene Arten von Sensoriktests beschreiben können.
- Erkenntnisse aus dem Neuro-Marketing kritisch einordnen können.

Eine genaue Kenntnis des Marktes ist sowohl für die erfolgreiche Einführung eines neuen Angebotes als auch zur Aufrechterhaltung des Erfolgs bestehender Produkte von zentraler Bedeutung. Marktforschung bietet die Grundlage dazu, indem sie systematisch marktrelevante Daten beschafft, aufbereitet und interpretiert. Typische Fragestellungen sind z. B.:

- Welche Funktionen wünschen sich Konsumenten für eine Smartwatch?
- Welches Verpackungsdesign kommt am besten an?
- Wie ist das Marktpotenzial für Fernseher mit einer Bildschirmgröße über 65 Zoll?
- Auf welche Zielgruppe soll sich ein Online-Shop fokussieren?
- Über welche Kanäle und mit welcher Werbebotschaft lässt sich der größte Kundenzuwachs für einen Online-Versicherungsvergleich erzielen?

Die Aufgabe der **Marktforschung** besteht in der Beschaffung, Aufbereitung und Interpretation von marktrelevanten Daten.

Eine typische Marktforschungsstudie folgt weitgehend dem üblichen Prozess empirischer Sozialforschung. Kennzeichnend ist dabei der

Tab. 5.1 Schritte bei Sekundär- und Primärmarktforschung

Sekundärmarktforschung	Primärmarktforschung
1. Formulieren der Marktforschungsziele	1. Formulieren der Marktforschungsziele
2. Festlegen der Datenquellen	2. Festlegen des Untersuchungsdesigns
3. Datenaufbereitung/-beschaffung	3. Datenerhebung
4. Datenanalyse	4. Datenanalyse
5. Bericht und Umsetzung	5. Bericht und Umsetzung

Wenn vorhandene Daten analysiert werden, spricht man von **Sekundärmarktforschung**, *wenn neue Daten erhoben werden, von* **Primärmarktforschung**.

starke Anwendungsbezug und die Aufteilung in **Sekundärmarktforschung** (bereits vorhandene Daten werden analysiert) und **Primärmarktforschung** (neue Daten werden erhoben), aufgrund der sich die Phasen 2 und 3 im typischen Ablauf unterscheiden können (◘ Tab. 5.1):

Häufig ist Sekundärmarktforschung der Primärmarktforschung vorgeschaltet, um den Informationsbedarf abzuschätzen und die Fragestellung zu konkretisieren. Entsprechend gehen wir zunächst auf die Sekundärmarktforschung ein.

5.1 Sekundärmarktforschung

Nicht jede Fragestellung erfordert eine neue Datenerhebung.

Nicht bei jeder Fragestellung muss immer gleich eine neue Datenerhebung durchgeführt werden. Häufig reicht Sekundärmarktforschung (teilweise auch als **Desk Research** bezeichnet), wenn die fraglichen Daten und Informationen in irgendeiner Form und an irgendeinem Ort schon vorliegen. Diese müssen aber zuerst einmal gefunden und beschafft werden (oft gegen Bezahlung), und sie müssen aufbereitet und analysiert werden. Oft können Fragen zumindest teilweise auch mit unternehmensinternen Daten wie Absatz- und Umsatzzahlen, Kundenfeedbacks, Daten aus Kundenprogrammen sowie Website-Protokollen beantwortet werden. Beispiele für externe Datenquellen sind Studien von Marktforschungsinstituten, Wirtschafts- und Branchenverbänden oder Beratungsfirmen, Geschäftsberichte der Konkurrenz, amtliche Statistiken, Fachmagazine, Forschungsprojekte von Hochschulen – schlussendlich alle Informationen, die dazu dienen, eine besser abgestützte Entscheidung zu fällen.

5.1.1 Handelspanels

Marktreports *erlauben die Nachverfolgung von Umsatzentwicklungen, Marktanteilen oder Entwicklungen von Marken und Produkteigenschaften.*

Händler liefern in regelmäßigen Abständen Verkaufszahlen an Marktforschungsinstitute. Diese bereiten die Daten zu Marktreports auf und bieten sie gegen Bezahlung an. Darin lassen sich beispielsweise die Umsatzentwicklungen in einzelnen Warenbereichen, Marktanteile oder Entwicklungen von Marken und Produkteigenschaften innerhalb bestimmter Produktkategorien nachverfolgen, basierend auf den Verkaufszahlen der letzten Jahre. So könnte z. B. ein Fernsehhändler die Zunahme der Bildschirmdiagonalen bei Fernsehgeräten nachzeichnen und auf dieser Basis die Zusammenstellung seines Sortiments besser planen. Im deutschsprachigen Raum verbreitet sind die Marktreports von Nielsen für den Bereich Supermarkt und von GfK für Non-Food-Bereiche wie Elektronik, Mode und Sport.

5.1.2 Verbraucherpanels

Im Auftrag von Marktforschungsinstituten halten ausgewählte Haushalte ihre Einkäufe möglichst vollständig fest. Dazu werden Einkaufsort, Zeitpunkt und die eingekauften Waren nach jedem Einkauf mit einem Scanner erfasst. Auch mit solchen Daten lassen sich wertvolle Auswertungen über Einkaufsort, Warengruppen und Marken erstellen. Im Gegensatz zu Handelspanels, die auf Gesamtverkaufszahlen beruhen, können im Verbraucherpanel die Daten auf Ebene der Haushalte ausgewertet werden, so dass sich auch Kennwerte wie Wiederkaufsrate oder Markentreue berechnen lassen. Daneben gibt es eine Vielzahl weiterer Analysemöglichkeiten, etwa Käuferprofile (wie unterscheiden sich typische Kunden verschiedener Geschäfte?), Käuferüberschneidungen (wie viele Haushalte kaufen sowohl bei A als auch bei B?) oder Promotionsanalysen (wie viele neue Käufer wurden mit einer Promotionsmaßnahme erreicht?). Interessant sind Haushaltspanels auch deshalb, weil sie das tatsächliche Kaufverhalten aufzeigen und sich nicht »nur« auf Befragungsdaten stützen.

> Mittels **Verbraucherpanels** können Konsumdaten auf Ebene der Haushalte ausgewertet werden.

5.2 Primärmarktforschung

Zu manchen Fragen der Marktforschung sind keine Daten verfügbar, oder sie sind sehr teuer. Selbst wenn Daten vorliegen, so sind sie oftmals nicht aktuell genug oder sie passen nicht genau zur Fragestellung. In diesen Fällen werden eigene Untersuchungen konzipiert und durchgeführt, als Primärmarktforschung (teilweise auch als **Field Research** bezeichnet). Größere Firmen haben eigene Marktforschungsabteilungen, die zumindest einen Teil dieser Projekte selbstständig durchführen können. Häufig arbeitet man aber mit einer der vielen Marktforschungsfirmen zusammen, von denen vor allem die kleineren oft Spezialisierungen auf bestimmte Bereiche ausweisen (z. B. Touchpoint-Analysen, Pricing).

Marktforschung weist eine große Methodenvielfalt auf, sowohl bei der Datenerhebung als auch bei der Datenanalyse. Primärmarktforschung kann unterteilt werden in Befragungen, Beobachtungen, Experimente und spezielle Erhebungsmethoden (z. B. physiologische Messungen oder Blickanalysen), wobei die verschiedenen Ansätze jeweils auch kombiniert werden können. Eine weitere wichtige Unterscheidung ist diejenige in quantitative und qualitative Verfahren (▶ Bonuskapitel »Methodischer Rahmen der Wirtschaftspsychologie«), auf die wir im Folgenden am Beispiel von Befragungen eingehen wollen.

> Marktforschung weist eine große **Methodenvielfalt** auf.

> ⊕ Bonuskapitel »Methodischer Rahmen der Wirtschaftspsychologie«

5.2.1 Befragungen

Typisch für **quantitative Befragungen** sind Fragebögen mit geschlossenen Fragen, d. h. mit vorgegebenen Antwortalternativen und Rating-

> Typisch für **quantitative Befragungen** sind Fragebögen mit geschlossenen Fragen.

Tab. 5.2 Gegenüberstellung typischer Eigenschaften qualitativer und quantitativer Marktforschung

	Quantitative Marktforschung	Qualitative Marktforschung
Fragestellung	In die Breite gehend; Antworten auf das »Wieviel« und »Wie stark« (Häufigkeit, Intensität)	In die Tiefe gehend; Antworten auf das »Wie« und »Warum« (Motive, Beweggründe)
Ablauf	Entlang eines strukturierten Fragebogens	Offene Gesprächsführung anhand eines Gesprächsleitfadens
Durchführung	Instruierter Interviewer oder automatisiert	Psychologisch geschulter Interviewer
Dauer	Maximal 1 Stunde, rasche Durchführung	0,5 bis 4 Stunden, zeitaufwendig
Zielperson	Repräsentative Stichprobe	Ausgewählte Personen
Umfang/Größe	Große Stichprobe, ab etwa Hundert bis mehrere Tausend	Kleine Stichprobe, 10 bis 100 Gespräche oder wenige 8-10er Gruppen
Resultate	Statistisch gesicherte Aussagen über die Grundgesamtheit; Hochrechnung möglich	Tendenzen, Hinweise, Zusammenhänge, Motive; keine Hochrechnung möglich

Typisch für **qualitative Befragungen** sind Einzelinterviews und Gruppendiskussionen.

skalen, die von einer großen Anzahl von Personen beantwortet werden. Die Befragungsteilnehmer sollten repräsentativ für die Gruppe sein, über die eine Aussage gemacht werden soll, da eine abweichende Zusammensetzung zu Verzerrungen bei den Ergebnissen führen kann. Typisch für **qualitative Befragungen** sind Einzelinterviews und Gruppendiskussionen, oft in Teststudios mit Möglichkeiten zur Ton- und Videoaufnahme und mit Einwegspiegeln. Diese werden nicht unstandardisiert durchgeführt, sondern folgen einem Gesprächsleitfaden, sind aber im Vergleich zu vollstandardisierten Fragebögen offener und erlauben auch Rückfragen. Zu den qualitativen Ansätzen gehören ferner projektive Tests, begleitetes Einkaufen und Konsumtagebücher. Eine Gegenüberstellung der beiden Ansätze für typische Anwendungsfälle ist in ◘ Tab. 5.2 dargestellt.

5.2.2 Befragungsarten

Studien mit qualitativem Schwerpunkt finden normalerweise Face-to-Face statt, wobei Teile davon auch schriftlich durchgeführt werden, heutzutage häufig online oder mit Apps (z. B. Einkaufstagebuch, angereichert mit Smartphone-Fotos). Bei der quantitativen Befragung geht der Trend hin zu Online-Befragungen. Diese sind auch deshalb beliebt, weil damit spezielle adaptive Verfahren durchgeführt werden können (z. B. Conjoint-Analysen), bei denen durch geschickte Fragesteuerung viel Information mit wenigen Fragen erfasst werden kann. Aber auch persönliche (Face-to-Face), telefonische und schriftliche (Paper-Pencil) Befragungen kommen noch häufig vor, da jeder Ansatz spezifische Vor- und Nachteile hat (◘ Tab. 5.3).

5.2.3 Beobachtung

Häufig werden Befragungen mit der Beobachtungsmethode kombiniert, z. B. beim begleiteten Einkauf. Man stellt den Teilnehmern eine

Tab. 5.3 Vorteile und Nachteile der Befragungsarten

	Vorteile	Nachteile
Persönliche Befragung	– Hohe Erfolgsquote – Auch Verhalten kann beobachtet werden (z. B. emotionale Reaktionen) – Flexibilität bei Fragenformen und -reihenfolge	– Hoher Aufwand und hohe Kosten – Interviewer-Bias
Telefonische Befragung	– Kurzfristig umsetzbar – Geringere Kosten als bei persönlicher Befragung	– Kein Bildmaterial und keine optischen Darstellungen verwendbar – Interviewer-Bias möglich
Schriftliche Befragung	– Kein Interviewer-Bias – Befragter steht nicht unter Zeitdruck	– Teilweise geringe Rücklaufquoten – Keine Kontrolle über Reihenfolge und Zeitpunkt der Befragung
Online-Befragung	– Kurzfristig umsetzbar – Flexible und dynamische Fragebogen möglich – Einfacher Einsatz von Bild, Ton und Video – Niedrige Kosten	– Technische Probleme möglich – Teilweise geringes Involvement der Befragten

Aufgabe, z. B. »Suchen Sie sich ein neues Sofa für Ihr Wohnzimmer aus«. Anschließend beobachtet man die Studienteilnehmer beim Gang durch das Möbelgeschäft. Während der Beobachtungsphase werden die Teilnehmenden aufgefordert, durch sog. **lautes Denken** ihren Entscheidungsprozess transparent zu machen. Auf die Beobachtungsphase folgt dann noch ein Interview, damit Punkte vertieft werden können, die dem Beobachter besonders aufgefallen sind.

> Befragung und Beobachtung werden oft kombiniert. Dabei sollen Verfahren wie **lautes Denken** den Entscheidungsprozess transparent machen.

5.2.4 Big Data

Mit Big Data ist die systematische Auswertung großer Datenmengen gemeint, die möglichst aus unterschiedlichen Datenquellen stammen, z. B. von Kundenkarten oder aus Website-Protokollen. In der Marktforschung erhofft man sich von Big Data insbesondere eine genauere Charakterisierung von Konsumenten. Vielfach stehen Big Data-Ansätze in Konkurrenz zur klassischen Marktforschung (Schwarz, 2015). Diese sieht sich aufgefordert, die neuen Ansätze zu integrieren (Binder & Weber, 2015). Ob aber Big Data wirklich eine Revolution darstellt oder vielmehr eine Evolution bestehender Verfahren, ist umstritten – ebenso, inwieweit die in Big Data gesetzten Hoffnungen realistisch sind und welche Rolle die klassischen Methoden der Marktforschung in Zukunft noch spielen werden.

> **Big Data** ist die systematische Auswertung großer Datenmengen aus unterschiedlichen Datenquellen.

5.2.5 Blickmessung

Häufig werden in der Marktforschung auch Verfahren zur Blickregistrierung (»Eye Tracking«) eingesetzt, vor allem bei Studien zur Werbewirkung und Usability. Die Grundidee dabei ist, dass der Blick dort hinfällt, wohin auch die Aufmerksamkeit gerichtet wird. Dazu stehen spezielle Bildschirme zur Verfügung, welche mittels Kameras erfassen, worauf sich der Blick richtet. Für den mobilen Einsatz, beispielsweise

> Bei der **Blickmessung** wird erfasst, wo der Blick hinfällt – und damit die Aufmerksamkeit.

beim Gang durch ein Einkaufszentrum, mussten die Studienteilnehmer früher noch umständliche Helme aufsetzen. Heutzutage stehen Brillen zur Verfügung, die viel einfacher zu verwenden sind und beim Tragen weniger einschränken. Ausgewertet wird bei diesen Verfahren vor allem, wo der Blick wann hinfällt, wie lange er dort bleibt und wann und wohin er wechselt. So lassen sich z. B. die typischen Blickpfade beim Gang durch ein Ladengeschäft eruieren. Mit spezieller Software sind die anfallenden Daten rasch ausgewertet und grafisch aufbereitet, die detaillierte Analyse benötigt aber viel Expertise.

5.2.6 Physiologische Messungen

> Auch physiologische Reaktionen wie **Puls, Blutdruck und Hautleitfähigkeit** sind nützliche Maße für die Marktforschung.

Gelegentlich werden bei Marktforschungsstudien auch physiologische Reaktionen wie Puls, Blutdruck und Hautleitfähigkeit erfasst. Ein Ansteigen der Herzrate und des Blutdrucks wird dann z. B. als steigendes Interesse interpretiert. Seit einigen Jahren kommen vermehrt auch Hirnstrommessungen und bildgebende Verfahren aus den Neurowissenschaften zum Einsatz. Deren Nutzen ist allerdings umstritten, vor allem in Anbetracht der hohen Kosten und der schwierigen Interpretation der Daten (▶ Abschn. 5.4).

Die aufgeführten Methoden und Beispiele decken nur einen Teil der großen Bandbreite der Marktforschung ab. Lifestyle-Analysen, Marktpotenzialschätzungen, Evaluierungen von Laden- und Verpackungskonzepten, Überprüfungen von Kommunikationsmaßnahmen mit Pre-Tests und Post-Tests – für viele dieser Bereiche wurden ausgefeilte Erhebungs- und Auswertungsverfahren entwickelt, die teilweise ihren Weg wieder zurück in die Psychologie gefunden und deren Methodenrepertoire erweitert haben. Ausführlich dargestellt werden diese Verfahren z. B. bei Altobelli (2011). Im Folgenden gehen wir auf einen besonders wichtigen Teilbereich der Marktforschung genauer ein.

5.3 Produkttests

> Neue Produkte müssen sich zunächst in **internen Produkttests** bewähren.

Bevor man die hohen Kosten für die Markteinführung eines neuen oder abgeänderten Produktes übernimmt, muss sich dieses bei internen Produkttests bewähren. Viele Firmen haben entsprechende Zielwerte definiert: Zum Beispiel wird ein abgeändertes Produkt nur eingeführt, wenn es von mindestens 60% der Testpersonen im Vergleich zum bisherigen präferiert wird.

> Je näher am **marktreifen Produkt, desto aussagekräftiger** sind die Ergebnisse von Produkttests.

Es stellt sich die Frage, wann der optimale Zeitpunkt für den Produkttest ist: Soll man bereits ein grobes Konzept testen oder erst das marktreife Produkt? Je näher am marktreifen Produkt, desto aussagekräftiger sind die Ergebnisse von Tests, denn abstrakte Konzepte sind von Konsumenten nur schwer zu beurteilen. Da aber die Entwicklung und finale Ausarbeitung eines Produktes Zeit und Geld benötigt, muss im Einzelfall immer abgewogen werden zwischen verlorenen Investitionen bei einer zu spät erkannten Fehlentwicklung und der Gefahr von zu wenig aussagekräftigen Ergebnissen.

> Bei allen Produkttests ist ein **standardisiertes Vorgehen** mit Präsentation in neutraler Umgebung erforderlich.

Bei allen Produkttests ist ein standardisiertes Vorgehen mit Präsentation in neutraler Umgebung erforderlich. Schon kleine Änderungen,

z. B. in der Farbtemperatur des Umgebungslichts, können zu veränderten Beurteilungen führen. Bei Produkten wie Fertigpizzas ist es beispielsweise wichtig, dass alle Testmuster der verschiedenen Produktvarianten genau gleich zubereitet und serviert werden, damit sie im Mund der Testpersonen die gleiche Temperatur und Knusprigkeit besitzen.

5.3.1 Sensoriktests

Besonders wichtig und verbreitet sind Produkttests im Bereich der Lebensmittelentwicklung, wo sie als Sensoriktests bekannt sind. Um Einflüsse von Störfaktoren zu vermeiden, hat man standardisierte Verfahren entwickelt, mit denen Produkte bezüglich Geschmack oder Geruch miteinander verglichen werden können. So gibt es mehrere DIN-Normen für Sensoriktests, die detailliert festhalten, wie diese bezüglich Frageformulierung, Präsentation der Probe und statistischer Auswertung durchgeführt werden müssen. Die Tests tragen Namen wie »Dreiecksprüfung« (feststellen, welche von drei Proben anders ist als die beiden gleichen) oder »paarweise Vergleichsprüfung« (vergleichen von zwei Proben im Hinblick auf Intensität oder Beliebtheit). Bei Sensoriktests kann unterschieden werden zwischen Unterschiedstests, Hedoniktests und beschreibenden Tests.

> Bei **Sensoriktests** werden Produkte bezüglich Geschmack oder Geruch miteinander verglichen.

Unterschiedstests Unterschiedstests werden häufig bei Produktanpassungen durchgeführt, etwa wenn ein Inhaltsstoff reduziert oder durch einen anderen ersetzt wird. Merkt der Konsument überhaupt, dass ein Joghurt etwas weniger Zucker oder Fett enthält? Wenn nicht, können eventuell Kosten gespart und gleichzeitig noch etwas für die Gesundheit getan werden.

> Unterschiedstests werden häufig bei **Produktanpassungen** eingesetzt.

Hedoniktests Hedoniktests werden eingesetzt, um Geschmackspräferenzen aufzudecken. Obwohl auch Verpackung, Preis, Image und Zusatznutzen die Kaufentscheidung beeinflussen: Lebensmittel, die nicht schmecken, werden kein zweites Mal gekauft. Hedoniktests werden meist mit vielen Testpersonen (mindestens 60 pro Zielgruppe) durchgeführt. Folgende Tests sind dabei möglich:
- **Präferenzprüfungen**: Welches von mehreren Produkten wird bevorzugt?
- **Akzeptanzprüfungen:** Wie sehr gefällt ein Produkt?
- **Just about right-Test:** Als wie angenehm wird ein Merkmal eingeschätzt (z. B. zu süß, zu wenig süß oder gerade richtig)?

> Im Rahmen von Hedoniktests kommen unter anderem **Präferenz- und Akzeptanzprüfungen** oder **Just about right-Tests** zum Einsatz.

Beschreibende Tests Beschreibende Tests werden vorwiegend mit Experten und geschulten Personen durchgeführt, welche in der Lage sind, Produkte differenziert zu beurteilen und mit einem präzisen Vokabular zu beschreiben. Nicht geschulten Personen fehlen die Erfahrung und der Wortschatz für solche Einschätzungen. Häufig steht bei beschreibenden Tests eine allgemeine Qualitätsüberprüfung eines Produktes im Vordergrund. Sie werden aber auch dazu eingesetzt, um Unterschiede zwischen zwei von den Konsumenten unterschiedlich beurteilten Produkten zu identifizieren.

> Beschreibende Tests werden vorwiegend mit **Experten und geschulten Personen** durchgeführt.

5.3.2 Andere Formen von Produkttests

Bei **In-Home-Tests** werden Produkte von Konsumenten zuhause getestet.

Software wird meist im **Usability-Labor** getestet.

Neben den eben beschrieben sensorischen Tests werden viele Produkte auch auf ihre Bedienbarkeit getestet. In der einfachsten Form werden diese als **In-Home-Tests** durchgeführt, in denen Konsumenten z. B. Strümpfe oder Rasierer zugeschickt bekommen, diese eine Zeitlang verwenden und danach ihre Einschätzung abgeben. Bei Elektronik- oder Haushaltsgeräten und in der Software- und Web-Entwicklung finden solche Tests meist im **Usability-Labor** statt, wo das Verhalten im Detail aufgezeichnet werden kann. Dabei kommen oft Mängel zum Vorschein, welche die Zufriedenheit des Konsumenten mit dem Produkt deutlich vermindern würden. Umso wichtiger ist es, diese vor der Markteinführung zu entdecken.

5.4 Neuro-Marketing und Neuro-Ökonomie

Neurowissenschaftliche Verfahren bieten **neuartiges Potenzial,** denn sie zeigen, wo eine Aktivität im Gehirn lokalisiert ist.

Wie sehr sich die frühen Psychologen dies gewünscht hätten: das menschliche Gehirn beim Denken beobachten zu können! Genau das ermöglichen inzwischen die sog. **bildgebenden Verfahren**, insbesondere die funktionelle Magnetresonanztomografie (fMRT). Man bekommt damit Bilder von der Gehirnaktivität, die zeigen, wo das Gehirn gerade aktiv ist, beispielsweise beim Trinken einer Limonade, beim Betrachten von Werbung oder beim Denken an eine Marke (◘ Abb. 5.1). Was nützt uns diese Information? Diese Frage ist differenziert zu betrachten, am besten an einem Beispiel: Sicherlich wäre es etwa für Marktforscher interessant zu wissen, welche Hirnareale beim Trinken einer neuen Limonade aktiv sind. Wenn es dieselben sind, die auch beim Betrachten einer ekelerregenden Abbildung aktiv sind, so besteht Grund zur Annahme, dass das Produkt am Markt scheitern wird. Wenn hingegen dieselben Areale aufleuchten wie beim Sex, so dürfte das Produkt ein ziemlicher Erfolg werden.

Neurowissenschaftliche Verfahren stehen in der Kritik, **schwierig, aufwendig und teuer** zu sein.

Man könnte nun einwenden, dass sich dieselben Ergebnisse auch mit weniger Aufwand hätten gewinnen lassen, etwa durch Befragung. Tatsächlich wäre dies vorstellbar – indem man nämlich Probanden nach dem Trinken der Limonade fragt, was sie dabei empfunden haben. Hiermit ist bereits ein erster Vorbehalt gegenüber neurowissenschaftlichen Verfahren angesprochen: Sie bringen häufig nichts zutage, was man nicht wesentlich einfacher hätte herausfinden können. Aber **es gibt durchaus Fälle, in denen neurowissenschaftliche Methoden potenziell vorteilhaft sind**, beispielsweise bei sozialer Erwünschtheit. Es könnte ja sein, dass sich in unserem Beispiel die Probanden bei einer positiven Geschmacksempfindung geschämt hätten zuzugeben, dass die Limonade bei ihnen Lustgefühle ausgelöst hat. Vielleicht sind sie sich ihrer angenehmen Gefühle auch gar nicht bewusst geworden. Allerdings sind soziale Erwünschtheit oder unbewusste Gefühle keine neuen Probleme: Es existieren verschiedene Methoden innerhalb der klassischen Marktforschung, mit denen sich diese umschiffen oder vermindern lassen. Darin besteht ein zweiter Vorbehalt: Die Methoden der Neurowissenschaften sind zwar faszinierend und spektakulär, aber nicht immer besser als altbewährte Methoden aus der Psychologie.

5.4 · Neuro-Marketing und Neuro-Ökonomie

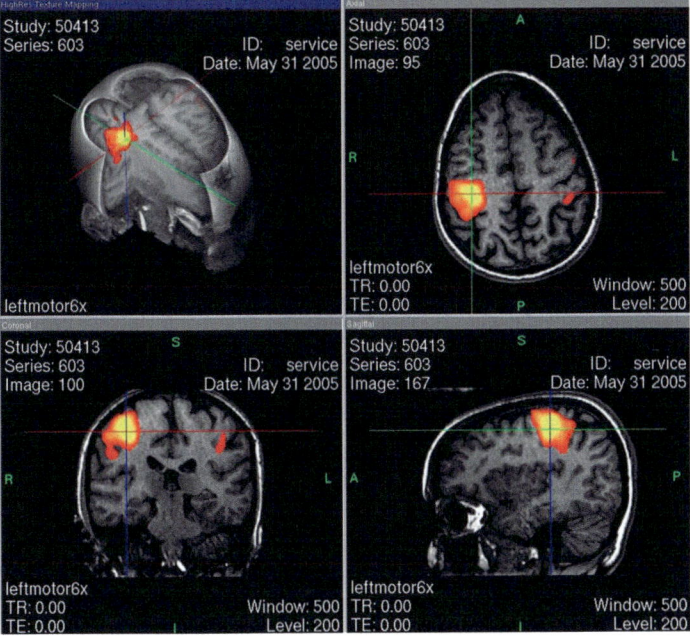

Abb. 5.1 Gehinaktivierung, dargestellt mittels funktioneller Magnetresonanztomografie (fMRT; Quelle: https://commons.wikimedia.org/wiki/File:Fmrtuebersicht.jpg, this work is in the public domain)

Möglichkeiten und Grenzen der Auswertung von fMRT-Daten zeigen sich z. B. an einer Studie von Plassmann et al. (2007). Diese Autoren wollten herausfinden, welche Gehirnareale an der Berechnung von Zahlungsbereitschaften für Nahrung beteiligt sind. Das ist ihnen gelungen: Ihre Hirnscans hungriger Probanden, die sich überlegen sollten, wie viel Geld sie für Essen zahlen würden, wiesen auf Aktivitäten im orbitofrontalen Cortex und im präfrontalen Cortex hin. Es ist sicherlich interessant zu wissen, wo Zahlungsbereitschaften im Gehirn berechnet werden. Um aber das Zustandekommen unterschiedlicher Zahlungsbereitschaften zu verstehen, ist dieses Wissen wenig hilfreich – und sogar irreführend, weil der Eindruck entsteht, durch die Lokalisierung der Gehirnaktivität erfahre man etwas über die relevanten Bedingungen der Zahlungsbereitschaft. **Das eigentlich Interessante aber bleibt uns beim Anblick von Hirnscans verborgen:** Die Bewertungen, Motive, Emotionen und Gedanken, aus denen sich schließlich eine Vorhersage, ein Modell oder gar eine Theorie für das Zustandekommen von Zahlungsbereitschaften ergeben könnten, bleiben unerklärt. Wenn man weiß, wo im Gehirn etwas passiert, weiß man noch nicht, warum.

Weshalb haben dann **Bindestrich-Disziplinen** wie Neuro-Marketing, Neuro-Leadership oder Neuro-Ökonomie trotz dieser Vorbehalte Hochkonjunktur? Ein Grund dafür liegt im wissenschaftlich glaubwürdigen Image, welches mit den Neurowissenschaften verbunden ist. In der öffentlichen Wahrnehmung verhält es sich mit dem Zusatz »Neuro« ähnlich wie mit dem weißen Kittel von Ärzten: Allein schon das stereotype Gewand bewirkt einen Vertrauensvorschuss, wie Weisberg et al. (2008) experimentell gezeigt haben. Sie präsentierten ihren Probanden einen wissenschaftlichen Bericht, den sie um Hinweise auf neurowissenschaftliche Methoden ergänzt hatten. Wie erwartet wurden die Ergebnisse mit dem Neuro-Etikett als glaubwürdiger eingeschätzt. Etwas zu-

> Aus Sicht der Wirtschaftspsychologie ist es weniger interessant zu wissen, **wo** im Gehirn sich etwas abspielt, als **warum**.

> »Neuro«-Disziplinen haben ein glaubwürdiges Image, **das über den tatsächlichen Erkenntnisgewinn hinwegtäuschen kann.**

gespitzt lässt sich daher vielen der neuen Neuro-Disziplinen mit einem Ausspruch von Herrmann Ebbinghaus begegnen: »Was an diesen Theorien neu ist, ist nicht wahr, und was daran wahr ist, ist nicht neu« (Ebbinghaus, 1873).

Wann ist der Zusatz »Neuro« gerechtfertigt? Als Faustregel sind in Anlehnung an Felser (2015, S. 24) zwei Bedingungen zu nennen, von welchen mindestens eine erfüllt sein muss: Erstens sollten die berichteten Erkenntnisse auf tatsächlich erhobenen neuropsychologischen Daten basieren, und zweitens sollten zu ihrer Erklärung tatsächlich auch neuropsychologische Prozesse herangezogen werden. Basiert beispielsweise eine Studie auf Fragebogendaten und greift sie zur Interpretation der Ergebnisse auf Modelle aus der Persönlichkeitspsychologie zurück, so sollten ihre Ergebnisse nicht mit dem Zusatz »Neuro« versehen werden.

> Von neurowissenschaftlichen Erkenntnissen sollte man **nur dann sprechen,** wenn tatsächlich **neurowissenschaftliche Daten oder Prozesse** vorliegen.

Bisher ist der Erkenntnisgewinn aus tatsächlich neurowissenschaftlichen Studien für die psychologische Theoriebildung überschaubar ausgefallen (Jänke, 2010, S. 191 ff.). Viele Medienberichte über angebliche Durchbrüche im Bereich der Neurowissenschaften sind lediglich Neuauflagen psychologischer Studien, Theorien und Modelle, die als sensationelle Entdeckungen aufgebauscht werden (Hasler, 2012, S. 11 ff.). Ein Beispiel dafür sind die regelmäßigen Hinweise auf Verhaltensweisen, von denen man erst dank Hirnscans endlich herausgefunden habe, dass sie automatisch und unbewusst ablaufen – was in der Psychologie natürlich ein alter Hut ist.

Damit soll nicht gesagt werden, dass sämtliche neurowissenschaftlichen Befunde für die Wirtschaftspsychologie irrelevant sind. Bei deren Interpretation muss aber berücksichtigt werden, dass die Auswertung von fMRT-Daten anspruchsvoll und fehleranfällig ist. Es besteht die Gefahr, in fMRT-Daten Zusammenhänge zu sehen, wo es gar keine gibt. Darauf wiesen Vul et al. (2009) in einer aufsehenerregenden Reanalyse von fMRT-Studien hin. Sie fanden zahlreiche »Voodoo-Korrelationen«, und meinten damit den falschen Zauber, den die überinterpretierten Hirnscans vermittelten. Außerdem gibt es Hinweise darauf, dass viele fMRT-Studien aufgrund von Softwaremängeln zu falschen Befunden gelangt sein könnten (Eklund et al., 2016).

> Neuro-Disziplinen **mit weniger »Verkaufsdruck«** sind **weniger anfällig** für Überinterpretationen.

Was ist denn von der bei Verhaltensökonomen beliebten **Neuro-Ökonomie** zu halten? Hier scheint ein weniger starker Verkaufsdruck zu bestehen als etwa im Bereich des Neuro-Marketings. Es wird meist eher die Ergänzung bestehender Ansätze angestrebt als die Etablierung komplett neuer Paradigmen. Ein Beispiel dafür ist die Studie von Baumgartner et al. (2008), in welcher mittels fMRT die Rolle des Hormons Oxytocin beim Aufbau von Vertrauen beschrieben wurde. Diese und ähnliche Studien erheben nicht den Anspruch, einen wissenschaftlichen Paradigmenwechsel loszutreten – und sind gerade deshalb ernstzunehmende Beiträge, welche die Relativierung des Homo oeconomicus-Modells zusätzlich dokumentieren.

Ob und welcher Nutzen sich aus den neurowissenschaftlichen Methoden für die Wirtschaftspsychologie ergibt, ist derzeit noch offen. Trotz der genannten Vorbehalte sind von ihnen künftig durchaus wertvolle Impulse für die Wirtschaftspsychologie zu erwarten – sofern sie nicht überinterpretiert, sondern mit bewährten Befunden zusammengeführt werden.

> **? Kontrollfragen**
> 1. Welche Unterschiede bestehen zwischen Sekundär- und Primärmarktforschung?
> 2. Nennen Sie typische Beispiele für Sekundär- und Primärmarktforschung.
> 3. Vergleichen Sie die typischen Eigenschaften der quantitativen und der qualitativen Marktforschung.
> 4. Welche Vor- und Nachteile haben Online-Befragungen im Rahmen der Marktforschung?
> 5. Was ist unter »Big Data« zu verstehen, und welche Hoffnungen werden damit verbunden?
> 6. Wozu braucht ein Ladendesigner eine Eye-Tracking-Brille?
> 7. Wieso sollte beim Testen von Produktvarianten auf eine identische Testumgebung geachtet werden?
> 8. Wozu sind Hedoniktests gut?
> 9. Was wird im Usability-Labor typischerweise getestet?
> 10. Was leisten die bildgebenden Verfahren aus den Neurowissenschaften in der Wirtschaftspsychologie?
> 11. Inwiefern müssen Versprechungen aus dem Neuro-Marketing kritisch beurteilt werden?

▶ **Weiterführende Literatur**

Altobelli, C. F. (2011). *Marktforschung. Methoden – Anwendungen – Praxisbeispiele* (2. Aufl.). Konstanz: UTB.
Felser, G. (2015). Marketinginstrumente – psychologisch betrachtet. In K. Moser (Hrsg.), *Wirtschaftspsychologie* (S. 139-160). Berlin: Springer.
Felser, G. (2015). *Werbe- und Konsumentenpsychologie* (4. Aufl.). Berlin: Springer.
Singh, R. K., Göritz, A., & Moser, K. (2015). Methoden der psychologischen Marktforschung. In K. Moser (Hrsg.), *Wirtschaftspsychologie* (S. 161-178). Berlin: Springer.

Literatur

Altobelli, C. F. (2011). *Marktforschung. Methoden – Anwendungen – Praxisbeispiele* (2. Aufl.). Konstanz: UTB.
Baumgartner, T., Heinrichs, M., Vonlanthen, A., Fischbacher, U., & Fehr, E. (2008). Oxytocin shapes the neural circuitry of trust and trust adaptation in humans. *Neuron, 58*(4), 639-650.
Binder, J., & Weber, F. (2015). Data Experience – Marktforschung in den Zeiten von Big Data. *Marketing Review St. Gallen, 32*(2), 30-39.
Ebbinghaus, H. (1873). *Über die Hartmannsche Philosophie des Unbewussten* (Dissertation). Düsseldorf: F. Dietz.
Eklund, A., Nichols, T. E., & Knutsson, H. (2016). Cluster failure: Why fMRI inferences for spatial extent have inflated false-positive rates. *Proceedings of the National Academy of Sciences, 113*(28), 7900-7905.
Felser, G. (2015). *Werbe- und Konsumentenpsychologie* (4. Auflage). Berlin: Springer.
Hasler, F. (2012). *Neuromythologie: eine Streitschrift gegen die Deutungsmacht der Hirnforschung*. Bielefeld: Transcript Verlag.
Libet, B., Wright, E. W., Jr., Feinstein, B., & Pearl, D. K. (1979). Subjective referral of the timing for a conscious sensory experience: A functional role for the somatosensory specific projection system in man. *Brain, 102*, 191-222.
Plassmann, H., O'Doherty, J., & Rangel, A. (2007). Orbitofrontal cortex encodes willingness to pay in everyday economic transactions. *The Journal of Neuroscience, 27*(37), 9984-9988.
Schwarz, T. (2015). *Big Data im Marketing*. Freiburg: Haufe.
Vul, E., Harris, C., Winkielman, P., & Pashler, H. (2009). Puzzlingly high correlations in fMRI studies of emotion, personality, and social cognition. *Perspectives on Psychological Science, 4*(3), 274-290.
Weisberg, D. S., Keil, F. C., Goodstein, J., Rawson, E., & Gray, J. R. (2008). The seductive allure of neuroscience explanations. *Journal of Cognitive Neuroscience, 20*(3), 470-477.

6 Werbung

Christian Fichter

6.1	Funktionen von Werbung – 101		6.7.2	Selbstkontrolle – 116
6.1.1	Für Anbieter – 101		6.7.3	Moral – 116
6.1.2	Für Konsumenten – 102		6.8	Werbeformate – 116
6.2	Werbewirkungsmodelle – 103		6.8.1	Direktmarketing – 117
6.2.1	Marktresonanzmodelle – 103		6.8.2	Word-of-mouth-Marketing – 117
6.2.2	Stufenmodelle – 104		6.8.3	Sponsoring – 117
6.2.3	Zwei-Prozess-Modelle – 104		6.8.4	Verkaufsförderung – 118
6.3	Inhaltliche Gestaltung von Werbung – 105		6.9	Werbung im Internet – 118
			6.9.1	Targeting – 118
6.3.1	Informative Werbung – 106		6.9.2	Gestaltung von Werbung im Internet – 119
6.3.2	Emotionale Werbung – 107		6.9.3	Virale Werbung – 120
6.4	Formale Gestaltung von Werbung – 109		6.10	Besonderheiten beim Online-Einkauf – 121
6.4.1	Bilder – 109			
6.4.2	Schrift – 111		6.10.1	Vertrauen – 121
6.4.3	Sprache – 111		6.10.2	Showrooming – 121
6.4.4	Farbe – 112		6.10.3	Rücksendungen – 121
6.4.5	Musik – 112		6.11	Image – 122
6.4.6	Abwechslung versus Wiedererkennung – 113		6.11.1	Die Vereinfachungsfunktion von Images – 123
6.5	Messung von Werbewirkung – 113		6.11.2	Messung von Images – 123
6.6	Subliminale Werbung – 114		6.11.3	Imageeffekte in Wirtschaft und Politik – 123
6.7	Was darf Werbung? – 115		6.11.4	Nutzung von Images in Werbung und Marketing – 125
6.7.1	Gesetze – 115			
				Literatur – 126

© Springer-Verlag GmbH Deutschland 2018
C. Fichter (Hrsg.), *Wirtschaftspsychologie für Bachelor*
https://doi.org/10.1007/978-3-662-54944-5_6

Lernziele

- Funktionen von Werbung für Anbieter und Konsumenten kennen.
- Gesellschaftliche Vorbehalte gegenüber Werbung kennen.
- Wissen, wie das Funktionieren von Werbung erklärt werden kann.
- Verstehen, inwiefern das »AIDA«-Werbewirkungsmodell als überholt gilt.
- Wissen, auf welchen Wegen Informationen verarbeitet werden – und welche Konsequenzen sich daraus ergeben.
- Wissen, wie Werbung formal und inhaltlich gestaltet werden sollte.
- Beurteilen können, ob Humor, Furcht und Erotik empfehlenswerte Werbestrategien sind.
- Die Wirkung von Werbung einschätzen und messen können.
- Die Erfolgschancen subliminaler Werbung beurteilen können.
- Wissen, an welche Regeln sich Werbung halten muss – und wer über diese wacht.
- Die Besonderheiten von Werbung im Internet kennen.
- Images messen und Imageeffekte aufzeigen können.

Mögen Sie Werbung? Das kann gut sein, denn Werbung ist extra so gemacht, dass man sie mag. Das muss sie auch, denn oft sind Konsumenten der Werbung überdrüssig. Sie überblättern Zeitungsinserate, wechseln bei Unterbrecherwerbung den Kanal und installieren Werbeblocker im Webbrowser. Aber nicht immer wird versucht, Werbung auszuweichen. Gut gemachte Werbung unterhält und informiert – manchmal so gut, dass sie bewusst konsumiert und sogar weiterempfohlen wird, etwa auf Youtube. In dieser Dualität liegt ein Teil der großen Faszination begründet, die Werbung als Berufsfeld vermittelt. Denn einerseits **ist Werbung eine Kunstform,** in der Designer, Texter und Strategen ihre Kreativität so richtig ausleben können. Andererseits dient die Kunst der Werbung keinem Selbstzweck, sondern dazu, den **Absatz zu fördern** und unternehmerische Ziele zu erreichen – obschon es natürlich nicht nur Werbung für Produkte gibt, sondern auch für Politik, Religionen, Hilfsorganisationen, Verhaltensweisen (freundlich im Verkehr, Safer Sex) und sogar für Sucht- und Rauschmittel (Zigaretten, Alkohol). Dazu passt ein Bonmot des berühmten Werbetexters David Ogilvy, der mit schonungsloser Offenheit bekannte: »In unserem Bestreben nach Kreativität dürfen wir nicht außer Acht lassen, dass die meiste Werbung dem Zweck dient, die Kassen klingeln zu lassen!«[1]

Vor diesem Hintergrund überrascht es nicht, dass Werbepsychologie die wohl kontroverseste Disziplin der Wirtschaftspsychologie ist. Kein Wunder, schließlich dient Werbung dazu, Einstellungen, Emotionen und Verhalten von Konsumenten zu beeinflussen, und die Werbepsychologie bietet das Werkzeug dazu, indem sie Wahrnehmung, Denken, Affekt und Gedächtnis der Empfänger von Werbebotschaften untersucht (Fichter, 2017a). Im Fall von kommerzieller Werbung dient diese Beeinflussung dazu, uns zum Kauf zu bewegen. Fördert Werbung also letztlich eine materialistische Werthaltung in der Gesellschaft? Dieser Vorwurf ist nicht von der Hand zu weisen. Daher ist es verständlich, dass **gegen Werbung verbreitet Vorbehalte** bestehen. Doch Werbung kann auch aus anderer Perspektive betrachtet werden: Sie erfüllt nämlich die Funktion, den Markt über neue Angebote zu informieren. So gesehen ist Werbung ein elementarer Bestandteil eines jeden Wirtschaftssystems, denn ohne Wissen über die angebotenen Güter gibt es keinen Markt, und ergo keine Wirtschaft. Entsprechend lange gibt es Werbung schon. In archäologischen Ausgrabungen fand man Schilder mit Hinweisen auf die Angebote von Händlern und Wirtsstuben, und in Schriftstücken aus früher Zeit fand man Inserate für Sklaven und Haushaltsbedarf (McDonald & Scott, 2007, zitiert nach Fennis & Stroebe, 2016). Unbestritten ist, dass Werbung für gesellschaftlich wünschenswerte Verhaltensweisen oder für Hilfswerke auch einen Beitrag für eine bessere Welt zu leisten vermag, indem sie uns daran erinnert, weniger zu rauchen, rücksichtsvoller Auto zu fahren und für Bedürftige zu spenden – wobei diese Art von Werbung allerdings nur einen Bruchteil der gesamten Werbung ausmacht. ◘ Abb. 6.1 zeigt ein Beispiel dafür.

Konsumenten versuchen oft, **Werbung auszuweichen,** insbesondere, wenn sie als lästig empfunden wird.

Unterhaltsame oder nützliche Werbung hingegen wird **manchmal sogar bewusst konsumiert.**

Werbung dient zur Absatzsteigerung, manchmal aber auch zur Vermittlung politischer oder gesellschaftlicher Botschaften, z. B. im Rahmen von Präventionskampagnen.

Werbung hat **oft einen künstlerisch-kreativen Anspruch.**

Werbepsychologie ist kontrovers, denn sie liefert das psychologische Wissen, um **Menschen zum Kauf von Gütern zu bewegen.**

Werbung gehört zur Marktwirtschaft dazu, denn ohne Informationen über das Angebot gibt es keinen Markt.

---

1 http://www.ogilvy.ch/Ogilvy-Schweiz/Ogilvy-Gruppe/David-Ogilvy-Corporate-Culture/David-Ogilvy-Zitate/David-Ogilvy-Bonmots-eines-begehrten-Genies

☐ **Abb. 6.1** Werbung dient nicht immer kommerziellen Zwecken, sondern kann zur Erreichung gesellschaftlich wünschenswerter Ziele eingesetzt werden, wie etwa dieses Plakat, das nützliches und nicht selbstverständliches Wissen vermittelt und eine Norm zum richtigen Umgang mit Altglas bewirbt (mit freundlicher Genehmigung von VetroSwiss). Das Plakat hängt gegenüber einer Bushaltestelle, wo es die Beachtung vieler Wartender findet – auch weil seine informative Botschaft relevant und einfach zu verarbeiten ist

> Wenig bekannt ist, dass es die Werbepsychologie schon genauso lange gibt wie die Arbeitspsychologie. Sogar Hugo Münsterberg befasste sich damit. Er bezog sich dabei auf die Arbeiten seines Kollegen Walter Dill Scott, der sich um die Werbepsychologie besonders verdient gemacht hatte. Mehr dazu erfahren Sie im
> ▶ Webexkurs »Die Anfänge der Werbepsychologie«.

🌐 Webexkurs
»Die Anfänge der Werbepsychologie«

6.1 Funktionen von Werbung

6.1.1 Für Anbieter

Schon seit ihren frühen Tagen hat Werbung aus Sicht der Anbieter zwei Hauptfunktionen: das Angebot auf dem Markt bekannt zu machen und es als vorteilhaft erscheinen zu lassen. Dabei müssen in Abhängigkeit der Marktsituation unterschiedliche Botschaften kommuniziert werden. Ist das Angebot neu, so muss es zunächst eingeführt werden, etwa durch die Beschreibung seines Zwecks (**Einführungswerbung**). Gibt es bereits ähnliche Angebote, so ist das Ziel ein anderes: diese im Wettbewerb zu übertreffen, etwa indem die Vorteile des eigenen Angebots beworben werden (**Verdrängungswerbung**). Ungefähr Mitte des 20. Jahrhunderts kam noch eine dritte Funktion hinzu. Damals begannen sich die Produkte verschiedener Hersteller hinsichtlich ihrer objektiven Eigenschaften immer mehr zu ähneln. Also wurde damit begonnen, sie mittels Werbung mit subjektiven Eigenschaften auszustatten. Das war der Beginn der **Imagewerbung**. Tatsächlich schaffen es die meisten Konsumenten nicht, die Produkte verschiedener Hersteller auseinanderzuhalten, wenn man sie von ihren Images befreit, z. B. indem man die Etiketten abnimmt. (Probieren Sie es mal aus!) Wir kommen darauf in ▶ Abschn. 6.11 zurück.

Für Anbieter hat Werbung den Zweck, Produkte **bekannt zu machen** oder als **vorteilhaft darzustellen**. Außerdem dient Werbung dem **Image**.

6.1.2 Für Konsumenten

Aus Sicht der Konsumenten hat Werbung im Wesentlichen fünf Funktionen:

1. **Wissen:** Konsumenten beziehen aus Werbung Informationen über Anbieter, Produkte und Dienstleistungen. Ein plakatives Beispiel dafür sind die sog. Schweinebauchanzeigen in den Zeitungen, mit denen Supermärkte über ihre aktuellen Aktionsangebote informieren. (»Schweinebauch« deshalb, weil in solchen Anzeigen mit minimalem gestalterischem Aufwand der Abverkauf wenig prestigeträchtiger Produkte gefördert werden soll.) Ein offensichtlicher Einwand gegen die Wissensfunktion der Werbung ist natürlich, dass Werbung einseitig die Vorzüge eines Angebots betont und dessen Nachteile verschweigt. Manche Werber, Hersteller oder Wirtschaftspolitiker halten dem entgegen, dass Konsumenten ja mündig seien und einseitige Kommunikation durchschauen würden. Diese Argumentation ist naiv, denn Konsumenten sind meist weder motiviert noch in der Lage, einseitigen Informationen zu widerstehen. Wir greifen diesen Aspekt in ▶ Abschn. 6.7 wieder auf.

2. **Unterhaltung:** Oft wird versucht, Werbung kurzweilig und interessant zu gestalten, damit sie Beachtung findet. Daraus ergibt sich eine Unterhaltungsfunktion. Unterhaltsame Werbung hat sich zu einer veritablen Kunstform mit eigenen Auszeichnungen und einem breiten Publikum entwickelt. Seitens der Werbebranche besteht sogar ein regelrechter Druck, sich mit immer noch lustigeren oder immer noch bewegenderen Spots selber zu übertreffen – wahrscheinlich auch, weil dadurch die Herstellung von Werbung interessanter und sinnhafter erscheint. Doch ein höherer Unterhaltungswert bedeutet keineswegs automatisch eine höhere Werbewirkung. Im Gegenteil: Bei sehr unterhaltsamer Werbung kann die Werbebotschaft in den Hintergrund rücken, wenn zwischen dem Unterhaltungselement und dem beworbenen Angebot kein klarer Zusammenhang erkennbar ist.

3. **Normen:** Konsumenten nutzen Werbung auch dazu, Normen für ihr eigenes Verhalten abzuleiten. Menschen können fast nicht anders, als andere Menschen zu beobachten und aus deren modellhaftem Verhalten zu lernen. Das geschieht auch beim Betrachten von Werbung. Die Models in der Werbung zeigen also nicht nur, welches die angesagten Produkte sind, sondern auch, welches das angesagte Verhalten ist. Damit kommt Werbung eine eigentliche Sozialisierungsfunktion zu. Diese ist oft und vehement kritisiert worden – insbesondere, wenn Werbung zur Stereotypisierung der Geschlechterrollen beiträgt, wenn sie die vermeintliche Freiheit des Autofahrers verherrlicht oder wenn sie Kinder zum Konsum ungesunder Nahrungsmittel verführt. Zwar zeigt Werbung nicht beliebige Normen, sondern das, was die Menschen sich wünschen. Wenn aber Werbung schädliche Normen wiederholt, so festigt sie diese damit und sollte hinterfragt werden.

4. **Emotionen:** Werbung bietet nicht nur Informationen, sondern auch Emotionen. Konsumenten nehmen diese Emotionen wahr und lassen sich manchmal davon anstecken. Emotionen aktivieren

---

Werbung vermittelt Wissen über das Angebot am Markt. Diese Information ist nützlich, aber auch einseitig und **positiv verzerrt**. Dessen sind sich Konsumenten **oftmals nicht bewusst**.

Werbung ist oft unterhaltsam. Dabei kann aber die **Werbebotschaft in den Hintergrund rücken**.

Werbung vermittelt **soziale Normen**. Werbung, die zweifelhafte Normen vermittelt, sollte hinterfragt werden.

Werbung zeigt, **was die Menschen sich wünschen**.

– daher versucht Werbung, Emotionen auszulösen. Allerdings scheitert sie dabei meist, denn in aller Regel bewirkt emotionale Werbung höchstens eine milde emotionale Veränderung, die sich zudem rasch wieder verflüchtigt. Dennoch war Kröber-Riel (2003) der Ansicht, dass Werbung emotionale Erlebnisse vermittelt, und er vermutete gar, dass Konsumenten auf diese Weise einen Teil ihrer emotionalen Bedürfnisse befriedigen. Dies widerspricht in gewisser Weise dem Wunschbild, das wir von uns selber haben. Doch auch hier gilt: Werbung zeigt, was Konsumenten sich wünschen. Und das sind nun mal nicht nur nüchterne Verbraucherinformationen, sondern Träume von Freiheit und Selbstverwirklichung, von Liebe und Verbundenheit, von Spannung und Action. Ob damit aber emotionale Bedürfnisse wirklich befriedigt werden? Es erscheint mindestens ebenso plausibel, dass sie durch Werbung erst geweckt werden, und zwar auf eine Weise, die suggeriert, dass sie durch den Konsum der beworbenen Produkte befriedigt werden können. Hier wird deutlich, dass nicht jede Funktion, die Werbung für Konsumenten hat, auch als wünschenswert und nützlich erachtet werden kann.

> Werbung **vermittelt Emotionen.**
>
> Damit werden aber emotionale Bedürfnisse **nicht nur befriedigt,** sondern auch **geweckt.**

5. **Identität:** Aus den bisher genannten Funktionen von Werbung lässt sich eine fünfte ableiten: Werbung stiftet Identität. Konsumenten suchen nach Kongruenz zwischen ihrem Selbst und ihrer sozialen Bezugsgruppe (▶ Abschn. 2.2) und streben daher nach Übereinstimmung ihres Wissens, ihrer Werte, ihrer Emotionen und ihrer Einstellungen mit dieser Gruppe. Besonders augenfällig zeigt sich die Identitätsfunktion bei Kleidern: Diese dienen mindestens so sehr dem Ausdruck von Identität wie dem Schutz vor Witterung.

> Werbung **stiftet Identität.**

6.2 Werbewirkungsmodelle

Nun wissen wir, welche Funktionen Werbung hat. Aber wie funktioniert sie? Das ist die Gretchenfrage der Werbebranche, an der sich Generationen von Kreativen und Forschern die Zähne ausgebissen haben. Denn wer genau weiß, wie Werbung funktioniert, hat praktisch eine Lizenz zum Gelddrucken. Es herrscht daher auch kein Mangel an Modellen, welche die Werbewirkung erklären sollen. So manche Werbeagentur empfiehlt sich mittels eines eigenen, möglichst überzeugend klingenden Werbewirkungsmodells, das den Kunden dann exklusiv zu maximaler Werbewirkung verhelfen soll. Nur leider sind solche Behauptungen in der Praxis nicht ganz einfach zu überprüfen. Wir kommen noch auf die Überprüfbarkeit zu sprechen, verschaffen uns aber erst einen Überblick über verschiedene Möglichkeiten, wie die Wirkung von Werbung theoretisch erklärt werden kann.

> Die **Gretchenfrage der Werbebranche** lautet: Wie funktioniert Werbung?

6.2.1 Marktresonanzmodelle

Diese eher betriebswirtschaftlichen als psychologischen Modelle beschreiben anhand verschiedenförmiger Kurven sehr simpel und anschaulich den Zusammenhang zwischen Werbeaufwand und Absatz.

> Marktresonanzmodelle beschreiben **direkte, einfache Zusammenhänge** zwischen Werbeaufwand und Absatz.

Beispielsweise könnte eine abflachende Kurve bedeuten, dass der Werbeerfolg mit zunehmenden Werbeinvestitionen abnimmt, oder eine ansteigende Gerade, dass er linear zunimmt – nach dem Motto »viel hilft viel«. Solche Modelle abstrahieren vom zugrundeliegenden Verhalten der Konsumenten und lassen außer Acht, dass nebst Werbung auch noch andere Faktoren den Absatz beeinflussen.

6.2.2 Stufenmodelle

Das AIDA-Modell **erklärt Werbewirkung entlang von vier Stufen:** Aufmerksamkeit, Interesse, Verlangen und Handlung.

Stufenmodelle werden als **zu starr** kritisiert. Sie entsprechen der Realität meist nur wenig.

Diese Modelle postulieren einen stufenförmigen Verlauf der Werbewirkung. Das bekannteste und auch heute noch vielfach verwendete Stufenmodell ist das **AIDA-Modell** (Attention, Interest, Desire, Action), das sich bis auf das Jahr 1898 zurückdatieren lässt und von dem es inzwischen mehrere Varianten gibt. Nach diesem Modell löst Werbung zunächst Aufmerksamkeit aus, dann Interesse, Begehren und schließlich eine Handlung. Gemäß AIDA sollte Werbung so gestaltet sein, dass sie Konsumenten an diesen vier Stufen entlangführt. Der Vorteil solcher Stufenmodelle: Sie beschreiben einfach und anschaulich einige Elemente der Werbewirkung. Der Nachteil: Sie entsprechen kaum der Realität. Denn Werbewirkung ist ein etwas komplizierterer Prozess, der sich leider nicht als starre Abfolge wohldefinierter Stufen beschreiben lässt. Nehmen wir nur mal als Beispiel das »A« in AIDA: Nur in den seltensten Fällen löst Werbung Aufmerksamkeit aus, und Aufmerksamkeit ist auch nicht unbedingt nötig, damit Werbung wirkt. Eine empirische Bestätigung fanden Stufenmodelle deshalb nicht.

Es besteht eine **Kluft zwischen** psychologischer **Forschung und** werblicher **Praxis.**

Trotz dieser Kritik wurde von der Vereinigung amerikanischer Werbeschaffender sogar noch 1995 ein letztes Stufenmodell vorgeschlagen (»DAGMAR«; Dutka, 1995) – hier zeigt sich eine Kluft zwischen werbepsychologischer Forschung und werblicher Praxis. Dabei war man sich schon seit den 1980er-Jahren unter Forschern einig, dass sich die Psychologie von Werbung und Konsum wohl nicht so schnell in einem einzelnen Modell zusammenfassen lassen würde (Fennis & Stroebe, 2016, S. 38).

6.2.3 Zwei-Prozess-Modelle

Zur Erklärung der Werbewirkung **besser geeignet sind Zwei-Prozess-Modelle:** Informationen werden langsam und gründlich oder schnell und oberflächlich verarbeitet.

Anstatt auf ein einzelnes, allumfassendes Modell zur Erklärung der Werbewirkung zu setzen, wie es die Stufenmodelle versucht hatten, griffen Konsumpsychologen ab den 1980er-Jahren die in der Psychologie immer wichtiger werdenden Zwei-Prozess-Modelle auf. Diese postulieren, dass Menschen Informationen (etwa eine Werbebotschaft) unterschiedlich tief verarbeiten, und dass sich dies unterschiedlich auf deren Einstellungen auswirkt, etwa zu einer Marke. Eines der bekanntesten Zwei-Prozess-Modelle ist das **Elaboration-Likelihood-Model** von Petty und Cacioppo (1986). Danach verarbeiten Menschen Informationen entweder auf einer **zentralen Route**: sorgfältig, bewusst, langsam und gedanklich aufwendig, oder aber auf einer **peripheren Route**: oberflächlich, beiläufig, schnell und gedanklich wenig aufwendig. Ob die zentrale oder die periphere Route beschritten wird, hängt von der Motivation und der Fähigkeit ab, die Botschaft zu verarbeiten. Beide

Arten der Informationsverarbeitung können Einstellungsänderungen bewirken, doch muss dazu die Information entsprechend gestaltet sein.

Andere Zwei-Prozess-Modelle wie das Heuristic Systematic Model (Chaiken, Liberman & Eagly, 1989) oder die von Daniel Kahneman (2011) popularisierte Unterscheidung in ein schnelles System 1 und ein langsames System 2 unterscheiden sich in Nuancen, basieren aber auf derselben Grundidee. Entscheidend für die Werbepsychologie ist: Werbebotschaften können die Einstellungen ihrer Empfänger verändern – dabei kommt es aber auf die Verarbeitungstiefe an. Ist die zu erwartende **Verarbeitungstiefe hoch,** etwa bei einem Inserat in einer Fachzeitschrift, so sollte die Werbebotschaft aus **informativen, starken Argumenten** bestehen, um eine Einstellungsveränderung zu bewirken. Ist hingegen die zu erwartende **Verarbeitungstiefe gering,** etwa bei einem Inserat in einer Illustrierten, so sollte die Werbebotschaft einen positiven **heuristischen Hinweisreiz** enthalten, z. B. eine beliebte Prominente als Markenbotschafterin oder ein stimmungsvolles Foto.

> Werbebotschaften können **Einstellungen verändern.** Entscheidend ist hierbei die **Verarbeitungstiefe**.

Exkurs

Brand Awareness?

Obwohl die Forschung zu Zwei-Prozess-Modellen gezeigt hat, dass auch peripher verarbeitete Informationen Einstellungsveränderungen hervorrufen können, wird in der Werbepraxis manchmal an der Überzeugung festgehalten, dass eine Werbebotschaft zu ihrem Empfänger »durchbrechen« müsse, um Wirkung zu erzielen (Fennis & Stroebe, 2016, S. 41). Wäre dies so, so müsste man davon ausgehen, dass fast alle Werbebotschaften wirkungslos verpuffen, weil sie nämlich schlicht nicht beachtet werden. Das von manchen Werbestrategen angestrebte **Markenbewusstsein** (Brand Awareness) von Konsumenten gegenüber einer Marke ist also ohne exorbitantes Werbebudget nicht gezielt herzustellen, denn die Menschen können nur einen Bruchteil der auf sie einprasselnden Informationen bewusst verarbeiten. Wiederum zeigt sich hier ein Graben zwischen Forschung und Praxis.

Kein Werbewirkungsmodell erklärt die Wirkung von Werbung vollumfänglich. Dazu ist Werbung eine zu vielschichtige Angelegenheit, die sich unter verschiedenen psychologischen Blickwinkeln betrachten lässt: Wahrnehmung, Aufmerksamkeit, Gedächtnis, soziale Bezugsgruppen, Persönlichkeit, Motivation, Emotion und so weiter. Ein Modell der Werbewirkung, das alle relevanten Aspekte realitätsgetreu abbildet, gibt es nicht – es würde sich quasi um ein integrales Modell der menschlichen Psyche handeln, und ein solches liegt bisher nicht vor. Das soll Sie nicht davon abhalten, die genannten Modelle bei der Analyse, Gestaltung oder Bewertung von Werbung heranzuziehen – solange Sie sich darüber im Klaren sind, dass sie nur einen Teil der Wirklichkeit abbilden und den Werbeerfolg nicht garantieren können.

> Werbewirkungsmodelle **erklären die Wirkung von Werbung nicht vollumfänglich.** Sie bilden aber eine **gute Basis** für die Analyse, Gestaltung und Bewertung von Werbung.

6.3 Inhaltliche Gestaltung von Werbung

Müssten Sie in einem werbepsychologischen Praktikum einhundert Werbeanzeigen in zwei Kategorien einordnen, so würden Sie diese vermutlich mit »emotional« und »informativ« benennen. So vielgestaltig Werbung auch ist, so unterscheidet sie sich inhaltlich vor allem darin, ob sie eher Emotionen oder Informationen vermittelt.

> Ein zentrales Unterscheidungsmerkmal von Werbung ist, ob sie **eher emotional oder eher informativ** ist.

6.3.1 Informative Werbung

Informative Werbung wird in der Regel bei der **Einführung eines neuen Produktes** eingesetzt.

Informative Werbung wird in der Regel dann eingesetzt, wenn ein neuartiges Produkt eingeführt werden soll. Im Vordergrund stehen meist verbale Botschaften, eventuell ergänzt um ein sachliches Bild. Mit unserem Wissen über die Zwei-Prozess-Modelle der Informationsverarbeitung lässt sich nun vorhersagen, wann informative Werbung wirkt: nämlich vor allem dann, wenn der Empfänger der Botschaft motiviert und fähig ist, die Botschaft zu verarbeiten. Daraus lässt sich ableiten, dass informative Werbung vor allem dort geschaltet werden sollte, wo man Motivation und Fähigkeit voraussetzen kann, beispielsweise in einem Fachmagazin oder einem Themenblog – oder aber an einem Ort, wo man sich der Botschaft nicht ohne Weiteres entziehen kann, beispielsweise im Kino.

Informative Werbung wirkt vor allem dann, wenn auf Seiten des Empfängers **Motivation und Fähigkeit** zur Verarbeitung der Werbebotschaft und auf Seiten des Absenders **gute Argumente** vorhanden sind.

Natürlich spielen auch bei informativer Werbung Emotionen eine Rolle, denn wir verarbeiten bevorzugt Informationen, zu denen wir uns aufgrund unserer Motive hingezogen fühlen. Außerdem wird die Informationsverarbeitung von positiven oder negativen Gefühlen begleitet, je nachdem, ob uns die verarbeiteten Informationen zusagen oder nicht. Wenn z. B. ein Autohersteller sein neustes Modell mit der Information »nur 200 Gramm CO_2/km« bewirbt, wir jedoch ein umweltfreundlicheres Aggregat wünschen, so wird diese informative Werbebotschaft zu einer negativen Emotion gegenüber diesem Modell führen. Daraus wird ersichtlich, dass es außer Motivation und Fähigkeit des Empfängers zur Verarbeitung einer informativen Werbebotschaft auch guter Argumente ihres Absenders bedarf, wenn informative Werbung eine positive Einstellungsänderung bewirken soll (Abb. 6.2).

Was passiert nun aber, wenn Empfänger informativer Botschaften wenig motiviert sind, diese zu verarbeiten? Sie verarbeiten sie trotzdem, allerdings auf andere Art und Weise (Ray, 1973). Die Verarbeitungstiefe ist dann zwar gering, doch bei wiederholter Konfrontation mit dem Werbestimulus bleibt früher oder später dennoch etwas hängen, vielleicht der Markenname oder eine besonders auffällige Produktinformation, etwa die Farbe. In der Kaufsituation wird man sich nun mit einer

Abb. 6.2 Dieses Plakat ist ein seltenes Beispiel dafür, dass Werbung sowohl informativ als auch leicht zu verarbeiten sein kann, und sogar noch Aufmerksamkeit erregend und originell. Voraussetzung dafür sind – außer der kreativen Idee – die technischen und finanziellen Möglichkeiten zur Umsetzung, was hier in idealtypischer Weise gegeben ist (mit freundlicher Genehmigung von Christian Bobst, Zürich)

gewissen Wahrscheinlichkeit an die aufgenommenen Informationen erinnern – vielleicht, indem man den Markennamen erkennt. Bereits das Wiedererkennen einer Marke führt dazu, dass diese gegenüber einer nicht erkannten Marke bevorzugt wird. Dieser bemerkenswerte Befund wird durch die Forschung zum **Mere-Exposure-Effekt** bestätigt: Zajonc (1968) stellte fest, dass bereits bloße Wiederholung der Exposition – ohne jegliche bewusste Informationsverarbeitung – dazu führt, dass ein Stimulus in der Folge positiv bewertet wird.

> Informative Werbebotschaften können aber auch bei **geringer Verarbeitungsmotivation** Wirkung zeigen. Eine mögliche Erklärung dafür ist der **Mere-Exposure-Effekt**.

6.3.2 Emotionale Werbung

Emotionale Werbung versucht, positive Stimmungen und Gefühle zu erzeugen und diese mit der beworbenen Marke zu verbinden (Mattenklott, 2015, S. 84 ff.). Unter folgenden, häufig anzutreffenden Bedingungen ist emotionale Werbung tendenziell wirksamer als informative:

- Wenn das Produkt bereits hinlänglich bekannt ist: Konsumenten sind wenig empfänglich für informative Botschaften, die sie bereits auswendig kennen.
- Wenn Motivation und Fähigkeit zur Informationsverarbeitung gering sind: Etwa bei Plakaten entlang von Autostraßen oder Unterbrecherwerbung im Fernsehen. Emotionale Botschaften sind gegenüber informativen Botschaften leichter zu verarbeiten.
- Wenn eine Information vermittelt werden soll, diese jedoch ohne emotionale Aktivierung nicht genügend beachtet wird: Ein Beispiel hierfür sind Kampagnen gegen den Kauf von Pelzmänteln.
- Wenn sich für ein Produkt keine guten Argumente finden lassen: Das prototypische Beispiel hierfür ist Zigarettenwerbung – diese zielt ausschließlich auf emotionale Botschaften (die durch Nikotin ausgelösten physiologischen Veränderungen eignen sich offenbar nicht als Werbebotschaft).

> Emotionale Werbung soll **positive Stimmungen und Gefühle** mit einer Marke verbinden. Sie ist oft wirksamer als informative Werbung.

Überraschenderweise wirkt emotionale Werbung nicht nur auf dem peripheren Weg der Informationsverarbeitung, und sie verändert auch nicht nur die Wahrnehmung der Marke. Was damit gemeint ist, zeigt die Studie von Mitchell und Olson (1981) sehr schön: Nach zweimaliger Exposition mit einem emotionalen Motiv hatten sich die Einstellungen von Versuchsteilnehmern gegenüber einer Marke von Kosmetiktüchern verbessert. Interessanterweise wirkte sich dies nicht nur auf die (eher emotionale) Einschätzung der Marke aus, sondern auch auf die (eher kognitive) Einschätzung der Produktqualität: Die emotional beworbenen Kosmetiktücher wurden auch als weicher eingeschätzt. Kroeber-Riel und Weinberg (2003, S. 626) begründen dies damit, dass Konsumenten darüber Bescheid wissen, welche Eigenschaften in einer bestimmten Produktkategorie als gut gelten. Wird nun eine bestimmte Marke mit positiven Emotionen verbunden, so führt dies dazu, dass auch die Produkteigenschaften dieser Marke positiv eingeschätzt werden, freilich ohne nähere Information oder gar eigene Erfahrung.

In der Praxis ist rein informative Werbung oder rein emotionale Werbung seltener anzutreffen als Mischformen. Mit diesen ist die Hoffnung verbunden, in ein und derselben Kampagne beide Wege der Informationsverarbeitung ansprechen zu können.

> Wird eine Marke mit **positiven Emotionen** verbunden, so werden auch die **Eigenschaften der Produkte** dieser Marke positiv eingeschätzt.
>
> In der **Praxis sind meist Mischformen** aus emotionaler und informativer Werbung anzutreffen.

Wie emotionale Werbung funktioniert

Emotionale Werbung nutzt insbesondere Humor, Furcht oder Erotik:

Humor löst in erster Linie Aufmerksamkeit aus und führt zu Sympathie gegenüber der gezeigten Werbung. Wie Humor selber ist auch humorvolle Werbung sehr zielgruppenspezifisch. Außerdem: Humor nützt sich ab. Was beim ersten Mal lustig ist und sympathisch wirkt, löst beim zehnten Mal Langeweile, beim hundertsten Mal Ärger aus. Außerdem scheint Humor eher zu weniger anspruchsvollen Angeboten zu passen und nicht zu gehobenen Marken oder gar Luxusgütern (eine Ausnahme dafür ist die Werbung für Harley-Davidson in ◘ Abb. 6.3). Auf jeden Fall sollte die humorige Komponente der Werbung zur Marke passen, oder noch besser: Die Pointe sollte genau auf der Unique Selling Proposition (USP, Alleinstellungsmerkmal; ▶ Abschn. 4.2) des Produktes basieren. Dabei darf der Humor aber auch nicht zu kompliziert werden, da er ansonsten nicht oder sogar falsch verstanden wird. Und auch allzu lustig darf es nicht sein, sonst rückt die Werbebotschaft in den Hintergrund. Wenn dennoch die große Mehrzahl der an Wettbewerben wie der »Cannes-Rolle« ausgezeichneten Werbespots mit Humor punktet, so belegt das zwar den Einfallsreichtum der konkurrierenden Agenturen, aber nicht die Wirksamkeit der präsentierten Spots (Felser, 2015, S. 367).

Furcht ist ein probates Mittel, um Aufmerksamkeit zu wecken und um Einstellungen zu beeinflussen. Früher nahm man an, dass ein zu starker Furchtappell die Menschen eher abschreckt und dazu führt, dass die Botschaft unterdrückt wird oder dass ihr ausgewichen wird (Hovland et al., 1953). Heute weiß man aber, dass eine größere Furcht tendenziell auch zu einer größeren Einstellungsänderung führt, solange zwei Voraussetzungen erfüllt sind: Die Botschaft muss als **relevant** eingestuft werden, und es müssen **Wege zur Abwendung** der Gefahr vermittelt werden (Felser, 2015, S. 360). Relevant sind diese Erkenntnisse beispielsweise bei Werbung, die sich gegen das Rauchen oder für den Gebrauch von Kondomen richtet. Leider begegnet man furchtauslösender Werbung nicht nur im gesellschaftlich wünschenswerten Rahmen der Gesundheitsförderung. Manche Hersteller von Deodorants, Mundspülungen oder Anti-Schuppen-Shampoos setzen in ihrer Werbung auf

---

Humorvolle Werbung löst **Aufmerksamkeit und Sympathie** aus.

Sie muss aber zum Produkt passen. **Allzu lustige Werbung** kann vom Produkt ablenken.

Furcht auslösende Werbung kann Aufmerksamkeit wecken und Einstellungen verändern, wenn die **Botschaft relevant** und die **Gefahr abwendbar** ist.

◘ **Abb. 6.3** Ein originelles Beispiel für humorvolle Werbung. Bestimmt findet nicht jeder das Sujet lustig, aber sicherlich die angesprochene Zielgruppe (mit freundlicher Genehmigung von Christian Bobst, Zürich)

unsere Furcht vor sozialer Ablehnung, um uns ihre Produkte als notwendig erscheinen zu lassen. Und manche Anbieter von Versicherungen kombinieren geschickt Furchtappelle mit unserer beschränkten Fähigkeit, Risiken richtig einzuschätzen, um uns eigentlich überflüssige Policen anzudrehen. (Wir wollen Sie aber nicht ermutigen, auf Deodorants oder Versicherungen zu verzichten!)

Erotik ruft zwar ebenfalls Aufmerksamkeit hervor, zieht sie aber sogleich auf sich, anstatt auf das Produkt. Dies wird als **Vampireffekt** bezeichnet. Ob sich solcherart gesteigerte Aufmerksamkeit positiv auf die Einstellungen zum beworbenen Produkt auswirkt, ist unklar (Moser & Verheyen, 2011). Immerhin führen erotische Reize in der Werbung sowohl bei Männern als auch bei Frauen zu einem höheren Aktivierungsniveau. Dabei kommt es aber auf die Art der erotischen Reize an: Männer fühlen sich von einem größeren Spektrum erotischer Reize angesprochen als Frauen. Oder anders formuliert: Frauen sind selektiver darin, was sie als erotisch erachten. Ob aber erotisch ausgelöste Aktivierung tatsächlich die Werbebotschaft zu unterstützen vermag, wird bezweifelt. Sicherlich werden sexuelle Werbestimuli, die nichts mit dem beworbenen Gut zu tun haben, in den meisten Kulturen mehr oder weniger explizit abgelehnt. Dennoch kann sich Erotik bei peripherer Informationsverarbeitung positiv auf die Beurteilung einer Werbeanzeige auswirken, wenn auch eher bei Männern als bei Frauen (Sengupta & Dahl, 2008, zitiert nach Felser, 2015, S. 366). Die Sache wird aber dadurch verkompliziert, dass die Grenze zwischen der körperlichen Attraktivität von Models und sexueller Konnotation fließend verläuft. Für die Praxis gilt daher dasselbe wie beim Humor: Erotik kann Aufmerksamkeit wecken, dabei aber auch vom Produkt ablenken. Sie sollte die Zielgruppe ansprechen und zum Produkt passen, da sie ansonsten negative Einstellungen hervorrufen wird.

Erotik kann Aufmerksamkeit **wecken**, aber auch vom Produkt **ablenken**.

6.4 Formale Gestaltung von Werbung

Wie sollte gute Werbung gestaltet sein? Auf diese einfache Frage gibt es keine ebenso einfache Antwort. Zu vielfältig sind die Freiheitsgrade, die dem Werbegestalter zur Verfügung stehen. Gerade darin liegt für viele der Reiz, sich mit Werbung auseinanderzusetzen. Natürlich gibt es eine große Zahl von Anekdoten und Fallbeispielen, die gut gestaltete Werbung zeigen. Das Problem dabei ist, wie so oft, dass Einzelfälle nicht generalisierbar sind und einer kritischen Überprüfung häufig nicht standhalten. Befassen wir uns also einen Moment mit wissenschaftlich überprüften Empfehlungen zur Gestaltung von Werbung (Armstrong, 2011, S. 281 ff.; Felser, 2015, S. 330 ff.).

Es gibt **keine einfache Antwort** auf die Frage, wie gute Werbung gestaltet sein sollte – aber immerhin einige Hinweise aus der Forschung.

6.4.1 Bilder

Bild vor Text Kaum eine Regel ist augenfälliger als die, nach der Bilder stärker auf uns wirken als Text. Bilder haben im Vergleich zu Text eine viel **größere Unmittelbarkeit**. Sie lassen sich schneller und leichter dekodieren und eignen sich daher besser, um Aufmerksamkeit zu wecken. Obwohl Menschen im Allgemeinen versuchen, Werbung aus-

Bilder wirken unmittelbarer als Text, denn sie lassen sich leichter dekodieren – sofern sie **eindeutig** und **gut erkennbar** sind.

zuweichen, können sie oft nicht anders, als die sich ihnen darbietende Bilderwelt aufzunehmen. Selbst wenn ein Inserat in einer Zeitung nicht bewusst betrachtet oder sogar überblättert wird, kann ein darin gezeigtes Bild eine implizite Botschaft vermitteln. Diese wirkt zudem glaubwürdiger, als wenn sie in einem Text vermittelt worden wäre, denn Bildern trauen wir eher als Text. Doch was sind werbewirksame Bilder? Aus der kurzen Dauer der Werbeexposition ergibt sich, dass ein Bild in der Werbung eindeutig und gut erkennbar sein sollte. So banal es klingen mag: Sonnenuntergänge, Naturbilder, ein schön gezeichnetes Auto oder eine kraftvoll leuchtende Haarpracht sind einfache, aber leicht dekodierbare und stereotyp positiv wirkende Muster, deren angenehm aktivierender Wirkung wir uns kaum entziehen können. Natürlich gibt es Ausnahmen von dieser Regel, wie ◘ Abb. 6.4 zeigt.

Die Aussage eines Bildes sollte leicht **verständlich** sein und zum Produkt oder zur Marke **passen**.

Die Aussage eines Bildes sollte nicht nur leicht verständlich sein, sondern auch zum Produkt oder zur Marke passen, denn Bilder wecken **Assoziationen**, die im Laufe der Zeit mit der Marke verbunden werden. Man ist daher gut beraten, diese Assoziationen vor der Lancierung einer Werbekampagne zu überprüfen. Es nützt nichts, wenn ein Inserat mit einem stimmungsvollen, aktivierenden Bild wirbt, dessen assoziativer Gehalt nicht zum Produkt passt. Eine solche Anzeige kann zwar durchaus kreativ und witzig sein, etwa wenn sie Unerwartetes kombiniert. Doch in Erinnerung bleibt dann nur die Werbung und nicht das Produkt.

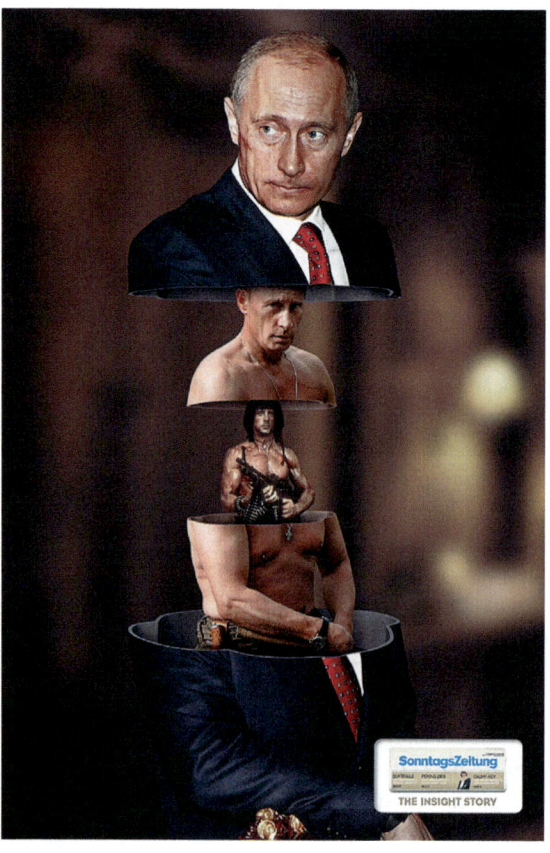

◘ **Abb. 6.4** Dieses Bild ist weder auffällig attraktiv noch sofort leicht dekodierbar, aber es kombiniert auf geschickte Weise Aufmerksamkeit weckende Stimuli (menschliche Gesichter) mit einem witzigen und intelligenten Inhalt, zu dessen Entschlüsselung man einen kurzen Moment innehalten muss. Dieser Inhalt passt zudem perfekt zum beworbenen Produkt. Die vorteilhafte Wirkung auf die Einstellungen gegenüber dieser Zeitung ist förmlich greifbar (mit freundlicher Genehmigung von Christian Bobst, Zürich)

Menschen anstatt Dinge Menschen mögen Menschen, auch in der Werbung. Wir sind von Natur aus darauf programmiert, anderen Menschen Beachtung zu schenken, und sei es nur für einen kurzen Moment. Daraus ergibt sich die Empfehlung, zur Vermittlung bildlicher Werbebotschaften Bilder von Menschen zu verwenden, am besten Portraits. Als besonders aktivierend haben sich Kinder oder gar Babys erwiesen, da sie aufgrund ihrer spezifischen Kopf- und Gesichtsproportionen – **Kindchenschema** genannt – unmittelbar Zuwendung wecken. Aber natürlich gilt auch hier, dass das gezeigte Bild dem zu vermittelnden Inhalt entsprechen muss. Mit einem Baby für ein Auto zu werben ist daher schwer vorstellbar (aber bestimmt wird eines Tages ein kreativer Werbegestalter diese Herausforderung angehen).

Bilder von **Menschen wirken meist stärker als Bilder von Dingen.** Besonders aktivierend sind Bilder von Kindern und Babys.

Wenig vor viel »Viel hilft viel« gilt zwar für die Expositionshäufigkeit, nicht aber für die Informationsdichte von Werbung. Daher sollte die verwendete Bildwelt nicht überladen sein, denn jedes zusätzliche Element bremst die Informationsverarbeitung (Felser, 2015, S. 348).

Bildwelten sollten **nicht überladen** sein.

Groß vor klein Es leuchtet unmittelbar ein, dass große Anzeigen oder Plakate mehr Beachtung finden als kleine. Leider ist Größe nur mit dem entsprechenden Budget zu haben. Doch als Trost mag gelten, dass es in der Werbung nicht nur auf die Größe ankommt.

Größere Bilder finden mehr Beachtung, sind aber teuer.

6.4.2 Schrift

Manches lässt sich beim besten Willen nicht mit einem Bild sagen. Zum Glück kann auch Text sinnfällig gestaltet werden, insbesondere Überschriften. Diese sollten groß, bunt und kontrastreich sein und keine ungewohnten Wörter enthalten. Felser (2015, S. 337) fasst im Hinblick auf gelungene Überschriften einige Empfehlungen aus der Werbepraxis zusammen: Überschriften sollten kurz sein, aus Substantiven bestehen, nicht als Fragen und nicht passiv formuliert sein, keine Verneinung enthalten und sich direkt an den Adressaten richten. Ist mehr Text erforderlich, so sollte dieser möglichst kurz und leicht lesbar sein. Bewährt haben sich kurze Sätze, einfache Wörter und gebräuchliche Schriftarten. Ungewohnte Effekte zur Gestaltung von Text, etwa ganze Wörter in Großbuchstaben oder Negativschrift, sind zwar auffällig, erschweren aber die Lesbarkeit.

Überschriften sollten **groß, bunt und kontrastreich** sein und keine ungewohnten Wörter enthalten. Je **kürzer und einfacher,** desto besser.

6.4.3 Sprache

Auch die Sprache der Werbung erfordert Gestaltung. Es gibt kurze Sätze. Aber es gibt auch lange, verschachtelte Sätze, die sich über mehrere Nebensätze ziehen, die oftmals durch viele Kommas – oder durch Gedankenstriche – verkompliziert sind und auf diese Weise die Rezeption des Gesagten oder des Gelesenen durch ihre Länge soweit erschweren, dass das Verstehen der Werbebotschaft bei einmaliger Exposition praktisch ausgeschlossen ist, so dass von ihrer Verwendung in der Werbung unbedingt abzuraten ist …

Schon einzelne Wörter können deutlich unterschiedlich wirken. Zum Beispiel sollte der Name zum Produkt passen. Erinnern wir uns zu diesem Zweck an die in ▶ Abschn. 4.1.2 erwähnten Kunstwörter, mit denen Wolfgang Köhler 1947 gezeigt hatte, dass auch Sprache Gestalt hat: Maluma und Takete. Mit welchem dieser beiden Wörter würden Sie einen Sportwagen bewerben, mit welchem eine Gesichtscreme? Wie Bilder, Musik und Farbe weckt auch Sprache Assoziationen, die natürlich zur Marke oder zum Produkt passen sollten. Auch die schon erwähnte Studie von Wänke et al. (2007) illustriert dies: Welchen der beiden Hotelnamen »Alpina« und »Edelweiß« sollte ein Sporthotel tragen, welchen eine Oase der Gemütlichkeit? Weil eine solche Zuordnung in der werbepsychologischen Praxis nicht immer so offensichtlich ist, sind bei der Einführung eines neuen Namens **Voruntersuchungen** (Pretests) **ratsam.**

> Durch Sprache geweckte **Assoziationen sollten zur Marke oder zum Produkt passen.**

6.4.4 Farbe

Die Befundlage zur Wirkung von **Farbe ist uneindeutig,** nicht nur in der Werbung (Elliot et al., 2014). Farbe spielt gewiss eine Rolle – aber welche, ist unklar. Zwar mangelt es nicht an populärwissenschaftlichen Tipps wie »Blau wirkt beruhigend« und »Rot macht aggressiv«, doch lassen sich solche Tipps leicht mit Gegenbeispielen widerlegen. In Ermangelung eindeutiger Regeln zum Einsatz von Farbe in der Werbung kann als allgemeine Empfehlung gelten: Farbe sollte als eine von mehreren Komponenten eines stimmigen Werbesujets erachtet werden, und die Stimmigkeit dieser Komponente sollte vor der Umsetzung in Pretests geprüft werden. Ob mit Farben in der Werbung universelle, zuverlässig reproduzierbare Wirkungen hervorgerufen werden können, lässt sich derzeit nicht mit Sicherheit sagen. Dennoch geht von Farben eine gewisse Signalwirkung aus, die ähnlich der von Bildern unmittelbar und schnell ist.

> Die **Wirkung von Farbe** in der Werbung **ist unklar.** Sie kann aber zur **Stimmigkeit** eines Werbesujets **beitragen.**

Was genau mit einer Farbe signalisiert wird, ist allerdings vom Kontext abhängig. So dürften einige Farbwirkungen evolutionär vorgegeben sein, andere durch kulturelle Einflüsse gelernt. Daraus ergeben sich unterschiedliche Assoziationen zu einer Farbe, und diese können erst noch je nach Land unterschiedlich sein. Welche Assoziationen genau mit einer Farbe verbunden sind, lässt sich am ehesten für die Farbe Rot vorhersagen: Einerseits passt diese Farbe in einen romantischen Kontext (etwa wenn ein Partner den anderen mit einer roten Schachtel Pralinen erfreuen will) oder aber in einen aggressiven Kontext (etwa wenn ein Auto als besonders feurig und sportlich verkauft werden soll; Elliot et al., 2007). Nebst dem Farbton sind Helligkeit und Sättigung von Farben wichtig. Tendenziell wirken helle Farben entspannend, gesättigte erregend (Felser, 2015, S. 340).

> Je nach Kontext werden mit Farben unterschiedliche Assoziationen verbunden.
>
> Am ehesten vorhersagen lässt sich die Wirkung der Farbe **Rot.**
>
> **Helle Farben** wirken tendenziell entspannend, **gesättigte** erregend.

6.4.5 Musik

Schöne Musik ist wie angenehmer Geruch: Sie passiert die Schranken unserer Aufmerksamkeit direkt, schnell und meist ohne groß ins Bewusstsein zu gelangen, entfaltet aber eine deutlich stimmungsregulierende Wirkung. Kein Wunder ist Musik ein wichtiges Element jedes guten Kinofilms. Um die Wirkung von Musik weiß natürlich auch die

> Musik hat eine **stark stimmungsregulierende Wirkung** und wird daher in der Werbung rege genutzt.

Werbebranche (Allan, 2007). Daher verzichtet kaum ein Fernsehspot auf passende musikalische Untermalung, und jede größere Firma verfügt über ein eingängiges **Audio-Logo.** Bei manchen Marken wird sogar der Jingle besser erkannt als das grafische Logo. Fällt Ihnen ein Jingle ein? Doch es gibt eine Einschränkung: Bei informativer Werbung ist Musik weniger empfehlenswert, da sie hier von den Argumenten ablenken kann (Armstrong, 2011, S. 317).

6.4.6 Abwechslung versus Wiedererkennung

Sollte Werbung möglichst immer in derselben Form erscheinen, oder sollte sie möglichst viel Abwechslung bieten? Beides ist wichtig. Wird ein Spot zigfach unverändert repetiert, so besteht die Gefahr, dass er sich abnützt und nicht mehr beachtet wird. Bestenfalls wirkt er dann noch über den Mere-Exposure-Effekt (▶ Abschn. 6.3.1). Es ist aber ebenso wahrscheinlich, dass er als penetrant und stupid eingeschätzt wird (z. B. die früher üblichen, ewiggleichen Waschmittelspots), so dass keine positiven Reaktionen erwartet werden dürfen. Ideal scheint ein Kompromiss zu sein: Werbung sollte recht häufig, aber nur geringfügig verändert werden. Kleine Veränderungen beugen Abstumpfung vor und gewährleisten die Wiedererkennbarkeit.

> **Kleine Veränderungen** beugen Abstumpfung vor und gewährleisten die Wiedererkennbarkeit.

6.5 Messung von Werbewirkung

Sind Sie der Ansicht, dass man die Wirkung von Medikamenten vor ihrer Zulassung überprüfen sollte, oder kann man sich das sparen? Eine abstruse Frage, gewiss. Aber ersetzen wir »Medikamente« durch »Werbung«, und schon ist die Antwort umstritten: Viele Werbepraktiker sind der Ansicht, eine Überprüfung der Wirkung ihres Schaffens sei weder möglich noch nötig. Sie vertrauen lieber ihrem **Bauchgefühl anstatt Marktforschung.** »Wir Kreativen glauben, dass die Marktforschung die kreative Idee rundlutscht«, sagte einst der Chef einer großen Werbeagentur (Felser, 2015, S. 414). Die Budgetverantwortlichen in den Marketingabteilungen sehen das aber meist ganz anders und verlangen, dass Kampagnen vor ihrer Lancierung in Pretests auf Akzeptanz getestet und nachher in Posttests auf Wirkung überprüft werden. Wer hat Recht? Ganz so eindeutig wie bei Medikamenten ist es bei Werbung nämlich nicht.

Tatsächlich ist es nicht völlig abwegig, dem Bauchgefühl der Kreativen zu vertrauen – schließlich zeigen zahlreiche Studien, dass das Bauchgefühl in manchen Entscheidungssituationen gleich gut oder sogar besser abschneidet als rationale Analysen (z. B. Gigerenzer, 2007). Gerade bei besonders komplexen Problemen mit vielen Freiheitsgraden und großer Unsicherheit sind vereinfachende Heuristiken rationalen Problemlösestrategien oft überlegen – und gerade die Gestaltung von Werbung gehört zu dieser Kategorie von Problemen. Außerdem sollte natürlich der Aufwand zur Messung der Werbewirkung nicht höher sein als der maximal zu erwartende Verlust, wenn sie nicht gemessen wird. Dennoch sprechen mehrere gute Gründe dafür, Werbewirkungsmessungen durchzuführen:

> Viele Werbepraktiker sind der Ansicht, eine Überprüfung der Wirkung ihres Schaffens **sei weder möglich noch nötig,** und verweisen stattdessen auf ihr Bauchgefühl.

> Dem Bauchgefühl zu vertrauen ist nicht völlig abwegig: **Werbegestaltung** kann als **komplexes Problemlösen** aufgefasst werden und von **Heuristiken** profitieren.

> Dennoch **gibt es gute Gründe für** Werbewirkungsmessungen.

1. **Bauchgefühle können falsch sein.** Sie sind zwar schnell und meist hinreichend genau, aber in kostspieligen wirtschaftlichen Entscheidungssituationen wird eine größere Zuverlässigkeit verlangt.
2. **Messung setzt Anreize.** Ziel der Werbegestaltung sollte stets die Vermittlung der Werbebotschaft sein, nicht ein möglichst kreativer, preisverdächtiger Spot. Pretests helfen, diesem Zielkonflikt vorzubeugen.
3. **Zielgruppen wandeln sich.** Selbst der beste Werbepraktiker kann bei der Einschätzung, was bei der angesprochenen Zielgruppe ankommt, danebenliegen.
4. **Pretests sichern ab.** Bringt eine Kampagne nicht die erhoffte Wirkung, so braucht man sich hinterher nicht vorzuwerfen, man habe nicht das Beste versucht.
5. **Posttests verdeutlichen das Verbesserungspotenzial.** Messungen der Werbewirkung geben wichtige Anhaltspunkte, wie künftige Kampagnen optimiert werden können.

> In der Praxis wird Werbeerfolg meist über **Wiedererkennung und Gefallen** gemessen.

Zur Messung der Werbewirkung kommen die Methoden der Marktforschung zum Einsatz (▶ Kap. 5). Zum Beispiel werden neue Werbesujets gerne an Fokusgruppen getestet. Auch Experimente wären denkbar, kommen aber seltener zum Einsatz. (Hier zeigt sich, dass das Experiment – die Königsmethode der Psychologie – in anderen Fächern noch nicht denselben Status genießt.) Sowohl bei Pretests (vor der Werbekampagne) als auch bei Posttests (nachher) stellt sich die Frage nach der geeigneten Messgröße. Ist es das Gefallen der Anzeige? Ist es die Wiedererkennung? Ist es der Unterschied im Absatz? Die Kundenzufriedenheit? Veränderungen im Image? Diese und zahlreiche weiteren Größen bieten sich als abhängige Variablen an. Am sinnvollsten wäre eigentlich immer diejenige Variable, die am ehesten einen Zusammenhang mit dem Werbeerfolg aufweist (Felser, 2015, S. 420). Dennoch fällt die Wahl in der Praxis oft eher auf Variablen, die einleuchtend sind und deren Erhebung nicht viel kostet – typischerweise Wiedererkennung und Gefallen.

6.6 Subliminale Werbung

Ist es möglich, Konsumenten unbewusst zum Kauf zu verführen? Diese Frage stimulierte die Fantasie so manches Werbeschaffenden, nachdem 1957 der französische Marktforscher Vicary behauptet hatte, durch unmerkliches Aufblitzen von »EAT POPCORN« und »DRINK COCA-COLA« die Besucher eines Kinofilms zum Konsum dieser Produkte bewogen zu haben (Vicary, 1957). Die Öffentlichkeit war einerseits schockiert, andererseits aber auch fasziniert von subliminaler Werbung. Bloß: Vicary publizierte seine Daten und Materialien nicht – kümmerte sich aber umso mehr um die Patentierung seines Verfahrens. Als zahlreiche Versuche zur Replikation von Vicarys Ergebnissen gescheitert waren, wuchs das Misstrauen. Schließlich stellte sich heraus, dass er betrogen hatte. So entstand das Gerücht, unterschwellige Beeinflussung in der Werbung funktioniere nicht.

Heute wissen wir: Sie funktioniert doch. Allerdings nur unter bestimmten Voraussetzungen und nicht so drastisch wie es ursprünglich befürchtet (oder erhofft) worden war: dass auf einmal Heerscharen von Konsumenten zwanghaft Dinge kaufen, die sie nicht brauchen. (Das tun sie zwar, aber nicht wegen subliminaler Werbung.) Immerhin: **Milde Aktivierungseffekte,** etwa ein für kurze Zeit leicht erhöhtes Verlangen nach salzigen Snacks oder einem kühlen Getränk, sind möglich. Auf diese Weise lässt sich aber vermutlich nur das aktivieren, wozu Konsumenten bereits ein Bedürfnis verspüren und worüber sie über Wissen verfügen – etwa, dass Coca-Cola den Durst löscht. Der Schlüssel zur unterschwelligen Aktivierung besteht also darin, direkt die bereits bestehenden Wünsche, Bedürfnisse und Ziele von Konsumenten anzusprechen (Felser, 2015, S. 126).

Sollte man also in der Werbepraxis tatsächlich versuchen, seine Zielgruppe unterschwellig anzusprechen? Nein. Erstens ist der Effekt zu schwach und zu schwierig herzustellen. Zweitens, wichtiger: Es ist unethisch. Zwar ist auch überschwellige Beeinflussung durch normale Werbung ein Beeinflussungsversuch – aber er ist immerhin als solcher erkennbar, und man kann sich ihm im Prinzip entziehen. Dies ist bei unterschwelliger Beeinflussung nicht möglich.

> **Subliminale Werbung wirkt** – allerdings viel **subtiler,** als ursprünglich behauptet, und **nicht gegen den Willen** von Konsumenten.

> Subliminale Werbung sollte aus **ethischen Gründen** nicht eingesetzt werden.

6.7 Was darf Werbung?

Wer Werbung betreibt, bewegt sich im Spannungsfeld zwischen Manipulation und Information. Sie kann Auswirkungen haben, die wir gemeinhin als unerwünscht erachten. So ist z. B. Zigarettenwerbung, die Jugendliche zum Rauchen animiert, verpönt. Wie wir einleitend gesehen haben, kann Werbung aber auch Nutzen stiften, etwa Anbietern, die ein neues Produkt vorstellen wollen, Konsumenten, die einen Bedarf an Gütern haben und sich über die verfügbaren Optionen informieren wollen, und der Allgemeinheit, die von werbefinanzierten Medienangeboten und Sportanlässen profitiert. Dieselbe Zigarettenwerbung, die Jugendliche zum Rauchen animiert, sponsert die von Jugendlichen besuchten Konzerte, und – welche Ironie – Sportanlässe. Damit ist eine ethische Frage angesprochen: Sollte es erlaubt sein, dass die Hersteller von Suchtmitteln kulturelle Veranstaltungen als Werbeplattform nutzen? Oder sollte auf Sponsoring-Gelder von Suchtmittelherstellern verzichtet werden, auch wenn der Eintritt dann mehr kosten würde?

> Werbung bewegt sich im **Spannungsfeld** zwischen **Manipulation und Information.**

> Deshalb gibt es Gesetze und Regeln der Selbstkontrolle, die **Werbung einschränken.**

6.7.1 Gesetze

Weniger umstrittene Aspekte der Frage, was Werbung darf, werden in den meisten Ländern vom Gesetzgeber beantwortet. So gibt es Gesetze zur Gestaltung von vergleichender Werbung oder zur Werbung in sensitiven Produktkategorien, etwa bei Medikamenten oder Suchtmitteln. Ebenso interessant wie löblich ist, dass dabei oft auf psychologische Erkenntnisse abgestellt wird. So ist es beispielsweise in vielen Ländern verboten, mit Werbung massive Angst zu erzeugen, eine Ware mit übermäßigen Superlativen zu schmücken, ein Produkt mit einer Testnote zu bewerben, ohne die Testergebnisse der anderen Produkte zu nennen, oder punktuell richtige, aber insgesamt irreführende Angaben zu einem Produkt zu machen.

6.7.2 Selbstkontrolle

Man kann sich leicht vorstellen, dass es im Einzelfall gar nicht so leicht ist, sämtlichen gesetzlichen Ansprüchen immer einwandfrei Genüge zu tun. Das darf natürlich keine Entschuldigung dafür sein, die Grauzone entlang der gesetzlichen Vorgaben bewusst auszuloten. Da dies aber immer wieder geschieht, hat die Werbebranche Einrichtungen zur werblichen Selbstkontrolle geschaffen, etwa die European Advertising Standards Alliance, den Deutschen Werberat, den Österreichischen Werberat und die Schweizer Lauterkeitskommission. Von diesen ausgesprochene Beanstandungen sind nicht staatlich durchsetzbar, werden aber zumeist akzeptiert. Einen Einblick in die Spruchpraxis der Selbstkontrollen bieten deren Websites (▶ https://www.werberat.de/die-nuller; ▶ https://www.faire-werbung.ch/entscheide/).

6.7.3 Moral

> Werbeschaffende sollten **moralischen Bedenken** mit **fairem und lauterem** Verhalten begegnen.

Einige Menschen haben das Vorurteil, dass Werber unmoralisch sind. Zwar gibt es vereinzelte Befunde, die dieses Vorurteil zu bestätigen scheinen, weil das Personal von Werbeagenturen moralisch »kurzsichtig« und »taub« sei (Drumwright & Murphy, 2004). Doch Fragen der unternehmerischen Ethik stellen sich auch in anderen Bereichen des Wirtschaftslebens. Genauso, wie es das Ziel der Bäuerin ist, möglichst viele Kartoffeln zu ernten, und das Ziel des Bankers, möglichst viel aus Geld zu machen, so ist es eben das Ziel des Werbers, eine Werbebotschaft möglichst wirkungsvoll zu übermitteln. Dass damit eine große moralische Verantwortung verbunden ist, steht außer Frage. Dieser **Verantwortung** müssen sich werbepsychologisch Kundige besonders bewusst sein, denn den ausgefeilten Persuasionsversuchen der Werbeprofis haben Konsumenten wenig entgegenzusetzen. Moralischen Bedenken gegenüber der Werbebranche müssen die Werbeschaffenden deshalb durch faires und lauteres Verhalten begegnen.

6.8 Werbeformate

> Werbung ist **nur eines von vielen Elementen** des Promotional Mix.

Werbung hat viele Gesichter, und nicht jedes davon ist sofort als Werbung erkennbar. Sie ist zudem immer häufiger nur eines von vielen Elementen des **Promotional Mix**, mit dem ein Unternehmen seine Kommunikation gegenüber Konsumenten gestaltet. Unternehmen versuchen im Rahmen ihrer integrierten Marketingkommunikation, all diese Möglichkeiten ohne Widersprüche und Reibungsverluste zu nutzen. Aus werbepsychologischer Sicht verkomplizieren sich dadurch natürlich Planung und Messung der persuasiven Kommunikationsbemühungen. Doch es ergeben sich auch interessante Möglichkeiten, durch geschicktes Verweben der Kommunikationsmittel die Werbebotschaft raffinierter als auf konventionellem Wege zu vermitteln. Um unser werbepsychologisches Wissen in den Rahmen der integrierten Marketingkommunikation einordnen zu können, werfen wir einen kurzen Blick auf einige Elemente des Promotional Mix:

6.8.1 Direktmarketing

Beim Direktmarketing spricht eine Firma ihre Kunden direkt und individuell an, in der Hoffnung auf eine Reaktion, beispielsweise einen Kauf. Noch einen Schritt weiter geht man beim interaktiven Marketing, bei dem der Anbieter den Dialog mit seinen Kunden sucht. Dies erfordert Wissen über die Kunden und flexible Handlungsmöglichkeiten für die Interaktion mit ihnen. Was heute noch durch entsprechend geschulte Sales-Mitarbeiter mit Zugriff auf aufwendig gepflegte Datenbanken geleistet wird, dürfte in naher Zukunft durch mehr oder weniger intelligente Computerprogramme übernommen werden. Direktmarketing funktioniert aber auch ganz ohne künstliche Intelligenz: Ein Beispiel dafür sind »Tupperware-Partys«, auf denen zu Markenbotschafterinnen gekürte Hausfrauen (dieses Stereotyp passt hier ausnahmsweise) ihren Freundinnen die Vorzüge von Tupperware-Aufbewahrungsboxen demonstrieren (▶ https://www.tupperware.de/party). Direktmarketing erlebt im Zuge der Digitalisierung von Betrieb, Konsum und Kommunikation einen Aufschwung, z. B. in Form von personalisierten E-Mails oder Werbeanrufen. Viele Konsumenten wünschen aber nicht, auf diese Weise angesprochen zu werden, und nutzen daher SPAM-Filter, Telefonausschlusslisten oder spezielle Apps, die Telefonmarketer blockieren.

*Beim Direktmarketing werden Kunden **direkt kontaktiert**.*

6.8.2 Word-of-mouth-Marketing

Mit Word-of-mouth-Marketing (Mund-zu-Mund-Propaganda) ist gemeint, dass Kunden ihren Freunden und Bekannten von ihren positiven Erfahrungen mit einem Produkt erzählen und dieses empfehlen – ähnlich wie bei Tupperware-Partys, aber nicht direkt von einer Firma organisiert, gesponsert und gesteuert. Weil die direkte Steuerungsmöglichkeit fehlt, kann man sich fragen, ob der Zusatz »Marketing« berechtigt ist. Doch natürlich kann und sollte man als Anbieter versuchen, Kunden zur Weiterempfehlung zu bewegen (am besten mit hoher Qualität).

*Wenn **zufriedene Kunden** ein Produkt ihren Bekannten **empfehlen**, spricht man von Word-of-mouth-Marketing.*

6.8.3 Sponsoring

Sponsoring umfasst die Bewerbung des eigenen Angebots im Rahmen von Anlässen, meist sportlichen Events oder Konzerten, gelegentlich auch in Form umweltschützerischer oder sozialer Maßnahmen. Gigantische Werbeetats fließen in diese Werbeform – man denke nur an den Fussball. Kein Wunder, denn an Events lässt sich eine recht präzis umrissene, sonst oft schwer zu erreichende Zielgruppe ansprechen und der eigene Markenname vorteilhaft mit einem angenehmen Erlebnis verbinden. Der mit Eventsponsoring verbundene Imagetransfer birgt aber Risiken. Beispiele dafür sind der langjährig von Dopingskandalen erschütterte Radsport, aus dem sich viele Sponsoren zurückgezogen haben, oder das Sponsoring von Fussball, das unter den FIFA-Affären gelitten hat.

*Beim Sponsoring unterstützt ein Anbieter einen Kultur- oder Sportanlass und erhält so **Gelegenheit, sich seiner Zielgruppe vorteilhaft zu präsentieren**.*

6.8.4 Verkaufsförderung

Unter Verkaufsförderung fallen zeitlich befristete Maßnahmen zur Erhöhung der Verkaufszahlen, beispielsweise Sonderangebote, Gratismuster, Gutscheine, Rabatte, Zugaben, Preisausschreiben, Sammelmärkchen und dergleichen mehr. Dabei sollte man berücksichtigen, dass kurzfristige Maßnahmen zur Verkaufsförderung längerfristig mit Nachteilen verbunden sein können, etwa wenn die Kunden sich an das tiefere Preisniveau gewöhnen, stets Gratismuster erwarten, der Preis plötzlich als salientestes Merkmal wahrgenommen wird oder wenn das Image höherwertiger Produkte durch Preisnachlässe Schaden nimmt.

Daneben gibt es eine ganze Reihe weiterer Werbeformate: Product Placement, Spielshows oder Teleshopping sind nur einige davon. Viele der etablierten Formate verlagern sich ins Internet oder werden zugunsten von Internetwerbung aufgegeben.

> Verkaufsförderung umfasst **zeitlich befristete Maßnahmen,** z. B. Sonderangebote, Rabatte oder Sammelmärkchen.

6.9 Werbung im Internet

Das Internet hat die Werbung verändert. Vorher gab es im Wesentlichen die Formate Print, Plakat, Radio und TV, unter denen man als Anbieter wählen konnte. Das war überschaubar. Plötzlich aber hielt eine Vielzahl neuer Möglichkeiten Einzug. Entsprechend groß war die Verunsicherung – nicht nur bei den Gestaltern und Auftraggebern von Werbung (wie macht man Werbung im neuen Medium?), sondern auch bei ihren Rezipienten (was macht diese Werbung mit uns?).

6.9.1 Targeting

Das Medium Internet macht nicht alle früheren werbepsychologischen Erkenntnisse obsolet (Fennis & Stroebe, 2016, S. 329). Tatsächlich zeigen sich viele der bisher diskutierten werbepsychologischen Phänomene in der digitalen Welt genauso wie in der analogen, etwa was die Inhalte von Werbung angeht oder die Verarbeitungstiefe – die sich natürlich auch bei der Rezeption digitaler Werbebotschaften unterscheiden kann. Doch es gibt auch deutliche Unterschiede. Einer davon betrifft die im Internet viel weitergehenden Möglichkeiten zum Targeting, der punktgenauen Ansprache von Zielgruppen. Neben demografischem und kontextbezogenem Targeting ermöglicht das Internet insbesondere auch **verhaltensbezogenes Targeting,** basierend etwa auf dem Suchverlauf oder der Klickhistorie.

Bestimmt kennen Sie das: Sie haben sich für ein Produkt interessiert, z. B. für einen neuen Sportschuh, und haben dazu nach Informationen im Internet gesucht. Vielleicht haben Sie während einiger Tage immer wieder mal ein bisschen recherchiert. Dabei dürften Ihnen sehr wahrscheinlich aufgrund Ihres Suchverlaufs auf Sie passende Sportschuhinserate angezeigt worden sein. Vielleicht haben Sie sogar eines angeklickt und dann auch gekauft. Damit ist durchaus ein Nutzen für beide Seiten verbunden: Für Sie als Konsument reduziert sich die Suchzeit, und für den Händler reduziert sich der Streuverlust. Dass verhaltensbasierte Werbung noch in den Kinderschuhen steckt (zumindest zum Zeitpunkt

> Das Medium **Internet macht die werbepsychologischen Erkenntnisse nicht obsolet.**
>
> Mit Werbung im Internet können Zielgruppen **wesentlich spezifischer angesprochen** werden.

der Veröffentlichung dieses Buches), kann man leicht daran erkennen, dass Ihnen weiterhin Anzeigen über Sportschuhe angezeigt werden, obwohl Sie Ihr Wunschmodell längst gekauft haben. Das nervt nicht nur, sondern bewirkt Reaktanz. Und nicht nur das, auch das Vertrauen in die Kompetenz der Anbieter dürfte unter solchen Kinderkrankheiten leiden. Dabei spielt gerade das Vertrauen eine wesentliche Rolle beim Online-Handel, wie wir in ▶ Abschn. 6.10 sehen werden.

6.9.2 Gestaltung von Werbung im Internet

Zur Frage, wie Werbung im Internet gestaltet sein sollte, besteht noch kein Konsens. Der Platz auf dem Bildschirm ist knapp, erst recht auf dem Smartphone. Die Platzierung der meisten Anzeigen am Rand der Seite und die Tatsache, dass die Aufmerksamkeit mehr auf dem eigentlichen Webseiteninhalt liegen dürfte, lässt vermuten, dass Werbebotschaften auf Webseiten **eher peripher verarbeitet** werden. Entsprechend sollten Werbebanner keine ausführlichen Erklärungen enthalten, sondern beiläufig zu verarbeitende Informationen – denn die eingangs gemachte Feststellung, dass Konsumenten dazu neigen, Werbung auszuweichen, gilt auch für das Internet. Und hier haben sie auch die Möglichkeit dazu, indem sie beispielsweise Werbeblocker installieren oder Websites bevorzugen, die weniger oder nur unauffällige Anzeigen ausliefern. Ein Teil des Erfolgs von Google basiert darauf, dass ursprünglich vor allem unscheinbare und vergleichsweise relevante Werbung angezeigt wurde.

Wohin also mit der Werbung? Am auffälligsten wäre natürlich die Mitte des Bildschirms. Tatsächlich wird diese Platzierung auch gewählt, früher in Form der inzwischen nicht mehr akzeptierten Pop-Up-Fenster, heute in Form von penetranten Overlays, die nach einigen Sekunden erscheinen. Es wird spannend sein zu beobachten, ob sich diese äußerst aufdringliche Art von Online-Werbung halten kann oder nicht. Sicherlich besser akzeptiert und dennoch wirkungsvoll dürften die Bereiche links und rechts vom zentralen Inhalt sein – wobei sich der linke Bereich mehr für bildliche Formate zu eignen scheint, der rechte für textliche (Ryu et al., 2007). Die Frage, ob bildlicher Inhalt zur Erhöhung der Auffälligkeit animiert sein sollte oder nicht, beantworten Simola et al. (2011) mit »ja«. Daraus aber zu folgern, dass Online-Werbung grundsätzlich besser funktioniert, wenn sie voller umherschwirrender Symbole, Buchstaben und Bilder ist, wäre naiv. Inzwischen haben das auch die Werbepraktiker gemerkt, die eine Zeitlang keine Möglichkeit für bunte, auffällige und sogar noch akustisch tönende Werbebanner auslassen wollten, zwischenzeitlich aber eher wieder davon Abstand genommen haben. Doch das letzte Wort ist noch nicht gesprochen. Das Internet ist in der Adoleszenz, und mit seiner Reifung verändert sich unsere Akzeptanz für internetbasierte Werbung. Auch im Internet gilt: Allzu aufdringliche Werbung verringert die allgemeine Akzeptanz für Werbung.

Durch das Internet ergeben sich weitere Veränderungen für uns als Empfänger von Werbebotschaften. Ein ganz einfaches, aber offensichtliches Beispiel ist, dass wir Plakaten weniger Aufmerksamkeit schenken, weil wir unseren Blick öfter auf das Handy senken und weniger in die Umgebung schauen. Plakatfirmen versuchen, solche Effekte durch beson-

> Zur Gestaltung von Werbung für das Internet besteht **noch kein Konsens.**

> Allzu **aufdringliche Werbung im Internet verringert die Akzeptanz** für Werbung.

> Konsumenten verlassen sich weniger auf ihr Gedächtnis und mehr auf Suchmaschinen. Für Anbieter ist daher eine **gute Platzierung in Suchresultaten** wichtig.

ders auffällige, animierte Werbebildschirme zu kompensieren. Ein anderes Beispiel ergibt sich aus der Tatsache, dass wir uns zunehmend nicht mehr auf unser eigenes Gedächtnis verlassen, sondern auf Suchmaschinen – ein Phänomen mit weitreichenden Konsequenzen, deren Erforschung noch ganz am Anfang steht. Sparrow und Chatman (2013) argumentieren, dass wir einerseits weniger Fakten kennen, andererseits aber besser wissen, wo wir sie nachschlagen können. Die logische Ableitung daraus wäre, dass Werbung (nicht nur im Internet) weniger darauf abzielen sollte, Markennamen oder Faktenwissen über Produkte zu vermitteln, sondern beim Kaufentscheid an der richtigen Stelle platziert zu sein, etwa bei den Suchresultaten von Google (Fennis & Stroebe, 2016, S. 354).

6.9.3 Virale Werbung

Wenn es in der Marketingwelt so etwas wie einen »heiligen Gral« gibt, dann ist es die virale Werbung (Fennis & Stroebe, 2016, S. 359). Damit sind Werbebotschaften gemeint, die bei ihren Rezipienten so gut ankommen, dass diese sie selber weiterverbreiten – offensichtlich der Traum jedes Werbers. Und **beim Traum bleibt es meist** auch. Denn trotz großer Bemühungen, gezielt virale Kampagnen zu fabrizieren, gelingt dies nur in Ausnahmefällen, obwohl mit dem Internet das ideale Medium für virale Werbung zur Verfügung steht. Nicht, dass man nicht wüsste, wie es geht: Die Botschaft muss sehr anregend und emotional sein, gewürzt mit einer Prise Staunen, Witz oder Überraschung (Berger & Milkman, 2012). Nur leider ist es nicht so einfach, eine Kampagne zu gestalten, die vorhersagbar solche Reaktionen auslöst. Und es wird nicht einfacher dadurch, dass alle anderen Werber ebenfalls versuchen, virale Aufmerksamkeit herzustellen. Der durch das Streben nach Viralität ausgelöste Kreativitätsschub hat immerhin dazu geführt, dass uns als Konsumenten heute mehr unterhaltsame Werbung geboten wird als früher.

Exkurs

Die Zukunft der Werbung

Produktbezogene Informationen sind dank dem Internet besser verfügbar als je zuvor – nicht nur Werbebotschaften, sondern auch detaillierte Vergleiche mit anderen Produkten, Preisvergleiche, Erfahrungsberichte und sogar mit einfachen Mitteln selber hergestellte Produkttests, die via Youtube ihr Publikum erreichen. Wiswede (2012, S. 318) spricht in diesem Zusammenhang von einem **»Kontrollverlust der Anbieter«**: Informationen über Vor- und Nachteile von Angeboten verbreiten sich per Internet im Nu. Zudem ist zwar im Internet die Ansprache bestimmter Zielgruppen theoretisch einfacher, aber dieser Vorteil wird durch die große Vielfalt der zu bedienenden Kanäle relativiert. Nebst Werbung buhlen außerdem noch zahlreiche andere Botschaften um unsere Aufmerksamkeit – aber unsere Fähigkeit, das alles zu verarbeiten, ist beschränkt. Anbieter können nicht alle relevanten Kanäle bedienen, und Konsumenten können nicht alle Botschaften konsumieren. Daher ist die Frage berechtigt: **Braucht es Werbung noch?** Oder würde man das Werbebudget nicht eher zur Verbesserung der Produktqualität verwenden? Sicher ist: Das Internet hilft, Konsumenten zu »durchleuchten«, aber es stärkt sie auch. Konsumenten sind weniger denn je auf Werbung angewiesen, um ihre Konsumwünsche zu befriedigen. Will Werbung eine Zukunft haben, muss sie sich den veränderten Bedingungen anpassen. Dazu könnte sie etwa versuchen, das Leben der Konsumenten zu verbessern, z. B. in Form glaubwürdiger und wirklich nützlicher Empfehlungssysteme.

6.10 Besonderheiten beim Online-Einkauf

6.10.1 Vertrauen

Gerade beim Online-Handel spielt Vertrauen eine wesentliche Rolle, denn anders als in einem Ladengeschäft kann man im Internet die bezahlte Ware nicht gleich mitnehmen. Wie kann das Vertrauen in einen Online-Händler erhöht werden? Experimente lassen vermuten, dass dafür eine ansprechende und benutzerfreundlich gestaltete Website noch wichtiger sein könnte als Hinweise auf verschlüsselte Datenverbindungen und vertrauliche Behandlung der Kundendaten (Schlosser et al., 2006), denn die damit demonstrierte Kompetenz vermittelt Vertrauenswürdigkeit. Dies unterstreicht, dass der **Webauftritt einer Firma als Werbemaßnahme** verstanden werden muss. Zugleich ergibt sich eine Warnung für Konsumenten: Ein schön gestalteter Online-Shop bedeutet noch nicht, dass der Händler auch wirklich zuverlässig ist – wie zahlreiche Opfer von schönen, aber betrügerischen Websites schon erfahren mussten.

> Im **Online-Handel ist Vertrauen besonders wichtig,** denn die meisten Güter können online nicht geprüft und nicht direkt mitgenommen werden.
>
> Eine **gut gestaltete Website** stiftet Vertrauen.

6.10.2 Showrooming

Auch wenn in einem Online-Shop die Abbildungen noch so zahlreich, die Demovideos noch so professionell und die Produktinformationen noch so detailliert sind, die Lautstärke eines Staubsaugers oder die Haptik einer Kamera erschließt sich einem erst beim Kontakt mit dem echten Gerät. Noch mehr gilt dies für Kleidungsstücke. Es ist sehr schwierig, sich vorzustellen, wie man in einem abgebildeten Kleidungsstück wohl aussehen wird. Aus diesem Grund kommt es zu einem Phänomen, das von reinen Ladengeschäften nicht gerne gesehen wird: dem **Showrooming**. Die Kunden besuchen die Geschäfte, um Produkte auszuprobieren und sich womöglich noch beraten zu lassen, kaufen dann aber beim günstigsten Anbieter im Internet. Um dem entgegenzuwirken, bieten größere Händler kanalübergreifende Verkaufskonzepte an, die einen reibungslosen Ablauf des Kaufprozesses ohne Kompromisse garantieren, so dass z. B. ein Produkt im Geschäft ausprobiert, im Online-Shop in einer anderen Farbe bestellt und vielleicht noch am selben Tag in Empfang genommen werden kann. Kleinere Fachgeschäfte können da oft nicht mehr mithalten – sie müssen sich durch andere Leistungsmerkmale differenzieren, oder sie verschwinden.

> Rein physische **Ladengeschäfte kämpfen mit Showrooming:** Waren werden im Laden geprüft, dann aber im Versandhandel bestellt.
>
> Viele reine Online-Geschäfte richten **physische Showrooms** ein, damit Kunden Waren vor Ort prüfen können.

6.10.3 Rücksendungen

Reine Online-Anbieter wiederum versuchen durch großzügige **Rücknahmegarantien** und einfache Rückgabeprozesse dem Wunsch der Kunden entgegenzukommen, das Produkt vor dem Kauf ausprobieren zu können. Gerade im Bekleidungsbereich ist dies zentral für den Erfolg. Zudem schätzen es die Kunden hier, dass sie die Kleider in aller Ruhe zu Hause ausprobieren können und nicht vor vollen und grell beleuchteten Umkleidekabinen warten müssen. Fühlt sich ein Kleidungsstück schlecht an oder passt es nicht, so kann man es relativ unkompliziert zurückschicken. Allerdings führt dies zu hohen Retourenquoten, was Kosten für die Rücksendung und Wiederaufbereitung der Waren verursacht. Dem Nachteil, dass Waren bei Online-Shops im Gegensatz zu einem Laden nicht direkt verfügbar sind, versucht man mit immer kürzeren Lieferfristen zu begegnen – wenn möglich noch am gleichen Tag. Für welche Warengruppen eine solch kurze Lieferfrist wirklich einem Bedürfnis entspricht, für das Konsumenten auch etwas zu zahlen bereit sind, muss sich noch zeigen.

6.11 Image

Menschen **sehen von der Welt nur ein Abbild** – auch als Konsumenten.

Was wir über die Dinge in der Welt wissen, entspricht nicht immer ganz den Tatsachen. Es erscheint uns zwar nicht so, aber unser Wissen ist unvollständig und verzerrt. Das gilt auch für die Welt der Waren. Dieser Grundannahme der Wirtschaftspsychologie sind Sie in diesem Buch bereits mehrfach begegnet. Dahinter steht die erkenntnistheoretische Annahme, dass dem Menschen eine vollkommen objektive Sicht auf seine Umwelt gar nicht möglich ist, insbesondere aufgrund von Eigenschaften seiner Kognition. Schon Platon hat sich in seinem Höhlengleichnis mit dieser Idee befasst, und nach ihm viele weitere. Deren Schlussfolgerung lautet: Was wir von der Welt sehen, ist nur ein Abbild – und nicht die Welt selber.

Imagewerbung vermittelt Assoziationen, Ideen, Werte und Gefühle, nicht die offensichtlichen Eigenschaften von Gütern.

Dieser Gedanke ist also nicht neu. Er erfuhr aber neue Beachtung, als ihn Gardner und Levy 1955 unter dem griffigen Label »Image« in den ökonomischen Diskurs einführten. Dieser Zeitpunkt ist kein Zufall, denn es war die Zeit, in der sich Waren immer mehr zu ähneln begannen und in der man nach **Differenzierungsmöglichkeiten** suchte. Diese fand man im Image: Wenn sich Menschen von den Dingen in ihrer Umwelt ja nur ein Abbild machen, so müsste dieses Abbild doch veränderbar sein. Und es müsste möglich sein, das Image eines Herstellers und seiner Produkte aktiv zu steuern. Von da an florierte Imagewerbung: Werbung, bei der nicht die offensichtlichen Eigenschaften von Gütern beschrieben wurden, sondern Assoziationen, Ideen, Werte und Gefühle, welche die Hersteller bei ihren Kunden zu wecken hofften.

▶ Definition
Image

> **Definition**
>
> **Image** ist das auf gesammelten Eindrücken basierende, sozial geteilte Vorstellungsbild, das Angehörige von Gruppen (z. B. Konsumenten oder Wähler) von einem Meinungsgegenstand haben, insbesondere von Marken (Bsp. Nivea), Firmen (Bsp. Lufthansa), Institutionen (Bsp. Greenpeace), Persönlichkeiten (Bsp. Obama) und Konzepten (Bsp. Nachhaltigkeit). Image kann im Gegensatz zum verwandten Begriff des Prestiges auch eine negative Bewertung ausdrücken. Als Synonym gebräuchlicher ist daher Reputation (Fichter, 2017b).

6.11.1 Die Vereinfachungsfunktion von Images

Images haben für Konsumenten eine Vereinfachungsfunktion: Sie helfen bei der Orientierung in einer komplexen Umwelt. Im Gegensatz zu einem verbreiteten Missverständnis umfassen Images keineswegs nur weiche, schwer messbare Faktoren oder gar nur Restgrößen von geringer Bedeutung, sondern auch die mentalen Repräsentationen von wichtigen faktischen Informationen. Ein Beispiel dafür ist das **Preisimage**, das mit bestimmten Anbietern verbunden ist, oder das Image der Zuverlässigkeit von Automarken. Das sind keine weichen Restgrößen, sondern objektiv messbare Fakten – notabene solche, die in der Wirtschaft von größter Bedeutung sind. Es überrascht daher nicht, dass die Inhaber von Marken viel Wert darauf legen, ein positives Image zu haben, denn dieses spiegelt schließlich wider, wie die relevanten Eigenschaften einer Marke von ihren potenziellen Käufern wahrgenommen werden. Entsprechend viel Zeit und Geld wird investiert, um mit Marktforschung (▶ Kap. 5) das Image zu messen und um mit Werbung das Image zu beeinflussen.

Images haben für Konsumenten **eine Vereinfachungsfunktion.**

Images umfassen **nicht bloß schwer messbare Restgrößen**, sondern enthalten mentale Repräsentationen **wichtiger Fakten.**

6.11.2 Messung von Images

Images lassen sich messen. Dazu bietet sich eine Kombination aus qualitativen und quantitativen Verfahren an. Zunächst werden mit projektiven oder assoziativen Verfahren die für den Meinungsgegenstand relevanten Attribute erhoben (sofern sie nicht schon bekannt sind). Aus diesen **Imageattributen** kann dann ein Fragebogen gebildet werden. Damit erhobene Daten lassen sich in Imageprofilen abbilden, welche eine übersichtliche Charakterisierung des Meinungsgegenstandes ermöglichen. Verbreitet ist auch die Zusammenfassung mehrerer Imageattribute auf wenigen **Imagedimensionen,** beispielsweise mittels Faktorenanalyse (Fichter et al., 2011). Die Erhebung der relevanten Imageattribute im ersten Schritt ist wichtig, um eine möglichst gute Passung der Fragebogenitems zum untersuchten Meinungsgegenstand zu erreichen. Zwar wäre es messtechnisch vorteilhaft und auch ökonomischer, wenn auf bestehende Skalen zurückgegriffen werden könnte. Aber es ergibt keinen Sinn, beispielsweise das Image einer Tourismusregion mit einem Fragebogen zu messen, der für eine Automarke entwickelt wurde. Deshalb gibt es kaum standardisierte Skalen zur Messung von Images. Ein Einsatz von im Marketingbereich bekannten Skalen wie etwa der Brand Personality Scale (Aaker, 1997) zur Imagemessung ist nur vertretbar, wenn die von der Skala erfassten Attribute den Bedeutungskern des fraglichen Gegenstands abbilden.

Images lassen sich messen: durch Skalen, die auf den **für einen Meinungsgegenstand relevanten Attributen** basieren.

6.11.3 Imageeffekte in Wirtschaft und Politik

Wie weit sich unsere Meinungen und Handlungen an Images orientieren, wurde in verschiedenen Studien zu Imageeffekten aufgezeigt. Beispielsweise präsentierten Fichter und Jonas (2008) ihren Versuchspersonen einen Zeitungsartikel, entweder im Layout einer Schweizer Qualitätszeitung (»Neue Zürcher Zeitung«, NZZ; ◘ Abb. 6.5) oder im

Studien zur Wirkung von Images unterstreichen, **dass wir Dinge oftmals anhand unscharfer Meinungsbilder beurteilen** anstatt von Fakten.

20 Dienstag, 13. September 2005 · Nr. 210

Handytarife

Migros und Coop im Kampf um Kunden

chr. Zürich, 12. September

Mit welchem Anbieter telefoniert man am günstigsten? Einen Tag vor dem Start der Mobilfunk-Produkte von Coop und Migros kamen die Preise kurzzeitig ins Rutschen. Angestossen wurde die Preisrunde vom Prepaid-Paket M-Budget-Mobile. Mit diesem ab sofort verfügbaren Angebot kostete ein Handygespräch gestern Montagnachmittag zunächst 48 Rappen pro Minute. Doch konnte Migros die Preisführerschaft nicht lange halten: Unmittelbar nach bekannt werden des M-Budget-Preises gab Coop bekannt, sein Prix-Garantie-Abo für 46 Rappen anzubieten. Offenbar hat man beim Konkurrenten ganz bewusst gewartet, bis die Migros ihre Preise veröffentlichte. Wenig später hiess es wiederum von der Migros, sie sei mit ihrem Partner Swisscom im Gespräch um eine nochmalige Preissenkung. Offenkundig war man erfolgreich, denn zum Redaktionsschluss hatte die Migros wieder den günstigeren Tarif: 44 Rappen pro Minute.

Im internationalen Vergleich bleiben die Schweizer Minutenpreise trotzdem teuer. Gemäss dem Internetvergleichsdienst Comparis bezahlt man für das günstigste Angebot in Deutschland nur 30 Rappen, im Mobilfunk-Paradies Österreich gar nur 14 Rappen.

◼ **Abb. 6.5** Fiktiver Artikel aus der »Neuen Zürcher Zeitung« (NZZ)

Dem **heuristischen Wert** von Images steht ein großes **Potenzial für Fehleinschätzungen** gegenüber, insbesondere weil Images durch Werbung manipuliert werden können.

---

2 | BlickWirtschaft | MITTWOCH | 21. SEPTEMBER 2005 |

Handytarife Migros und Coop im Kampf um die Kunden

Zürich. Mit welchem Anbieter telefoniert man am günstigsten? Einen Tag vor dem Start der Mobilfunk-Produkte der Grossverteiler Coop und Migros kamen die Preise kurzzeitig ins Rutschen.

Angestossen wurde die Preisrunde vom Prepaid-Paket M-Budget-Mobile. Mit diesem ab sofort verfügbaren Angebot kostete ein Handygespräch gestern Montagnachmittag zunächst 48 Rappen pro Minute.

Doch konnte Migros die Preisführer-schaft nicht lange halten: Unmittelbar nach bekannt werden des M-Budget-Preises gab **Coop** bekannt, sein **Prix-Garantie-Abo für 46 Rappen anzubieten.** Offenbar hat man beim Konkurrenten ganz bewusst gewartet, bis die Migros ihre Preise veröffentlichte. Wenig später hiess es wiederum von der Migros, sie sei mit ihrem Partner Swisscom im Gespräch um eine nochmalige Preissenkung. Offenkundig war man erfolgreich, denn zum Redaktionsschluss hatte die Migros wieder den günstigeren Tarif: 44 Rappen pro Minute.

Im internationalen Vergleich bleiben die Schweizer Minutenpreise trotzdem teuer. Gemäss dem Internetvergleichsdienst Comparis bezahlt man für das günstigste Angebot in Deutschland nur 30 Rappen, im Mobilfunk-Paradies Österreich gar nur 14 Rappen.

◼ **Abb. 6.6** Fiktiver Artikel aus der Zeitung »Blick«

Layout einer Boulevardzeitung (»Blick«; ◼ Abb. 6.6). Die beiden Artikel waren also inhaltlich identisch, unterschieden sich aber im jeweiligen Image, das aufgrund des Erscheinungsbilds mit ihnen assoziiert wurde. Die auf die Lektüre folgende Einschätzung der Artikel hätte kaum unterschiedlicher ausfallen können: Der fiktive »NZZ«-Artikel wurde als seriös, gut recherchiert und glaubwürdig eingeschätzt, aber auch als schwer lesbar. Der fiktive »Blick«-Artikel hingegen wurde als oberflächlich, tendenziös und schlecht recherchiert eingeschätzt – und zugleich als leicht lesbar. Diese Ergebnisse unterstreichen, dass wir die Dinge in unserer Umwelt oftmals anhand unscharfer Meinungsbilder beurteilen anstatt von Fakten (Trommsdorff, 2005, S. 297 ff.).

Besorgniserregende Wirkungen

Dem heuristischen Wert von Images steht ein **großes Potenzial für Fehleinschätzungen** gegenüber – insbesondere, weil Images durch Werbung relativ leicht manipuliert werden können und weil sich Konsumenten nicht bewusst sind, dass sie ihre Einschätzungen auf Images statt auf Fakten stützen. Während dies im Bereich der Konsumpsychologie noch als tolerierbar gelten mag, entfalten Images im Bereich der politischen Kommunikation besorgniserregende Wirkungen. In einem ähnlichen Experiment wie dem oben beschriebenen zeigten Fichter und Steppacher (2009), dass sich Menschen oftmals auch als Staatsbürger mehr am Image orientieren als an den Fakten. Dazu wurden mithilfe des Schweizer Fernsehens und zweier bedeutender Schweizer Politiker (Toni Brunner, Präsident der Schweizerischen Volkspartei SVP, und Christian Levrat, Präsident der Sozialdemokratischen Partei SP) kurze, fiktive Nachrichtenbeiträge erstellt, die inhaltlich identische Statements der beiden Politiker enthielten. Die Einschätzung der beiden Statements durch Passanten geben zu denken: Die Aussagen des rechten Politikers wurden als patriotisch, ausländerfeindlich und bürgernah bewertet; die des linken Politikers als unpatriotisch, ausländerfreundlich und sozial aufgeschlossen. Pointiert ausgedrückt: Politiker können uns erzählen, was sie wollen – wir beurteilen sie trotzdem anhand ihrer Images.

Auch Experten lassen sich von Images leiten

Bei allem Nutzen, der sich aus der Verwendung heuristischer Abkürzungen für unsere Urteilsbildung ergibt, zeigen solche Untersuchungen die Gefahr von potenziell bedeutungsvollen Fehleinschätzungen durch heuristische Informationsverarbeitung auf. Interessanterweise wurde in beiden Studien keine Abschwächung der Imageeffekte durch Expertise oder Involvement gefunden. Dies deutet darauf hin, dass bei hinreichender Salienz der vermittelten Images **auch Experten und Interessierte** sich eher am Image orientieren als an den Fakten – ein Befund, auf den Webster und Wind bereits 1972 hingewiesen hatten. Man könnte argumentieren, dass solch ausgeprägte Imagewirkungen in der wirklichen Welt nicht zu befürchten sind, weil hier Images nicht so ausgeprägt manipuliert werden. Wir möchten es Ihnen überlassen, sich diesem Argument anzuschließen oder nicht.

6.11.4 Nutzung von Images in Werbung und Marketing

Eine mögliche Anwendung von Images im Kontext von Werbung und Marketing besteht im **Imagetransfer** (Fichter, 2017c). Dabei wird bei der Einführung eines neuen Produktes ein bestehender Markenname gewählt, in der Hoffnung, das mit diesem verbundene positive Image möge sich auf das neue Produkt übertragen. Ein Beispiel dafür sind Nivea-Produkte, die alle vom positiven Image der ursprünglichen Nivea-Creme profitieren. Imagetransfer spart Zeit (und Geld), die ansonsten in den Aufbau einer neuen Marke investiert werden müsste, birgt aber auch die Gefahr mangelnder Differenzierung, etwa im Falle eines **Imageschadens**: Steht ein Produkt im Fokus von Kritik, so färbt diese auf alle Produkte derselben Marke ab. Eine zweite Anwendung besteht in der Positionierung von Angeboten im Markt. Da sich Produkte oft hinsichtlich ihrer sachhaltigen Eigenschaften kaum differenzieren, versuchen ihre Hersteller, spezifische Imageattribute zu unterstreichen. So ist es etwa nicht unüblich, eine Duschcreme als »sportlich« und »jung« anzupreisen, und eine andere, in ihrer Zusammensetzung identische, als »edel« und »exklusiv«.

Zum Schluss soll darauf hingewiesen werden, dass es nicht ratsam ist, Imagewerbung zu betreiben, ohne sich auch um eine Verbesserung der objektiven Eigenschaften des Angebots zu kümmern. Erstens, weil solche Manipulationen außerhalb eines experimentellen Umfelds früher oder später ans Tageslicht kommen und zu einem irreparablen Imageschaden führen können – und zweitens natürlich, weil es unredlich ist. Dazu zitieren wir gerne den erfolgreichen Werber Alexander Jaggy, ehemals Creative Director der Werbeagentur Jung von Matt: »Werbung ist nie die Lösung für Qualitätsmängel am Produkt!«

> Eine mögliche Anwendung von Images im Kontext von Werbung und Marketing ist **Imagetransfer**.

> **Imagewerbung** zu betreiben, **ohne das Produkt zu verbessern**, ist nicht ratsam.

❓ Kontrollfragen

1. Wieso bestehen gegenüber Werbung Vorbehalte?
2. Welche Funktionen hat Werbung für Konsumenten?
3. Welche Werbebotschaften eignen sich für eine zentrale Verarbeitung der Information, welche für eine periphere?
4. Ist Markenbewusstsein erforderlich, damit Werbung wirkt?
5. Wie funktioniert emotionale Werbung?
6. Was spricht für die Verwendung von Bildern anstatt Text in der Werbung?
7. Wie antworten Sie, wenn von Ihnen eindeutige Farbempfehlungen gewünscht werden?
8. Funktioniert subliminale Werbung, und würden Sie diese empfehlen?
9. Was spricht für die Messung von Werbewirkung? Und was spricht dagegen?
10. Wer überprüft, ob Werbung Schranken überschreitet?
11. Welche Werbeformate gibt es?
12. Was ist bei Werbung im Internet anders?
13. Wie gestaltet man virale Werbung, und wie stehen die Chancen, dass ein Spot viral wird?
14. Welche Funktion haben Images für Anbieter und für Konsumenten?
15. Nennen Sie ein Beispiel für einen Imageeffekt.

▶ **Weiterführende Literatur**

Felser, G. (2015). *Werbe- und Konsumentenpsychologie* (4. Aufl.). Berlin: Springer.
Fennis, B. M., & Stroebe, W. (2016). *The psychology of advertising* (2nd ed.). New York: Routledge.
Kroeber-Riel, W., & Esch, F. R. (2015). *Strategien und Techniken der Werbung* (8. Aufl.). Stuttgart: Kohlhammer.

Literatur

Aaker, J. L. (1997). Dimensions of brand personality. *Journal of Marketing Research, 34*(3), 347-356.
Allan, D. (2007). Sound advertising: A review of the experimental evidence on the effects of music in commercials on attention, memory, attitudes, and purchase intention. *Journal of Media Psychology, 12*(3), 1-35.
Armstrong, J. S. (2011). *Werbung mit Wirkung.* Stuttgart: Schäffer-Poeschel.
Berger, J., & Milkman, K. L. (2012). What makes online content viral? *Journal of Marketing Research, 49*(2), 192-205.
Chaiken, S., Liberman, A., & Eagly, A. H. (1989). Heuristic and systematic information processing within and beyond the persuasion context. In J. S. Uleman, & J. A. Bargh (Eds.), *Unintended thought* (pp. 212-252). New York: Guilford.
Drumwright, M. E., & Murphy, P. E. (2004). How advertising practitioners view ethics: Moral muteness, moral myopia, and moral imagination. *Journal of Advertising, 33*(2), 7-24.
Dutka, S. (1995). *DAGMAR, defining advertising goals for measured advertising results* (2nd ed.). Lincolnwood: NTC Business Books.
Elliot, A. J., & Maier, M. A. (2014). Color psychology: Effects of perceiving color on psychological functioning in humans. *Annual Review of Psychology, 65*, 95-120.
Elliot, A. J., Maier, M. A., Moller, A. C., Friedman, R., & Meinhardt, J. (2007). Color and psychological functioning: The effect of red on performance attainment. *Journal of Experimental Psychology: General, 136*(1), 154-168.
Erb, H. P., & Kruglanski, A. W. (2005). Persuasion: Ein oder zwei Prozesse? *Zeitschrift für Sozialpsychologie, 36*(3), 117-131.
Felser, G. (2015). *Werbe- und Konsumentenpsychologie* (4. Aufl.). Berlin: Springer.
Fennis, B. M., & Stroebe, W. (2016). *The psychology of advertising* (2nd ed.). New York: Routledge.
Fichter, C. (2017a). Werbepsychologie. In M. A. Wirtz (Hrsg.), *Dorsch – Lexikon der Psychologie* (18. Aufl., S. 1822). Bern: Huber.
Fichter, C. (2017b). Image. In M. A. Wirtz (Hrsg.), *Dorsch – Lexikon der Psychologie* (18. Aufl., S. 776). Bern: Huber.
Fichter, C. (2017c). Imagetransfer. In M. A. Wirtz (Hrsg.), *Dorsch – Lexikon der Psychologie* (18. Aufl., S. 776-777). Bern: Huber.

Fichter, C., & Jonas, K. (2008). Image effects of newspapers: How brand images change consumers' product ratings. *Zeitschrift für Psychologie/Journal of Psychology, 216*(4), 226-234.

Fichter, C., & Steppacher, R. (2009). *Is image more important than content? How the image of politicians influences the reception of political statements.* Paper presented at the 11th Congress of the Swiss Society of Psychology, Neuchatel, Switzerland.

Fichter, C., Eck, C., Coninx, C., Gadient, C., Kündig, C., Schuster, Y., & Schneider, J. (2011). *Zürich image monitoring.* Zürich: Kalaidos Research.

Gardner, B. B., & Levy, S. J. (1955). The product and the brand. *Harvard Business Review, 33*(2), 33-39.

Gigerenzer, G. (2007). *Bauchentscheidungen: Die Intelligenz des Unbewussten und die Macht der Intuition.* München: Bertelsmann.

Hovland, C. I., Janis, I. L., & Kelley, H. H. (1953). *Communication and persuasion: Psychological studies of opinion change.* New Haven: Yale University Press.

Kahneman, D. (2011). *Thinking, fast and slow.* New York: Farrar, Straus and Giroux.

Köhler, W. (1947). *Gestalt Psychology* (2nd ed.). New York: Liveright.

Kroeber-Riel, W., & Weinberg, P. (2003). *Konsumentenverhalten* (8. Aufl.). München: Vahlen.

Mattenklott, A. (2015). Emotionale Werbung. In K. Moser (Hrsg.), *Wirtschaftspsychologie* (S. 83-100). Heidelberg: Springer.

McDonald, C., & Scott, J. (2007). A brief history of advertising. In G. Tellis & T. Ambler (Eds.), *The Sage handbook of advertising* (pp. 17-34). London: Sage.

Mitchell, A. A., & Olson, J. C. (1981). Are product attribute beliefs the only mediator of advertising effects on brand attitude? *Journal of Marketing Research, 18*(3), 318-332.

Moser, K., & Verheyen, C. (2011). Sex-Appeal in der Werbung: Die Entwicklung der letzten Jahre. In C. Holtz-Bacha (Hrsg.), *Stereotype? Frauen und Männer in der Werbung* (2. Aufl., S. 188-210). Wiesbaden: Verlag für Sozialwissenschaften.

Petty, R. E., & Cacioppo, J. T. (1986). The elaboration likelihood model of persuasion. In L. Berkowitz (Ed.), *Advances in experimental social psychology* (Vol. 19, pp. 123-205). New York: Academic Press.

Ray, M. L. (1973). Psychological theories and interpretations of learning. In S. Ward & T. S. Robertson (Eds.), *Consumer behavior: Theoretical sources* (pp. 45-117). Englewood Cliffs, NJ.: Prentice-Hall.

Ryu, G., Lim, E. A. C., Tan, L. T. L., & Han, Y. J. (2007). Preattentive processing of banner advertisements: The role of modality, location, and interference. *Electronic Commerce Research and Applications, 6*(1), 6-18.

Schlosser, A. E., White, T. B., & Lloyd, S. M. (2006). Converting web site visitors into buyers: How web site investment increases consumer trusting beliefs and online purchase intentions. *Journal of Marketing, 70*(2), 133-148.

Scott, W. D. (1908). *The psychology of advertising.* Boston, MA: Small & Maynard.

Sengupta, J., & Dahl, D. W. (2008). Gender-related reactions to gratuitous sex appeals in advertising. *Journal of Consumer Psychology, 18*(1), 62-78.

Simola, J., Kuisma, J., Oörni, A., Uusitalo, L., & Hyönä, J. (2011). The impact of salient advertisements on reading and attention on web pages. *Journal of Experimental Psychology Applied, 17*(2), 174-190.

Sparrow, B., & Chatman, L. (2013). Social cognition in the Internet age: Same as it ever was? *Psychological Inquiry, 24*(4), 273-292.

Trommsdorff, V., & Becker, J. (2005). Produkt und Image. In D. Frey, L. von Rosenstiel, & C. Graf Hoyos (Hrsg.), *Wirtschaftspsychologie* (S. 295-303). Weinheim: Beltz.

Vicary, J. (1957). Subliminal svengali? *Sponsor, 11* (30. Nov.), 38-42.

Wänke, M., Herrmann, A., & Schaffner, D. (2007). Brand name influence on brand perception. *Psychology & Marketing, 24*(1), 1-24.

Webster, F. E., Jr., & Wind, Y. (1972). A general model for understanding organizational buying behavior. *Journal of Marketing, 36*, 12-19.

Wiswede, G. (2012). *Einführung in die Wirtschaftspsychologie* (5. Auflage). München: Reinhardt.

Zajonc, R. B. (1968). Attitudinal effects of mere exposure. *Journal of Personality and Social Psychology, 9*(2, Pt. 2), 1-27.

Arbeit, Organisation, Personal

Kapitel 7   **Arbeit** – 131
Christian Fichter

Kapitel 8   **Organisation** – 163
Christian Fichter, Jörn Basel und Sherin Keller

Kapitel 9   **Personal** – 193
Sherin Keller, Christian Fichter und Jörn Basel

Wäre es nicht schön, wenn wir einfach so konsumieren könnten, ohne arbeiten zu müssen? Klingt verlockend, ist es aber nicht. Die meisten Menschen haben ein Verlangen nach **Arbeit**, wie sie nach Schlaf verlangen, und nach Essen. Warum nur? Einerseits sicherlich, weil es eine starke soziale Norm gibt, nach der wir zu arbeiten haben. Viele werden schon von Kindesbeinen an auf Höchstleistung getrimmt. Aber es ist nicht nur diese Norm, die uns zur Arbeit motiviert. Menschen wollen von Natur aus Leistung erbringen. Sie wollen kreativ und produktiv sein, etwas Nützliches erschaffen. Danach sind sie zwar müde – aber auch zufrieden, und manchmal sogar stolz. Und sie fangen am nächsten Tag wieder damit an, denn so können sie ihre Leistungsmotivation ausleben und Selbstwirksamkeit, körperliche oder geistige Aktivierung und oft sogar soziale Einbettung erfahren. Natürlich haben sie auch Lohn bekommen (nicht unbedingt in Form von Geld). Aber wenn die wirtschaftspsychologische Analyse von Arbeit eines ergeben hat, dann dies: Lohn ist nicht der einzige Grund, warum wir arbeiten. In den folgenden Kapiteln befassen wir uns mit Arbeit, und mit den Möglichkeiten, wie Arbeit in **Organisationen** gebündelt und orchestriert werden kann.

Damit ist eine herausragende Fähigkeit des Menschen angesprochen: Kein anderes Lebewesen kann so gut mit Seinesgleichen zusammenarbeiten. Zwar arbeiten auch Bienen und Ameisen auf faszinierende Art und Weise zusammen, aber diese Formen von Zusammenarbeit sind fest programmiert und können nur beschränkt auf Umweltveränderungen reagieren. Menschengemachte Organisationen hingegen sind komplizierte soziale Gebilde, die sehr unterschiedlich gestaltet sein können – die aber auch gestaltet werden müssen, denn im Gegensatz zu einem Ameisenhaufen oder einem Bienenstock folgen sie nicht automatisch einem fest vorgegebenen Organisationsmuster. Dass die Beteiligten dabei leicht an die Grenzen des Menschenmöglichen stoßen, wird uns noch beschäftigen – nicht zuletzt beim wohl wichtigsten Punkt, der in diesem Zusammenhang beachtet werden muss: dass Arbeitnehmer und Organisation zusammenpassen müssen. Damit befassen wir uns unter dem Stichwort **Personal**.

7 Arbeit

Christian Fichter

7.1 Arbeitsanalyse und Arbeitsgestaltung – 132
7.1.1 Arbeitsanalyse – 133
7.1.2 Arbeitsgestaltung – 133

7.2 Arbeitszufriedenheit und Arbeitsmotivation – 136
7.2.1 Messung von Arbeitszufriedenheit – 136
7.2.2 Motivation: Warum arbeiten wir? – 138

7.3 Beanspruchung und Stress – 140
7.3.1 Objektive Belastungen, subjektive Beanspruchungen – 140
7.3.2 Burnout – 141
7.3.3 Umgang mit Belastungen – 142
7.3.4 Erholung – 142

7.4 Arbeitssicherheit – 143
7.4.1 Systemsicherheit und Sicherheitskultur – 144

7.5 Gruppenarbeit – 145
7.5.1 Die Wiederentdeckung der Gruppenarbeit – 145
7.5.2 Arbeitsgruppen bilden – 147
7.5.3 Kritische Würdigung der Gruppenarbeit – 147
7.5.4 Teams bilden, Teams entwickeln – 148

7.6 Unternehmertum und Selbstständigkeit – 148
7.6.1 Wer wird Unternehmer? – 149
7.6.2 Unternehmertum lernen – 150
7.6.3 Gibt es die Unternehmerpersönlichkeit? – 150
7.6.4 Unternehmerische Konzepte – 150
7.6.5 Kognitive Aspekte von Unternehmertum – 151
7.6.6 Motivationale Aspekte von Unternehmertum – 152

7.7 Selbstmanagement – 154
7.7.1 Strukturwandel und Internet machen Selbstmanagement erforderlich – 155
7.7.2 Selbstmanagement durch Konditionierung – 156
7.7.3 Was bringt Selbstmanagement? – 157
7.7.4 Warum wir Zeit schlecht managen – 158

Literatur – 160

© Springer-Verlag GmbH Deutschland 2018
C. Fichter (Hrsg.), *Wirtschaftspsychologie für Bachelor*
https://doi.org/10.1007/978-3-662-54944-5_7

Lernziele

- Wissen, wie man Arbeit analysieren und gestalten kann.
- Wissen, wie sich Arbeitszufriedenheit steigern lässt.
- Verstehen, was Menschen zur Arbeit motiviert.
- Begründen können, warum die Maslow-Pyramide Arbeitsmotivation nicht erklärt.
- Schlagwörter wie Work-Life-Balance und Burnout verstehen und einordnen können.
- Stress begegnen können.
- Arbeitsunfällen vorbeugen können.
- Vor- und Nachteile von Gruppenarbeit kennen.
- Möglichkeiten zur Teamentwicklung bewerten können.
- Verstehen, was Unternehmer erfolgreich macht.
- Wissen, weshalb Selbstmanagement wichtig ist – und wie man es richtig macht.

7.1 Arbeitsanalyse und Arbeitsgestaltung

Arbeitsanalyse und Arbeitsgestaltung sind zwei der vornehmsten Aufgaben der Arbeitspsychologie, denn davon profitieren Arbeitnehmer und Unternehmen gleichermaßen: **Wird Arbeit optimal gestaltet, so kann sie ohne gesundheitliche Schädigung und produktiv ausgeführt werden.** Das ist keineswegs selbstverständlich. In der Zeit der frühen Industrialisierung waren viele Arbeitsplätze nicht nur menschenunwürdig, sondern überdies ineffizient gestaltet. Es ist den frühen Wirtschaftspsychologen wie Hugo Münsterberg und seinen Schülern zu verdanken, dass die damalige Unkenntnis über die Notwendigkeit der Passung zwischen Mensch und Arbeit überwunden werden konnte. Im 20. Jahrhundert wurden mithilfe der Psychologie nicht nur systematische Methoden zur Steigerung der Produktivität entwickelt, sondern die Arbeitswelt wurde humanisiert – wenngleich in unsteten Schüben. Doch auch heute sind Arbeitsanalyse und -gestaltung keinesfalls obsolet, denn neue Technologien und ein veränderter Lebensrhythmus verändern die Arbeitsumgebungen und machen neue Gestaltungsbemühungen unausweichlich. Ganz zu schweigen davon, dass in manchen Schwellenländern oder marginalisierten Berufsständen auch heute noch prekäre Zustände herrschen, die es zu beheben gilt (◘ Abb. 7.1, ◘ Abb. 7.2).

> Im 20. Jahrhundert wurde mithilfe der Psychologie nicht nur die **Produktivität gesteigert**, sondern auch die **Arbeitswelt humanisiert**.

◘ **Abb. 7.1** Das »Eisenwalzwerk« (1872–1875) von Adolph von Menzel zeigt Arbeitsbedingungen, wie sie in Fabriken des 19. Jahrhunderts nicht unüblich waren (Quelle: https://commons.wikimedia.org/wiki/File:Adolph_Menzel_-_Eisenwalzwerk_-_Google_Art_Project.jpg, this work is in the public domain)

◘ **Abb. 7.2** Im Gegensatz dazu ein heutiger Arbeitsplatz: ein modernes, menschenfreundlich gestaltetes Büro bei Google (© martinvarsavsky, this work with the title https://c2.staticflickr.com/8/7224/7176368842_c46857d566_b.jpg, [https://www.flickr.com/photos/martinvars/7176368842] is licenced under CC-BY-2.0 [https://creativecommons.org/licenses/by/2.0/], no modification were made)

7.1.1 Arbeitsanalyse

Damit man einen Arbeitsplatz verbessern kann, muss man zunächst verstehen, **woraus die Arbeit überhaupt besteht.** Dazu wird eine Arbeitsanalyse ausgeführt. Diese folgt dem üblichen Forschungsprozess: Fragestellung, Methodenwahl, Datenerhebung, Auswertung und Berichterstattung; schließlich Empfehlung von Gestaltungsmaßnahmen sowie deren Einführung und Evaluation. Als Methoden kommen sämtliche auch sonst in der Psychologie verwendeten Verfahren infrage (▶ Bonuskapitel »Methodischer Rahmen der Wirtschaftspsychologie«). Aus Zeit- und Kostengründen werden in der Praxis aber meist standardisierte Fragebögen eingesetzt. Ebenfalls verbreitet sind Beobachtungsmethoden, etwa bei Produktionsabläufen in der industriellen Fertigung oder bei telefonisch erbrachten Dienstleistungen. Beobachtung birgt die Gefahr, dass die Arbeitsanalyse als Deckmantel für übermäßig strenge Leistungskontrollen missbraucht wird. (Haben Sie schon mal in einer Telefon-Hotline gehört: »Dieses Gespräch kann zu Schulungszwecken aufgezeichnet werden«?) Einige Arbeitsumgebungen erfordern spezifische Messverfahren. So kann man etwa die Strahlenbelastung der Mitarbeiter eines Atomkraftwerks schwerlich mittels Fragebogen erfassen.

Ein Beispiel für einen **Fragebogen zur Arbeitsanalyse** ist der Job Diagnostic Survey von Hackman und Oldham (1975), der insbesondere Rückschlüsse darauf zulässt, wie motivierend eine Arbeit ist. Abgefragt werden verschiedene Merkmale der Arbeit: Anforderungsvielfalt, Ganzheitlichkeit, Bedeutung für andere, Autonomie, Sinnhaftigkeit und Verantwortlichkeit sowie Rückmeldung über die erbrachte Leistung. Je höher eine Arbeit vom befragten Arbeitnehmer auf diesen Merkmalen eingestuft wird, desto motivierender ist sie. Ein neuerer Fragebogen ist der Work Design Questionnaire (WDQ) von Morgeson und Humphrey (2006), der außer motivationalen auch soziale und kontextuelle Merkmale erfasst, etwa soziale Unterstützung oder Ergonomie.

> Die Arbeitsanalyse **untersucht einen Arbeitsplatz mit wissenschaftlichen Methoden.** Aus Effizienzgründen werden dazu meist standardisierte Fragebögen eingesetzt.
>
> Bonuskapitel »Methodischer Rahmen der Wirtschaftspsychologie«
>
> Der **Work Design Questionnaire** (WDQ) von Morgeson und Humphrey (2006) erfasst außer motivationalen **auch soziale und kontextuelle Merkmale.**

7.1.2 Arbeitsgestaltung

Nach erfolgter Analyse der Arbeit kann man deren Gestaltung in Angriff nehmen. Dabei stehen nach Hacker und Richter (1980) im Hinblick auf die Mitarbeiter vier Kriterien im Vordergrund: Ausführbarkeit, Schädigungslosigkeit (z. B. hinsichtlich Schadstoffen, Lärm oder belastenden Erfahrungen), Beeinträchtigungsfreiheit (z. B. hinsichtlich Überforderung, Hektik oder Monotonie) und Persönlichkeitsförderlichkeit. Wird eine Arbeitsgestaltung zur Korrektur bestehender Mängel durchgeführt, so ist das bereits eine gute Sache. Noch besser als korrektive sind aber präventive Maßnahmen, damit Schädigungen erst gar nicht eintreten.

Die möglichen Maßnahmen zur Arbeitsgestaltung sind vielfältig. Arbeitsmittel (etwa Werkzeuge, Maschinen oder Computer) sollten ergonomisch, sicher und effizient sein. Ein Handwerker braucht eine starke Bohrmaschine, ein Fahrradkurier ein schnelles Fahrrad, ein Statistiker einen leistungsfähigen Computer. Der Arbeitsplatz sollte einen ergonomischen und störungsfreien Einsatz der Arbeitsmittel erlauben. Ein Bildschirmarbeitsplatz z. B. sollte so eingerichtet sein, dass Fehlhal-

> Bei der Gestaltung von Arbeit stehen **Ausführbarkeit, Schädigungslosigkeit, Beeinträchtigungsfreiheit** und **Persönlichkeitsförderlichkeit** im Vordergrund.
>
> Der Arbeitsplatz sollte einen **ergonomischen** und **störungsfreien** Einsatz der Arbeitsmittel erlauben.

tungen vermieden werden. Die Umgebung des Arbeitsplatzes sollte schädigungsfrei, leistungsfördernd und dem Wohlbefinden zuträglich sein. Lärm und Schadstoffe sollten minimiert, hygienische oder soziale Einrichtungen wie Duschen und Kantinen sollten bereitgestellt werden.

Arbeitsgestaltung umfasst aber nicht nur die Umwelt, sondern auch die Aufgaben. Gemäß der diesbezüglichen **Norm zur humanen Arbeitsgestaltung** DIN EN ISO 9241 erfüllen gut gestaltete Aufgaben sieben Kriterien:

> Zur humanen **Arbeitsgestaltung** gibt es eine **DIN-Norm** (EN ISO 9241).

1. **Benutzerorientierung**: Die Erfahrungen und Fähigkeiten der Beschäftigten werden berücksichtigt.
2. **Vielseitigkeit**: Die Aufgaben erfordern eine angemessene Vielfalt von Fertigkeiten und Aktivitäten.
3. **Ganzheitlichkeit**: Die Aufgabe wird als ganzheitliche Arbeitseinheit statt als Bruchstück davon erkennbar.
4. **Bedeutsamkeit**: Der Beitrag der Aufgabe zum Ganzen ist erkennbar.
5. **Handlungsspielraum**: Reihenfolge, Tempo und Vorgehen können in angemessener Weise variiert werden.
6. **Soziale Rückmeldung**: Arbeitstätige erhalten zur Qualität ihrer Arbeit Rückmeldung von Kollegen und Vorgesetzten.
7. **Entwicklungsmöglichkeit**: Die Aufgabe bietet Gelegenheit zur Weiterentwicklung.

Gegen die Monotonie

Arbeit kann auch dadurch besser gestaltet werden, indem man ihre Struktur variiert. Damit ist gemeint, dass einer Stelle verschiedene Aufgaben zugewiesen werden, die sich hinsichtlich Niveau und Breite unterscheiden. Eine Möglichkeit hierzu ist **Job Rotation**: Mitarbeiter tauschen ihre Aufgaben untereinander für eine bestimmte Zeit. Dies beugt Monotonie vor und bietet Gelegenheit, Neues zu lernen. Ein Beispiel dafür wäre, dass sich ein Bagger- und ein Kranführer im wöchentlichen Turnus abwechseln. Anders funktioniert **Job Enlargement**: Hierbei wird das Aufgabenfeld einer Stelle quantitativ erweitert, z. B. indem der Baggerführer auch noch die Verantwortung für den Kran auf der Baustelle erhält. Einen Schritt weiter geht **Job Enrichment**: Hierbei werden die mit einer Stelle verbundenen Aufgaben qualitativ erweitert – es kommen also nicht zusätzliche Aufgaben hinzu, sondern die bestehenden werden reichhaltiger gestaltet. Um beim Bagger-Beispiel zu bleiben: Der Baggerführer lenkt den Bagger nicht mehr nur, sondern ist auch für dessen Wartung und für die Ausbildung neuer Baggerführer verantwortlich.

> Arbeit kann besser gestaltet werden, indem man ihre Struktur variiert, beispielsweise durch **Job Rotation, -Enlargement** oder **-Enrichment**.

In jüngerer Zeit wird im Zusammenhang mit Arbeitsgestaltung manchmal von **Job Crafting** als idealem Modell gesprochen. Dabei wird die Arbeit vom Stelleninhaber selbst hinsichtlich ihrer Aufgaben und ihrer emotionalen, kognitiven und sozialen Bezüge erweitert, modelliert und gestaltet (Kauffeld, 2014, S. 226). Es liegt auf der Hand, dass davon schlussendlich eine höhere Arbeitszufriedenheit erwartet werden darf. Aber die gestalterische Freiheit hat Grenzen, denn bei manchen Stellen ist Umgestaltung durch ihre Inhaber weniger opportun. Ein Job Crafting für Linienpiloten beispielsweise dürfte nicht bei allen Flugpassagieren auf Wohlgefallen stoßen, denn eine sichere Luftfahrt ist ohne die Einhaltung fest vorgeschriebener Verfahrensabläufe nicht zu gewährleisten.

> Beim **Job Crafting** wird die Arbeit vom Stelleninhaber selbst mitgestaltet.

Ein anderes, heute weit verbreitetes Mittel zur besseren Arbeitsgestaltung ist die Verteilung der Arbeit auf Gruppen. **Gruppenarbeit** vereinfacht die Anwendung der obenstehenden Maßnahmen wie Job Enlargement und Job Enrichment und bietet Gelegenheit zu sozialem Austausch. Damit wirkt sie der Partikularisierung von Aufgaben entgegen, die insbesondere in der arbeitsteiligen Produktion mit der Gefahr von Sinnentleerung verbunden ist. Gruppenarbeit nützt den Unternehmen ebenso wie den Mitarbeitern, denn mit der Arbeitszufriedenheit steigen auch Motivation und Verantwortungsgefühl. Eine besondere Form von Gruppenarbeit sind Projektgruppen, in denen sich jeweils zeitlich beschränkt die für ein bestimmtes Projekt erforderlichen Fachkräfte und Experten zusammenfinden. Projektgruppen bieten den Vorteil gebündelter Expertise, stellen Führungskräfte aber vor neue, teilweise diffizile Probleme, etwa aufgrund von Verantwortungsdiffusion oder Gruppendenken. Wir kommen darauf in ▶ Abschn. 7.5 zurück.

> Gruppenarbeit wirkt der **Partikularisierung von Aufgaben** entgegen, die insbesondere in der arbeitsteiligen Produktion mit der Gefahr von Sinnentleerung verbunden ist.

Räumliche und zeitliche Flexibilisierung

Eine weitere Möglichkeit zur Arbeitsgestaltung sind **flexible Arbeitszeiten**. War es früher üblich, zu festgelegten Zeiten in der Fabrik oder im Büro zu erscheinen, so ist es heute auf vielen Stellen möglich, Arbeitsbeginn und Arbeitsende innerhalb bestimmter Grenzen den individuellen Bedürfnissen anzupassen – man spricht hier von Gleitzeit. Bei Gleitzeitmodellen sollte darauf geachtet werden, dass Kernzeiten definiert werden, zu denen alle anwesend sind. Sonst werden Koordination und Austausch zwischen den Mitarbeitern erschwert, trotz technischer Alternativen wie Intranet, E-Mail, Videotelefonie und Chat. Auch **Teilzeitarbeit** erfreut sich wachsender Beliebtheit, stellt aber besondere Anforderungen an die Koordination und Kommunikation zwischen den Mitarbeitern und mit den Kunden. Einige Studien fanden zwar positive Effekte von flexibler Arbeitsgestaltung auf die Arbeitszufriedenheit (Kauffeld et al., 2004). Doch man darf nicht vergessen, dass flexible Arbeitszeiten, etwa zur Erweiterung der Öffnungszeiten, beim betroffenen Personal nicht auf uneingeschränkte Zustimmung stoßen.

> **Gleitzeit** ermöglicht flexiblere Arbeitszeiten, kann aber Koordination und Kommunikation unter den Mitarbeitern erschweren.

Neue Arbeitsformen bringen neue Herausforderungen

Aufgrund des technischen Fortschritts und veränderter wirtschaftlicher und gesellschaftlicher Rahmenbedingungen arbeiten immer mehr Menschen an Bildschirmarbeitsplätzen oder von zuhause aus. Dadurch ergeben sich für die Arbeitsgestaltung ganz neue Herausforderungen. Bereits ist festzustellen, dass überwiegendes Stillsitzen, Fehlhaltungen und Fokussierung auf den Bildschirm langfristig zu gesundheitlichen Beeinträchtigungen führen können, und dass im **Home-Office** Arbeitende sozial isoliert und in der betrieblichen Kommunikation benachteiligt werden können. Diese neuen Probleme können nur gelöst werden, wenn die Betroffenen über Mittel und Wege zur guten Gestaltung ihrer Arbeitsplätze ins Bild gesetzt und zur Vermeidung schädigender oder unproduktiver Verhaltensweisen befähigt und motiviert werden.

> **Home-Office** kann Mitarbeiter **sozial isolieren** und die betriebliche **Kommunikation erschweren**.

Weniger ist manchmal mehr

Zur Arbeitsgestaltung gehört es auch, der Arbeit Grenzen zu setzen. Wenn sich die Arbeit im Zeitalter ständiger Erreichbarkeit zu sehr auf

*Wenn sich Arbeit zu sehr auf Freizeit und Familienzeit ausweitet, wird nicht nur die Work-Life-Balance beeinträchtigt – **auch die Qualität der Arbeit leidet.***

die Freizeit und die Familienzeit ausweitet, wird nicht nur die **Work-Life-Balance** beeinträchtigt – auch die Qualität der Arbeit leidet. Kauffeld (2014, S. 232) führt in diesem Zusammenhang zwei vielsagende Beispiele an: den Volkswagen-Konzern, dessen Betriebsrat 2011 eine Funkstille für E-Mails außerhalb der Gleitzeiten einführte, und die Internet-Firma Yahoo, die 2013 ihre Mitarbeiter aus den Home-Offices zurück ins Firmengebäude rief, um Kommunikation und Innovation zu verbessern.

Exkurs

Gute Arbeitsgestaltung ist kein »Nice to have«

Dass eine bessere Gestaltung von Arbeit nicht nur wünschenswert, sondern auch lohnend ist, zeigt das Beispiel der Luftfahrt: Die Arbeitsplätze von Piloten werden minutiös analysiert und verbessert, ganz einfach weil die Sicherheit der Fluggäste auf dem Spiel steht. Die Wichtigkeit guter Arbeitsgestaltung wird auch dadurch bestätigt, dass in vielen Ländern Industrienormen zur Arbeitsgestaltung definiert worden sind. Aber natürlich reicht es nicht, Richtlinien für Betriebe zu definieren – es müssen sich auch die entsprechenden sozialen Normen in der Gesellschaft etablieren. Sonst werden auch in Zukunft Bauarbeiter auf Gehörschutz verzichten, Anwälte sich mit übermäßigen Arbeitszeiten beweisen und Assistenzärzte sich übermüdet durch Mammutschichten kämpfen.

7.2 Arbeitszufriedenheit und Arbeitsmotivation

*Arbeitszufriedenheit ist auch für die **Stabilität unserer Gesellschaft** von Bedeutung.*

Muss Arbeit Spaß machen? Oder genügt es, wenn sie genug Geld zum Leben einbringt? Nun, Arbeit kann und muss nicht immer Spaß machen, aber Organisationen sollten sich schon Mühe geben, dass ihre Mitarbeiter zufrieden sind, und zwar aus mehreren Gründen. Erstens: Wenn sie zufrieden sind, fehlen sie seltener, wechseln weniger häufig die Stelle und leisten mehr. Zweitens: Die Menschen verbringen viel Zeit mit ihrer Arbeit, oft mehr als sie zuhause sind. Es wäre unmenschlich, wenn der größte Teil der Bevölkerung dabei unzufrieden sein müsste. Drittens unterstützt Arbeitszufriedenheit die Akzeptanz des wirtschaftlichen Systems. Sie ist daher für die Stabilität unserer Gesellschaft von einiger Bedeutung (Kauffeld, 2014, S. 194).

7.2.1 Messung von Arbeitszufriedenheit

*Arbeitszufriedenheit **lässt sich messen,** entweder global oder in allen Facetten.*

Arbeitszufriedenheit widerspiegelt eine Einstellung, daher kann sie mit den üblichen Methoden der Einstellungsmessung gemessen werden. Eine Möglichkeit ist es, ganz global und mit nur einem Item zu fragen: »Wie zufrieden sind Sie mit Ihrer Arbeit ganz allgemein?« Aber natürlich besteht Arbeitszufriedenheit aus mehreren Teilaspekten, zu deren Erfassung verschiedene Skalen entwickelt wurden, etwa der **Arbeitsbeschreibungsbogen** (ABB, Neuberger & Allerbeck, 1978) oder der **Job Satisfaction Survey** (JSS, Spector, 1985). Die verschiedenen Facetten, die in solchen Skalen abgefragt werden, umfassen unter anderem Tätigkeit, Lohn, Chef, Kollegen, Arbeitszeiten, Arbeitsplatzsicherheit, Arbeitsbedingungen, Entwicklungsmöglichkeiten oder Sinnhaftigkeit.

Wie die Einstellungsmessung ist auch die Messung von Arbeitszufriedenheit mit einigen Schwierigkeiten verbunden, etwa sozialer

Erwünschtheit, Stimmungen, aktuellen Erlebnissen und der inhärenten Subjektivität der Selbstauskunft. So könnte es z. B. sein, dass Frau Müller mit ihrem Arbeitsplatz im Großraumbüro sehr zufrieden ist, weil dieser die Kommunikation erleichtert, wohingegen Kollege Meier sich durch die vielen Geräusche in seiner Konzentration gestört fühlt. Zusammengenommen würde sich aus den Antworten von Frau Müller und Herrn Meier ein mittlerer Wert für Arbeitszufriedenheit ergeben, was kein valides Ergebnis wäre. Arbeitszufriedenheit hängt also nicht nur von der Situation ab, sondern auch von der Person: Was vom einen geschätzt wird, stört den anderen. Manchmal zeigt sich das auch an vermeintlich banalen Beispielen, etwa ob das Fenster geöffnet oder das Radio eingeschaltet werden darf.

> Wie die Einstellungsmessung ist auch die **Messung von Arbeitszufriedenheit** mit einigen Schwierigkeiten verbunden, etwa **sozialer Erwünschtheit**, **Stimmungen** oder **aktuellen Erlebnissen**.

Wann macht Arbeit zufrieden?

Unter den vielen Überlegungen, die zur Arbeitszufriedenheit angestellt wurden, erlangte die **Zwei-Faktoren-Theorie von Herzberg** et al. (1959) die größte Prominenz. Die Kernaussage dieser Theorie ist, dass Arbeitszufriedenheit nicht eindimensional ist (von unzufrieden bis zufrieden), sondern zweidimensional, bestehend aus den beiden unabhängigen Dimensionen Zufriedenheit und Unzufriedenheit. Danach sind die verschiedenen Facetten der Arbeitszufriedenheit entweder **Motivatoren,** die zwar die Zufriedenheit erhöhen, aber nicht die Unzufriedenheit vermindern, oder sie sind **Hygienefaktoren** und vermindern die Unzufriedenheit, erhöhen aber nicht die Zufriedenheit. Als Motivatoren gelten eher inhaltliche Aspekte, etwa Sinn, Verantwortung oder Entfaltungsmöglichkeiten. Hygienefaktoren betreffen eher den Kontext, etwa Gehalt, Führungsstufe oder Arbeitsplatzsicherheit.

> Die Kernaussage der Zwei-Faktoren-Theorie nach Herzberg et al. ist, dass Arbeitszufriedenheit nicht eindimensional ist, sondern **zweidimensional**, bestehend aus den **unabhängigen Dimensionen Zufriedenheit und Unzufriedenheit**.

Das Modell von Herzberg und Kollegen genießt zwar insbesondere in nichtwissenschaftlicher Literatur immer noch hohen Stellenwert, wurde aber vielfach kritisiert. Erstens konnte es empirisch kaum bestätigt werden, zweitens bestehen inhaltliche Zweifel. Zum Beispiel ist es durchaus nicht für alle Beschäftigten so, dass der Lohn nur ein Hygienefaktor ist – manche ziehen daraus im Gegenteil sehr wohl Motivation und sind zufriedener, wenn ihre Arbeit besser bezahlt wird. Immerhin: Der historische Verdienst von Herzberg besteht aus dem wichtigen und nicht selbstverständlichen Hinweis, dass Menschen nicht nur für Geld arbeiten, sondern dass es daneben noch weitere Faktoren gibt, von denen die Zufriedenheit der Arbeitstätigen abhängt. Dem wird inzwischen niemand mehr widersprechen, daher sollte man heutzutage zur Erklärung von Arbeitszufriedenheit empirisch bestätigte Modelle verwenden – etwa das **Zürcher Modell der Arbeitszufriedenheit,** das verschiedene, sich dynamisch verändernde Formen der Arbeitszufriedenheit postuliert (Bruggemann, 1976).

> Das Modell von Herzberg et al. genießt zwar in nichtwissenschaftlicher Literatur hohen Stellenwert, konnte jedoch **empirisch kaum belegt** werden.

Führung, Arbeitsstruktur, Alter

Unabhängig von diesen modelltheoretischen Überlegungen konnte empirische Forschung zeigen, **wovon Arbeitszufriedenheit abhängt und worauf sie sich auswirkt**. Mehrere Studien weisen auf Einflüsse des Führungsstils hin: So führt etwa partizipative Führung zu höherer Arbeitszufriedenheit als autoritäre (Gastil, 1994). Dasselbe gilt für höhere Mitarbeiterorientierung (Judge et al., 2004) und insbesondere für transformationale Führung (Judge & Piccolo, 2004). Atypische Arbeitsstruk-

> **Arbeitszufriedenheit hängt von vielen Faktoren ab,** etwa vom Führungsstil, der Arbeitsstruktur, vom Alter und von der Persönlichkeit.

Hohe **Arbeitszufriedenheit hat positive Auswirkungen** auf die Gesundheit, die Bindung zum Arbeitgeber und das Organizational Citizenship Behavior.

turen, wie sie etwa mit Teilzeitarbeit verbunden sind, wirken sich negativ auf die Zufriedenheit aus (Wilkin, 2013). Auch das Alter spielt eine Rolle: Je älter, desto zufriedener sind Arbeitstätige (wobei das Alter nicht kausal sein muss). Nicht zuletzt hängt Arbeitszufriedenheit auch von der Persönlichkeit ab, insbesondere von Selbstwirksamkeit, Kontrollüberzeugung, Selbstwertgefühl und emotionaler Stabilität, von Judge und Bono (2001) zusammengefasst als »Core-self-evaluations«. Arbeitszufriedenheit wiederum wirkt sich nicht nur positiv auf die Leistung aus (Judge et al., 2001), sondern auch auf die Gesundheit (Weinert, 2004): Zufriedene Arbeitnehmer sind weniger krank. Hohe Arbeitszufriedenheit stärkt die Bindung und das »Organizational Citizenship Behavior« der Mitarbeitenden: Man leistet nicht einfach Dienst nach Vorschrift, sondern verspürt den Wunsch, sich einzusetzen und das Beste zu leisten.

7.2.2 Motivation: Warum arbeiten wir?

Arbeitszufriedenheit beschreibt die **rückblickende** Einstellung zur Arbeit, **Arbeitsmotivation** den **inneren Antrieb für zukünftige Arbeit**.

Diese Überlegungen führen uns zu der Frage, was uns zur Arbeit motiviert, oder im ungünstigeren Fall: was uns die Motivation raubt. Während Arbeitszufriedenheit die rückblickende Einstellung zur Arbeit darstellt, beschreibt Arbeitsmotivation den inneren Antrieb für zukünftige Arbeitshandlungen – aber natürlich sind die beiden Betrachtungsweisen überlappend. Viele Faktoren, die retrospektiv zu hoher Arbeitszufriedenheit führen, stärken prospektiv die Arbeitsmotivation und vice versa. Doch bevor wir uns einige theoretische Ansätze zur Arbeitsmotivation anschauen, halten wir einen Moment inne und kommen nochmal auf die eingangs gestellte Frage zurück: Warum arbeiten wir? Um Nahrung kaufen zu können? Weil es die Norm ist? Weil wir einen inneren Antrieb verspüren, Wertschöpfung zu betreiben? Um einen gesellschaftlichen Beitrag zu leisten? Weil wir sonst nicht wissen, was wir mit unserer Zeit anfangen sollen? Oder um sozial eingebunden zu sein? Das sind alles gute Gründe für Arbeit, und sie werden von den meisten Menschen geteilt. Und doch gibt es große **Unterschiede in der Arbeitsmotivation:** Nicht für alle Menschen und nicht zu jeder Zeit hatte Arbeit denselben Stellenwert.

In der westlichen Leistungsgesellschaft stehen bei der Arbeitsmotivation oft **materielle Wünsche** oder das **Bedürfnis nach persönlicher Verwirklichung** im Vordergrund.

Für manche ist Arbeit der zentrale Lebensinhalt, denn sie sind **intrinsisch motiviert** und arbeiten um der Arbeit Willen. Für andere ist Arbeit Mittel zum Zweck, denn sie sind **extrinsisch motiviert** und arbeiten, um sich ihr Hobby, ihre Familie oder ihren nächsten Urlaub leisten zu können. Historisch wurde Arbeit unterschiedlich gedeutet: **Im Alten Testament gilt Arbeit als Fluch**, als Strafe für den menschlichen Sündenfall. Mit der Reformation kehrte sich diese Arbeitsethik in ihr Gegenteil: **Seit Calvin wird Arbeit als heilige Pflicht erachtet**, als Tugend aller rechtschaffenen, gottesfürchtigen Menschen. Der einflussreiche Soziologe Max Weber (1905) sprach in diesem Zusammenhang von »innerweltlicher Askese« und bezeichnet diese als **Fundament westlicher Leistungsgesellschaften**. Angesichts der voranschreitenden Säkularisierung des Westens sind wir Zeugen eines Wertewandels (▶ Abschn. 12.2): Kaum jemand gibt noch an, aus Gottesfürchtigkeit ein arbeitsames Leben führen zu wollen. Im Vordergrund stehen vielmehr materielle Wünsche oder das Bedürfnis nach persönlicher Verwirklichung. Mit solchen Fragen hat sich die Arbeitspsychologie in der Vergangenheit noch kaum befasst. Hier bieten sich faszinierende neue Forschungsfelder, welche für die Weiterentwicklung unserer Volkswirtschaften von einiger Bedeutung sein können.

Die berühmte Maslow-Pyramide

Werfen wir nun einen Blick auf Theorien, die zur Erklärung von Arbeitsmotivation verwendet wurden. Als erstes ist hier das Maslow'sche Modell der Bedürfnishierarchien (1943) zu nennen. Obwohl Maslow dieses nicht zur Erklärung der Arbeitsmotivation konzipiert hatte (und es auch selber nie in Pyramidenform darstellte), gelangte es in der Arbeits- und Organisationspsychologie als »Maslow-Pyramide« zu anhaltender Popularität. Diese verdankt es der intuitiven Plausibilität des Postulats, Motive seien hierarchisch angeordnet: von »niederen«, physiologischen Motiven bis zu »höheren«, psychologischen Motiven, ganz im Sinne von Berthold Brecht: »Erst kommt das Fressen, dann kommt die Moral.« Maslows Modell besagt, dass höhere Motive die Erfüllung der niederen Motive voraussetzen. Das klingt vernünftig, stimmt aber nicht. Das wusste Maslow eigentlich schon selber, denn er beschrieb Menschen, »für die Geltung wichtiger ist als Liebe« (Maslow, 1975, S. 373). Weder bauen Motive zwingend aufeinander auf, noch bilden die von Maslow vorgeschlagenen Motivklassen die menschliche Motivstruktur wirklichkeitsgetreu ab. Daher gelang es auch nicht, das Maslow'sche Modell empirisch zu bestätigen.

Die Maslow-Pyramide ist empirisch nicht bestätigt, denn weder bauen Motive zwingend aufeinander auf, noch bilden die vorgeschlagenen Motivklassen die menschliche Motivstruktur wirklichkeitsgetreu ab.

Exkurs

Modelle menschlichen Verhaltens: Quadratisch, praktisch, gut?

Warum werden viele Modelle des menschlichen Verhaltens nicht verworfen, obwohl sie empirisch nicht bestätigt werden konnten? Ein Hauptgrund dafür dürfte sein, dass es oft schwierig ist, anschauliches und verbreitetes Wissen durch besseres Wissen zu ersetzen. Insbesondere dann, wenn das vermeintliche Wissen in einer geometrischen Form dargeboten wird: **Es gibt unzählige »Modelle« in Form von Pyramiden, Quadraten, Rechtecken oder Kreisen, deren Legitimation aus wenig mehr als einer guten Gestalt besteht.** Verantwortungsvolle Wirtschaftspsychologen sollten deshalb die »Maslow-Pyramide« nicht mehr verwenden.

Förderung der Arbeitsmotivation

Wesentlich fruchtbarer als die Maslow-Pyramide ist das **Job Characteristics Model** von Hackman und Oldham (1980), welches nicht nur empirische Bestätigung fand, sondern auch praktische Hinweise zu motivationsfördernden Merkmalen von Arbeit gibt. Nach diesem Modell sind Arbeitstätige intrinsisch motiviert, wenn ihre Tätigkeit fünf Merkmale aufweist (denen wir schon bei der Betrachtung sinnvoller Arbeitsgestaltung begegnet sind): Vielfalt, Ganzheitlichkeit, Bedeutung, Autonomie und Rückmeldung über die Ergebnisse. Im Gegensatz zum Modell von Maslow konnte für das Modell von Hackman und Oldham ein valides Messinstrument entwickelt werden: der **Job Diagnostic Survey**.

Auch die von Csikszentmihalyi (phonetisch: tʃɪksetmiːhaɪ) beschriebene **Flow-Theorie** (1975) eignet sich zur Erklärung von Arbeitsmotivation. Flow wird als angenehmer Zustand optimaler Aktivierung beschrieben, der sich einstellt, wenn eine angemessen schwierige Aufgabe bearbeitet wird. Wenngleich Flow typischerweise mit Bergsteigen oder Motorradfahren assoziiert wird, so lässt sich ohne Weiteres argu-

Nach dem Job Characteristics Model sind Arbeitstätige intrinsisch motiviert, wenn ihre Tätigkeit fünf Merkmale aufweist: **Vielfalt, Ganzheitlichkeit, Bedeutung, Autonomie** und **Rückmeldung über die Ergebnisse**.

Bei der Arbeit kann Flow auftreten, wenn eine angemessen schwierige Aufgabe bearbeitet wird.

mentieren, dass auch bei der Arbeit Flow als motivierend erlebt wird. Eine praktische Anwendung der Flow-Theorie ist, in Einstellungsverfahren nicht nur Personen mit zu wenig, sondern auch solche mit zu vielen Fähigkeiten als nicht passend zu bewerten: Bringt jemand zu viele Fähigkeiten mit, wird er unterfordert sein, keinen Flow erleben und wenig Motivation verspüren, die Aufgabe weiterhin auszuführen.

> Nach der **Zielsetzungstheorie** sind gute Ziele schwierig, aber nicht zu schwierig und insgesamt klar spezifiziert.

Ein im Vergleich zu Flow leichter reproduzierbarer Ansatz zur Förderung der Arbeitsmotivation besteht darin, die Ziele der Arbeit gut zu definieren. Was aber sind gute Ziele? Gemäß Locke und Lathams **Zielsetzungstheorie** (1990) sind gute Ziele schwierig, aber nicht zu schwierig (ähnlich wie beim Flow) und klar spezifiziert. Werden die Ziele außerdem von den Mitarbeitern inhaltlich akzeptiert, so erhöht dies ihre Arbeitsmotivation zusätzlich. Für die Praxis bedeutet dies, dass in Mitarbeitergesprächen nicht nur die erbrachte Leistung, sondern auch künftig anzustrebende Ziele thematisiert werden sollten (»Management by Objectives«; wir kommen darauf in ▶ Abschn. 8.3.2 zurück.).

7.3 Beanspruchung und Stress

> Schlagwörter wie **Stress und Burnout** weisen auf das zunehmende Bewusstsein für arbeitsbezogene Beanspruchungen hin.

»Wir arbeiten immer mehr!« Das hört man oft, aber es stimmt nicht. In Wirklichkeit ist die Arbeitszeit in vielen Ländern seit den 1950er-Jahren deutlich zurückgegangen (Gini, 2003; Siegenthaler, 2017). Wenn trotzdem viele über zunehmende Arbeitslast klagen, so muss dies andere Gründe haben. Eine mögliche Erklärung ist, dass die **zunehmende Entgrenzung der Arbeit** auf viele Menschen belastender wirkt. Zudem entspricht es einer verbreiteten **Norm, stets beschäftigt zu wirken,** immer auf Achse. Die modernen Kommunikationsmittel fördern diesen Lebensstil und erschweren Entspannung. Zugleich legt die Popularität von Schlagwörtern wie Stress und Burnout ein zunehmendes gesellschaftliches Bewusstsein für arbeitsbezogene Beanspruchungen nahe. Vor diesem Hintergrund wird verständlich, warum sich Organisationen heute im Rahmen des betrieblichen Gesundheitsmanagements (BGM) vermehrt mit der Frage befassen, wie groß die von der Arbeit ausgehende Belastung ist und wie man ihr beikommen kann. Damit ist nicht nur die Hoffnung verbunden, durch Stress verursachte Krankheiten zu lindern, sondern auch die Kosten und die organisatorischen Probleme zu verringern, die sich aufgrund von Arbeitsausfall und Leistungsminderung für die Unternehmen ergeben. Die arbeitspsychologische Forschung hat Modelle aufgestellt, die solche Hoffnungen als berechtigt erscheinen lassen.

7.3.1 Objektive Belastungen, subjektive Beanspruchungen

> Stressoren sind **objektive Einflüsse,** die von außen auf Arbeitstätige wirken. Diese führen zu **subjektiven Beanspruchungen.**

Unter arbeitsbedingten Belastungen (Stressoren) werden die objektiven, von außen auf Arbeitstätige wirkenden Einflüsse verstanden (Nerdinger et al., 2014, S. 519 ff.). Dazu gehören materiell-technische Faktoren wie Lärm, Hitze, schwere Lasten, körperliche Fehlhaltungen, defekte Werkzeuge, langsame Computer oder fehlerhafte Software; soziale Faktoren wie fehlende Rückmeldung, Streit oder Mobbing; und personenbezogene Faktoren wie ungeeignete Bewältigungsstrategien oder private Probleme. Die Auswirkungen dieser Einflüsse werden als subjektive Beanspruchungen (Stressreaktionen) bezeichnet, z. B. Müdigkeit, Konzentrationsschwäche oder Rückenschmerzen. Beanspruchungen sind individuell unterschiedlich und abhängig von den Fähigkeiten und Eigenschaften, mit denen eine Person ihren Belastungen begegnen kann.

Stressoren führen zur Empfindung von Stress: einem intensiven, unangenehmen Spannungszustand, den das Individuum zu vermeiden sucht. Es wurde vorgeschlagen, positiven und negativen Stress zu unterscheiden in **Eustress und Distress** (Selye, 1981), weil die von den Stressoren hervorgerufene Aktivierung ja auch nützlich ist und die zur Bewältigung von Anforderungen erforderliche Energie bereitstellt. Aber weil die Grenze zwischen nützlicher Aktivierung und schädlicher Belastung schmal ist, wird heute unter Stress in der Regel nur die negative Bedeutung verstanden.

> Es wurde vorgeschlagen, **positiven und negativen Stress** zu unterscheiden: Eustress und Distress.

Stress hat verschiedene Autoren zu einer Erklärung inspiriert. Einen Überblick über die daraus hervorgegangenen Modelle von Stress finden Sie im ▶ Webexkurs »Sichtweisen auf Stress«.

> Webexkurs »Sichtweisen auf Stress«

7.3.2 Burnout

Als Folge arbeitsbedingter Überlastung wird seit einigen Jahren vermehrt »Burnout« diagnostiziert: emotionale Erschöpfung, verbunden mit Depersonalisation (in Form von Zynismus und Abstumpfung gegenüber Kunden) und reduzierter Leistungsfähigkeit. Nicht ganz zu Unrecht wurde kritisiert, dass Burnout nur ein neues Wort für das alte Übel der Erschöpfungsdepression sei. Manche spotten gar, dass Burnout in gewissen Kreisen als schick gilt. Es gibt auch Hinweise darauf, dass die mediale Präsenz des Begriffs eine Modekrankheit geschaffen hat, die in gewissem Sinne ansteckend ist und mit der sich Arbeitstätige in Selbstdiagnose etikettieren (z. B. Kraus & Hahnzog, 2012).

> Unter **Burnout** wird emotionale Erschöpfung, Depersonalisation und reduzierte Leistungsfähigkeit verstanden.

Aber der Popularisierung des Begriffs »Burnout« ist es zu verdanken, dass die Gefahren, die von einem Übermaß an Arbeit ausgehen, breiten Kreisen bekannt gemacht werden konnten. Burnout droht, wenn über längere Zeit einem Zuviel an Arbeit mit dysfunktionalen, passiv-defensiven Bewältigungsstrategien begegnet wird, verbunden mit einem Übermaß an Informationen, die nicht verarbeitet werden können. Charakteristisch für Burnout sind gemäß Schaufeli und Buunk (2003) persönliche Risikofaktoren wie geringe Resilienz, Rollenkonflikte und defensive Problembewältigung, sowie ein im Gegensatz zu vorübergehender Beanspruchung eher chronischer Verlauf, der anfangs oft nicht bemerkt wird. Kritische Lebensereignisse wie Unfälle oder Trennungen sowie Krankheiten erhöhen die Gefahr für Burnout ebenso wie mangelnde Qualifikation. Eine verbreitete Skala zur Messung von Burnout ist das Maslach Burnout Inventory (MBI; Maslach & Jackson, 1996).

> Burnout droht, wenn einem **Zuviel an Arbeit** längere Zeit mit **passiv-defensiven** Bewältigungsstrategien begegnet wird, verbunden mit einem **Übermaß an Informationen**.

7.3.3 Umgang mit Belastungen

Zur Bewältigung beruflicher Belastungen sind die sozialen, personalen und arbeitsplatzbedingten Ressourcen und der persönliche Copingstil zentral.

Für eine erfolgreiche Bewältigung beruflicher Belastungen sind die zur Verfügung stehenden sozialen, personalen und arbeitsplatzbedingten Ressourcen zentral. Diese erleichtern den Umgang mit Belastungen und bieten einen schützenden Puffer gegenüber Stressoren. Dabei kommt dem persönlichen **Copingstil** eine besondere Rolle zu, d. h., welche Bewältigungsstrategie bei Belastungen gewählt wird. Beim problembezogenen Coping wird nach einer Lösung für die Belastungsfaktoren gesucht, beispielsweise durch Ansprechen derselben oder durch Anpassung des persönlichen Arbeitsverhaltens. Beim emotionsbezogenen Coping hingegen wird versucht, die eigene emotionale Reaktion auf die Stressoren zu verändern, etwa durch Verdrängung, Bagatellisierung oder durch Konsum von Alkohol und Medikamenten. Der emotionsbezogene Copingstil führt zwar kurzfristig zu Linderung, ist aber längerfristig dysfunktional, sofern die Ursache der Belastung bestehen bleibt.

Nicht nur ein Mehr an Belastung, sondern auch ein Weniger an Ressourcen kann Stress auslösen.

Nicht nur ein Mehr an Belastung, sondern auch ein Weniger an Ressourcen kann Stress auslösen. Hobfoll (1989) postuliert deshalb im Modell der Ressourcenkonservierung, dass Menschen danach streben, ganz generell nützliche Ressourcen aufzubauen, z. B. Wissen, Gesundheit, materielle Dinge, Beziehungen, Anerkennung oder finanzielle Mittel. Fehlen diese oder werden sie reduziert, droht eine Verlustspirale, die sich in Form von Stress äußern kann. Umgekehrt führt eine Stärkung der Ressourcen zur Reduktion von Stress. Diese Betrachtungsweise ist wertvoll, weil sie den Blick von der Belastung auf die Bewältigungsmöglichkeiten lenkt.

Exkurs

Gegen Stress: Verbesserung des Verhaltens und der Verhältnisse

Stress und Burnout gelten als **Geißeln der modernen Arbeitswelt**. Aber wer die geeigneten Interventionsmaßnahmen kennt, ist ihnen **nicht hilflos ausgeliefert**. Dabei bieten sich Verhaltens- und Verhältnisprävention an. Verhaltensprävention besteht beispielsweise aus Stressbewältigungstrainings, Selbstmanagement oder dem Erlernen von Entspannungstechniken, ebenso Raucherentwöhnung, Gewichtsreduktion oder Sport. Verhältnisprävention zielt auf die Verbesserung der Arbeits- und Lebensbedingungen, etwa durch gute Arbeitsgestaltung, das Fitnessstudio in der Firma oder gesundes Essen in der Kantine. Wünschenswert ist dabei stets die möglichst frühzeitige Anwendung solcher Maßnahmen.

7.3.4 Erholung

Einfach, aber effektiv: Erholung lindert Stress.

Eine ebenso effektive wie einfache Maßnahme gegen Stress und für hohe Leistungsfähigkeit ist Erholung. Um es mit Al Gini (2003) zu sagen: »To do almost anything well, you must have time off of it« (»Fast alles, was man gut machen will, muss man auch mal ruhen lassen«). Was für erfolgreiche Sportler selbstverständlich ist, gilt auch für Berufstätige: Auf den Wettkampf folgt die Regeneration. Nur leider verleiten moderne Telekommunikationsmittel dazu, auch nach Feierabend noch erreichbar zu sein. Mobilcomputer machen es einfach, die Arbeit mit nach Hause zu nehmen, und das verbreitete Bedürfnis, ständig informiert, beschäftigt und eingebunden zu sein, macht das Abschalten auch nicht einfacher. Daher überrascht es nicht, dass ein weiteres Schlagwort kursiert: die **Work-Life-Balance**. Ähnlich wie Burnout beschreibt diese etwas, was man schon vorher wusste, nämlich dass ein Gleichgewicht zwischen Berufs- und Privatleben eingehalten werden sollte. Ob Schlagwort oder nicht, die Einhaltung dieses Gleichgewichts ist gerade in Zeiten entgrenzter Arbeitsstrukturen ein wichtiges Ziel. Dessen Erfüllung ist ebenso Aufgabe der Arbeitgeber wie der Arbeitnehmer, die in Eigenverantwortung für die eigene Gesundheit und Leistungsfähigkeit Sorge tragen müssen. Es ist die Aufgabe der Arbeitspsychologie, Organisationen und Arbeitstätige dazu zu befähigen.

> Arbeitstätige sollten ihre **Work-Life-Balance einhalten**, und Arbeitgeber sollten sie dabei **unterstützen**.

7.4 Arbeitssicherheit

Arbeit kann gefährlich sein. Bauarbeiter können vom Gerüst fallen, Fahrradkuriere vom Lastwagen übersehen werden, Forstarbeiter sich mit der Säge verletzen. Deshalb wird im Rahmen der Bemühungen zur Arbeitssicherheit versucht, die Arbeitstätigen vor Gefährdung am Arbeitsplatz zu schützen. Mit Erfolg: Zum Beispiel starben beim Bau des ersten Gotthard-Tunnels (1872–1882) fast zweihundert Tunnelbauer, beim Bau des zweiten (1993–2016) waren noch neun Todesopfer zu beklagen (was natürlich immer noch neun zu viel sind). Neben der Vermeidung von Arbeitsunfällen hat Arbeitssicherheit auch den Zweck, Berufskrankheiten zu vermeiden, wie sie beispielsweise durch Fehlhaltungen, Chemikalien oder Strahlenbelastung entstehen können. Von sicher gestalteter Arbeit profitieren nicht nur die Arbeitstätigen, sondern auch ihre Kunden oder unbeteiligte Dritte: Ein Busfahrer, der sicher fährt, schützt nicht nur sich, sondern auch Passagiere und Passanten.

> Arbeitssicherheit hat den Zweck, **Arbeitsunfälle** und **Berufskrankheiten** zu vermeiden.

Zur Erreichung von Arbeitssicherheit sind folgende Schritte erforderlich (Nerdinger et al., 2014, S. 489 ff.): a) **Analyse der Gefahrensituation** und davon abgeleitet die Definition der Schutzziele, b) die Planung und Durchführung geeigneter **Schutzmaßnahmen** sowie c) eine **Evaluation** derselben. Arbeitssicherheit ist ein genuin psychologisches Feld, denn die Gründe für Arbeitsunfälle sind meist nicht technische Mängel wie etwa Materialermüdung, sondern menschliche Fehler, etwa die Unachtsamkeit eines Chauffeurs. Dabei sind individuelle und organisationale Faktoren zu unterscheiden. Zu den individuellen Faktoren gehört das Alter: Jüngere Personen sind aufgrund mangelnder Erfahrung und größerer Risikoneigung anfälliger für Arbeitsunfälle. Auch Aggressivität und Impulsivität prädisponieren Arbeitsunfälle, ebenso wie eine niedrige Ausprägung auf dem Big-Five-Faktor »Verträglichkeit« – möglicherweise, weil sich solche Individuen nicht diszipliniert an die betrieblichen Regeln halten mögen (Salgado, 2002). Zu den organisationalen Faktoren für Arbeitsunfälle gehören ein stressiges Arbeitsumfeld, hoher Leistungsdruck, mangelnde Sicherheitskultur bei Vorgesetzten und Kollegen sowie nicht angemessene Normen unter der Belegschaft.

> Die Gründe für Arbeitsunfälle sind **meist nicht technische Mängel**, sondern **menschliche Fehler**, etwa Unachtsamkeit.

Ob aus einer latenten Gefahr eine konkrete Gefährdung wird, hängt von Prozessen der Informationsverarbeitung und vom Risikoverhalten einer Person ab. Zunächst einmal können nur Gefahren vermieden werden, die als solche wahrgenommen und kognitiv richtig eingeordnet wurden. Deshalb muss eine Arbeitsumgebung unmissverständliche Hinweise auf inhärente Gefahren enthalten, etwa die Hinweisschilder

> Ob aus einer Gefahr eine Gefährdung wird, hängt von **der Informationsverarbeitung** und vom **Risikoverhalten** ab.

auf jeder Baustelle, dass Schutzkleidung getragen werden muss. Wurde die Gefahr erkannt, so muss der Arbeitstätige das von ihr ausgehende Risiko korrekt einschätzen – eine Aufgabe, die für Menschen nicht leicht ist, etwa weil unter Zeitdruck oder aus Bequemlichkeit auf Heuristiken zurückgegriffen wird. Wurde das Risiko als solches erkannt, so muss man auch motiviert und in der Lage sein, es zu vermeiden. Gerade hier zeigt sich das Problem der Konditionierung: Riskantes Verhalten ist oft mit einem kurzfristigen Gewinn verbunden, etwa einem früheren Feierabend. In der Praxis sollte daher risikovermeidendes Verhalten durch Belohnung und Anerkennung aktiv gefördert werden. Um die Gefahr zu bannen, sind außerdem Motivation, Wissen und Können erforderlich – aber manchmal nicht vorhanden.

7.4.1 Systemsicherheit und Sicherheitskultur

*In besonders gefährlichen Arbeitsumgebungen wird versucht, **Systemsicherheit** aktiv als Leistung herzustellen. Wichtig ist dabei auch die **Sicherheitskultur**.*

Menschen sind nun mal so: Sie verwechseln Schalter, übersehen Warnhinweise, erkennen Signale nicht, stehen vor unlösbaren Problemen oder unterliegen Trugschlüssen. Fehler passieren auf der Baustelle ebenso wie im Kontrollraum eines Atomkraftwerks, aber hier sind die Konsequenzen von ungleich höherer Tragweite. Deshalb gibt es Ansätze, besonders heikle Arbeitsumgebungen so zu gestalten, dass die von der menschlichen Fehleranfälligkeit ausgehende Gefahr minimiert oder sogar kompensiert werden kann, z. B. in der Luftfahrt, in Kraftwerken oder in der Chemie. Man spricht dort von **Systemsicherheit** und ist bestrebt, Sicherheit nicht einfach als Zustand zu erachten, sondern aktiv als Leistung herzustellen. Auf Ebene der Organisation werden zu diesem Zweck mehrere unabhängige Sicherheitsbarrieren aufgestellt, weil davon ausgegangen wird, dass in hochkomplexen Systemen immer mal wieder etwas passieren kann. Wird eine Sicherheitsbarriere durchbrochen, so stehen weitere Barrieren bereit, um die Gefahr einzudämmen. Ebenso wichtig ist die **Sicherheitskultur**, die von den Führungskräften und Mitarbeitern gefährlicher Systeme gelebt und vom Gesetzgeber eingefordert und kontrolliert werden muss.

*Durch **Incident Reporting-Systeme** können gefährliche Vorfälle vertraulich zur Abklärung gemeldet werden.*

Es versteht sich von selbst, dass fromme Appelle nicht ausreichen, um Systemsicherheit zu gewährleisten. Deshalb wurden Instrumente entwickelt, etwa Fragebögen zur Messung der Sicherheitseinstellung von Mitarbeitern (z. B. der Nordic Safety Climate Questionnaire; Kines et al., 2011). Ebenfalls sicherheitsförderlich sind Sanktionen für gefährliches Verhalten, sofern sie transparent und gerecht sind und verbindlich angewendet werden. Auch eine Kultur, aus Fehlern zu lernen, ist für sicherheitskritische Systeme unabdingbar. Wohl das wichtigste Werkzeug zur Unterstützung einer guten Sicherheitskultur sind **Incident Reporting-Systeme**.[1] Damit können gefährliche Vorfälle und Irregularitäten vertraulich zur Abklärung gemeldet werden. Nebst technischen Verbesserungen ist es insbesondere solchen Berichtssystemen zu verdanken, dass z. B. die moderne Zivilluftfahrt ihre heutige, hohe Sicherheit erreicht hat. Offensichtlich haben die häufigen und als schrecklich wahrgenommenen Unfälle während der Frühzeit der kommerziellen Luftfahrt die Verantwortlichen motiviert, Sicherheit als oberstes Ziel

---

1 Ein Beispiel für ein Berichtssystem finden Sie unter ▶ www.aviationreporting.eu.

anzusehen. Das musste auch geschehen, da ansonsten die Passagiere ausgeblieben wären. Was uns zur praktischen Feststellung führt, dass Sicherheit für Organisationen kein »Nice to have« ist, sondern eine grundlegende Voraussetzung für wirtschaftlichen Erfolg.

7.5 Gruppenarbeit

Seit wann gibt es Gruppenarbeit? Als Antwort auf diese Frage wird oft die Mitte des 20. Jahrhunderts genannt, weil diese Arbeitsform damals einen Boom erlebte, aber tatsächlich gibt es sie schon viel länger, seit tausenden von Jahren. Der Mensch ist seit jeher ein soziales Wesen, das großen Nutzen daraus zieht, zu einer Gruppe zu gehören. Selbstverständlich gilt das auch für die Arbeit. Möglicherweise haben sich Sprache, Empathie und Denkvermögen beim Menschen gerade deshalb so weit entwickelt, weil damit Gruppenarbeit möglich wurde und sich Vorteile im Kampf um Ressourcen ergaben. Insofern muss man eher davon ausgehen, dass Einzelarbeit der Sonderfall und Gruppenarbeit der Regelfall ist – mit Ausnahme des Zeitalters der Industrialisierung, während der die Arbeit in kleinste Teile aufgeteilt wurde, die von Menschen an Fließbändern monoton und isoliert abgeleistet werden mussten.

*Gruppenarbeit hat sich schon seit **langer Zeit bewährt**, nicht erst seit Mitte des 20. Jahrhunderts.*

7.5.1 Die Wiederentdeckung der Gruppenarbeit

Dabei war die Idee hinter der industriellen Arbeitsgestaltung eigentlich gut: Arbeit sollte zwecks maximaler Spezialisierung so weit wie möglich in einzelne Schritte unterteilt werden. Doch das wurde phasenweise zu weit getrieben. Man stellte fest, dass es Menschen beim Arbeiten nach Austausch, Zugehörigkeit und Gemeinschaft verlangte, und dass genau diese Aspekte bei übertriebener Arbeitsteilung auf der Strecke geblieben waren. Man erkannte, dass mit dem Wohlbefinden auch die Leistungsfähigkeit nachgelassen hatte. Die Hawthorne-Studien (▶ Abschn. 1.2) brachten dies eindrücklich zutage und markierten einen ersten Wendepunkt. Als dann im Jahr 1951 auch noch die Studien des Tavistock-Institutes zeigten, dass Arbeitsgruppen in einem Bergwerk nicht nur zufriedener und weniger unfallträchtig, sondern auch effizienter waren, wurde die arbeitspsychologische Forschung zu Teamwork intensiviert.

Nun wurde Arbeit zunehmend als **soziotechnisches System** aufgefasst: Ein System, das nicht nur technische, sondern auch soziale Faktoren beinhaltet, die einander auf komplexe Art und Weise beeinflussen. Von einem Verständnis dieser Faktoren versprach man sich eine ganze Menge: mehr Leistung, bei zugleich höherer Zufriedenheit. Kein Wunder folgten darauf zahlreiche Studien zu Gruppenarbeit, aber auch ein gewisser Hype, der nach ersten Erfolgen mit der Einführung teilautonomer Arbeitsgruppen (TAG) bei skandinavischen Autoherstellern etwas verfrüht Gruppenarbeit als Heilsbringer moderner Produktionsstätten lobpreiste. Tatsächlich wurden zahlreiche Betriebe unter der Gruppenarbeitsdoktrin reorganisiert. Sie wurde deshalb von Kritikern als Managementmode bezeichnet, die geschickt für PR-Zwecke aufgebauscht wurde. »Die Zahl an Diplomarbeiten zum Thema

*Arbeit wurde zunehmend als **soziotechnisches System** aufgefasst.*

überstieg bei weitem die Zahl autonomer Gruppen bei Volvo« (Kieser, 1996, S. 32).

Inzwischen sind sich Forschung und betriebliche Praxis aber einig, dass Gruppenarbeit zumindest in der Produktion der Einzelarbeit überlegen ist, sofern die Voraussetzungen stimmen (Antoni, 2007, S. 679 ff.). Zentrale Argumente für Gruppenarbeit sind nach Schüpbach (2013, S. 149) und Nerdinger et al. (2014, S. 394 ff.):

- Gesteigerte Komplexität und Dynamik der Märkte erfordern kürzere, rasch anpassbare Arbeitsschritte. Diese Flexibilität kann mit Gruppenarbeit besser gewährleistet werden.
- Härterer Wettbewerb verlangt nach mehr Kundenorientierung, was im Rahmen herkömmlicher, starrer Produktionsstrukturen weniger gut eingelöst werden kann.
- Die Entwicklung der Informations- und Kommunikationstechnologie hat einen Stand erreicht, der die Zusammenarbeit in Gruppen erleichtert.
- Der gesellschaftliche Wertewandel bringt den Wunsch nach polyvalenten, anspruchsvollen Tätigkeiten mit sich, die in soziale Strukturen eingebettet sind.
- Die in vielen Berufen gesteigerte Komplexität von Aufgaben und benötigtem Wissen lässt Gruppen gegenüber Einzelnen überlegen erscheinen.
- Die Verantwortung für schwierige Entscheidungen kann in Arbeitsgruppen besser abgestützt werden.
- Gruppen, die aus Mitgliedern unterschiedlicher Abteilungen bestehen, verbessern potenziell die innerbetriebliche Koordination.

Exkurs

Merkmale von Arbeitsgruppen

Unter einer Arbeitsgruppe versteht man heute mehrere Arbeitstätige, die meist über längere Zeit miteinander in regelmäßigem Kontakt stehen, wobei sich Rollen, geteilte Normen und ein Wir-Gefühl ausbilden (Rosenstiel & Nerdinger, 2011). Jedes dieser Merkmale kann Ausprägungen annehmen, die sich positiv oder negativ auf Leistung und Zufriedenheit der Gruppe auswirken: Ist die Gruppe zu klein, fehlt es an Arbeitskraft, ist sie zu groß, drohen Prozess- oder Motivationsverluste. Besteht die Gruppe nur kurz, kann sie nicht richtig Fahrt aufnehmen, besteht sie hingegen zu lange, so mag sie den eingeschlagenen Kurs nicht ändern. Gibt es zu wenig Kontakt, so fehlt es an Abstimmung und Verständnis, bei zu viel Kontakt wird manchmal mehr geredet als getan. Bilden sich keine Rollen aus, drohen Verantwortungsdiffusion oder Hickhack, sind die Rollen zu starr, leiden Flexibilität und Zufriedenheit. Wenn die Normen zu eng sind, kann sich die Gruppe nicht entfalten, wenn sie zu locker sind, droht Beliebigkeit. Ein starkes Wir-Gefühl fördert zwar die Kohäsion der Gruppe, es kann aber auch zur Abschottung und Immunisierung gegen Einflüsse von außen führen.

Exkurs

Formen von Arbeitsgruppen

Arbeitsgruppen können verschiedene Formen annehmen: **Projektgruppen** arbeiten zeitlich begrenzt an einer bestimmten Aufgabe, etwa einer Werbekampagne; **Crews** bedienen komplexe technische Anlagen, etwa ein Flugzeug; **Qualitätszirkel** bilden sich, um in der Organisation möglichst breit nach Verbesserungsmöglichkeiten zu suchen. Allen Formen von Arbeitsgruppen gemein ist die Orientierung am selben Ziel. Unterschiede gibt es aber in der Gruppengröße, in Dauer und Ausmaß der Zusammenarbeit, in der Rollenverteilung, im Wir-Gefühl und im spezifischen Arbeitsauftrag (Antoni, 2007, S. 680). Charakteristisch ist auch ein unterschiedliches Ausmaß der Entscheidungsautonomie, welche verschiedenen Arbeitsgruppen gewährt wird. Weber (1999) teilt diese Autonomie in fünf Ebenen ein: von der einfachen Regelanwendung über Routine- und Strategieentscheidungen und die Koordination von Teilprozessen bis hin zur Möglichkeit, die eigenen Arbeitsprozesse selbst zu gestalten.

7.5.2 Arbeitsgruppen bilden

Gruppenarbeit kann nicht mal eben so angeordnet werden. Die Bildung von Gruppen erfordert Zeit, damit sich die Gruppenmitglieder kennenlernen, einordnen und zu einem Teamgeist finden können. Doch es kann auch vorkommen, dass die Leistung abnimmt, wenn Gruppen zu lange bestehen – dann nämlich, wenn sie starre Normen entwickeln und sich gegenüber neuen Argumenten verschließen. Wie lange eine Arbeitsgruppe gut funktioniert, lässt sich nicht generell sagen. Auch zur besten Größe von Arbeitsgruppen lässt sich keine pauschale Angabe machen. Je einfacher die zu bewältigende Aufgabe ist, desto größer kann die Gruppe sein, ohne dass sich ihre Mitglieder in die Quere kommen. Besteht die Gruppenaufgabe hingegen aus komplexeren Entscheidungen und Problemlösungen, so scheint eine Gruppengröße von etwa fünf Personen ratsam, weil dann die einzelnen Beiträge gut aufeinander abgestimmt werden können und Motivation und Zufriedenheit der Gruppenmitglieder optimal sind (Brodbeck, 2004).

> Die **Leistung lange bestehender Gruppen kann abnehmen,** wenn diese starre Normen entwickeln und sich gegenüber neuen Argumenten verschließen.

7.5.3 Kritische Würdigung der Gruppenarbeit

Während Gruppenarbeit für die Produktion überwiegend vorteilhaft ist, wird sie für Management und Verwaltung durchaus kontrovers diskutiert. Ihre Vor- und Nachteile lassen sich gemäß Nerdinger et al. (2014, S. 107 ff.) in die Bereiche Informationsverarbeitung und Motivation unterteilen. Vorteile bei der Informationsverarbeitung entstehen vor allem deshalb, weil Teams mehr Wissen aufnehmen und speichern können. Doch es besteht die Gefahr, dass dieses Wissen verpufft, beispielsweise beim Brainstorming. Bei einfacheren Themen ist die Leistung von Gruppen dabei nämlich geringer als die Summe der Einzelleistungen (Stroebe et al., 1992). Manchmal verhindert die Gruppe sogar das Finden der richtigen Lösung: Wenn nämlich nur eine Person über die richtige Lösung verfügt, wird sie sich in der Regel nicht durchsetzen können. Es besteht auch die Gefahr, dass durch Abschottung, Homogenität der Mitglieder, Stress und Streben nach Einmütigkeit **Gruppendenken** auftritt, d. h. eine nachteilige Anpassung der eigenen Meinungen der Gruppenmitglieder an die erwartete Gruppenmeinung (Janis, 1972).

> Gruppenarbeit ist in der Produktion überwiegend vorteilhaft, in **Management und Verwaltung nicht unbedingt.**

Ähnlich differenziert zu beurteilen ist Gruppenarbeit hinsichtlich der Motivation. Vorteilhaft ist sicherlich, dass Gruppenarbeit oft einfach mehr Spaß macht, weil damit soziale Bedürfnisse befriedigt werden können. Außerdem kann es bei Anwesenheit anderer zu Leistungssteigerungen kommen, zumindest bei einfachen Aufgaben. Doch es drohen auch Motivationsverluste, insbesondere durch Trittbrettfahren, bei dem sich die Gruppenmitglieder bewusst weniger anstrengen, und durch soziales Faulenzen, bei dem die individuelle Leistung unbewusst abfällt. Auch soziale Angst kann auftreten und die Motivation schmälern, insbesondere, wenn subjektiv wichtige Kollegen in der Gruppe sind. Meinen Gruppenmitglieder, andere verhielten sich wie Trittbrettfahrer, so droht außerdem der **Sucker-Effect**: Sie reduzieren ihre Leistung, um nicht ausgebeutet zu werden (Kerr, 1983).

> Vermuten Gruppenmitglieder Trittbrettfahrer, so droht der **Sucker-Effect**: eine Reduktion der Leistung, um nicht ausgebeutet zu werden.

7.5.4 Teams bilden, Teams entwickeln

Die beschriebenen Vor- und Nachteile zeigen: **Gruppenarbeit ist nicht automatisch besser** als Einzelarbeit. Nerdinger und Blickle vermuten sogar, dass die Nachteile überwiegen, und stellen fest, dass im Bereich Management und Verwaltung viel zu oft Teams gebildet werden (Nerdinger et al., 2014, S. 112). Sie unterstreichen dieses Argument unter Verweis auf Allen und Hecht (2004), welche die Illusion der überlegenen Effektivität von Teams auf deren psychologischen, sozio-emotionalen Nutzen für die Gruppenmitglieder zurückführen und diesen leicht süffisant als »Romantik des Teams« bezeichnen. Doch abgesehen davon, dass die Leistungsfähigkeit von Teams möglicherweise überschätzt wird, ist dieser psychologische Nutzen ja durchaus willkommen.

> Die Leistungsfähigkeit von Teams wird oft **sozialromantisch überhöht**.

Es kann auch versucht werden, durch **Teamdesign** die Zusammensetzung und durch **Teambuilding** die Entwicklung von Arbeitsgruppen zu optimieren. Mit Teambuilding ist die Hoffnung verbunden, durch Gespräche, Workshops und gemeinsame Aktivitäten die zwischenmenschlichen Aspekte und damit das Wohlbefinden und die Leistungsfähigkeit der Gruppe zu verbessern. Dahinter steht der Gedanke, dass eine Ansammlung von zufällig zusammenarbeitenden Einzelnen noch kein Team ist.

> Mit **Teambuilding** ist die Hoffnung verbunden, Wohlbefinden und Leistungsfähigkeit der Gruppe zu verbessern.

Das vorläufige Fazit: Gruppenarbeit entspricht einem menschlichen Bedürfnis und bietet gewisse Vorteile. Sie führt aber nicht automatisch zu mehr Leistung und Zufriedenheit, insbesondere nicht im Bereich von Management und Verwaltung. Zwar sind Erfolgspotenziale von Teamarbeit gegenüber Einzelarbeit vorhanden, sie müssen aber aktiv wahrgenommen werden.

> Erfolgspotenziale von Teamarbeit gegenüber Einzelarbeit müssen aktiv wahrgenommen werden.

7.6 Unternehmertum und Selbstständigkeit

Unternehmer genießen hohes Ansehen. Sie gelten als tragende Säulen der Wirtschaft, denn sie »unternehmen etwas«, schaffen Arbeitsplätze und tragen zur wirtschaftlichen Prosperität bei (Van Praag & Versloot, 2007). Unternehmertum (also die Einstellungen, Motive und Handlungen von Unternehmern) hat zum Ziel, **Geschäftsmöglichkeiten zu identifizieren** und zu nutzen. Heutzutage üben sich sogar etablierte Großkonzerne im Unternehmertum, in der Hoffnung, innovativ und kompetitiv zu bleiben. Dazu kommt, dass sich in den letzten Jahrzehnten der Arbeitsmarkt gewandelt hat. Der Wunsch nach flexibleren Arbeitsarrangements und persönlicher **Unabhängigkeit und Selbstverwirklichung** hat dazu geführt, dass Selbstständigkeit vermehrt Zuspruch erfährt. Inzwischen hat sich eine regelrechte Gründerszene mit

> **Unternehmertum steht hoch im Kurs,** denn es trägt zur wirtschaftlichen Prosperität bei.
>
> **Selbstständigkeit erfährt Zuspruch**, denn sie verspricht flexible Arbeitsarrangements, Unabhängigkeit und Selbstverwirklichung.

amtlichen und privaten Beratungsangeboten, spezifischen Hochschulstudiengängen in Entrepreneurship und auf Start-Ups maßgeschneiderten Angeboten von Finanz- und Logistikdienstleistern herausgebildet. Angesichts dieser Entwicklungen hat auch die Arbeits- und Organisationspsychologie, die sich vorher eher mit unselbstständiger Erwerbsarbeit befasst hatte, dem Unternehmertum zugewandt.

> **Definitionen**
> **Unternehmertum** (engl. »Entrepreneurship«) bezeichnet die Einstellung, innovativ und ökonomisch klug zu wirtschaften, sowie Wünsche und Pläne, neue Geschäftsmöglichkeiten zu finden und zu nutzen.
> **Selbstständigkeit** bezeichnet den unabhängigen Erwerbsstatus von Einzelpersonen. Unternehmertum und Selbstständigkeit gehen oft Hand in Hand.

▶ Definition Unternehmertum

▶ Definition Selbstständigkeit

7.6.1 Wer wird Unternehmer?

Es besteht ein breiter Konsens, dass von Unternehmertum positive Effekte auf die Wirtschaft ausgehen. Daher ist die Frage von Bedeutung, wer denn überhaupt Unternehmer wird: Gibt es die Unternehmerpersönlichkeit? Wird man zum Unternehmer geboren? Kann man Unternehmertum lernen? Wir kommen gleich darauf zurück, müssen aber zunächst konstatieren: Unternehmer kommen oft aus **Unternehmerfamilien**. Ob dafür elterliche Rollenvorbilder, allfällige (noch zu identifizierende) »Unternehmergene«, eine spezifische Erziehung oder einfach die situativen Rahmenbedingungen in Unternehmerfamilien verantwortlich sind, ist nicht geklärt (Lang-von Wins, 2007, S. 782).

Abgesehen von der Abstammung spielen sicherlich verschiedene **situative Variablen** eine Rolle, z. B. Unzufriedenheit mit dem Chef, mangelnde Gestaltungsmöglichkeiten oder unsympathische Kollegen. Solche Wahrnehmungen können einen Aufforderungscharakter annehmen, der dazu animiert, den Sprung in die unternehmerische Selbstständigkeit zu wagen. Sogar drohende oder bestehende Arbeitslosigkeit kann Unternehmertum als verlockende Option erscheinen lassen. Allerdings scheinen aus Bedrängnis gegründete Unternehmen weniger erfolgreich zu sein als unter positiven Vorzeichen gegründete. Besser als Langzeitarbeitslosigkeit ist es aber allemal, wenn Betroffene ihr Schicksal aktiv in die Hand nehmen.

Aus Bedrängnis gegründete Unternehmen scheinen **weniger erfolgreich** zu sein als unter positiven Vorzeichen gegründete.

> **Exkurs**
>
> **Risiken und Chancen unternehmerischer Selbstständigkeit**
> Ob aus freien Stücken oder nicht: unternehmerische Selbstständigkeit bietet die Möglichkeit, eine als vollständig wahrgenommene Tätigkeit auszuführen, die Erfahrungen von **Verantwortung, Sinn und Eingebundenheit** verspricht und zu größerer Arbeitszufriedenheit führen kann. Damit sind allerdings auch Risiken verbunden, die bei unselbstständiger Arbeit weniger drohen. Insbesondere die Phase der Unternehmensgründung ist praktisch immer mit großer **Arbeitsbelastung und Gefühlen der Unsicherheit** verbunden. Später, wenn sich das Unternehmen etabliert hat, bessert sich das etwas, aber Wohlstand und Muße sind keinesfalls garantiert. Unternehmer erleben

außerdem geschäftliche Schwierigkeiten intensiv und nehmen sie als bedrohlich wahr, nicht nur für das Geschäft, sondern auch für ihre Existenz. Da überrascht es nicht, dass das große persönliche Engagement vieler Selbstständiger manchmal in Selbstausbeutung ausartet. Daher sollten sich angehende Selbstständige besser nicht nur auf ihre persönliche Resilienz (Widerstandsfähigkeit) verlassen, sondern z. B. vorsorglich an Trainings zur Burnout-Prävention teilnehmen. Auch Coaching kann hilfreich sein, um einen Puffer gegen die große Belastung zu bilden.

7.6.2 Unternehmertum lernen

*Unternehmertum birgt vielfältige Anforderungen und sollte **in Verbindung mit praktischer Anwendung** erlernt werden.*

Nicht nur die große Arbeitsbelastung, sondern auch die Vielfalt der Anforderungen macht es schwierig, sich gezielt auf Unternehmertum und Selbstständigkeit vorzubereiten. Je nachdem, welches Produkt oder welche Dienstleistung angeboten wird, warten auf Gründer völlig unterschiedliche und schwer vorhersehbare Marktsituationen, welche aufgrund ihrer Dynamik und Komplexität anfällig für Fehleinschätzungen sind. Natürlich sollte man sich auf die Rolle des Unternehmers vorbereiten, allerdings genügt hierfür eine rein theoretische Wissensvermittlung in der Regel nicht (Lang-von Wins, 2007, S. 786). Weil Unternehmertum durch stete Veränderung, durch Lernen und durch Ausprobieren gekennzeichnet ist, kann es eigentlich nur in Verbindung mit praktischer Anwendung erlernt werden. Die vielen Wettbewerbe, bei denen sich Jugendliche und Jungunternehmer in ihrem Unternehmergeist messen können, erfüllen insofern eine wichtige Funktion.

7.6.3 Gibt es die Unternehmerpersönlichkeit?

*Verschiedene **Persönlichkeitsmerkmale begünstigen den Erfolg** von Unternehmern.*

Schon lange wird diskutiert, ob es die »Unternehmerpersönlichkeit« gibt, d. h. bestimmte psychologische Merkmale, die zum Unternehmer prädisponieren. Die frühe Forschung beantwortete dies zunächst abschlägig, doch inzwischen haben mehrere Metaanalysen gezeigt, dass es tatsächlich eine ganze Reihe von psychologischen Eigenschaften gibt, die den Erfolg von Unternehmern begünstigen. Dazu gehören nach Frese und Gielnik (2014) insbesondere Merkmale wie Selbstwirksamkeitserwartung, Leistungsmotivation, Eigeninitiative, Innovativität, Stresstoleranz, Unabhängigkeit, Offenheit für Erfahrungen sowie unternehmerisches Denken und eine internale Kontrollüberzeugung. Die Big Five der Persönlichkeitspsychologie (Offenheit für Erfahrungen, Gewissenhaftigkeit, Extraversion, Verträglichkeit und Neurotizismus) genügen also nicht, um eine Unternehmerpersönlichkeit zu identifizieren.

7.6.4 Unternehmerische Konzepte

Zur Erklärung von Unternehmertum sollte man sich nicht auf die Eigenschaften der Unternehmer beschränken, sondern ein psychologisches Verständnis von unternehmerischen Konzepten entwickeln. Frese und Gielnik (2014) geben Empfehlungen für drei wichtige unternehmerische Konzepte, die psychologisch besser verstanden werden können: unternehmerische Findigkeit, unternehmerische Orientierung und den Business Plan. Mit dem Begriff der **unternehmerischen Findigkeit** ist die Fähigkeit gemeint, geschäftliche Möglichkeiten zu entdecken, ohne spezifisch danach gesucht zu haben. Es hat sich gezeigt, dass diese Fähigkeit wesentlich von Kreativität und allgemeiner Intelligenz abhängt, gepaart mit einem aktiven Informationssuchverhalten.

Ebenfalls psychologisch interessant ist **unternehmerische Orientierung**: eine Komponente der Unternehmenskultur, die viele erfolgreiche Firmen auszeichnet. Damit ist autonomes, proaktives und innovatives Handeln gemeint, gepaart mit Risikofreude und Kompetitivität. Eine solche Kultur ist mit Geschäftserfolg korreliert (Rauch et al., 2009), wobei allerdings die kausale Wirkungsrichtung noch ungeklärt ist (vielleicht führt Erfolg zur unternehmerischen Orientierung, nicht umgekehrt).

Ein weiterer wichtiger Aspekt ist der **Business Plan** – nur auf den ersten Blick ein nicht psychologisches Thema. Es besteht eine Debatte darüber, ob es überhaupt sinnvoll ist, den Schritt in die unternehmerische Selbstständigkeit mit einem starren, aufwendigen und mit Unsicherheit behafteten Plan zu erschweren (Chandler et al., 2011, zitiert nach Frese & Gielnik, 2014). Skeptiker empfehlen, Gründer sollten sich nicht damit aufhalten und stattdessen einfach loslegen. Das klingt natürlich verlockend, geradezu verwegen. Doch aus psychologischer Sicht muss bezweifelt werden, dass »einfach loslegen« wirklich ein guter Rat ist. Tatsächlich hat die Forschung gezeigt, dass eine aktive Handlungsplanung (wie sie ein Business Plan eben darstellt) positiv mit unternehmerischem Erfolg korreliert (Frese et al., 2007). Zwar stellen sich die meisten Budgetpläne und Absatzerwartungen von Start-Ups als zu optimistisch heraus. Aber dafür hat ein Businessplan eine stark handlungsleitende Wirkung, die Unternehmern in ihrem Schaffen eine Richtschnur bietet – dies natürlich nur, falls der Plan vom Gründer selber aufgestellt wurde und nicht von einem Berater!

Unternehmerische Findigkeit ist die Fähigkeit, geschäftliche Möglichkeiten zu entdecken, ohne spezifisch danach gesucht zu haben.

Unternehmerische Orientierung ist autonomes, proaktives und innovatives Handeln, gepaart mit Risikofreude und Kompetitivität.

Eine **aktive Handlungsplanung**, etwa mit einem Business Plan, ist mit **unternehmerischem Erfolg** korreliert.

7.6.5 Kognitive Aspekte von Unternehmertum

Wissen Einige kognitive Voraussetzungen tragen dazu bei, die Anforderungen des Unternehmertums zu meistern. Als erste dieser Voraussetzungen nennen Frese und Gielnik (2014) – wer hätte das gedacht – Wissen. Je mehr ein Unternehmer weiß, desto besser ist es für das Unternehmen. Das ist genauso trivial wie es klingt. Und doch wird dieser Punkt in so manchem Ratgeber aus der Sparte der Erbauungsliteratur für junge Selbstständige unter dem Motto »Du musst es nur wollen!« heruntergespielt. Natürlich mag es Jungunternehmern komfortabler erscheinen, anstelle aufwendigen Wissenserwerbs einfach auf intrinsische Motivation zu setzen. Doch ein solcher Rat ist gefährlich, denn Wille ohne Wissen genügt in aller Regel nicht, um ein erfolgreiches Unternehmen aufzubauen. Es braucht schon wirklich viel, bis sich Wissen negativ auswirkt, etwa wenn eine erfahrene Unternehmerpersönlichkeit ob ihres Wissens neue Informationen vernachlässigt (Shepherd & DeTienne, 2005).

Wille ohne Wissen genügt nicht, um ein erfolgreiches Unternehmen aufzubauen.

Übertriebener Optimismus führt meist zu schlechteren Entscheidungen.

Doch im Hinblick auf Unternehmertum könnte ein gewisses Maß an **frohgemuter Selbstüberschätzung** sogar hilfreich sein.

Überoptimismus Ambivalenter ist der bei Unternehmern geforderte Optimismus zu beurteilen. Dieser kann in Überoptimismus kippen (**Overconfidence-Bias**) und dazu verleiten, die eigenen Fähigkeiten und Kompetenzen zu überschätzen. In den meisten Entscheidungssituationen führt Überoptimismus zu suboptimalen Ergebnissen. Doch im Hinblick auf Unternehmertum wird argumentiert, dass ein gewisses Maß an frohgemuter Selbstüberschätzung sogar hilfreich sein könne. Bei realistischer Einschätzung würde man nämlich von der Unsicherheit und den hohen Anforderungen einer Unternehmensgründung abgeschreckt werden (Frese & Gielnik, 2014). Selbstüberschätzung ist unter Entrepreneuren in der Tat weit verbreitet: Ein Drittel von 3 000 befragten Unternehmensgründern schätzten ihre Erfolgswahrscheinlichkeit mit 100% ein (Cooper et al., 1998). Das ist ebenso unrealistisch wie bedenklich, denn Gründer sollten sich durchaus mit ihren Erfolgswahrscheinlichkeiten auseinandersetzen. Einerseits, damit sie bei einem Misserfolg nicht aus allen Wolken fallen, andererseits, weil sich aus einer realistischeren Einschätzung die Motivation für maximalen Einsatz und umsichtiges Wirtschaften ergeben dürften. So erklärt sich denn die Ambivalenz gegenüber unternehmerischem Optimismus: Zu Beginn mag er helfen, Hürden zu überwinden und riskante Dinge überhaupt zu wagen. Später hingegen, wenn sich erste Erfolge eingestellt haben, führt Überoptimismus schnell zu Fehlentscheidungen, die das Aufgebaute zunichtemachen können (Koellinger et al., 2007). Das erklärt vielleicht, warum Frauen von vielen als die besseren Unternehmer bezeichnet werden. Sie neigen nämlich weniger zu Überoptimismus als Männer.

Intelligenz Als weitere hilfreiche Voraussetzung für erfolgreiches Unternehmertum erachten Frese und Gielnik (2014) **praktische Intelligenz**. Damit ist eine fruchtbare Kombination von Wissen und Können gemeint – sicher eine nützliche Eigenschaft für Unternehmer, wenn man bedenkt, dass sie ihr Geschäft im Laufe seiner Etablierung ständig neu überprüfen und verbessern müssen.

7.6.6 Motivationale Aspekte von Unternehmertum

Spezifische, herausfordernde Ziele verbessern die Handlungssteuerung und vergrößern die Aussicht auf Erfolg.

Zu den motivationalen Aspekten von Unternehmertum gehören das Setzen von Zielen und das Bilden einer Vision. Spezifische, herausfordernde Ziele für sein Unternehmen aufzustellen, wirkt sich positiv auf die Handlungssteuerung aus und vergrößert die Aussicht auf Erfolg (Baum & Locke, 2004). Dasselbe gilt für die Unternehmensvision, wobei diese etwas längerfristig angelegt und emotionaler gefärbt ist als Ziele. Ein wichtiger Moderator für die Wirkung einer Vision ist die interne Kommunikation.

Die Motivation eines Unternehmers zeigt sich vor allem in **persönlicher Initiative**: einer **proaktiven** Herangehensweise, gepaart mit **Persistenz**.

Initiative Die Bedeutung des Worts »Unternehmer« kommt am besten im motivationalen Konzept der persönlichen Initiative zum Ausdruck. Damit meinen Frese et al. (1996) eine proaktive Herangehensweise an Aufgaben, gepaart mit Persistenz bei auftretenden Problemen. Es dürfte kaum überraschen, dass sich für die positive Wirkung von persönlicher Initiative auf den Unternehmenserfolg empirische Evidenz finden ließ (Krauss et al., 2005). Das gilt auch für unternehmerische Leidenschaft, die in positivem Affekt gegenüber unternehmerischen Aufgaben resultiert und die von vielen Selbstständigen als Motor hinter ihrer Ausdauer bezeichnet wird (Murnieks et al., 2012).

Emotionalität Weniger eindeutig verhält es sich mit Emotionalität. In Managerillustrierten wird sie mal als hilfreich, mal als hinderlich dargestellt. Tatsächlich scheint es zwischen positiver Emotionalität und Unternehmenserfolg einen kurvilinearen Zusammenhang zu geben: Positive Gefühle sind förderlich, denn sie motivieren und helfen bei der Handlungsregulation. Ab einem bestimmten Punkt jedoch können sie zu kognitiven Fehlern, Überengagement oder übertriebener Impulsivität führen. Umgekehrt können negative Emotionen interessanterweise positive Wirkungen haben, etwa wenn sie ungenügenden Fortschritt oder auftretende Schwierigkeiten anzeigen. Jedoch ist auch hier der Zusammenhang mit dem Unternehmenserfolg kurvilinear: Bei zu viel Ärger reduzieren sich Kreativität und Engagement. Für die Praxis lässt sich schließen: Emotionale Unternehmer sind im Vorteil – sofern sie ihre Emotionen im Griff haben.

> **Emotionen** können für das Unternehmertum nützlich sein, aber ab einem gewissen Ausmaß auch schädlich.

Exkurs

Soll ich Unternehmer werden?

Obwohl die Unternehmertumsforschung aufgrund der Vielzahl an Variablen ebenso schwierig ist wie das Unternehmertum selber, so hilft sie doch bei der Beantwortung der Frage, ob man Unternehmer werden soll oder nicht. Dabei mag es aufschlussreich sein, ob man sich als ähnlich zur typischen Unternehmerpersönlichkeit sieht oder nicht. Ist diese Entsprechung gering, so folgt daraus nicht unbedingt, dass man für das Unternehmertum nicht geeignet ist. Vielmehr weiß man dann, dass man sich vorsehen muss und wo man sich zu verbessern hat oder helfen lassen sollte. Weiß man dies, so sollte schließlich die Entscheidung für oder wider unternehmerische Selbstständigkeit auf drei Dingen beruhen: auf einer realistischen Einschätzung der Geschäftsidee, auf Motivation und auf Wissen. Diese Aspekte sind wichtiger als exakt passende Persönlichkeitseigenschaften. Denn Geschäftsidee, Motivation und Wissen können Persönlichkeitseigenschaften kompensieren – umgekehrt nicht!

Exkurs

CEOs

Eine besondere Form des Unternehmertums kristallisiert sich in Form von CEOs, den **Top-Führungskräften** der globalisierten Managementkultur. CEOs bedeutender Unternehmen personifizieren das in einer Unternehmung vorhandene Unternehmertum und stehen vermehrt im Fokus öffentlicher Aufmerksamkeit. Kein Wunder, denn die charismatischen unter ihnen vermögen bei Angestellten ebenso wie bei Kunden Begeisterung für ihre Marke oder ihr Produkt zu wecken. Auch sind manche CEOs mit großer Macht ausgestattet, so dass die Geschicke des Unternehmens praktisch ausschließlich in ihren Händen liegen. Ebenso wie Unternehmer gelten auch CEOs als angesehen. Viele MBA-Absolventen geben daher an, nach einem CEO-Posten zu streben. Sie verbinden damit Prestige, sozialen Status und ein hohes Gehalt. Manche CEOs allerdings beziehen exorbitant hohe Saläre, die von vielen als übertrieben empfunden werden. Zwar wird argumentiert, es handle sich dabei um marktübliche Löhne. Doch es wird bezweifelt, dass ein solcher Markt seine Funktion, ein für alle an ihm Beteiligten vorteilhaftes Gleichgewicht herzustellen, erfüllen kann. Manche Experten sind der Meinung, die Entwicklung eigentlicher CEO-Märkte trage nicht eben dazu bei, dass die Führungsspitze sich durch überragende Managementkenntnisse auszeichnet (Khurana, 2004; Kaplan et al., 2008). Interessant ist die Entwicklung des für CEOs typischen **Kompetenzprofils**. Während früher firmen-

oder branchenspezifische Fähigkeiten im Vordergrund standen, sind heute überwiegend allgemeine Fähigkeiten aus dem betriebswirtschaftlichen Bereich gefragt. Dabei wird kontrovers diskutiert, ob beim Mann oder der Frau an der Spitze Kenntnisse in allgemeiner Betriebswirtschaftslehre wirklich wichtiger sind als inhaltliche Fachkompetenzen im Bereich der angebotenen Produkte und Dienstleistungen. Eine allgemeine Zunahme der Kompetenzen von CEOs ist hingegen im Bereich der Soft Skills zu beobachten – wobei nach einer Studie von Kaplan et al. (2008) ausgerechnet diejenigen CEOs eine schlechtere Leistung zeigen, die über höhere Soft Skills verfügen.

Verändert hat sich auch der typische **Karriereweg** von CEOs. Früher war es üblich, innerhalb derselben Firma aufzusteigen, heute kommen CEOs oft von außen. Dies kann angesichts der eben beschriebenen Tatsache, dass firmenspezifisches Know-how weniger wichtig geworden zu sein scheint, durchaus sinnvoll sein, da so Erkenntnisse aus anderen Branchen und Unternehmenskulturen gesammelt und transferiert werden können.

Frauen finden sich seltener in CEO-Positionen als Männer. Dies wird zum Teil mit Vorurteilen und hinderlichen Firmenkulturen begründet (Wolfers, 2006). Allerdings gibt es auch pragmatische Gründe: Frauen studieren noch nicht so lange BWL wie Männer, und Familientätigkeit nützt männlichen und schadet weiblichen Top-Führungskräften (Bertrand, 2009).

In Inhaber-geführten Betrieben wird der CEO häufig aus der eigenen Familie berufen, wodurch eine größere Verbundenheit und eine längerfristige Perspektive bestehen. Interessanterweise hat sich aber gezeigt, dass vom **Nachwuchs** geführten Unternehmen im Durchschnitt schlechter geführt werden und einen geringeren Geschäftserfolg aufweisen (Bertrand et al., 2010). Ob dies mit mangelnder unternehmerischer Motivation der Unternehmersprösslinge zu tun hat oder mit mangelnder Leistungsbereitschaft, bleibt vorerst ungeklärt.

7.7 Selbstmanagement

Früher war Arbeit durch klare **Anweisungen** geprägt. Heute ist ein höheres Maß an **Selbstmanagement** notwendig. Das fällt vielen schwer.

»Der Mensch ist jederzeit in der Lage, eine beliebige Menge schwerster Aufgaben zu erledigen – solange es nicht die Aufgaben sind, die zum fraglichen Zeitpunkt erledigt werden müssen.« Natürlich ist das nur ein Bonmot, aber es hat schon einen wahren Kern: Der Wandel der Arbeitswelt hin zu mehr Freiheit, Verantwortung und Autonomie hat eine Kehrseite. Früher hatten Arbeitstätige auszuführen, was ihnen aufgetragen wurde. Heute müssen sie oft selber entscheiden, welche Aufgaben sie wann und wie erledigen. Wo vorher ein Manager Anweisungen gab, ist heute **Selbstmanagement** angesagt. Und genau damit haben wir so unsere Probleme. Aufgaben werden aufgeschoben, Deadlines überschritten, Projektlaufzeiten unterschätzt, Überstunden gemacht – weil wir oft Mühe haben, unsere Ziele konsequent zu verfolgen und unsere Zeit gut zu managen. Tausende Selbsthilfebücher, Workshops und Websites leben von diesem Malheur und legen Zeugnis ab von den Schwierigkeiten, die wir insbesondere als Arbeitstätige beim Selbstmanagement haben. Erstaunlicherweise dauerte es lange, bis die ersten arbeitspsychologischen Studien zu dieser Problematik durchgeführt wurden. (Vermutlich wurden sie immer wieder aufgeschoben …)

Selbstmanagement besteht aus Bemühungen, **das eigene Verhalten zielgerichtet zu beeinflussen**.

Selbstmanagement wird definiert als »… alle Bemühungen einer Person, das eigene Verhalten zielgerichtet zu beeinflussen« (König & Kleinmann, 2014, S. 649). Es basiert auf der Lerntheorie und findet im Rahmen der kognitiven Verhaltenstherapie breite Anwendung. Im Arbeitskontext steht beim Selbstmanagement das Erreichen arbeitsbezogener Ziele im Vordergrund. Dabei ist der richtige Umgang mit Zeit sehr wesentlich. Das erklärt, warum beim Selbstmanagement oft das **Zeitmanagement** im Vordergrund steht: Damit sind sämtliche Bemühungen gemeint, die zur Verfügung stehende Zeit optimal zur Erreichung der gesetzten Ziele einzusetzen. Eine genaue Abgrenzung der Begriffe »Selbstmanagement« und »Zeitmanagement« ist aufgrund ihrer großen Überlappung nicht möglich und wohl auch obsolet, denn beides zielt letzten Endes darauf, die persönlichen Ressourcen effizient einsetzen zu können. Allerdings basiert die Literatur zum Selbstmanagement auf einem soliden, klinisch-psychologisch überprüften Fundament, wohingegen die Mehrzahl der Autoren zum Zeitmanagement aus einer theoretisch und empirisch kaum gestützten Managementpraxis kommt.

7.7.1 Strukturwandel und Internet machen Selbstmanagement erforderlich

Obwohl das Klagen über die beschleunigte Arbeitswelt und den damit einhergehenden Zeitmangel groß in Mode ist (Garhammer, 2002; Gini, 2003), ist die Erkenntnis, dass Zeit eine begrenzte Ressource darstellt, keineswegs neu. Seit Mitte des 20. Jahrhunderts befassten sich Autoren mit der Frage, wie bei der Arbeit besser mit der Zeit umzugehen sei (z. B. Drucker & Smith, 1967; McCay, 1959). Sie schlugen beispielsweise vor, Aufgaben in Listenform zu notieren, um die Arbeit besser planen zu können – die »**To-Do-Liste**« war geboren. Nötig wurde dies wegen des zu dieser Zeit einsetzenden wirtschaftlichen Strukturwandels von der Produktions- zur Dienstleistungsgesellschaft und dem damit verbundenen Aufkommen von Stellen mit größerer Flexibilität und weniger klar strukturierten Aufgaben. Daraus ergab sich für Arbeitstätige die Notwendigkeit, sich selber zu »managen«.

Das Interesse an Selbst- und Zeitmanagement wurde mit dem durch das Internet beschleunigten Informationsaustausch zusätzlich verstärkt. Aber nicht nur der konstante Fluss persönlicher Nachrichten via E-Mail, Chat und Textnachrichten wird für mangelnde Zielerreichung verantwortlich gemacht, sondern auch der Wust an Informationen aus den sozialen Netzwerken, Blogs und Internetzeitungen. Auch wird ein zunehmender Mangel der Kompetenz beklagt, sich angesichts der mannigfaltigen Verlockungen der **Multioptionsgesellschaft** auf wenige, wichtige und erreichbare Ziele festzulegen. Alles in allem resultiert aus einem Zuviel an Möglichkeiten und einem Zuwenig an Ressourcen für die Arbeitstätigen die stete Versuchung, Ablenkungen nachzugeben. Manche Firmen haben deswegen versucht, ablenkende Websites zu sperren. Das wird aber von den Arbeitstätigen nicht goutiert und widerspricht im Grunde den Prinzipien der liberalisierten Arbeitswelt. Aber sind wir überhaupt in der Lage, mit unserer Freiheit kompetent umzugehen? Oftmals nicht, wie jeder weiß, der schon einmal einen Abend mit Freunden der Vorbereitung auf eine anstehende Prüfung vorgezogen hat. Vor diesem Hintergrund wird klar: Jeder von uns sollte sich solide Kenntnisse zum Selbst- und Zeitmanagement aneignen, und Firmen und Organisationen sollten dies unterstützen. Befassen wir uns also mit der Frage, auf welchen Grundlagen dies geschehen kann.

> Mit dem Wandel zur Dienstleistungs- und Wissensgesellschaft gewann die **individuelle Kompetenz im Umgang mit Aufgaben und Arbeitszeit** an Bedeutung.

> Mit dem **beschleunigten Informationsaustausch** durch das Internet hat das Interesse an Selbst- und Zeitmanagement zugenommen.

7.7.2 Selbstmanagement durch Konditionierung

Erste Empfehlungen für Selbstmanagement stammen aus der behavioralen Lerntheorie.

Erste Empfehlungen für Selbstmanagement ergaben sich, dem damaligen psychologischen Zeitgeist entsprechend, aus der behavioralen Lerntheorie. Diese besagt im Wesentlichen, dass positiv verstärktes Verhalten häufiger auftritt. In der Praxis könnte dies bedeuten, dass etwa ein Kundendienstmitarbeiter sich für die erfolgreiche Erledigung einer unangenehmen Aufgabe (z. B. mit einem unzufriedenen Kunden telefonieren) mit etwas Angenehmem belohnt (z. B. ein paar Fotos der letzten Ferien anschauen). Dies entspricht einer positiven Verstärkung. Künftige Telefonate mit unzufriedenen Kunden würden in der Folge etwas weniger ungern ausgeführt werden, da dieses Verhalten jetzt mit einer positiven Konsequenz assoziiert ist. Weitere Möglichkeiten wären, sich für ein nicht ausgeführtes Verhalten zu bestrafen, oder den Stimulus, der zum unerwünschten Verhalten führt, zu vermeiden – doch letzteres ist leider nicht immer möglich, und einer Bestrafung seiner selbst kann man ja einfach dadurch ausweichen, dass man sie auslässt.

Seine Ziele einer Vertrauensperson mitzuteilen **erhöht die Selbstverpflichtung**.

Die behaviorale Lerntheorie wurde später um kognitive Elemente erweitert, etwa Selbstwirksamkeit oder Ergebniserwartung. Auf dieser Basis wurden Selbstmanagementtechniken entwickelt. König und Kleinmann (2014) stellen diese entlang der im klinischen Setting üblichen Selbstmanagementtherapie dar. Dabei muss als Erstes das Problem konkret identifiziert werden, z. B.: »Ich lasse mich bei der Arbeit von Kurzmitteilungen ablenken.« Darauf folgt die Selbstbeobachtung, um herauszufinden, unter welchen Bedingungen das unerwünschte Verhalten auftritt und welche Konsequenzen es hat, etwa: »WhatsApp meldet sich, dann lese ich die Nachricht, antworte und verliere so meine Konzentration.« Nun kann das Ziel der Selbstmanagementintervention definiert werden: »Ich lasse mich nicht mehr vom Chat-App ablenken.« In Übereinstimmung zur **Zielsetzungstheorie** (Locke & Latham, 2002) sollte dieses Ziel spezifisch, messbar, ausführbar, relevant und terminierbar sein (also »**SMART**«). Es kann auch hilfreich sein, das gesetzte Ziel einer Vertrauensperson mitzuteilen, um die Selbstverpflichtung zu erhöhen. Nun können Belohnung, Bestrafung und Stimuluskontrolle definiert werden, z. B. so: »Wenn ich WhatsApp eine Stunde geschlossen halte, belohne ich mich mit einer Pause, in der ich die Nachrichten bearbeite«, oder: »Wenn ich rückfällig werde, verbiete ich mir die Pause«, und als Stimuluskontrolle: »Ich lasse mein Handy ausgeschaltet in der Tasche.«

Je öfter man Selbstmanagementtechniken anwendet, desto eher werden sie zur Gewohnheit und **desto leichter** fallen sie.

Nun ist es leider mit der Definition dieser Schritte noch nicht getan, denn erfahrungsgemäß fällt es vielen schwer, sich unter Zeitdruck oder unter veränderten Bedingungen daran zu halten. Daher kommt zum Schluss der vielleicht wichtigste Schritt: Das Erlernen von **Transfertechniken**, um die aufgestellten Vorsätze in der anspruchsvollen Realität auch wirklich konsequent ausführen zu können. Dazu gehören schriftliche Selbstverpflichtungen, Bewusstmachung der Rückfallgefahr, Vermeidung von Situationen, die Rückfälle begünstigen, und das Führen eines Tagebuches. Die wichtigste Transfertechnik aber ist die Wiederholung: Je öfter man die gelernte Zielverfolgung übt, desto eher wird sie zur Gewohnheit und desto leichter fällt sie.

7.7.3 Was bringt Selbstmanagement?

Erste Studien zur Effektivität von Selbstmanagementtrainings konnten keine oder nur geringe vorteilhafte Effekte identifizieren. Doch das lag an fehlenden Messinstrumenten und an theoretisch schlecht fundierten Trainings. Inzwischen ist klar: Selbstmanagementtrainings können sich sowohl auf die Arbeitszufriedenheit als auch auf die Arbeitsleistung positiv auswirken. So zeigten Studien, dass es eine negative Korrelation zwischen Selbstmanagement mit Stress und Angst (Saks & Ashforth, 1996) sowie eine positive Korrelation mit Leistung (Frayne & Geringer, 2000) gibt. Allerdings gilt das nicht für jedes Selbstmanagementtraining. Es zeigte sich beispielsweise, dass ein von Klein, König und Kleinmann (2003) entwickeltes Training gegenüber einem Training, das gemäß den Empfehlungen des populären »Zeitmanagement-Gurus«[2] Lothar Seiwert entwickelt wurde, deutlich überlegen war.

*Selbstmanagementtrainings können sich positiv auf **Arbeitszufriedenheit** und **Arbeitsleistung** auswirken.*

Vorsicht vor Gurus und Sekten

Damit ist ein verbreitetes Problem vieler Selbstmanagementtrainings und -methoden angesprochen: Sie sind oftmals theoretisch kaum fundiert und empirisch nicht überprüft. So schrieb etwa der Selbsthilfe-Autor Napoleon Hill einen Bestseller mit dem schönen Titel »Denke nach und werde reich« (1937). Darin findet sich eine Erfolgsformel, die in sechs Schritten vom Verlangen nach Reichtum zu dessen Eintreten führen soll. Ähnlich klingt es bei Norman Vincent Peale, der mit »Die Kraft positiven Denkens« einen Millionenbestseller landete: »Wer davon ausgeht, dass er erfolgreich sein wird, der ist bereits erfolgreich« (1952). Die Theorie hinter solcher **Erbauungsliteratur**: Du musst nur dran glauben, dann gehen all deine Wünsche in Erfüllung. Trotz des vielleicht dahinterstehenden guten Willens sind solche Kurzformeln meist nicht mehr wert als die falschen Versprechen von Diät-Herstellern und Wunderheilern, die geschickt die Nöte ihrer hilfesuchenden Klientel ansprechen, um mit fragwürdigen Ratschlägen Geld zu verdienen. Reich werden damit aber nur die Autoren der »Erfolgsbestseller«, nicht die Leser.

*Empirisch nicht überprüfte, aber wohlklingende **Patentrezepte** zum Selbstmanagement sind kaum mehr wert als **esoterische Erbauungsliteratur**.*

Selbstmanagement wie ein Tiger

Es genügt eben nicht, bloß an seinen Erfolg zu glauben. Eine erfolgreiche Anwendung von Selbstmanagementtechniken erfordert Mühe, Geduld und Anstrengung. Doch die Selbsthilfe Autoren werden nicht müde, Erfolgsformeln in die Welt hinauszuposaunen. So schreibt Lothar Seiwert in seinem Buch »Die Tiger-Strategie« (Seiwert, 2016): »In jedem Menschen steckt die Energie eines Tigers. Wer sie freisetzt, kann alles erreichen« und »Was willst du sein: Schmusekater – oder Herrscher des Dschungels?« Solche Versprechungen können zwar Menschen (die besonders in Krisensituationen anfällig für solche Botschaften sind) Hoffnung machen. Doch es können ja nicht alle Hoffnungsvollen zu Herrschern des Dschungels werden. Der nächste Rückschlag nährt dann bloß die Selbstzweifel und lässt die Betroffenen in der Umklammerung der Selbsthilfe-Gurus verharren.

*An seinen Erfolg zu glauben reicht nicht, denn eine erfolgreiche Anwendung von **Selbstmanagementtechniken erfordert Anstrengung**.*

---

2 So nannte ihn 2007 das Manager-Magazin (▶ http://www.manager-magazin.de/magazin/artikel/a-461864-4.html).

> **Es gibt durchaus probate Werkzeuge** zur Überwindung dysfunktionaler Gedanken und zur Steigerung der Motivation.

Dabei gibt es durchaus probate Werkzeuge zur Überwindung dysfunktionaler Gedanken und zur Steigerung der Motivation, beispielsweise im **Selbstführungsansatz nach Manz** (1986). Danach können wohldosierte und angemessene Selbstverbalisierungen und Selbstvisualisierungen positive Wirkungen haben, etwa wenn man sich während einer schwierigen oder komplizierten Arbeit selber Mut zuspricht, oder wenn man sich vorstellt, wie gut man sich nach Erreichen des gesetzten Ziels fühlen wird.

> Nicht wissenschaftlich evaluierte Trainings sollten **konsequent gemieden** werden.

Daraus ergibt sich für die Praxis eine wichtige Empfehlung: Nicht wissenschaftlich evaluierte oder theoretisch ungenügend fundierte Trainings sollten konsequent gemieden werden. Falls solche in einem Betrieb zur Tradition gehören (wie es leider noch oft der Fall ist), sollten sie überprüft und bei negativem Ergebnis abgesetzt werden. Hier können Wirtschaftspsychologen Gutes tun, indem sie in Firmen und Organisationen dafür sorgen, dass keine Ressourcen für salbungsvolle, aber unwirksame Interventionen verschwendet werden.

7.7.4 Warum wir Zeit schlecht managen

Die wirtschaftspsychologische Prämisse, nach der Menschen nicht immer rational agieren, gilt auch für unseren Umgang mit Zeit. Besonders auffällig und schädlich zeigt sich dies in Projekten: Menschen neigen notorisch dazu, die dafür benötigte Zeit zu unterschätzen. Kahneman und Tversky (1979) bezeichnen diese Irrationalität als **Planning Fallacy** (Planungsfehler) und begründen sie damit, dass sich Menschen beim Schätzen der notwendigen Zeitdauer auf zu wenige Informationen stützen. Beispielsweise berücksichtigen sie zu wenig, wie lange ähnliche Projekte in der Vergangenheit gedauert oder wie lange andere Personen für ähnliche Projekte gebraucht haben. Besonders tückisch: Wer eine Aufgabe besonders schnell erledigen möchte, ist noch anfälliger für den Planungsfehler (Byram, 1997). Es ist äußerst schwierig, ihm zu begegnen – aber nicht unmöglich: Zeitdauern können besser eingeschätzt werden, wenn Menschen zuerst die Dauer schätzen sollen, die andere für die Erledigung einer Aufgabe haben, wenn sie angeben müssen, wann genau und wo genau sie eine Aufgabe erledigen werden, oder wenn sie sich an ihre früheren Erfahrungen erinnern und diese Erfahrungen bei der Planung berücksichtigen.

> Menschen machen **Planungsfehler**: Sie unterschätzen die Zeit für komplexe Aufgaben, weil sie sich bei der Schätzung auf zu wenige Informationen stützen.

Weitere Gründe für mangelndes Zeitmanagement bestehen darin, dass Menschen die Wichtigkeit ferner Ereignisse abwerten und dass sie sich von weniger wichtigen, aber näherliegenden Optionen ablenken lassen (Koch & Kleinmann, 2002).

> **Erfolg** hängt stark von **Planung** ab.

Sind also Planung und Zeitmanagement wertlos? Ganz im Gegenteil: Planung weist einen großen Zusammenhang mit Erfolg auf. Abgesehen davon reduziert Planung arbeitsbezogenen Stress und Angstgefühle, und sie vermittelt stattdessen das beruhigende Gefühl, die Dinge unter Kontrolle zu haben – was sich schließlich in größerer Arbeitszufriedenheit und höherer Arbeitsleistung niederschlägt (Claessens et al., 2007). Gut geplante Projekte werden also vielleicht nicht immer rechtzeitig fertig, aber sicherlich früher als nicht geplante.

15 praktische Tipps für besseres Selbstmanagement – theoretisch fundiert und empirisch bestätigt

1. Sich bewusst machen, dass die Welt voller Ablenkungen ist – und dass Ablenkung kurzfristig lustvoll ist, aber das Erreichen wichtigerer Ziele verhindert.
2. Ziele setzen. Kurzfristige ebenso wie langfristige. Schriftlich. Sich regelmäßig an diese Ziele erinnern.
3. Alles aufschreiben (Einfälle, Fragen, Aufgaben, Termine …). Das entlastet das Gedächtnis und erleichtert gezielte Aufmerksamkeit.
4. Eine Aufgabenliste führen. Aufgaben nach Priorität ordnen. Möglichst mit der wichtigsten Aufgabe beginnen.
5. Einen Kalender führen. Termine und Zeit zur Erledigung von Aufgaben im Kalender eintragen.
6. Bei der Planung von Terminen, Projekten, Aufgaben: Die Planning Fallacy berücksichtigen. Pufferzeiten einplanen. Bei der Planung eigene Erfahrung berücksichtigen und abschätzen, wie lange andere brauchen würden.
7. Seine Ziele einer Vertrauensperson mitteilen.
8. Sich bei Erreichen eines Ziels belohnen. Bestrafung bei Nichterreichen eines Ziels ist hingegen wenig sinnvoll.
9. Besser zuerst die unangenehmen Aufgaben erledigen, dann die angenehmen.
10. Gewohnheiten entwickeln. Unangenehme oder schwierige Aufgaben werden leichter, je routinierter man sie ausführt.
11. Stimuluskontrolle am Arbeitsplatz: Das Pult frei von ablenkenden Stimuli gestalten. Ordnung auf dem Tisch, das Handy außer Sichtweite, nur die für die aktuelle Aufgabe benötigten Materialien tolerieren.
12. Periodisch über die eigenen langfristigen Pläne nachdenken – am besten weit weg vom Schreibtisch.
13. Die individuelle, tägliche Leistungskurve berücksichtigen: Phasen intensiver Konzentration (typischerweise am Morgen), Pausen und lockerere Phasen über den Arbeitstag verteilen.
14. Unstrukturierte Sitzungen, Unterbrechungen, Lärm, Multitasking, Chat, Websurfen und soziale Netzwerke sind Produktivitätskiller. Sie zu vermeiden ist schwer, aber mit etwas Übung machbar.
15. Vielleicht am wichtigsten: Man kann diese Regeln nicht immer alle einhalten. Das sollte man wissen – es aber auch nicht einfach »akzeptieren«, denn es ist nicht hilfreich, seine Vorsätze zu brechen. Man sollte nachsichtig mit sich selber sein, sich aber in Selbstregulation und Handlungskontrolle üben.

? Kontrollfragen

1. Welche Forschungsmethode wird typischerweise bei der Arbeitsanalyse eingesetzt?
2. Welche Kriterien erfüllt eine gut gestaltete Aufgabe?
3. Wie kann man Monotonie bei der Arbeit vorbeugen?
4. Welche Probleme bringt Arbeit im Home-Office mit sich?
5. Was motiviert Menschen zur Arbeit?
6. Wie beurteilen Sie die Maslow-Pyramide?
7. Wie kann man Burnout begegnen?
8. Was ist mit »Systemsicherheit« gemeint und wie erreicht man diese?
9. Inwiefern kann Gruppenarbeit die Produktivität vermindern?
10. Wie ist Teambuilding psychologisch zu bewerten?
11. Gibt es so etwas wie die »Unternehmerpersönlichkeit«?
12. Genügt ein starker Wille, um als Unternehmer erfolgreich zu sein? Warum?
13. Was wird unter dem Begriff »unternehmerische Findigkeit« verstanden?
14. Was besagt die Planning Fallacy?
15. Was raten Sie jemandem, der sich selber besser managen will?

▶ **Weiterführende Literatur**

Kauffeld, S. (Hrsg.). (2014). *Arbeits-, Organisations- und Personalpsychologie für Bachelor*. Heidelberg: Springer.

Nerdinger, F. W., Blickle, G., & Schaper, N. (2014). *Arbeits-und Organisationspsychologie*. Heidelberg: Springer.

Schüpbach, H. (2013). *Arbeits-und Organisationspsychologie*. München: Reinhardt.

Literatur

Allen, N. J., & Hecht, T. D. (2004). The ›romance of teams‹: Toward an understanding of its psychological underpinnings and implications. *Journal of Occupational and Organizational Psychology, 77*(4), 439-461.

Antoni, C. (2007). Gruppenarbeit. In: H. Schuler & K. Sonntag (Hrsg.), *Handbuch der Arbeits- und Organisationpsychologie* (S. 230-236). Göttingen: Hogrefe.

Baum, J. R., & Locke, E. A. (2004). The relationship of entrepreneurial traits, skill, and motivation to subsequent venture growth. *Journal of Applied Psychology, 89*(4), 587-598.

Bertrand, M. (2009). CEOs. *Annual Review of Economics, 1*(1), 121-150.

Bertrand, M., Goldin, C., & Katz, L. F. (2010). Dynamics of the gender gap for young professionals in the financial and corporate sectors. *American Economic Journal: Applied Economics, 2*(3), 228-255.

Brodbeck, F. C. (2004). Analyse von Gruppenprozessen und Gruppenleistung. In H. Schuler (Hrsg.), *Lehrbuch Organisationspsychologie* (S. 415-438). Bern: Hans Huber

Bruggemann, A. (1976). Zur empirischen Untersuchung verschiedener Formen der Arbeitszufriedenheit. *Zeitschrift für Arbeitswissenschaft, 30*, 71-74.

Byram, S. J. (1997). Cognitive and motivational factors influencing time prediction. *Journal of Experimental Psychology: Applied, 3*(3), 216-239.

Claessens, B. J., Van Eerde, W., Rutte, C. G., & Roe, R. A. (2007). A review of the time management literature. *Personnel Review, 36*(2), 255-276.

Cooper, A. C., Woo, C. Y., & Dunkelberg, W. C. (1988). Entrepreneurs' perceived chances for success. *Journal of Business Venturing, 3*(2), 97-108.

Csikszentmihalyi, M. (1975). Play and intrinsic rewards. *Journal of Humanistic Psychology, 15*, 41-63.

Drucker, P. F., & Smith, J. M. (1967). *The effective executive*. London: Heinemann.

Frayne, C. A., & Geringer, J. M. (2000). Self-management training for improving job performance: A field experiment involving salespeople. *Journal of Applied Psychology, 85*(3), 361-372.

Frese, M., & Gielnik, M. M. (2014). The Psychology of entrepreneurship. *Annual Review of Organizational Psychology and Organizational Behavior, 1*(1), 413-438.

Frese, M., Kring, W., Soose, A., & Zempel, J. (1996). Personal initiative at work: Differences between East and West Germany. *Academy of Management Journal, 39*(1), 37-63.

Garhammer, M. (2002). Pace of life and enjoyment of life. *Journal of Happiness Studies, 3*(3), 217-256.

Gastil, J. (1994). A meta analytic review of the productivity and satisfaction of democratic and autocratic leadership. *Small Group Research, 25*, 384-410.

Gini, A. (2003). *The importance of being lazy: In praise of play, leisure, and vacations.* New York: Taylor & Francis.

Hacker, W., & Richter, P. (1980). *Psychische Fehlbeanspruchung: Psychische Ermüdung, Monotonie, Sättigung und Stress.* Berlin: Deutscher Verlag der Wissenschaften.

Hackman, J. R., & Oldham, G. R. (1975). Development of the Job Diagnostic Survey. *Journal of Applied Psychology, 60*, 159-170.

Hackman, J. R., & Oldham, G. R. (1980). *Work redesign.* Upper Saddle River: FT Press.

Herzberg, F., Mausner, B., & Snyderman, B. (1959). *The motivation to work.* New York: Wiley.

Hill, N. (1937). *Think and grow rich.* Meriden: The Ralston Society.

Hobfoll, S. E. (1989). Conservation of resources: A new attempt at conceptualizing stress. *American Psychologist, 44*(3), 513-524.

Janis, I. L. (1972). *Victims of Groupthink.* Boston: Houghton Mifflin

Judge, T. A., & Piccolo, R. (2004). Transformational and transactional leadership: A meta-analytic test of their relative validity. *Journal of Applied Psychology, 89*, 755-768.

Judge, T. A., & Bono, J. E. (2001). Relationship of core self-evaluations traits – self-esteem, generalized self-efficacy, locus of control, and emotional stability – with job satisfaction and job performance: A meta-analysis. *Journal of Applied Psychology, 86*, 80-92.

Judge, T. A., Piccolo, R. F., & Ilies, R. (2004). The forgotten ones? A re-examination of consideration, initiating structure, and leadership effectiveness. *Journal of Applied Psychology, 89*, 36-51.

Judge, T. A., Thoresen, C. J., Bono, J. E., & Patton, G. K. (2001). The job satisfaction-job performance relationship: A qualitative and quantitative review. *Psychological Bulletin, 127*, 376-407.

Kahneman, D., & Tversky, A. (1979). Prospect theory: An analysis of decision under risk. *Econometrica, 47*(2), 263-291.

Kaplan, S. N., Klebanov, M. M., & Sorensen, M. (2008). *Which CEO characteristics and abilities matter?* National Bureau of Economic Research: Working Paper 14195.

Kauffeld, S. (Hrsg.). (2014). *Arbeits-, Organisations- und Personalpsychologie für Bachelor.* Heidelberg: Springer.

Kauffeld, S., Jonas, E., & Frey, D. (2004). Effects of a flexible work-time design on employee- and company-related aims. *European Journal of Work and Organizational Psychology, 13*(1), 79-100.

Kerr, N. L. (1983). Motivation losses in small groups: A social dilemma analysis. *Journal of Personality and Social Psychology, 45*(4), 819-828.

Khurana, R. (2004). *Searching for a corporate savior: The irrational quest for charismatic CEOs.* Princeton University Press.

Kieser, A. (1996). Moden & Mythen des Organisierens. *Die Betriebswirtschaft, 56*, 21-40.

Kines, P., Lappalainen, J., Mikkelsen, K. L., Olsen, E., Pousette, A., Tharaldsen, J., Tómasson, K, & Törner, M. (2011). Nordic Safety Climate Questionnaire (NOSACQ-50): A new tool for diagnosing occupational safety climate. *International Journal of Industrial Ergonomics, 41*(6), 634-646.

Klein, S., König, C. J., & Kleinmann, M. (2003). Sind Selbstmanagement-Trainings effektiv? Zwei Trainingsansätze im Vergleich. *Zeitschrift für Personalpsychologie, 2*(4), 157-168.

Koch, C. J., & Kleinmann, M. (2002). A stitch in time saves nine: Behavioural decision-making explanations for time management problems. *European Journal of Work and Organizational Psychology, 11*(2), 199-217.

Koellinger, P., Minniti, M., & Schade, C. (2007). »I think I can, I think I can«: Overconfidence and entrepreneurial behavior. *Journal of Economic Psychology, 28*(4), 502-527.

König, C., & Kleinmann, M. (2014). Selbstmanagement. In H. Schuler & U. P. Kanning (Hrsg.), *Lehrbuch der Personalpsychologie* (3. Auflage, S. 647-670). Göttingen: Hogrefe.

Kraus, C. & Hahnzog, S. (2012). »Burnout?« – »Nein, danke. Ich hab schon.« Wie die Präsenz von Burnout die Einschätzung unserer Gesundheit beeinflusst. *Journal of Business and Media Psychology, 3*(2), 31-42.

Krauss, S. I., Frese, M., Friedrich, C., & Unger, J. M. (2005). Entrepreneurial orientation: A psychological model of success among southern African small business owners. *European Journal of Work and Organizational Psychology, 14*(3), 315-344.

Lang-von Wins, T. (2007). Selbstständig organisierte Erwerbstätigkeit. In H. Schuler & K. Sonntag (Hrsg.), *Handbuch der Arbeits- und Organisationpsychologie* (S. 781-788). Göttingen: Hogrefe.

Locke, E. A., & Latham, G. P. (1990). *A theory of goal setting & task performance.* Upper Saddle River: Prentice-Hall.

Locke, E. A., & Latham, G. P. (2002). Building a practically useful theory of goal setting and task motivation: A 35-year odyssey. *American Psychologist, 57*(9), 705-717.

Manz, C. C. (1986). Self-leadership: Toward an expanded theory of self-influence processes in organizations. *Academy of Management Review, 11*(3), 585-600.

Maslow, A. H. (1943). A theory of human motivation. *Psychological Review, 50*, 370-396.

Maslow, A. H. (1975). *Motivation and personality.* New York: Harper & Row.

McCay, J. (1959), *The management of time.* Englewood Cliffs: Prentice Hall.

Morgeson, F. P., & Humphrey, S. E. (2006). The Work Design Questionnaire (WDQ): Developing and validating a comprehensive measure for assessing job design and the nature of work. *Journal of Applied Psychology, 91*, 1321-1339.

Murnieks, C. Y., Mosakowski, E., & Cardon, M. S. (2014). Pathways of passion: Identity centrality, passion, and behavior among entrepreneurs. *Journal of Management, 40*(6), 1583-1606.

Nerdinger, F. W., Blickle, G., & Schaper, N. (2014). *Arbeits-und Organisationspsychologie.* Heidelberg: Springer.

Neuberger, O., & Allerbeck, M. (1978). *Messung und Analyse der Arbeitszufriedenheit.* Bern: Huber.

Peale, N. V. (1952). *The power of positive thinking.* New York: Prentice Hall.

Rauch, A., Wiklund, J., Lumpkin, G. T., & Frese, M. (2009). Entrepreneurial orientation and business performance: An assessment of past research and suggestions for the future. *Entrepreneurship theory and practice, 33*(3), 761-787.

Saks, A. M., & Ashforth, B. E. (1996). Proactive socialization and behavioral self-management. *Journal of Vocational Behavior, 48*(3), 301-323.

Salgado, J. F. (2002). The Big Five personality dimensions and counterproductive behaviors. *International Journal of Selection and Assessment, 10*(1-2), 117-125.

Schaufeli, W. B., & Buunk, B. P. (2003). Burnout: An overview of 25 years of research and theorizing. In M. J. Schabracq, J. A. M. Winnubst, & C. L. Cooper (Eds.), *Handbook of work and health psychology* (pp. 383-425). Chichester: Wiley.

Schüpbach, H. (2013). *Arbeits-und Organisationspsychologie.* München: Reinhardt.

Seiwert, L. (2016). *Die Tiger-Strategie.* München: Ariston.

Selye, H. (1981). Geschichte und Grundzüge des Stresskonzeptes. In J. Nitsch (Hrsg.), *Stress. Theorien, Untersuchungen, Maßnahmen* (S. 63-187). Bern: Huber.

Shepherd, D. A., & DeTienne, D. R. (2005). Prior knowledge, potential financial reward, and opportunity identification. *Entrepreneurship Theory and Practice, 29*(1), 91-112.

Siegenthaler, M. (2017). Vom Nachkriegsboom zum Jobwunder – der starke Rückgang der Arbeitszeit in der Schweiz seit 1950. *Social Change in Switzerland.* http://www.socialchangeswitzerland.ch/?p=1180

Spector, P. E. (1985). Measurement of human service staff satisfaction: Development of the job satisfaction survey. *American Journal of Community Psychology, 13*, 693-713.

Stroebe, W., Diehl, M., & Abakoumkin, G. (1992). The illusion of group effectivity. *Personality and Social Psychology Bulletin, 18*(5), 643-650.

Van Praag, C. M., & Versloot, P. H. (2007). What is the value of entrepreneurship? A review of recent research. *Small Business Economics, 29*(4), 351-382.

Weber, M. (1905). *Die protestantische Ethik und der »Geist« des Kapitalismus.* Archiv für Sozialwissenschaft und Sozialpolitik, Bd. 20, 21. Tübingen.

Weber, W. G. (1999). Gruppenarbeit in der Produktion. In M. Zölch, W. G. Weber, & L. Leder (Hrsg.), *Praxis und Gestaltung kooperativer Arbeit* (S. 13-69). Zürich: vdf.

Weinert, A. B. (2004). *Organisations- und Personalpsychologie.* Weinheim: Beltz.

Wilkin, C. L., (2013). I can't get no job satisfaction: Meta-analysis comparing permanent and contingent workers. *Journal of Organizational Behavior, 34*, 47-64.

Wolfers, J. (2006). Diagnosing discrimination: Stock returns and CEO gender. *Journal of the European Economic Association, 4*(2-3), 531-541.

8 Organisation

Christian Fichter, Jörn Basel und Sherin Keller

8.1	Organisationskultur und -klima – 163	8.4	Wissensmanagement – 183
8.1.1	Organisationskultur – 164	8.4.1	Wissen bewirtschaften – 184
8.1.2	Organisationsklima – 168	8.4.2	Wissensmanagement: mehr Psychologie als Technik – 186
8.1.3	Organisationsdiagnose – 169	8.4.3	Wissen ist leichter verfügbar, aber schwerer nutzbar – 186
8.2	Wandel, Organisationsentwicklung, Change Management – 170		
8.2.1	Organisationsentwicklung – 171	8.5	Partizipation – 187
8.2.2	Change Management – 175	8.5.1	Partizipation ist überwiegend nützlich – aber nicht nur – 189
8.3	Führung – 177		
8.3.1	Führungsansätze – 178		Literatur – 190
8.3.2	Führungsinstrumente und -modelle – 181		

© Springer-Verlag GmbH Deutschland 2018
C. Fichter (Hrsg.), *Wirtschaftspsychologie für Bachelor*
https://doi.org/10.1007/978-3-662-54944-5_8

Lernziele

- Die Bedeutung von Organisationskultur und Organisationsklima kennen.
- Risiken und Chancen von Wandel richtig einschätzen.
- Möglichkeiten zur Anpassung von Organisationen an veränderte Situationen kennen.
- Führungsansätze und Führungsstile kennen.
- Modelle und Instrumente der Führung kennen.
- Den Verlauf von Konflikten sowie Schlichtungsmethoden kennen.
- Wissen, wie man Wissen managen kann.
- Die Beteiligung der Belegschaft an betrieblichen Entscheidungen beurteilen können.
- Die Bedeutung interkultureller Kompetenz verstehen.

Wirtschaftliches Handeln findet nicht im luftleeren Raum statt, sondern in Organisationen. Im Laufe der Zeit wurden die wirtschaftlichen Austauschprozesse nämlich so verschachtelt und aufwendig, dass die Menschen sie zu bündeln begannen. Ob in landwirtschaftlichen Kooperativen, in Gemeinden oder in Firmen: Organisationen sind ein Kernelement unserer Gesellschaft. Ihr Funktionieren ist für uns alle von elementarem Interesse. Dieses Kapitel handelt von den psychologischen Prozessen, die für das Funktionieren von Organisationen in einer komplexen und dynamischen Umwelt von Bedeutung sind.

> Organisationen **bündeln** komplexe wirtschaftliche **Austauschprozesse**.

8.1 Organisationskultur und -klima

Damit ein Unternehmen gut funktioniert, genügt es nicht, dass seine Fließbänder gut geölt und seine Lastwagen vollgetankt sind, oder dass es gute Löhne bezahlt. Genauso wichtig ist es, dass die Menschen darin

*Damit Organisationen funktionieren, sollten die Menschen darin **miteinander auskommen, am selben Strang ziehen und Werte und Ziele teilen**.*

gut miteinander auskommen: Dass sie am selben Strang ziehen, dass sie mit- und nicht gegeneinander arbeiten, dass sie dieselben Werte und Ziele teilen und dass sie sich mit Respekt, Ehrlichkeit und Offenheit begegnen. Damit rücken zwei Aspekte ins Scheinwerferlicht, die für jede Organisation von großer Bedeutung sind: Organisationskultur und Organisationsklima (auf Unternehmen bezogen kann man auch von Unternehmenskultur und Unternehmensklima sprechen). Umgangssprachlich werden diese Begriffe gelegentlich verwechselt oder synonym verwendet, doch unter wirtschaftspsychologischer Perspektive kommen ihnen unterschiedliche Bedeutungen zu.

8.1.1 Organisationskultur

Fragt man langjährige Mitarbeiter einer Firma, warum sie dieser so lange die Treue halten, so wird dies oft mit einer »guten Unternehmenskultur« begründet. Umgekehrt ist eine schlechte Unternehmenskultur einer der wichtigsten Gründe für hohe Fluktuation.

▶ **Definition**
Organisationskultur

> **Definition**
>
> **Organisationskultur** beschreibt ein System von Regeln, Normen, Werten und typischen Verhaltensweisen, das sich im Laufe der Zeit unter den Mitgliedern einer Organisation etabliert hat. Sie ist den Organisationsmitgliedern meist nicht bewusst, hat aber dennoch großen Einfluss auf deren Verhalten. Operationalisierung und damit auch Messung und Veränderung der Organisationskultur sind schwierig.

*Die Organisationskultur ist wichtig für das **Erreichen der Unternehmensziele**.*

Organisationskultur wirkt insbesondere nach innen und ist eine bedeutende Größe auf dem Weg zur Erreichung der Unternehmensziele (Baetge et al., 2007). Sie wirkt aber auch nach außen, etwa im Rahmen des Images, das eine Organisation gegenüber ihren Kunden und ihren potenziellen Mitarbeitern hat. Denken Sie dazu mal an ein bekanntes Unternehmen, z. B. Google. Welche Werte assoziieren Sie damit? Wahrscheinlich eher »innovationsfreudig und aufgeschlossen« als »konservativ und zurückhaltend«. Die Unternehmensberatung McKinsey steht wohl eher für eine sehr leistungs- und effizienzorientierte Kultur, und ein Start-Up-Unternehmen wie Airbnb assoziieren Sie wahrscheinlich eher mit Kreativität, Leidenschaft und Extraversion, weniger mit Stabilität und Sicherheit.

Die Funktionen von Organisationskultur umfassen (nach Kauffeld, 2014, S. 46):
- Abgrenzung gegenüber anderen Organisationen
- Identitätsstiftung
- Förderung der Bindung an die Organisation
- Unterstützung der Stabilität des Systems
- Vermitteln von Verhaltensmaßstäben
- Sozialisation neuer Mitglieder

Ein populäres Modell der Organisationskultur stammt von Schein (1995). Danach zeigt sich Organisationskultur in Form von **Artefakten** (z. B. ob die Bürotüren offen oder geschlossen sind), **Werten** (z. B. Schutz der Umwelt, Schutz der Arbeitnehmer) und **Annahmen** über das Funktionieren der Unternehmung. Diese Annahmen sind in vier (etwas eigenwillig benannte) Bereiche gruppiert (Nerdinger et al., 2014, S. 154):

1. **Beziehung zur Umwelt**: Wie betrachten die Organisationsmitglieder ihre Beziehung zur Umwelt? (Z. B. als geprägt von Dominanz, von Unterwerfung, von Harmonie oder von etwas anderem?)
2. **Natur der Wirklichkeit**: Was hat innerhalb der Organisation Geltung? (Z. B. gilt in manch einer Controlling-orientierten Organisation vor allem das, was sich messen lässt.)
3. **Natur der menschlichen Tätigkeit**: Wie sollen sich die Organisationsmitglieder in Bezug auf die ersten beiden Annahmen verhalten? (Sollen sie z. B. handeln oder abwarten?)
4. **Natur der menschlichen Beziehungen**: Wie sollen die Organisationsmitglieder miteinander umgehen? (Z. B. kooperativ oder individualistisch, autoritär oder partizipativ, etc.)

> **Organisationskultur zeigt sich** in Form von Artefakten, Werten und als Muster geteilter Annahmen.

Gelebte Organisationskultur

Die in Organisationen vorherrschenden Annahmen haben sich dort im Laufe der Zeit bewährt und werden allmählich zu kaum hinterfragten **Selbstverständlichkeiten**, die unterschwellig befolgt werden. Neu eintretenden Mitarbeitern müssen sie zunächst vermittelt werden. Weil aber Selbstverständlichkeiten oft unbewusst sind, ist deren Vermittlung schwierig und meist nicht vollständig möglich, so dass neue Mitarbeiter hinsichtlich der Organisationskultur eine Angewöhnungsphase durchlaufen müssen.

Die Vertrautheit der Mitarbeiter mit der Organisationskultur ist wichtig, denn es sind gerade diese selbstverständlichen Annahmen, die für das reibungslose Funktionieren der Geschäftsabläufe von großer Bedeutung sind. Viele Organisationen sind daher bemüht, ihre Kultur im Rahmen des Wissensmanagements (▶ Abschn. 8.4) zu erfassen, beispielsweise in Form von Leitbildern, Prozesslandkarten oder Führungsgrundsätzen. Diese sollen die Organisationskultur für neue Mitarbeiter besser greifbar machen und eine Handhabe zu deren Veränderung zur Verfügung stellen (etwa im Rahmen der Organisationsentwicklung, ▶ Abschn. 8.2.1).

Macht man sich trotz ihrer schwer zu greifenden Natur auf die Suche nach der Organisationskultur, so findet man sie am ehesten in Form von Anekdoten, Slogans, Grundsätzen oder organisationsinternen Witzen und Legenden. Sie zeigt sich auch an sozialen Anlässen, etwa an Firmenessen oder an Konferenzen. Dabei werden oft bestimmte Rituale befolgt, die für eine Organisation kennzeichnend sind. Teilweise ist Organisationskultur auch optisch erkennbar, etwa an der Gestaltung des Corporate Designs, am Kleidungsstil der Mitarbeiter oder an ihren Statussymbolen. Wenn beispielsweise die Mitarbeiter einer Firma eine Präferenz für Fahrräder statt für teure Autos haben, so lassen sich daraus gewisse Rückschlüsse über die vorherrschende Organisationskultur ziehen.

> Bewährte, **unterschwellig befolgte Annahmen** sind Bestandteil jeder Organisationskultur.

> Organisationen versuchen, ihre **Kultur** in Form von Leitbildern, Prozesslandkarten, Führungsgrundsätzen etc. **zu dokumentieren**.

> Organisationskultur zeigt sich z. B. in Anekdoten, Slogans, Grundsätzen und Ritualen, und sie ist teilweise **optisch erkennbar**.

Subkulturen und starke Kulturen

Je größer eine Organisation wird, desto wichtiger wird die **Organisationskultur als Orientierungsrahmen** für die Mitarbeiter – auch deshalb, weil es der Unternehmensführung mit zunehmender Größe nicht mehr möglich ist, sämtliche Regeln, Normen und Werte ständig eng zu kontrollieren. Mit der Größe der Organisation steigt auch die Wahrscheinlichkeit, dass

> **Je größer die Organisation, desto wichtiger die Organisationskultur**, denn mit zunehmender Komplexität ist es nicht mehr möglich, alles zu kontrollieren.

sich Subkulturen bilden, die in ihren Regeln, Normen und Werten voneinander abweichen. Weit verbreitet ist eine Bildung von Subkulturen in verschiedenen Fachbereichen (z. B. die »IT-ler« oder die »Controller«).

Organisationskulturen unterscheiden sich nicht nur inhaltlich, sondern auch in ihrer Stärke (Kauffeld, 2014, S. 47). Von einer starken Organisationskultur spricht man, wenn die geltenden Regeln, Normen und Werte klar sind und von allen getragen und befolgt werden. Dies äußert sich im Idealfall in einer gut funktionierenden Kommunikation zwischen den Mitarbeitern, und in höherer Motivation. Je nach Perspektive hat eine starke Kultur aber auch eine Kehrseite: Sie kann zur Gruppenbildung führen (mit allen Vor- und Nachteilen, ▶ Abschn. 7.5) und sie kann Organisationsmitglieder ausschließen, welche nicht bereit oder fähig sind, die entsprechende Kultur zu übernehmen.

Die Frage nach dem Erfolg

Metaanalysen zeigen, dass **gute Unternehmenskultur ein Wettbewerbsvorteil** ist.

Clan-Kulturen gehen mit hoher Arbeitszufriedenheit und **Markt-Kulturen** mit hoher Produktqualität einher.

Die bisherigen Betrachtungen lassen einen Zusammenhang zwischen Organisationskultur und Unternehmenserfolg vermuten. Kritische Stimmen haben diesen jedoch infrage gestellt – nicht ganz zu Unrecht, wie man angesichts der vielfältigen Erscheinungsformen von Organisationskultur konstatieren muss. Inzwischen liegen allerdings Überblicksarbeiten vor, die zeigen, dass eine **gute Organisationskultur ein Wettbewerbsvorteil ist** (Baetge et al., 2007). Auch Hartnell et al. (2011) fanden in ihrer Metaanalyse Bestätigung für den vermuteten Zusammenhang, indem sie sich auf solche Studien beschränkten, die ein gemeinsames Verständnis von Organisationskultur aufwiesen. Als Messgrößen wurden die Einstellungen der Mitarbeiter sowie Indikatoren für die organisationale und finanzielle Effektivität verwendet. Dabei zeigte sich z. B., dass »Clan-Kulturen« (hier stehen Zusammenhalt und Kooperation im Vordergrund) typischerweise mit hoher Arbeitszufriedenheit einhergehen, und »Markt-Kulturen« (hier werden Zielstrebigkeit und interner Wettstreit betont) mit hoher Produktqualität.

Aus dem Zusammenhang zwischen Organisationskultur und Unternehmenserfolg ergibt sich, dass die Analyse und Veränderung von

Exkurs

Organisationskultur messen

Die Operationalisierung von Organisationskultur ist schwierig, aber nicht unmöglich. Es gibt zwei Möglichkeiten: Zuordnung zu einem bestimmten Typus von Organisationskultur oder Einschätzung auf einem Profil, das verschiedene Dimensionen von Organisationskultur abbildet. Ein klassisches, weit verbreitetes Instrument zur Darstellung der Organisationskultur als Profil ist das **Organizational Culture Inventory (OCI)**, entwickelt von Cooke und Rousseau (1988). Um die geltenden Normen und Werte zu erfassen, bewerten die Mitarbeiter insgesamt zwölf Sets von Verhaltensweisen im Hinblick darauf, inwieweit diese typisch für das jeweilige Unternehmen sind (◘ Tab. 8.1). Inventare wie der OCI kommen insbesondere dann zum Einsatz, wenn Organisationen Veränderungsprozesse durchlaufen (▶ Abschn. 8.2.1), beispielsweise nach einer Fusion oder beim Aufbau einer Tochtergesellschaft.

Wenn Sie sich fragen, ob damit wirklich die Organisationskultur abgebildet wird, so sind Sie mit diesem Zweifel nicht allein: Die so gemessene Organisationskultur weist nämlich Ähnlichkeit mit dem Organisationsklima auf (Nerdinger et al., 2014, S. 151).

Für die Praxis bedeutet dies: Man muss sich der nicht immer offensichtlichen Abgrenzung zwischen Organisationskultur und -klima bewusst sein und sich im Voraus darüber Gedanken machen, welche Ergebnisse man von einer Erfassung der Organisationskultur nach einer bestimmten Methode erwarten kann.

Tab. 8.1 Messung der Organisationskultur mittels OCI (nach Cooke und Rousseau, 1988). Der OCI ist ein Fragebogen, der von den Mitarbeitern einer Organisation anonym ausgefüllt wird. Er umfasst 3 kulturelle Stile mit je 4 Kulturen und die damit verbundenen typischen Verhaltensweisen, die in einer Organisation mit der entsprechenden Kultur erwartet werden. Die Leitfrage lautet:»Wie müssen sich die Mitarbeiter verhalten, um in die Organisation zu passen?« Auf diese Weise lässt sich sowohl nach der Ist-Kultur fragen, als auch nach der Soll-Kultur. Aus der Differenz werden dann Handlungsempfehlungen für die Organisationsentwicklung abgeleitet (Schuster, 2006).

Kulturelle Stile	Kulturen und entsprechende Verhaltensnormen
Konstruktive Kulturen	**Leistung** Von den Mitarbeitern wird erwartet, sich Herausforderungen zu stellen, sich realistische Ziele zu setzen und Probleme tatsächlich zu lösen. **Selbstverwirklichung** Von den Mitarbeitern wird erwartet, Freude an der Arbeit zu haben und qualitativ hochwertige Produkte/Services abzuliefern. **Menschlichkeit-Motivation** Von den Mitarbeitern wird erwartet, unterstützend und konstruktiv zu sein und sich auch von anderen beeinflussen zu lassen. **Kontaktfreudigkeit** Von den Mitarbeitern wird erwartet, freundlich und offen sowie sensibel hinsichtlich der Zufriedenheit im Team zu sein.
Passiv-defensive Kulturen	**Zustimmung** Von den Mitarbeitern wird erwartet, derselben Meinung wie andere zu sein, anderen zuzustimmen und beliebt zu sein. **Konvention-Tradition** Von den Mitarbeitern wird erwartet, sich anzupassen und den Vorgaben zu folgen, mit dem Ziel, am Ende gut dazustehen. **Abhängigkeit** Von den Mitarbeitern wird erwartet, zu tun, was ihnen gesagt wird und alle Entscheidungen von Vorgesetzten überprüfen zu lassen. **Ausweichverhalten** Von den Mitarbeitern wird erwartet, Verantwortung an andere abzugeben und so zu vermeiden, für Fehler verantwortlich gemacht zu werden.
Aggressiv-defensive Kulturen	**Oppositionsverhalten** Von den Mitarbeitern wird erwartet, Rang und Einfluss durch Kritik zu gewinnen und sich kontinuierlich gegenseitig herauszufordern. **Macht** Von den Mitarbeitern wird erwartet, Aufgaben aktiv zu übernehmen und andere zu »kontrollieren« sowie Entscheidungen selbstherrlich zu treffen. **Wettbewerb** Von den Mitarbeitern wird erwartet, alles als »Win-Lose« zu sehen und gegen Kollegen zu arbeiten, um die volle Aufmerksamkeit zu erhalten. **Perfektionismus** Von den Mitarbeitern wird erwartet, Fehler zu vermeiden, lange und hart zu arbeiten und sich um alles selbst zu kümmern.

Organisationskultur eine wichtige Tätigkeit für Wirtschaftspsychologen darstellt – die sich allerdings als recht anspruchsvoll entpuppt. Dafür gibt es mehrere Gründe: Zunächst einmal gibt es verschiedene Möglichkeiten, Organisationskultur zu definieren. Die obengenannte Definition fasst die wohl relevantesten Attribute zusammen, doch auch andere Definitionen sind möglich, z. B. Organisationskultur im Sinne eines »so wird es bei uns gemacht; dies ist unsere Art«.

Hat man sich dann auf ein Verständnis des Begriffs »Organisationskultur« geeinigt, so stellt sich die Schwierigkeit, diesen zu operationalisieren. Dabei zeigt sich das grundlegende Problem, dass die unterschwelligen Normen, Werte und Regeln, aus denen Organisationskultur

> Die **Analyse und Veränderung** von Organisationskultur ist **wichtig, aber anspruchsvoll**.

besteht, zunächst identifiziert werden müssen. Gelingt es trotz dieser Schwierigkeiten, ihre spezifischen Ausprägungen zu erfassen, so steht man vor der Aufgabe, diese Ausprägungen in Stärken und Schwächen zu unterteilen und Möglichkeiten zur Verbesserung vorzuschlagen. Hat man das geschafft, so müssen die Vorschläge auch noch umgesetzt werden – insgesamt also keine leichte Aufgabe, aber eine lohnende.

Organisationskultur ist eine wertvolle Ressource, die es zu pflegen und zu entwickeln gilt – und die nicht von heute auf morgen verändert oder angepasst werden kann. Besonders deutlich zeigt sich dies im Bereich von Unternehmensfusionen und Übernahmen (Mergers & Acquisitions), bei welchen oftmals die kulturellen Unterschiede und die Probleme bei deren Angleichung unterschätzt werden.

8.1.2 Organisationsklima

In der Meteorologie ist mit dem Klima die längerfristige Wetterlage einer Region gemeint. Metaphorisch lässt sich dies auf unser Thema übertragen: Das Organisationsklima beschreibt die längerfristige »psychologische Wetterlage« einer Organisation. Genauer:

> **Definition**
>
> Das **Organisationsklima** beschreibt die Umgangsformen, die gemeinsam erlebte Stimmung und den Aktivierungsgrad der Mitglieder einer Organisation. Es ist zeitlich relativ überdauernd und beeinflusst das Erleben, das Verhalten und die Zufriedenheit der Organisationsmitglieder. Es kann bewusst wahrgenommen und daher auch relativ leicht gemessen und gestaltet werden.

Welches Klima in einer Organisation herrscht, hängt von vielen verschiedenen Faktoren ab, etwa vom Geschäftserfolg, von der Persönlichkeit des CEOs, vom internen Konkurrenzverhalten oder vom externen Wettbewerb, ebenso wie von der Organisationskultur. In einem erfolgreichen Unternehmen mit einer offenen, partizipativen Organisationskultur z. B. dürfte sich allgemein ein freundliches Organisationsklima einstellen; in einem bedrohten Unternehmen hingegen, das autoritär geführt wird und dessen Organisationskultur viele intransparente, willkürliche Prozesse aufweist, wäre eher ein Klima der Angst zu vermuten.

Die **Unterschiede zwischen Organisationsklima und Organisationskultur** bestehen darin, dass die Organisationskultur weitgehend unterschwellig bleibt und sich über einen längeren Zeitraum ausbildet. Außerdem sind die Konzepte historisch verschieden begründet: Während sich die Analyse der Organisationskultur auf anthropologische Betrachtungen der menschlichen Kultur zurückführen lässt, hat die Beschäftigung mit dem Organisationsklima ihren Ursprung in der Human Relations-Bewegung (▶ Abschn. 1.2). Damals rückte die Tatsache ins Bewusstsein, dass Mitarbeiter nicht bloß Produktionsfaktoren sind, sondern soziale Wesen, die Stimmungen, Motive, Einstellungen und Beziehungen haben. Das Organisationsklima umfasst diese sozialen Aspekte, und zudem weitere Merkmale der Organisation, die sich auf das subjektive, arbeitsbezogene Erleben und Verhalten auswirken und die nicht nur von einzelnen Mitarbeitern, sondern von der Mehrheit täglich

---

Margin notes:

Eine Herausforderung bei der Messung von Organisationskultur ist, dass deren **Elemente zunächst identifiziert werden** müssen.

Organisationskultur ist eine wertvolle Ressource, die **nicht von heute auf morgen geändert** werden kann.

▶ Definition
Organisationsklima

Das Organisationsklima hängt u. a. von folgenden Faktoren ab:
– Geschäftserfolg
– Persönlichkeit des CEOs
– Internes Konkurrenzverhalten
– Externer Wettbewerb
– Organisationskultur

Organisationskultur bleibt **unterschwellig** und manifestiert sich **längerfristiger** als das Organisationsklima.

Organisationsklima wird **bewusst wahrgenommen** und kann vergleichsweise einfach **gemessen und gestaltet werden**.

wahrgenommen werden. Diese Wahrnehmungen sind in der Regel bewusst oder lassen sich leicht ins Bewusstsein rufen, weshalb die Erfassung des Organisationsklimas per Fragebogen praktikabel ist. Die Vielzahl möglicher Fragen zur Erfassung des Organisationsklimas umfasst nach Ostroff (1993) affektive, kognitive und instrumentelle Facetten, wobei die affektive Facette die sozialen Beziehungen und das soziale Involvement umfasst, die kognitive Facette das Selbst und die eigene Entwicklung, und die instrumentelle Facette das Involvement in den Arbeitsprozess und die damit verbundenen Aufgaben.

Es stellt sich wiederum die Frage nach dem **Zusammenhang zwischen Organisationsklima und Erfolg**. In einer Metaanalyse fanden Carr et al. (2003) Bestätigung für den vermuteten Zusammenhang. Dabei zeigte sich, dass sich alle drei von Ostroff (1993) identifizierten Dimensionen direkt auf die Arbeitszufriedenheit und das organisationale Commitment auswirken, von dem aus auf die Arbeitsleistung, das psychische Wohlbefinden und auf das Rückzugsverhalten der Organisationsangehörigen geschlossen werden kann. Den statistisch stärksten Effekt hatten bei dieser Metaanalyse die affektiven Facetten des Organisationsklimas – ein Ergebnis, das nicht nur große Augenscheinvalidität aufweist, sondern das sich in den generellen Kanon wirtschaftspsychologischer Studien einreiht, die sich mit der Entstehung von Arbeitszufriedenheit befassen (▶ Abschn. 7.2).

> Den **stärksten Effekt** auf den Unternehmenserfolg haben die **affektiven Facetten** des Organisationsklimas.

8.1.3 Organisationsdiagnose

Bevor wir uns mit Wandel, Organisationsentwicklung und Change Management beschäftigen, sei auf eine bedeutsame Gemeinsamkeit all dieser Themen hingewiesen: Sie setzen voraus, dass eine Organisation fähig ist, auf Veränderungen zu reagieren, oder noch besser: sie zu antizipieren. Grundvoraussetzung hierfür ist, dass man die aktuelle Funktionsweise einer Organisation versteht. Zur Gewinnung dieses Verständnisses bietet sich die Organisationsdiagnose an (Kauffeld, 2014, S. 47 ff.). Eine Organisationsdiagnose wird häufig dann durchgeführt, wenn eine Organisation auf anstehende Veränderungen vorbereitet werden muss oder wenn bereits durchgeführte Veränderungen evaluiert werden sollen. Auch viele weitere Fragestellungen können von einer Organisationsdiagnose profitieren, z. B. wenn es um die Verbesserung des Personalwesens geht oder um die Verteilung der organisationalen Ressourcen.

> Die Organisationsdiagnose eignet sich zur **Vorbereitung oder Evaluation von Veränderungen**.

Der Organisationsdiagnose liegen verschiedene theoretische Ansätze zugrunde. Das **Open Systems-Modell** nach Cummings und Worley (2009) betrachtet eine Organisation eingebettet in eine Umwelt, mit der sie in Wechselwirkung steht. In dieser Betrachtungsweise kann eine Organisationsdiagnose auf der Ebene Organisation, Abteilung oder Individuum erfolgen, wobei alle drei Ebenen, einzelne Ebenen oder auch nur spezifische Aspekte einer Ebene berücksichtigt werden können.

> Eine **Organisationsdiagnose** kann auf einer oder mehreren Ebenen stattfinden:
> – Organisation
> – Abteilung
> – Individuum

In der Praxis finden sich unterschiedliche Vorgehensweisen für eine Organisationsdiagnose, doch in der Regel werden dabei sieben Phasen durchlaufen:
1. In der *Einführungsphase* werden die grundlegenden Fragen wie Ziel und Nutzen der Organisationsdiagnose geklärt.
2. Die darauffolgende *Erkundungsphase* dient dem Sammeln von Informationen und Ideen zu den Inhalten und Zielen der Orga-

nisationsdiagnose. Dabei werden typischerweise wenig strukturierte Erhebungsmethoden wie informelle Gespräche, offene Gruppendiskussionen oder qualitative Interviews eingesetzt.
3. Auf die *Planungsphase*, in der die Untersuchungsperspektive definiert wird und das finale Erhebungsinstrument entwickelt wird,
4. folgt die *Durchführung der Hauptuntersuchung* – beispielsweise eine unternehmensweite Mitarbeiterbefragung.
5. Die letzten drei Phasen bilden die *Datenverarbeitung*,
6. die *Datenaufbereitung und -interpretation*,
7. und die *Präsentation*.

Webexkurs »Konflikt, Moderation, Mediation«

Wo gearbeitet wird, wird manchmal auch gestritten. Die meisten Konflikte lassen sich leicht selber lösen, aber manchmal braucht es eine Moderation oder sogar eine Mediation. Im ▶ Webexkurs »Konflikt, Moderation, Mediation« erfahren Sie, wie Konflikte verlaufen und wie man mit ihnen umgehen kann.

8.2 Wandel, Organisationsentwicklung, Change Management

Organisationen müssen sich anpassen und weiterentwickeln, um auf dem globalisierten Markt und in einer digitalisierten Umwelt **wettbewerbsfähig zu bleiben.**

Schlagwörter wie **Industrie 4.0** oder **Digitalisierung** sind in aller Munde. Sie gelten als globale Trends, die unsere Wirtschaft in den nächsten Jahrzehnten maßgeblich prägen werden. Mit dem sich abzeichnenden Wandel ist die Forderung verbunden, dass sich Organisationen anpassen und weiterentwickeln müssen, um auf dem globalisierten Markt und in einer digitalisierten Umwelt wettbewerbsfähig zu bleiben. Neben Wandel, der von außen auf die Organisation einwirkt, können auch innerbetriebliche Veränderungen zu Anpassungsbedarf führen, etwa wenn es Wachstum zu bewältigen gilt, wenn eine Fusion zu verdauen ist oder wenn neue Geschäftsfelder erschlossen werden sollen.

Exkurs

Wandel war schon früher schnell

Die Erkenntnis, dass Unternehmen wandlungsfähig, agil und adaptiv sein müssen, ist zweifellos richtig und wichtig, aber keineswegs neu (z. B. Kieser, 1996). Auch wenn stets neue Schlagwörter für vermeintlich »disruptive« Entwicklungen in der Wirtschaft gefunden werden (im Moment z. B. »agil« oder vor einigen Jahren »lean«): Seit jeher beeinflussen technologische, wissenschaftliche, demografische oder politische Veränderungen die Entwicklung bestimmter Branchen, so dass die betroffenen Unternehmen mit Anpassung reagieren müssen. Es ist auch keineswegs gewiss, dass der Wandel, der von der Digitalisierung und der Globalisierung ausgeht, größer, schwieriger oder schneller ist als der Wandel, den unsere Vorfahren zu ihren Zeiten zu gewärtigen hatten, wie die wirtschaftshistorische Forschung zeigt (für einen Überblick siehe Wolfangel, 2017). Kolonialisierung, Mechanisierung, Industrialisierung, Elektrifizierung oder Entwicklungen wie die Eisenbahn, das Telefon, das Automobil und später Radio und Fernsehen **lösten zu ihrer Zeit ganz ähnliche Hoffnungen und Befürchtungen aus** wie heute das Internet, weltumspannende Märkte oder künstliche Intelligenz. Wenn der sich gegenwärtig vollziehende Wandel von manchen journalistisch oder beratend tätigen Untergangsapologeten von dramatisierenden Furchtappellen begleitet ist, so weist dies eher auf deren Geschäftstüchtigkeit hin als auf das Ende der Welt.

Freilich stehen viele von uns dennoch unter dem **subjektiven Eindruck der Beschleunigung**, oft verbunden mit Ratlosigkeit, Verunsicherung und Überforderung. Der Grund dafür dürfte weniger der Wandel an sich sein, als vielmehr die exponentielle Zunahme der verfügbaren Informationen, die mit dem letzten großen technologischen Wandel – dem Internet – einhergegangen ist. Wir alle sind noch dabei, uns mit dieser Veränderung zurechtzufinden, und man sollte ihre Vor- und Nachteile kritisch analysieren. Aber angesichts der bemerkenswerten Anpassungsfähigkeiten, die unsere Vorfahren bewiesen haben, besteht vorerst kein Grund zur Panik.

Dass es Wandel gibt, ist psychologisch betrachtet weniger interessant als der Umgang damit. In diesem Zusammenhang stellt sich die Frage, ob Wandel überhaupt aktiv gelenkt werden kann – oder ob er nicht vielmehr einem evolutionären, nicht wirklich zu steuernden Prozess folgt, der sich in kleinen, oft zufälligen Schritten entwickelt (Wiswede, 2012, S. 277). Betrachtet man die Bemühungen vieler Firmen, dem Wandel zu begegnen, so scheint deren Antwort klar: Wandel soll antizipiert und aktiv gemanagt werden. Doch wie lässt sich dies bewerkstelligen?

Unternehmen versuchen, **Wandel zu antizipieren und aktiv zu managen.**

8.2.1 Organisationsentwicklung

Möglichkeiten zum Umgang mit Wandel bieten sich im Rahmen der Organisationsentwicklung (OE). Auf Unterschiede und Gemeinsamkeiten zum damit verwandten Change Management gehen wir im folgenden Abschnitt ein (▶ Abschn. 8.2.2). Im Gegensatz zur eben angesprochenen evolutionären Perspektive geht man bei der Organisationsentwicklung davon aus, dass Veränderungen bewusst und planvoll angegangen werden können. Organisationsentwicklung wird meist mit dem Anspruch betrieben, umfassende und nachhaltige Veränderungen zu realisieren. Dazu sollte sie sowohl die Struktur als auch die Prozesse und das Personal der Organisation umfassen.

Organisationsentwicklung geht davon aus, dass **Veränderungen planvoll angegangen** werden können.

Definition

Organisationsentwicklung ist die planvolle Gestaltung von Organisationen, ihren Abteilungen und ihren Mitgliedern. Sie umfasst eine Vielzahl von Methoden und Maßnahmen, um die Strukturen und Prozesse von Organisationen zu verändern. Ziel ist deren Weiterentwicklung – im Hinblick auf ökonomische und soziale Verbesserungen oder als Antwort auf Anpassungsbedarf, der sich aus äußerem oder innerem Wandel ergibt.

▶ Definition
Organisationsentwicklung

Initiiert wird Organisationsentwicklung meist von der Führungsspitze einer Organisation. Ihr obliegt die wichtige Aufgabe, zu Beginn des Vorhabens glaubhaft dessen Notwendigkeit zu vermitteln und die richtigen internen und externen Berater und Experten zu engagieren. Diese sind häufig Wirtschaftspsychologen oder Betriebswirte mit psychologischer Weiterbildung. Typisch für Organisationsentwicklung ist, dass schon unmittelbar nach der Initialphase nicht nur Führung und Berater, sondern alle Organisationsmitglieder in die Planung und Durchführung integriert werden, entweder persönlich oder durch Stellvertreter.

Organisationsentwicklung wird in der Regel **von der Führung initiiert.**

Schon zu Beginn werden **alle Organisationsmitglieder integriert.**

> Eine Organisation muss **sorgfältig abwägen**, ob schnelle, langsame, große oder kleine Anpassungen erforderlich sind.

Manchmal erfordern die sich wandelnden äußeren Bedingungen tiefgreifende und schnelle Anpassungen, etwa bei einer unvorhergesehenen Änderung gesetzlicher oder politischer Rahmenbedingungen. Dann ist entsprechend zügiges Vorgehen erforderlich. Doch nicht immer müssen organisationale Anpassungen tiefgreifend sein und schnell vollzogen werden. Beispielsweise erscheint es sinnvoller, auf absehbaren und kontinuierlich verlaufenden Wandel – etwa auf die Digitalisierung – nicht mit Hau-Ruck-Übungen zu reagieren.

> Maßnahmen der Organisationsentwicklung betreffen **organisationale Strukturen und Prozesse,** aber auch **soziale und psychologische Aspekte**.

Maßnahmen der Organisationsentwicklung können praktisch alle organisationalen Strukturen und Prozesse betreffen, aber auch soziale und psychologische Aspekte der Zusammenarbeit. Dabei kommen die verschiedensten Anlässe infrage: Führungswechsel, Einführung von Großraumbüros, Fusionen und Übernahmen, technologische Neuerungen, eine ungenügende Geschäftsentwicklung, Veränderungen der gesetzlichen Rahmenbedingungen (z. B. bei Banken), die Einführung von Qualitätsmanagement, höhere Ziele an die betriebliche Gesundheitsförderung und viele weitere.

Gemeinsame Merkmale, aber kein Königsweg

Die Merkmale der Organisationsentwicklung können folgendermaßen beschrieben werden (nach Nerdinger et al., 2014, S. 160 ff., und Kauffeld, 2014, S. 56 ff.):

Organisationsentwicklung …
- ist eine geplante Form des Wandels,
- wird langfristig begleitet,
- umfasst die gesamte Organisation, nicht nur einzelne Abteilungen,
- beteiligt die von ihr Betroffenen,
- zielt auf Steigerungen der ökonomischen Effizienz ebenso wie auf Verbesserungen der Arbeitsbedingungen,
- soll Organisationen zur konstruktiven Bewältigung langfristiger Veränderungen befähigen,
- wird durch Interventionen interner oder externer Berater unterstützt.

> Es gibt **unterschiedlichste Methoden**, die unter der Bezeichnung Organisationsentwicklung firmieren.
>
> Alle Methoden der OE haben **eines gemeinsam**: Die **Organisationsmitglieder werden daran beteiligt**.

Trotz dieser gemeinsamen Merkmale jeder Organisationsentwicklung gibt es keinen Königsweg, sondern viele unterschiedliche Methoden und Verfahrensweisen, die unter der Bezeichnung Organisationsentwicklung firmieren. Allen ist aber gemein, dass die Organisationsmitglieder zu Beteiligten an der Organisationsentwicklung gemacht werden. Aus zwei Gründen: Erstens sind diese selber Experten, was die Inhalte, Strukturen und Prozesse ihrer Organisation angeht, und zweitens müssen die Wünsche und Bedürfnisse der Betroffenen berücksichtigt werden, wenn die OE-Maßnahmen nicht auf Ablehnung stoßen sollen. Damit ist die Organisationsentwicklung eher als Prozessberatung zu verstehen denn als Inhaltsberatung (Kauffeld, 2014, S. 56). Während bei der **Inhaltsberatung** meist externe Berater zugezogen werden, die sich als Experten für bestimmte Bereiche engagieren und inhaltliches Wissen vermitteln, das in der Organisation nicht vorhanden ist, zielt die **Prozessberatung** vielmehr darauf ab, die Organisationsmitglieder selber zur Optimierung der Strukturen, Prozesse, Normen und Regeln zu befähigen und das bereits vorhandene Wissen nutzbar zu machen. Veränderungen, die unter Beteiligung der Betroffenen entwickelt worden sind, werden im Allgemeinen besser akzeptiert und dürften in der Regel bessere und nachhaltigere Erfolge zeitigen als von außen aufoktroyierte Maßnahmen.

Organisationsentwicklung verunsichert und erfordert Umsicht

Auch bei einer Organisationsentwicklung, die alle Betroffenen beteiligt, muss man sich eines vor Augen halten: organisationaler Wandel im Rahmen der Organisationsentwicklung ist mit Unsicherheit verbunden. Erstens, weil selten ohne einen wichtigen, oft auch kritischen Auslöser zum Mittel der Organisationsentwicklung gegriffen wird. Zweitens, weil die Entwicklungsschritte durchaus auch mit negativen Konsequenzen für manche Abteilungen oder Individuen verbunden sein können. Selbst die, die von der Organisationsentwicklung nicht negativ betroffen sind oder sogar von ihr profitieren werden, wissen das während des Prozesses in der Regel nicht mit Sicherheit.

Vor diesem Hintergrund wird klar, dass Organisationsentwicklung mit einer großen Verantwortung verbunden ist. Sie gehört deshalb in die Hände umsichtiger **Change Agents**, die das Vertrauen nicht nur der Führung, sondern auch der Mitarbeiter genießen und die sich dieser Verantwortung auch bewusst sind (Change Agents nennt man die internen oder externen Personen, die mit der Umsetzung der OE-Maßnahmen beauftragt sind, etwa Berater oder Führungskräfte). Zudem sollte die gesamte Organisationsentwicklung so transparent wie möglich ablaufen, unter ständiger Einbeziehung der Betroffenen und unter der Vorgabe, dass stets offen und ehrlich kommuniziert wird, was vor sich geht. Dass organisationaler Wandel oft destabilisierende Elemente umfasst, ist unvermeidlich. Umsichtige Organisationsentwickler flankieren diese deshalb mit stabilisierenden Maßnahmen, um die Unsicherheit der Betroffenen zu beschränken.

Wandel im Rahmen einer Organisationsentwicklung ist mit Unsicherheit verbunden, denn oft liegt ihr ein kritischer Auslöser zugrunde.

Die **Beteiligten sind häufig unsicher**, ob die organisationale Veränderung für sie persönlich **positive oder negative Konsequenzen** mit sich bringt.

OE gehört in die Hände **umsichtiger Change Agents**: interne oder externe Berater oder Führungskräfte, die das Vertrauen der Führung und der Mitarbeiter genießen.

Ablauf einer Organisationsentwicklung

Da Organisationsentwicklungen meist umfassend, tiefgreifend und längerfristig sind, ist es sinnvoll, sie als Projekte zu planen und in verschiedene Phasen aufzuteilen (◘ Abb. 8.1). Dazu existieren verschiedene idealtypische Phasenmodelle. In der Praxis werden diese zwar nicht immer eingehalten, z. B., weil manche Maßnahmen parallel ablaufen oder wiederholt werden. Dennoch bieten Phasenmodelle eine Richtschnur für die Planung. Das wohl älteste Phasenmodell geht auf Kurt Lewins Forschungen zu Gruppenprozessen zurück. Es umfasst die Phasen **Auflockerung** (Unfreezing), **Überleitung** (Moving) und **Verfestigung** (Re-freezing). Danach müssen etablierte Gruppenstrukturen zunächst aufgebrochen werden, damit sie verändert und schließlich in einer neuen, festen Gruppenstruktur etabliert werden können.

Wenngleich die drei Phasen des Wandels nach Lewin ursprünglich nicht in einem wirtschaftlichen Zusammenhang beobachtet wurden, so werden sie auch für Transformation in Unternehmen als gültig erachtet. Dennoch bleiben Vorbehalte bestehen, da das Modell von Lewin eher deskriptiv und nicht direkt auf das Management des Veränderungsprozesses ausgerichtet ist. Deshalb wurden viele weitere Veränderungsmodelle entwickelt. Ein populärer, aktuellerer Ansatz stammt von

Organisationsentwicklung ist meist **umfassend, tiefgreifend und längerfristig**. Sie sollte als **Projekt** geplant und in **Phasen** aufgeteilt werden.

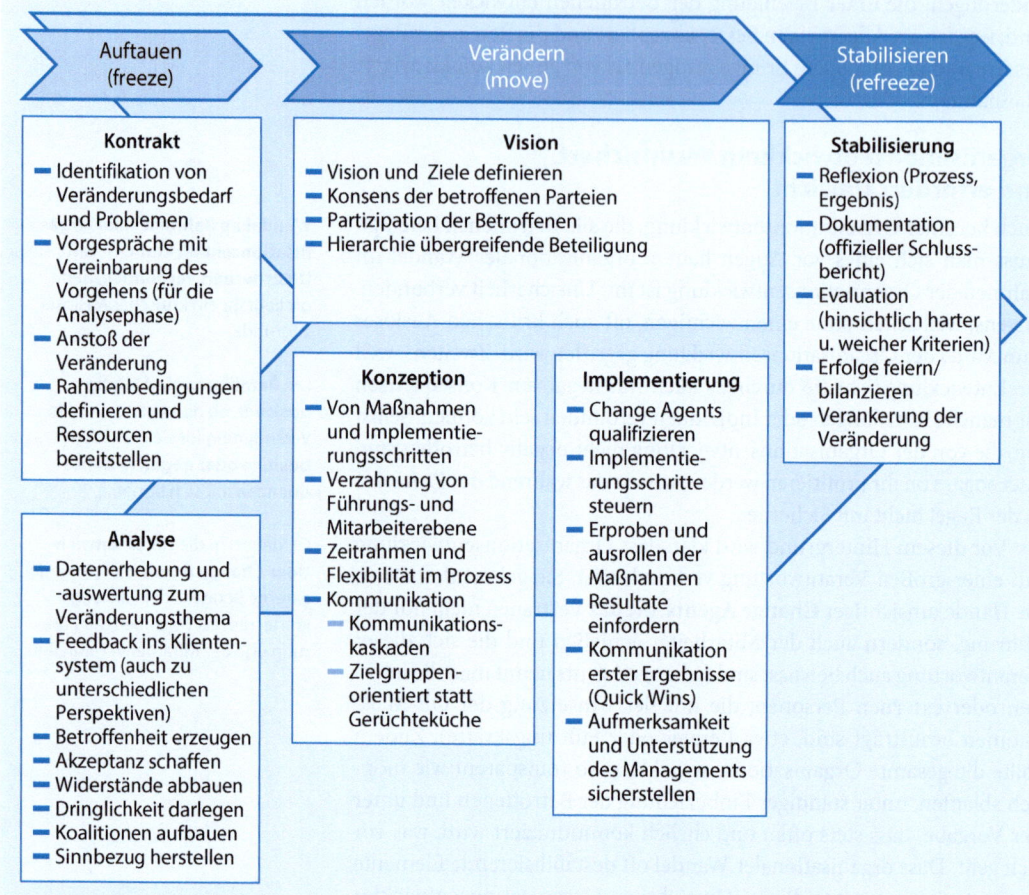

Abb. 8.1 Der Organisationsentwicklungsprozess (Kauffeld, 2014, S. 61, in Anlehnung an Lewin, 1963, mit freundlicher Genehmigung von Hogrefe; und Kotter, 1996, mit freundlicher Genehmigung von Harvard Business Publishing)

Ein populärer Ansatz zur Entwicklung von Organisationen ist das **achtstufige Modell von John P. Kotter.**

John P. Kotter, der in seinem erstmalig 1996 publizierten Buch »Leading Change« (2012) ein achtstufiges Modell vorstellt:
1. Ein Gefühl der Dringlichkeit erzeugen
2. Eine Führungskoalition bilden
3. Eine Vision des Wandels entwickeln
4. Die Vision des Wandels kommunizieren
5. Hindernisse für den Wandel beseitigen
6. Kurzfristig erreichbare Erfolge definieren
7. Erreichte Erfolge konsolidieren und weitere Veränderungen anstoßen
8. Veränderungen in der Organisationskultur verankern.

Trotz **Kritik** bietet das Modell von Kotter einen **Orientierungsrahmen** für die Praxis.

Das idealtypische, in starren Schritten formulierte Modell von Kotter basiert eher auf theoretischen Erwägungen als auf empirischer Evidenz. Dennoch hat es sich in der Praxis als hilfreich erwiesen und ist ein Eckpfeiler so mancher Beratungsansätze geworden (Appelbaum et al., 2012). Ähnliche Vorbehalte bestehen jedoch gegenüber vielen Modellen der Organisationsentwicklung (vgl. Exkurs »Modelle menschlichen

Evaluation von Organisationsentwicklung

Woran ist zu erkennen, ob ein Projekt der Organisationsentwicklung erfolgreich war oder nicht? Das ist keine einfache Frage. Organisationsentwicklung ist facettenreich und komplex, und es fällt nicht leicht, einen klaren Erfolgsindikator zu definieren. Dennoch ist eine Evaluation unverzichtbar, um die Wirksamkeit der vorgenommenen Veränderungen zu belegen und auch zu rechtfertigen. Dazu müssen zu Beginn der Organisationsentwicklung Kriterien festgelegt werden, anhand derer schlussendlich der Erfolg beurteilt werden kann. Dies können ganz unterschiedliche Größen sein, etwa Umsatz, Arbeitszufriedenheit, Kundenzufriedenheit, durchschnittliche Sitzungsdauer und vieles mehr. Natürlich wäre es wertvoll, wenn mittels eines Experimentaldesigns kausale Wirkungen der OE-Maßnahmen aufgezeigt werden könnten. Das würde aber voraussetzen, dass die Bedingungen für ein Experiment gegeben wären (z. B. vergleichbare Abteilungen als Kontroll- und Experimentalgruppe) und dass alle Beteiligten über ein Bewusstsein für den Nutzen der experimentellen Methode verfügen würden.

Trotz der Schwierigkeit, den Erfolg von Organisationsentwicklung zu messen, liegen Hinweise für ihre grundsätzliche Wirksamkeit vor. Allerdings gilt dies nicht für alles, was sich mit dem Titel Organisationsentwicklung schmückt: Gruppendynamische Trainings z. B. zeigen kaum einen Zusammenhang mit dem Unternehmenserfolg (Nerdinger et al., 2014, S. 165). Bei der Planung der Organisationsentwicklung gilt daher die Regel, dass die Wirksamkeit von infrage kommenden Maßnahmen anhand vergangener Projekte ausgewiesen sein sollte.

8.2.2 Change Management

Auch Change Management setzt sich mit organisationalem Wandel auseinander. Es lässt sich nicht eindeutig von der Organisationsentwicklung abgrenzen, was auch aus folgender Definition hervorgeht:

> **Definition**
> **Change Management** umfasst alle bewusst getroffenen Maßnahmen, die zur Anpassung einer Organisation an sich wandelnde Anforderungen getroffen werden. Die getroffenen Maßnahmen sind oft weitreichend und können Strukturen, Prozesse, Strategie, Führung und Personal einer Organisation betreffen.

Einige Autoren und Beratungsunternehmen betonen, dass Change Management aus der Organisationsentwicklung hervorgegangen ist und nutzen die Begriffe synonym – doch es gibt einige Nuancen, auf die wir kurz hinweisen wollen. Grundsätzlich handelt es sich bei OE, wie auch beim Change Management, um Konzepte zur Anpassung einer Organisation an veränderte Anforderungen. Während allerdings bei

---

Kein OE-Modell bietet **eine Erfolgsgarantie**.

Evaluation von OE-Projekten ist wichtig, um die Wirksamkeit der vorgenommenen Veränderungen zu belegen und auch zu rechtfertigen. Mögliche Bewertungskriterien:
– Umsatz
– Arbeitszufriedenheit
– Kundenzufriedenheit
– durchschnittliche Sitzungsdauer, etc.

Jede im Rahmen der OE infrage kommende **Maßnahme** sollte ihre **Wirksamkeit schon in vergangenen Projekten unter Beweis gestellt** haben.

Auch beim Change Management geht es um organisationalen Wandel. Die **Abgrenzung** von der Organisationsentwicklung ist **nicht eindeutig**.

▶ Definition
Change Management

Während bei der **Organisationsentwicklung** die **Betroffenen involviert** werden, wird diese Aufgabe beim **Change Management** eher **externen Beratern** anvertraut.

Tab. 8.2 Unterschiede zwischen Organisationentwicklung und Change Management

Organisationsentwicklung	Change Management
Involviert sämtliche Betroffenen; Impulse von top-down als auch bottom-up	Eher durch das Management und/oder bestimmte Change Agents top-down vorangetrieben
Langfristiger und ganzheitlicher Ansatz des Wandels	Projektgetrieben, stärker auf einzelne Ziele ausgerichtet
Stärkerer interner Fokus (Individuen, Gruppen, etc.)	Stärkerer externer Fokus (Markt, Politik, Technologien etc.)

> Typische Change Management-Projekte sind **Business Reengineering, Lean Management** oder **Total Quality Management**.

> Beim **Change Management liegt der Fokus eher außerhalb,** bei der Organisationsentwicklung innerhalb der Organisation.

der Organisationsentwicklung die von ihr Betroffenen direkt in die Konzeption und Umsetzung der Maßnahmen involviert werden, wird diese Aufgabe beim Change Management eher spezialisierten Beratern anvertraut, die meist von extern hinzugezogen werden. Während bei der in humanistischer Tradition stehenden Organisationsentwicklung auch das Wohlbefinden der Organisationsmitglieder große Aufmerksamkeit erfährt, wird dieses Thema bei vielen Change Management-Projekten nicht explizit angesprochen. Das heißt nicht unbedingt, dass die Bedürfnisse der Mitarbeiter beim Change Management ignoriert werden, aber die Gefahr, dass über deren Köpfe hinweg Maßnahmen eingeführt werden, die sich als wenig sozialverträglich entpuppen, ist vom Ansatz her größer. Schließlich gibt es inhaltliche Nuancen zwischen Change Management- und OE-Projekten. Typische Change Management-Projekte sind z. B. Business Reengineering, Lean Management oder die Einführung von Total Quality Management (Nerdinger et al., 2014, S. 160). Im Vordergrund stehen hier, mehr als bei der OE, Verbesserungen bei den ökonomischen Kenngrößen der Organisation, die sich in direkt messbaren Kostensenkungen, Umsatzsteigerungen oder Produktivitätsverbesserungen bemerkbar machen sollen.

Während es beim Change Management eher um Veränderungen geht, die ihren Ursprung außerhalb der Organisation haben (Markt, Politik etc.), stehen bei der Organisationsentwicklung eher unternehmensinterne Auslöser im Vordergrund (Wimmer, 2004, S. 225 ff.). Organisationsentwicklung ist außerdem als eher längerfristiger Prozess zu verstehen, während beim Change Management inhaltlich spezifischere Ziele verfolgt werden. Im Vergleich zum oftmals stark praxisorientierten, manchmal etwas hemdsärmeligen Auftritt des Change Managements wirkt die Organisationsentwicklung in ihren Begrifflichkeiten und mit ihrer sozialwissenschaftlichen Tradition auf Betriebswirte oder Ingenieure manchmal etwas praxisfern. Dies ist bei der Kommunikation von Organisationsentwicklungsprojekten zu berücksichtigen und stellt einen Grund mehr dafür dar, weshalb Wirtschaftspsychologen, die Organisationsentwicklung durchführen, über Kenntnisse des betriebswirtschaftlichen Vokabulars verfügen sollten (Tab. 8.2).

> **Exkurs**
> **»Zwei Drittel der Change Management-Projekte scheitern!« – oder etwa nicht?**
>
> Was ist von der oft zitierten Aussage zu halten, nach welcher zwei Drittel aller Change Management-Projekte scheitern? Diese dürfte eher Marketingcharakter haben, denn empirische Belege dafür gibt es nicht (Hughes, 2011). Zwar stellt Change Management sicherlich eine Herausforderung dar, insbesondere bei internen Widerständen. Aber viele Befragungen über die Erfolgschancen, über die Schwierigkeit und die Notwendigkeit von Change Management dürften verzerrt sein, weil sie meist aus der Feder von Change Management-Anbietern stammen.
>
> Grundsätzlich unterliegt die **Erfolgsmessung von Change Management** der Schwierigkeit, dass empirische Studien hierzu nur schwer durchzuführen sind. So ist naturgemäß der Einsatz von Kontrollgruppen in der beruflichen Praxis nicht leicht zu realisieren. Möller und Kotte (2014, S. 56) betonen daher, dass eine standardisierte Eingangsdiagnostik (Messung des Status quo vor dem Change Management) die Basis für eine valide Erfolgsmessung darstellt. Insgesamt lässt sich sagen, dass die Change Management-Forschung noch Potenzial aufweist.

Organisationsentwicklung und Change Management werden oft nach unternehmerischen Krisen durchgeführt – häufig mit viel Erfolg. Dennoch sollte man sich **mit Krisen befassen, bevor sie eintreten**. Das tun wir im ▶ Webexkurs »Krisenmanagement und Krisenkommunikation«.

Webexkurs »Krisenmanagement und Krisenkommunikation«

8.3 Führung

Für erfolgreiches Wirtschaften genügt es bei weitem nicht, bloß die Produktionsmittel bereitzustellen – die Organisation muss auch geführt werden. Doch das Steuern einer komplexen Organisation erfordert besondere Eigenschaften und Fähigkeiten. Deshalb ist Führung eines der meistbeforschten Gebiete der Wirtschaftspsychologie. Grundsätzlich ist zwischen **Unternehmens- und Personalführung** zu unterscheiden. Unternehmensführung befasst sich mit der Frage, wie ein Unternehmen und seine Prozesse und Ziele ausgerichtet werden sollen. Wir konzentrieren uns im Folgenden auf die Personalführung. Diese kann wie folgt definiert werden:

*Führung ist eines der **meistbeforschten Gebiete** der Wirtschaftspsychologie.*

*Es wird zwischen **Unternehmens-** und **Personalführung** unterschieden.*

> **Definition**
> **Personalführung** zielt darauf ab, Menschen durch orientierende, unterstützende und motivierende Interaktionen zu befähigen und sie dazu zu bewegen, ihr Bestmögliches zum Erreichen der Organisationsziele beizutragen.

▶ Definition Personalführung

Im betrieblichen Alltag und in der Managementliteratur begegnen wir einer bunten Vielfalt von Assoziationen zum Thema Führung: Führungsstil, Führungseigenschaften, Mitarbeitergespräche, Neuro-Leadership, mitarbeiter- oder aufgabenorientierte Führung, Reifegradmodell, autoritärer Führungsstil und viele mehr. Bringen wir zunächst etwas Ordnung in diese historisch gewachsene Vielfalt.

8.3.1 Führungsansätze

> Die **alte Frage** nach dem Führungserfolg wurde lange mit den Eigenschaften der Führungskraft begründet.

Die Suche nach dem Rezept für erfolgreiche Führung hat eine lange Tradition. Schon Philosophen wie Aristoteles oder später Machiavelli und Kant haben sich mit dieser Frage befasst. Dabei wurden meist die Eigenschaften eines Führers in den Vordergrund gestellt – ein Ansatz, der bis zum Ende des 19. Jahrhunderts vorherrschend war.

Eigenschaftsorientierte Ansätze

> **Eigenschaftsorientierte Ansätze** gehen davon aus, dass **zeitlich stabile und situationsunabhängige Persönlichkeitseigenschaften** für den Erfolg einer Führungskraft verantwortlich sind.

Eigenschaftsorientierte Ansätze gehen von der Annahme aus, dass zeitlich stabile und situationsunabhängige **Persönlichkeitseigenschaften** für den Erfolg einer Führungskraft verantwortlich sind. Unter dieser Perspektive sind nicht nur historische Ereignisse, sondern auch unternehmerische Erfolge vor allem »großen Männern« zu verdanken, deren Eigenschaften sich klar und eindeutig identifizieren lassen (Great-Man-Theorie; Carlyle, 1888, zitiert nach Kauffeld, 2014, S. 74). Ein Zusammenhang zwischen Persönlichkeit und Führungserfolg wurde immer wieder postuliert und erscheint auch plausibel. Doch ebenso häufig wurde er infrage gestellt. Was stimmt? Aktuellere Studien bringen tatsächlich einige Eigenschaften mit Führungserfolg in Verbindung, etwa Extraversion und emotionale Stabilität (Silverthorne, 2001; Bono & Judge, 2004) oder Intelligenz, Selbstvertrauen, emotionale Reife, internale Kontrollüberzeugung und hohe Stresstoleranz (Yukl, 2012a). Diese Zusammenhänge sind allerdings schwächer als früher vermutet wurde.

Nach dem eher bescheidenen Erfolg der Versuche, Führungserfolg aufgrund von Persönlichkeitseigenschaften zu erklären, entstanden weitere Ansätze. Dabei wurde insbesondere das Verhalten der Führungskraft ins Zentrum gerückt.

Verhaltensorientierte Ansätze

> **Verhaltensorientierte Ansätze** gehen davon aus, dass Führungsverhalten **gelernt und verändert werden kann**.

Verhaltensorientierte Ansätze beschreiben Führung nicht anhand angeborener und damit vermeintlich unveränderbarer Persönlichkeitseigenschaften, sondern sie stellen **Verhaltensweisen** in den Vordergrund – die als solche gelernt und verändert werden können und sich in Form von **Führungsstilen** manifestieren. Führungsstile sind relativ stabile und situationsunabhängige Verhaltensmuster, die von einer Führungskraft in der Interaktion mit ihren Mitarbeitern gezeigt werden (Kauffeld, 2014, S. 75). Von autoritär bis laissez-faire, von mitarbeiter- bis aufgabenorientiert: Viele Beschreibungen von Führungsstilen sind verhaltensorientierten Überlegungen entsprungen. Beispiele verschiedener Führungsstile sind in ◘ Tab. 8.3 aufgeführt.

> Metaanalysen fanden **geringe Zusammenhänge** zwischen Führungsstil und Mitarbeiterzufriedenheit.

Zwar berichten aktuelle Metaanalysen gewisse Zusammenhänge zwischen Führungsstilen und Mitarbeiterzufriedenheit: Beispielsweise korrelieren mitarbeiterorientierte Führungsstile stärker mit Mitarbeiterzufriedenheit und Motivation als aufgabenorientierte Stile. Dennoch gehen daraus keine eindeutigen Hinweise hervor, welches Führungsverhalten systematisch zu besserem Führungserfolg führt (Judge et al., 2004).

Weder die eigenschafts- noch die verhaltensorientierten Ansätze konnten die Frage restlos klären, was erfolgreiche Führung letztlich ausmacht. Daher rückte zunehmend die Situation ins Interesse, in der die eigentliche Führungsinteraktion stattfindet.

Tab. 8.3 Führungsstile (vgl. Holtbrügge, 2005, S. 229; Paul, 2015, S. 345 ff.)

Stil	Beschreibung
Autoritär	Die Führungskraft entscheidet alleine, ordnet an und kontrolliert die Ausführung streng. Den Mitarbeitern wird keine bis wenig Mitsprache eingeräumt.
Patriarchalisch	Auch hier trifft die Führungskraft Entscheide eher im Alleingang. Allerdings kommt noch eine gewisse Fürsorge und Versorgungspflicht hinzu. Die Führungskraft ist bestrebt, die Mitarbeiter von ihren Entscheidungen zu überzeugen.
Charismatisch	Die Führungskraft überzeugt durch Ausstrahlung, Präsenz und Empathie und führt ihre Mitarbeiter unter anderem über Begeisterung und Commitment.
Konsultativ	Die Führungskraft trifft Entscheidungen zwar alleine – konsultiert ihre Mitarbeiter aber immerhin für Ratschläge und Anregungen.
Partizipativ	Die Mitarbeiter werden in die Entscheidungsprozesse eingebunden und dürfen in vielen Bereichen mitentscheiden. Die Entscheidungsgewalt bleibt jedoch bei der Führungskraft.
Demokratisch	Bei diesem Stil entscheiden die Mitarbeiter nicht nur mit, sondern sie können auf eine Mehrheit gestützte Entscheide auch gegen die Führungskraft durchsetzen.
Delegativ	Hier fungiert die Führungskraft als Koordinator nach innen und nach außen. Die Mitarbeiter entscheiden mit. Alternativ kann der Vorgesetzte auch den Entscheidungsspielraum festlegen, und die Mitarbeiter entscheiden dann über bestimmte Optionen.
Laissez-faire	Die Führungskraft verhält sich passiv und greift kaum in die Arbeitsabläufe ein. Mitarbeiter können zwar eigenständig arbeiten, werden aber mit ihrer Verantwortung alleine gelassen. Die mangelnde Rückmeldung durch die Führungskraft kann demotivierend und verunsichernd wirken.
Bürokratisch	Die Führungskraft orientiert sich stark an Regularien, Prozessrichtlinien und Vorschriften. Viel Entscheidungsfreiraum bleibt nicht übrig – weder für die Führungskraft noch für ihre Mitarbeiter.

Situationsorientierte Ansätze

Situationsorientierte Ansätze berücksichtigen verschiedene situative Faktoren einer Führungssituation, z. B. die Strukturiertheit der Aufgaben, die Macht der Führungskraft, die Beziehung zwischen Führungskraft und Mitarbeiter, deren Motivation und Kompetenz oder die Art der zu fällenden Entscheidung. Basierend auf solchen situativen Unterschieden wurden verschiedene Führungsmodelle entwickelt. Als ein Beispiel unter vielen sei das Reifegradmodell von Hersey und Blanchard (1977) genannt. Dieser Ansatz geht davon aus, dass es für jeden Mitarbeiter einen passenden Führungsstil gibt – welcher das ist, hängt vom Reifegrad des Mitarbeiters ab, und dieser wiederum wird aus der Motivation und den Fähigkeiten des Mitarbeiters abgeleitet. Die Führungskraft kann dann basierend auf dem Reifegrad das richtige Maß an Beziehungsorientierung und Aufgabenorientierung festlegen. Für Mitarbeiter, die hinsichtlich Motivation und Fähigkeit geringe Werte aufweisen (= geringe Reife) wird beispielsweise empfohlen, die Führung aufgabenorientiert auszurichten (»telling«). Dies würde einem autoritären bis bürokratischen Führungsstil entsprechen. Sind Mitarbeiter hingegen hoch motiviert und gut ausgebildet (= hohe Reife), sollte nach diesem Modell eher ein delegativer Stil praktiziert werden (»delegating«). Bei einem mittleren Reifegrad der Mitarbeiter werden partizipative (»participating«) und integrierende (»selling«) Führungsstile empfohlen.

Wie zahlreiche andere Führungsmodelle, die in der Praxis beliebt sind, ist auch dieses Modell zwar intuitiv plausibel, aber konzeptionell

Situationsorientierte Ansätze berücksichtigen situative Faktoren, etwa:
– Strukturiertheit der Aufgaben
– Macht der Führungskraft
– Beziehung zwischen Führungskraft und Mitarbeiter
– Motivation und Kompetenz der Mitarbeiter
– Art der zu fällenden Entscheidung

> Auch die **situationsorientierten Ansätze** konnten das Führungsverhalten nicht vollständig erklären.

unvollständig und empirisch ungenügend bestätigt (z. B. Becker, 2009, S. 167). Es wird Sie somit nicht überraschen, dass unter dem Strich auch die situationsorientierten Ansätze nicht imstande waren, die ganze Wahrheit aufzuschlüsseln. Wie schon die eigenschafts- und die verhaltensorientierten Ansätze trugen auch die situationsorientierten Ansätze zu einem Erkenntniszuwachs in der Führungsforschung bei, haben diese aber nicht überflüssig gemacht. Ein Aspekt, dem nämlich in allen drei Ansätzen noch wenig Aufmerksamkeit zuteilwurde, ist die eigentliche Interaktion zwischen Führungsperson und Mitarbeiter.

Interaktionsorientierte Ansätze

> **Interaktionsorientierte Ansätze** wie die **transaktionale** und die **transformationale** Führung betrachten die Interaktion zwischen Führungsperson und Mitarbeiter.

Interaktionsorientierte Ansätze betrachten die Interaktion zwischen Führungsperson und Mitarbeiter. Einflussgrößen wie Persönlichkeit oder Situation spielen hier eine untergeordnete Rolle. Unter den interaktionsorientierten Ansätzen am meisten Beachtung gefunden hat die **transformationale** Führung (Bass, 1999). Ein Vorgesetzter, der transformational führt, inspiriert, begeistert und motiviert seine Mitarbeiter durch attraktive, gemeinsame Ziele, regt sie auf der intellektuellen Ebene an, fordert sie heraus und geht individuell auf ihre Bedürfnisse und Fähigkeiten ein. Einem transformational Führenden gelingt es, den Mitarbeitern die Vision, die Mission und auch die Kultur eines Unternehmens in der täglichen Arbeit glaubwürdig zu vermittelt. Die vier Dimensionen der transaktionalen Führung werden von Bass und Avolio (1994, zitiert nach Dörr et al., 2013, S. 260) wie folgt skizziert:

- Inspirierende Motivierung
- Intellektuelle Stimulierung
- Individuelle Mitarbeiterorientierung
- Idealisierter Einfluss

Ein anderer Ansatz zur Erklärung von Führungswirkungen besteht in der Betrachtung der Transaktionen zwischen Führungskraft und Mitarbeiter. Stehen diese in einer Führungsbeziehung im Vordergrund, so spricht man von **transaktionaler Führung.** Eine Kernaufgabe bei der transaktionalen Führung ist das Festlegen von Zielvereinbarungen, die Kontrolle der Zielerreichung und das damit verbundene Belohnen oder Bestrafen der Mitarbeiter. Transaktionale Führung zielt damit eher auf die Steuerung von Prozessen als auf die Vermittlung von Visionen. Zwischen dem Vorgesetzten und seinen Mitarbeitern besteht dabei eine eher nüchterne Leistungs-Gegenleistungs-Beziehung.

> **Webexkurs »Wechselseitige Führung«**
>
> Bei Führung denken die meisten an Einfluss von oben. Tatsächlich üben Führungskräfte verschiedene Formen von Macht und Einfluss aus. Aber den Geführten stehen Mittel und Wege zur Verfügung, um ihrerseits die Führungskräfte zu beeinflussen. Mehr zu diesen Aspekten erfahren Sie im ▶ Webexkurs »Wechselseitige Führung«.

8.3.2 Führungsinstrumente und -modelle

Führungsinstrumente

Einer Führungskraft stehen verschiedene Techniken und Hilfsmittel zur Verfügung, die sie bei der Wahrnehmung ihrer Führungsaufgaben unterstützen. Ein sehr häufig eingesetztes Führungsinstrument ist das **Mitarbeitergespräch**. Obwohl sich erst wenige empirische Belege zur Wirkung von Mitarbeitergesprächen finden lassen, wird an ihrer Notwendigkeit nicht gezweifelt. Daher nehmen sie in der Führungspraxis eine zentrale Rolle ein. Mitarbeitergespräche finden nicht spontan statt, sondern werden in der Regel als fixe Termine zwischen Führungskraft und Mitarbeiter eingerichtet. Neben der Übergabe und Kontrolle von Aufgaben dient das Mitarbeitergespräch insbesondere zur Beziehungspflege, zur Besprechung von Leistungen, zur Motivierung und zur Entwicklung des Mitarbeiters.

> Ein häufig eingesetztes Führungsinstrument ist das **Mitarbeitergespräch**. Dieses erfüllt verschiedene Funktionen.

Ein anderes verbreitetes Instrument sind **Zielvereinbarungen** (Management by Objectives). Diese dienen in erster Linie der Leistungssicherung im Hinblick auf die Ziele der Organisation. Dabei werden mit jedem Mitarbeiter persönlich zu erreichende Ziele definiert, die schließlich in der Summe zum Unternehmenserfolg führen sollen. Damit verbunden ist meist auch der Gedanke, dass Mitarbeiter ihre tägliche Arbeit entlang ihrer Ziele selbstständig und ohne ständige Überwachung und Kontrolle durch Vorgesetzte erledigen können. Zum Management by Objectives gehört, dass der Mitarbeiter aktiv in die Festlegung der Ziele eingebunden wird. Angelehnt an die Forschung zur Zielerreichung sollten die Ziele »SMART« formuliert sein (Yemm, 2013): spezifisch, messbar, ausführbar, relevant und terminierbar. Führung durch Zielvereinbarung gewährt Mitarbeitern Flexibilität und entlastet gleichzeitig die Führungskraft.

> Im **Management by Objectives** werden mit jedem Mitarbeiter Ziele definiert, die zum Unternehmenserfolg führen sollen.

Exkurs

Führungskräfte müssen ihre Herausforderungen kennen

Ein guter Führungsstil oder -ansatz und die richtigen Führungstechniken genügen nicht, um erfolgreich zu führen: Auch ein solides inhaltliches Wissen und eine adäquate Einschätzung der praktischen Herausforderungen sind unabdingbar. Doch woraus bestehen diese Herausforderungen? Eine Befragung von eintausend Schweizer Führungskräften aus verschiedenen Branchen und unterschiedlichen Führungsstufen identifizierte drei wesentliche gegenwärtige Herausforderungen: geeignete Mitarbeiter zu rekrutieren, sie zu entwickeln, und trotz knapper Ressourcen Innovation zu generieren (Weber et al., 2014). Als zukünftige Herausforderungen erwarteten die Befragten die neuen Arbeitsformen, einen Bedeutungsverlust der Hierarchie sowie Teamarbeit und kulturelle Heterogenität. Diese Ergebnisse deuten darauf hin, dass künftig die Personalentwicklung eines der wichtigsten Themen für Führungskräfte sein dürfte.

Komplexitätsreduzierende Führungsmodelle

Da die akademische Forschung im Bereich Führung und Leadership stets feinmaschiger wird, erfreuen sich in der Praxis etwas einfacher gestrickte, komplexitätsreduzierende Führungsmodelle großer Beliebtheit. Das bedeutet nicht, dass diese Modelle keine wissenschaftliche Fundierung haben, aber widersprüchliche Befunde und Inkonsistenzen werden meist ausgeklammert. Bei solchen »Praktiker-Modellen« steht eine integrativ-darstellende Wirkung im Vordergrund, oftmals über

> In der Praxis kommen oft **komplexitätsreduzierende Führungsmodelle** zum Einsatz, die widersprüchliche Befunde und Inkonsistenzen ausklammern.

Abb. 8.2 Das »Dienstleistungsdreieck« als Beispiel für ein komplexitätsreduzierendes Führungsmodell.

mehrere Funktionsbereiche. Der wissenschaftlich-analytische Charakter rückt in den Hintergrund.

Ein Beispiel für ein solches Praktiker-Modell ist das **Dienstleistungs-Dreieck** (Abb. 8.2). Man begegnet ihm häufig in praxisorientierten Publikationen oder im Rahmen von Vorträgen und Workshops für angehende Führungskräfte, sowohl im Zusammenhang mit Personal- als auch mit Unternehmensführung. Das Modell geht vermutlich auf die »Dienstleistungstriade« von Nerdinger (1994) zurück, hat sich aber seither in der Interpretation und Vereinfachung durch zahlreiche Autoren quasi verselbstständigt, so dass sich eine genaue Urheberschaft heute nicht mehr angeben lässt. Die Kernaussagen des Modells sind, dass für eine erfolgreiche Dienstleistungskultur …

- das Unternehmen den Kunden ein (Leistungs-)versprechen abgeben können muss (Vermarktungsprozesse),
- die Mitarbeiter so entwickelt und gefördert werden müssen, dass sie diese Versprechen einlösen können (Wertschöpfungsprozesse),
- das Unternehmen eine Arbeitsumgebung schafft, die das Aussprechen und Einlösen von Versprechen ermöglicht (Organisations- und Personalentwicklungsprozesse).

Die Lehren, die aus solchen komplexitätsreduzierenden Führungsmodellen gezogen werden können, sind zwar nicht verkehrt, aber oft zu simpel oder schlichtweg banal. Viele Modelle eignen sich daher lediglich für einen groben Überblick zu Beginn einer Führungskräfteschulung, bieten aber für die später in der Führungspraxis tatsächlich auftretenden Probleme nicht genügend Orientierung – und sie eignen sich nur bedingt dazu, um wissenschaftliche Hypothesen abzuleiten. Auch hier bleibt für die wirtschaftspsychologische Forschung noch einiges zu tun.

> **Exkurs**
>
> **Neuro-Leadership!?**
>
> Heutzutage muss beim Thema Führung auch der Begriff »Neuro« aufgegriffen werden, der Ihnen bestimmt schon in verschiedenen mehr oder weniger passenden Konstellationen begegnet ist (und natürlich in ▶ Abschn. 5.4). In den vergangenen Jahren haben sich verschiedene Ansätze für ein »Neuro-Leadership« entwickelt, die das Ziel verfolgen, aktuelle neurowissenschaftliche Erkenntnisse auf die Betriebswirtschaftslehre zu übertragen, insbesondere auf die Mitarbeiterführung (Peters & Ghadiri, 2011). Die verschiedenen Denkweisen und Handlungsempfehlungen, die diesen Ansätzen zu entnehmen sind, sind zwar nicht alle falsch – aber sie sind auch nicht so revolutionär, wie sie oft dargestellt werden. Vieles davon ist alter **Wein in neuen Schläuchen**: bekannte Theorien und Ergebnisse aus der psychologischen Führungsforschung, die mit dem Zusatz »Neuro« gelabelt werden, weil sie sich so besser vermarkten lassen (McGregor, 2007; Reinhardt, 2014). Fallen Sie nicht auf diesen Etikettenschwindel rein.

Führung umfasst mehr als Verhaltensweisen und Instrumente. So ist es in Zeiten der Globalisierung von Wirtschaft und Gesellschaft unerlässlich, sich im Kontext von Organisation und Führung auch mit den unterschiedlichen Kulturen auf der Welt zu befassen. Wer schon einmal ein fernes Land mit fremden Sitten bereist hat, weiß warum: Sitten und Gebräuche unterscheiden sich teilweise so sehr, dass erfolgreiches Wirtschaften ohne **Kenntnisse kultureller Unterschiede und interkultureller Kommunikation** unmöglich ist. Im ▶ Webexkurs »Kulturelle Unterschiede und interkulturelle Kompetenz« erfahren Sie mehr darüber.

> Webexkurs
> »Kulturelle Unterschiede und interkulturelle Kompetenz«

8.4 Wissensmanagement

In vielen Unternehmen sind nicht mehr die Produktionslinien, die Maschinen oder die Fabrikhallen die zentralen Ressourcen, sondern das Wissen, das in den Köpfen ihrer Mitarbeiter und auf den Festplatten ihrer Computer gespeichert ist. Dasselbe gilt aus Sicht der Arbeitnehmer: Immer häufiger sind sie eigentliche »Wissensarbeiter«, die auf dem Arbeitsmarkt nicht ihr handwerkliches Geschick oder ihre Muskelkraft anbieten, sondern ihr spezifisches oder umfassendes Wissen. Nach einer Schätzung von Güldenberg (1997) dürfte in westlichen Volkswirtschaften der Anteil der Arbeitstätigen, die sich hauptsächlich mit der Beschaffung und Anwendung von Wissen befassten, von 5% im Jahre 1860 auf 50% im Jahr 2000 vergrößert haben. Aktuellere Schätzungen liegen nicht vor, doch es ist sicher nicht weniger geworden. Es ist also nur folgerichtig, wenn man die heutige Gesellschaft als Wissensgesellschaft bezeichnet, und dass Organisationen ebenso wie ihre Mitglieder zu ihrem Wissen Sorge tragen müssen. Die steigende Anzahl an Patenten ebenso wie die steigende Nachfrage nach höherwertiger Ausbildung und nach lebenslanger Weiterbildung sind unmissverständliche Belege für diese Entwicklung.

Arbeitnehmer sind heute oftmals **Wissensarbeiter**, welche anstatt Muskelkraft ihr Wissen in den Arbeitsmarkt einbringen.

▶ **Definition**
Wissensmanagement

> **Definition**
>
> **Wissensmanagement** ist der planvolle, aktiv gesteuerte, zielorientierte Umgang mit dem Wissen einer Organisation, um es für die gegenwärtige und die zukünftige Verwendung zu sichern. Dies umfasst die Identifikation des relevanten Wissens, dessen Speicherung, Abruf, Verwendung und Weitergabe.

Wissensmanagement unterscheidet sich von bloßer Wissenssammlung durch einen **planvollen, zielorientierten Umgang** mit der Ressource Wissen.

Der wichtigste Unterschied zwischen Wissensmanagement und einem bloßen »Laissez-faire«-Umgang mit der Ressource Wissen besteht in der planvollen, aktiven Steuerung im Hinblick auf ein Ziel. Denn Wissen existiert ja zweifellos in jeder Organisation, aber nicht in jeder wird es »gemanagt«, also planvoll und zielorientiert bewirtschaftet. Wenn aber Wissen aktiv gemanagt werden soll, so setzt dies voraus, dass Ziele gesetzt werden und dass deren Erreichung auch kontrolliert wird (Probst et al., 2012, S. 39 ff.).

Dienstleistungs- und Wissensgesellschaft sowie **Digitalisierung** haben die Notwendigkeit von Wissensmanagement erhöht.

Dabei ist Wissensmanagement im Prinzip nichts Neues, sondern eher ein neuer Begriff für etwas längst Vorhandenes: Schon die eben erwähnten fünf Prozent Wissensarbeiter von vor 150 Jahren mussten sich ja Gedanken machen, wie sie ihr Wissen am besten bewirtschaften konnten. Dennoch gibt es gute Gründe dafür, warum man sich seit den 1990er-Jahren systematischer mit aktivem, geplantem Wissensmanagement zu befassen begann: Erstens ließ die Dienstleistungs- und Wissensgesellschaft die Wichtigkeit von Wissen in den Vordergrund rücken. Zweitens führte die beginnende Digitalisierung zu einem Anstieg des verfügbaren Wissens – und damit verbunden zum Problem, im Wust des Wissens das relevante Wissen zu finden. Und drittens ist es in der jüngsten Zeit immer schwieriger geworden, die Richtigkeit von Wissen zu beurteilen – eine direkte Folge der Demokratisierung der Wissensverbreitung im Internet.

8.4.1 Wissen bewirtschaften

Nicht nur von Organisationen, **auch von Arbeitnehmern** wird heute ein planvoller Umgang mit Wissen erwartet.

Meist ist mit Wissensmanagement der Umgang mit Wissen in Organisationen gemeint, und im Folgenden sprechen wir vor allem davon. Weil dabei aber das Wissen von Individuen eine wichtige Rolle spielt, sollte die individuelle Perspektive nicht außen vor bleiben, wenn man über den Umgang mit Wissen im beruflichen und organisationalen Kontext spricht. Damit ist ein planvoller, kundiger Umgang mit Aus- und Weiterbildung angesprochen, aber auch Aspekte wie Medienkompetenz, Arbeitstechnik und die Beherrschung von Werkzeugen für das persönliche Wissensmanagement, etwa persönliche Datenbanken, Mindmaps oder internetbasierte Recherche- und Suchwerkzeuge.

Wissensmanagement erfordert prinzipiell vier Schritte: **Bestandsaufnahme, Speicherung, Nutzbarmachung** und **Aktualisierung**.

Was soll also eine Organisation tun, wenn sie sich dazu entscheidet, ihr Wissen aktiv zu managen? Das Prinzip ist einfach und umfasst die folgenden vier Schritte:

1. Wissensmanagement erfordert zunächst eine **Bestandsaufnahme**. Dabei muss das bereits bestehende Wissen zunächst identifiziert werden. Idealerweise wird das identifizierte Wissen sogleich bewertet und beschrieben, um es für den folgenden Schritt vorzubereiten.

2. Nun muss das identifizierte Wissen **gespeichert werden**, beispielsweise in Wissenslandkarten, Prozessdokumentationen oder Datenbanken. Dabei ist es wichtig, das Wissen zu indizieren, es also mit Schlagworten (»Tags«) zu versehen, welche das Wiederfinden erleichtern.
3. Der wohl herausforderndste Schritt besteht in der **Nutzbarmachung**: Die Organisationsmitglieder müssen wissen, dass ihre Organisation über relevantes Wissen verfügt; sie müssen wissen, wo sie es finden, und sie müssen das Wissen auch verwenden wollen.
4. Das in den ersten drei Schritten nutzbar gemachte Wissen muss **kontinuierlich aktualisiert** werden.

Diese vier einfachen Schritte sind natürlich nur die halbe Wahrheit. Tatsächlich gilt es noch zahlreiche weitere Aspekte zu bedenken, abhängig von der Organisation, den verfügbaren Mitteln, der aktuellen Technik oder der Unternehmenskultur. Auf einige dieser Aspekte weist das **Münchner Modell des Wissensmanagements** hin (nach Reinmann-Rothmeier, 2001):

- **Wissensgenerierung:** Eine Organisation muss sich fragen, wie sie zu neuem, für sie relevantem Wissen gelangt. Dazu gehören die individuellen Lernprozesse der Mitarbeiter, das Gewinnen neuer Mitarbeiter oder der temporäre Einbezug externer Berater, ebenso wie die Einrichtung von Qualitätszirkeln, Innovationswerkstätten oder Forschungsabteilungen.
- **Wissensrepräsentation:** Eine Organisation muss wissen, wie das für sie relevante Wissen identifiziert und abgespeichert wird. Dabei ist es wichtig, dass nicht einfach sämtliches Wissen angehäuft wird, das beiläufig anfällt. Ansonsten entsteht ein nutzloser Wissensberg, der das Auffinden der relevanten Informationen verunmöglicht. Genauso wie beim individuellen Umgang mit Wissen nicht einfach alles in dieselbe Schublade (oder denselben Ordner auf der Festplatte) eingeordnet werden darf, muss auch beim Umgang mit organisationalem Wissen ein Reflexions- und Bewertungsprozess stattfinden. Das braucht Zeit, in der sich kompetente Wissensarbeiter mit dem zu repräsentierenden Wissen auseinandersetzen, und es braucht dazu die richtigen Tools – beispielsweise strukturierte Datenbanken, Prozessmanagementsysteme, Wikis, FAQs, Mappingtechniken, Expertensysteme, Intranets oder grafische Visualisierungen (Sutter, 2015).

> Wissen sollte **nicht bloß angehäuft**, sondern reflektiert und bewertet werden.

- **Wissensnutzung**: Die Nutzung des gespeicherten Wissens ist der eigentliche Knackpunkt jedes Wissensmanagements (Mandl et al., 2003). Wissen, das zwar relevant ist und formal sauber abgespeichert wurde, das aber von seinen Adressaten nicht verwendet wird, ist nutzlos. Deshalb müssen geeignete Systeme zum einfachen Zugriff auf das Wissen verfügbar und auch bekannt sein. Außerdem muss genügend Zeit und Motivation zur Nutzung des Wissens vorhanden sein, und diese Nutzung muss von den Organisationsmitgliedern als sinnvoll und erstrebenswert erachtet werden.

> Wissen muss **leicht verfügbar** sein, damit es genutzt wird.

- **Wissenskommunikation:** Damit eine Organisation ihr Wissen überhaupt nutzen kann, muss es unter ihren Mitgliedern auch kommuniziert werden. Wenn die Mitarbeiter einer Unternehmung ihr Wissen nicht auf geeignete Art und Weise miteinander teilen, so nützen auch noch so fortgeschrittene IT-Systeme nichts (zumindest, solange diese nicht über vergleichbar gute Fähigkeiten zur Wissensvermittlung verfügen wie ihre menschlichen Kollegen).

8.4.2 Wissensmanagement: mehr Psychologie als Technik

*Wissensmanagement erfordert nicht nur funktionierende technische Systeme, sondern **die Fähigkeit und Bereitschaft aller Beteiligten**, sich am Wissensmanagement zu beteiligen.*

Obwohl sich der Umgang mit Wissen seit der Popularisierung des Internets verändert hat (und sich weiterhin verändern dürfte), sind die 2003 von Mandl und Kollegen bezeichneten Ebenen des organisationalen Wissensmanagements dieselben geblieben: **Individuum** (z. B. im bereits angesprochenen Aus- und Weiterbildungsbedarf), **Gruppe** (Wissen muss geteilt werden), und **Organisation**. Gemäß diesen Autoren beschränkte sich die Diskussion über Wissensmanagement aus betriebswirtschaftlicher Sicht allzu oft auf die Ebene der Organisation – in der Annahme, diese könne das für sie relevante Wissen einzig durch entsprechende technische Maßnahmen (Wikis, Intranets, Datenbanken und dergleichen) oder durch Appelle der Unternehmensführung managen. Das ist ein Trugschluss, denn ohne Berücksichtigung der individuellen Ebene und der Gruppenebene kann Wissen nicht gemanagt werden, aus einem ebenso einfachen wie naheliegenden Grund: Technische und organisationale Mittel für das Wissensmanagement bleiben wirkungslos, wenn die Wissensträger nicht bereit oder nicht in der Lage sind, ihr Wissen zu teilen (Mandl & Reinmann-Rothmeier, 2000). Ähnlich argumentieren Bullinger et al. (1998, S. 26): »Reine Technologielösungen werden die notwendige Transparenz innerhalb von Organisationen jedoch nicht schaffen können. Sie müssen immer durch den Faktor Mensch ergänzt werden, der seine Expertise im persönlichen Gespräch anderen Organisationsmitgliedern zur Verfügung stellt.«

*Gruppenprozesse oder die Angst, sich selber überflüssig zu machen, können Organisationsmitglieder **von einer Wissensweitergabe abhalten**.*

Gerade dieser Punkt ist aus psychologischer Sicht besonders interessant. Warum sollten Organisationsmitglieder ihr Wissen für sich behalten wollen? Dafür gibt es verschiedene Erklärungen. Einerseits ist Wissen etwas, das innerhalb von Gruppen identitätsstiftend wirkt. Es kann also sein, dass wichtiges organisationales Wissen zwar vorhanden und potenziell verfügbar wäre, es aber aus Gründen wie z. B. Rivalität zwischen verschiedenen Arbeitsgruppen nicht über den Gruppenkreis hinaus kommuniziert wird. Auch die Angst, sich selbst überflüssig zu machen, könnte Organisationsmitglieder von einer Wissensweitergabe abhalten. Dies ist im Wesentlichen eine Frage der Organisationskultur. Mitarbeiter müssen die Erfahrung machen, dass sie als Arbeitskräfte auch dann noch willkommen sind, wenn sie mit offenen Karten spielen und ihr Wissen im Sinne des organisationalen Gemeinwohls teilen.

8.4.3 Wissen ist leichter verfügbar, aber schwerer nutzbar

Die bisher aufgeführten Überlegungen zeigen auf, weshalb Fragen zum Wissensmanagement aktuell an Dringlichkeit gewinnen – für Unternehmen genauso wie für ihre Mitarbeiter. Es zeichnet sich nämlich ab, dass Computer ein Maß an **künstlicher Intelligenz** erreichen werden, mit dem sie in manchen Berufen menschliche Arbeitskräfte nicht mehr nur unterstützen, sondern ersetzen können. Bei den Betroffenen dürfte die Bereitschaft gering sein, ihr Wissen einem Computer zu übertragen, nur damit dieser sie dann überflüssig macht.

Eng mit diesem Aspekt verbunden ist ein weiteres potenzielles Hemmnis, das bei der Kommunikation von Wissen auftreten kann: Die **Digitalisierung** hat zu einer Verlagerung großer Wissensbestände geführt – raus aus dem Kopf, rein ins Internet. Jeder von uns dürfte schon die Erfahrung gemacht haben, dass er z. B. ein Kochrezept nicht mehr auswendig kann, aber weiß, wo er nachschlagen muss. Das ging sicherlich schon unseren Großmüttern so, hat sich aber aufgrund der Praktikabilität von Google und Co. akzentuiert. Einerseits hat das stets verfügbare und umfangreiche Wissen aus dem Internet natürlich enorme Vorteile. Aber andererseits ist Wissen, von dem man nur seinen ungefähren Speicherort, nicht aber seinen eigentlichen Inhalt kennt, für kognitive Prozesse wie Problemlösung oder Risikobeurteilung nicht im selben Maße nützlich wie Wissen, das man im eigenen Kopf verfügbar hält (Sparrow et al., 2011).

Vor diesem Hintergrund stellt sich eine weitere Herausforderung für das Wissensmanagement: Zwar kann immer leichter auf immer mehr Wissen zugegriffen werden. Doch **der Leichtigkeit des Zugriffs steht die Schwierigkeit der Bewertung gegenüber.** Was ist wahr, was nicht? Wem kann ich glauben, wem nicht? Diese Debatte entspinnt sich regelmäßig in politischen und gesellschaftlichen Fragen, aber sie betrifft auch das Wissen, auf das Unternehmen, Verwaltungen, das Gesundheitswesen und Non-Profits zurückgreifen. Wir haben in diesem Buch bereits darauf hingewiesen, dass gerade die Nutzung psychologischen (oder vielmehr psychologisch klingenden) Wissens im wirtschaftlichen Umfeld anfällig für unseriöse, unwissenschaftliche und nicht überprüfte Behauptungen ist. Für das organisationale Wissensmanagement bedeutet dies, dass Modelle wie das obengenannte um den Aspekt der **Wissensüberprüfung** erweitert werden müssen.

Wie sollte in Organisationen Wissen überprüft werden? Einen Vorschlag zur Beantwortung dieser Frage finden Sie im ▶ Webexkurs »Wissenschaft als Mittel zur Wissensüberprüfung in Organisationen«.

Künstliche Intelligenz wird in manchen Berufen **menschliche Intelligenz** ersetzen. Dies wird als Bedrohung empfunden.

Die Digitalisierung hat zu einer **Verlagerung großer Wissensbestände** geführt.

Zwar kann **immer leichter immer mehr** Wissen abgerufen werden. Doch der Leichtigkeit des Zugriffs steht die **Schwierigkeit der Bewertung** gegenüber.

🌐 Webexkurs »Wissenschaft als Mittel zur Wissensüberprüfung in Organisationen«

8.5 Partizipation

Kein Kapitän wünscht sich eine lethargische Crew, die passiv auf Befehle wartet. Umgekehrt ist es wenig sinnvoll, wenn alle bei allem mitreden können. Der Koch soll kochen, der Steuermann steuern. Aber sollte der Kapitän (der schlussendlich für alles auf dem Schiff verantwortlich ist) nicht besser auf Koch und Steuermann hören, wenn sie etwas zu sagen haben – auch wenn das vielleicht nicht mit ihrer direkten Aufgabe zu tun hat? Schließlich steht doch das Wohl der Passagiere im Vordergrund, und nicht das Einhalten von Hierarchien?

Solche Fragen werden unter dem Stichwort »Partizipation« diskutiert. Verallgemeinert ausgedrückt geht es darum, in welcher Form

Bei der Partizipation geht es darum, in welcher Form **Mitarbeiter an den Prozessen und schließlich am Erfolg** der Organisation beteiligt werden.

Mitarbeiter an Unternehmensprozessen und schließlich auch am Unternehmenserfolg beteiligt werden (Antoni, 2007, S. 773 ff.). Partizipation wird in vielen Bereichen formell über gesetzliche Vorgaben geregelt, wobei oft auch Betriebsräten eine zentrale Rolle zukommt. Dieser Bereich wird als **indirekte Partizipation** bezeichnet. Daneben gibt es auch den Bereich der **direkten Partizipation**. Dieser umfasst eher informelle Regelungen und ist eng mit der jeweiligen Organisationskultur (▶ Abschn. 8.1) eines Unternehmens verknüpft. Aus psychologischer Perspektive ist der Bereich der direkten im Vergleich zur indirekten Partizipation spannender, da hier insbesondere Gruppenaspekte und Fragen der Motivation eine wichtige Rolle spielen.

▶ **Definition**
Partizipation

> **Definition**
>
> »(Direkte) **Partizipation** ist die von der Organisation gewährte oder verlangte, subjektiv wahrgenommene, direkte Beteiligung des Einzelnen an Entscheidungen, die im Zusammenwirken mit anderen Organisationsmitgliedern getroffen werden und die seine oder ihre mittel- oder unmittelbaren Bereiche der Arbeit betreffen« (Lohmann & Prümper, 2006, S. 120).

Auch **klassisch organisierte Organisationen** können von Partizipation profitieren.

Wer bei dieser Definition an alternative Kulturcafés denkt, in denen Partizipation mit oft bewundernswertem Idealismus zelebriert wird, liegt damit nicht ganz falsch. Doch auch klassische, hierarchisch organisierte Organisationen – ja teilweise sogar Polizei und Militär – können von der direkten Partizipation ihrer Mitarbeiter profitieren. Dabei kann natürlich Partizipation verschiedenste Facetten besitzen und auch hinsichtlich ihres Ausprägungsgrades variieren. So können sowohl die beteiligten Personen als auch die Bereiche innerhalb eines Entscheidungsprozesses unterschiedliche Partizipationsgrade aufweisen. Haben die Teammitglieder beispielsweise nur ein Vorschlagsrecht, oder können sie auch ein Veto gegen bestimmte Entscheidungen einlegen (Rosenstiel et al., 2005, S. 394)? Partizipation kann sogar im Kontext von Diversität betrachtet werden. Hierbei steht die Frage im Vordergrund, inwieweit die unterschiedlichen Bedürfnisse und Ansichten der Mitarbeiter bei Entscheidungsprozessen berücksichtigt werden können. Partizipation leistet somit auch einen Beitrag zur Reduktion von Diskriminierung.

Partizipation steigert **Leistung und Zufriedenheit** der Mitarbeiter ebenso wie deren **Verständnis und Akzeptanz** von Unternehmensprozessen. Zudem werden **Führungsentscheide besser mitgetragen**.

Trotz dieses weiten definitorischen Rahmens dokumentieren zahlreiche Studien eindeutig positive Effekte von direkter Partizipation, beispielsweise auf die Leistung der Mitarbeiter oder auf die Arbeitszufriedenheit (Wagner et al., 1997). Aber auch Effektivitätssteigerungen sind zu beobachten. Dies ist dadurch zu erklären, dass sich bei hoher Partizipation der Wissenstransfer von unten nach oben verbessert. Darüber hinaus steigt auch das Verständnis für Unternehmensprozesse und die Akzeptanz für diese, so dass Führungsentscheide besser mitgetragen werden. Partizipative Arbeitsgestaltung wird von Parker (2003) zudem mit einer höheren Selbstwirksamkeit und einer höheren Identifikation mit der Organisation in Verbindung gebracht. Partizipation ist außerdem ein tragendes Element bei jeder Organisationsentwicklung, wie wir in ▶ Abschn. 8.2.1 gesehen haben. Diese ist ohne konkrete und verantwortungsvolle Partizipationsmöglichkeiten kaum vorstellbar.

8.5.1 Partizipation ist überwiegend nützlich – aber nicht nur

Obwohl in vielen Berufen und Branchen die positiven Effekte von Partizipation überwiegen, wird auch von negativen Konsequenzen berichtet. Wilpert (1994) weist nebst einer potenziellen Zunahme der Konflikthäufigkeit darauf hin, dass Partizipation zu Verzögerungen im Entscheidungsprozess führen kann. Bei einer ausgeprägten Partizipationskultur besteht in der Tat die Gefahr, dass Entscheidungen einen zu starken Kompromisscharakter bekommen. Im ungünstigsten Fall treffen eine hohe Partizipationskultur und niedriges Mitarbeiterengagement aufeinander, so dass Verantwortungsdiffusion die logische Folge ist. Das konnte gut an den oben genannten alternativen Kulturcafés beobachtet werden. Viele von ihnen wurden von allzu starker Partizipation in ihren Prozessen regelrecht gelähmt und sind wieder dazu übergegangen, die Partizipation ihrer Genossen zu beschränken.

Um die positiven Effekte von Partizipation nutzen zu können, raten Lohmann und Prümper (2006, S. 120), dass Partizipation nicht einfach von oben verordnet werden sollte; »vielmehr sollte die Organisations- bzw. Partizipationskultur selbst in einem partizipativ gestalteten Veränderungsprozess zum Gegenstand von Organisationsentwicklungsmaßnahmen gemacht werden«.

> Bei einer zu ausgeprägten Partizipationskultur besteht die **Gefahr, dass Entscheidungen verzögert** werden und einen zu starken **Kompromisscharakter bekommen.**

Exkurs

Empowerment

Ein verwandtes Konstrukt zu Partizipation stellt **Empowerment** dar, welches oft im Zusammenhang mit der Effektivität von Führungsstilen diskutiert wird (Yukl, 2012b, S. 72). Empowerment kann als spezielle Form der direkten Partizipation bezeichnet werden. Dabei geht Empowerment aber unmittelbar von einer Führungskraft aus. Zum Beispiel kann diese ihre Teammitglieder gezielt dazu anhalten, sich an Entscheidungen zu beteiligen. Zusätzlich kann Empowerment auch bedeuten, dass die Führungskraft bestimmte verantwortungsvolle Aufgaben an ihr Team delegiert, wodurch die Autonomie der einzelnen Teammitglieder erhöht wird. Die positiven Effekte von Empowerment hinsichtlich der Identifikation der Mitarbeiter mit dem Unternehmen oder der Akzeptanz von Entscheidungen sind denen der direkten Partizipation ähnlich.

Nun könnte man vermuten, dass es in einer Dienstleistungs- und Wissensgesellschaft einen eindeutigen Trend hin zu mehr Partizipation und Empowerment gibt. Dem ist nicht so. Gerade im unteren Dienstleistungssektor gibt es sogar einen zur Partizipation gegenläufigen Trend, der sich als **Produktionsansatz von Dienstleistungen** bezeichnen lässt (Nerdinger et al., 2014, S. 609). Damit ist gemeint, dass die Gestaltungsbefugnisse der Mitarbeiter auf ein Minimum beschränkt werden. Stattdessen sollen sich diese strikt an Skripts halten, insbesondere bei der Interaktion mit Kunden. Anschauliche Beispiele dafür sind die Mitarbeiter in Filialen von Apple oder Starbucks. Dahinter stehen hart kalkulierte ökonomische Überlegungen: Mitarbeiter mit Kundenkontakt sollen einerseits die Firma repräsentieren, andererseits haben gerade sie oft tiefe Löhne, kurze Ausbildungen und eine hohe Fluktuation. Viele Firmen wagen hier keine Experimente mit Partizipation oder Empowerment, sondern vertrauen auf fixe Verfahrensweisen, die von den Mitarbeitern nicht verändert und nicht hinterfragt werden sollen. Hier stellt

> Es gibt **keinen eindeutigen Trend zu mehr Partizipation,** sondern sogar eine gegenläufige Bewegung: **den Produktionsansatz von Dienstleistungen.** Dabei werden Mitarbeitern nur **minimale Gestaltungsbefugnisse** zugestanden.

sich die Frage, ob Kunden tatsächlich von Skript-Abarbeitern bedient werden wollen oder von motivierten Persönlichkeiten mit individuellem Gestaltungsspielraum (was wiederum die Frage aufwirft, ob diese auf dem Arbeitsmarkt verfügbar sind).

Zusammenfassend lässt sich festhalten: Partizipation ist sicherlich wünschenswert und insgesamt lohnend, kann aber in gewissen Bereichen auch ein Wagnis darstellen. Organisationen sollten sich dessen bewusst sein und entsprechende strategische Führungsentscheide zur aktiven Gestaltung der Partizipation treffen.

? Kontrollfragen

1. Worin liegt der Unterschied zwischen Organisationskultur und Organisationsklima?
2. Welche Ziele werden mit einer Organisationsdiagnose verfolgt?
3. Wie lassen sich Organisationsentwicklung und Change Management voneinander abgrenzen?
4. Wovon gehen eigenschaftsorientierte Führungsansätze aus und wie werden diese heute bewertet?
5. Welchen Führungsstil wünschen Sie sich von Ihrem Vorgesetzten? Und welchen nicht?
6. Wie unterscheiden sich transaktionale und transformationale Führung voneinander?
7. Wozu dient das Mitarbeitergespräch?
8. Was ist von komplexitätsreduzierenden Führungsmodellen zu halten?
9. Welche Stufen der Konflikteskalation nennt Glasl?
10. Worin unterscheiden sich Moderation und Mediation?
11. Weshalb würden Sie einer Organisation zu Wissensmanagement raten?
12. Welche Aspekte sind beim Wissensmanagement zu beachten?
13. Weshalb ist Partizipation in Organisationen nicht immer nützlich?
14. Was empfehlen Sie dem CEO vor einer Geschäftsreise nach Indien?

▶ Weiterführende Literatur

Kanning, U. P., & Staufenbiel, T. (2012). *Organisationspsychologie*. Göttingen: Hogrefe.
Kauffeld, S. (Hrsg.) (2014). *Arbeits-, Organisations- und Personalpsychologie für Bachelor*. Heidelberg: Springer.
Nerdinger, F. W., Blickle, G., & Schaper, N. (2014). *Arbeits- und Organisationspsychologie*. Heidelberg: Springer.
Schuler, H., & Moser, K. (2014). *Lehrbuch Organisationspsychologie*. Bern: Huber.

Literatur

Antoni, C. H. (2007). Partizipation. In H. Schuler & K. Sonntag (Hrsg.), *Handbuch der Arbeits- und Organisationspsychologie* (S. 773-780). Göttingen: Hogrefe.
Appelbaum, S. H., Habashy, S., Malo, J. L., & Shafiq, H. (2012). Back to the future: Revisiting Kotter's 1996 change model. *Journal of Management Development, 31*(8), 764-782.
Baetge, J., Schewe, G., Schulz, R., & Solmecke, H. (2007). Unternehmenskultur und Unternehmenserfolg: Stand der empirischen Forschung und Konsequenzen für die Entwicklung eines Messkonzeptes. *Journal für Betriebswirtschaft, 57*(3-4), 183-219.
Bass, B. M. (1999). Two decades of research and development in transformational leadership. *European Journal of Work and Organizational Psychology, 8*(1), 9-32.
Bass, B. M. & Avolio, B. J. (1994). *Improving organizational effectiveness through transformational leadership*. Thousand Oaks: Sage.
Bono, J. E., & Judge, T. A. (2004). Personality and transformational and transactional leadership: A Meta-Analysis. *Journal of Applied Psychology, 89*(5), 901-910.
Bullinger, H.-J., Wörner, K. & Prieto, J. (1998). Wissensmanagement – Modelle und Strategien für die Praxis. In H. D. Bürgel (Hrsg.), *Wissensmanagement. Schritte zum intelligenten Unternehmen* (S. 21-39). Berlin: Springer.

Literatur

Carr, J. Z., Schmidt, A. M., Ford, J. K., & DeShon, R. P. (2003). Climate perceptions matter: A meta-analytic path analysis relating molar climate, cognitive and affective states, and individual level work outcomes. *Journal of Applied Psychology, 88*(4), 605-619.

Cooke, R. A., & Rousseau, D. M. (1988). Behavioral norms and expectations. A quantitative approach to the assessment of organizational culture. *Group and Organizational Studies, 13*, 245-273.

Cummings, T. G., & Worley, C. G. (2009). *Organization development and change*. Mason, OH: South-Western Cengage Learning.

Dörr, S., Schmidt-Huber, M., Winkler, B., & Klebl, U. (2013). Führung. In M. Landes & E. Steiner (Hrsg.), *Psychologie der Wirtschaft* (S. 247-278). Wiesbaden: Springer.

Güldenberg, S. (1997). *Wissensmanagement und Wissenscontrolling in lernenden Organisationen*. Wiesbaden: Springer.

Hartnell, C. A., Ou, A. Y., & Kinicki, A. (2011). Organizational culture and organizational effectiveness. *Journal of Applied Psychology, 96*(4), 677-694.

Hersey, P., & Blanchard, K. H. (1977). *Management of organizational behavior: Utilizing human ressources* (3rd ed.). New Jersey: Prentice Hall.

Holtbrügge, D. (2015). *Personalmanagement* (6. Auflage). Wiesbaden: Springer.

Hughes, M. (2011). Do 70 per cent of all organizational change initiatives really fail? *Journal of Change Management, 11*(4), 451-464.

Judge, T. A., Piccolo, R. F., & Ilies, R. (2004). The forgotten ones? A re-examination of consideration, initiating structure, and leadership effectiveness. *Journal of Applied Psychology, 89*, 36-51

Kauffeld, S. (Hrsg.). (2014). *Arbeits-, Organisations- und Personalpsychologie für Bachelor*. Heidelberg: Springer.

Kieser, A. (1996). Moden & Mythen des Organisierens. *Die Betriebswirtschaft, 56*(1), 21-39.

Kotter, J. P. (1996). *Leading Change*. Cambridge: Harvard Business School Press.

Kotter, J. P. (2012). *Leading Change*. Cambridge: Harvard Business School Press.

Lewin, K. (1947). Group decision and social change. *Readings in Social Psychology, 3*, 197-211.

Lewin, K. (1963). *Feldtheorie in den Sozialwissenschaften*. Bern: Huber.

Lohmann, A., & Prümper, J. (2006). Fragebogen zur direkten Partizipation im Büro (FdP-B) Ergebnisse zur Reliabilität und Validität. *Zeitschrift für Arbeits-und Organisationspsychologie A&O, 50*(3), 119-134.

Mandl, H., & Reinmann-Rothmeier, G. (2000). Die Rolle des Wissensmanagements für die Zukunft: Von der Informations-zur Wissensgesellschaft. In H. Mandl & G. Reinmann-Rothmeier (Hrsg.), *Wissensmanagement. Informationszuwachs – Wissensschwund? Die Strategische Bedeutung des Wissensmanagements* (S. 1-18). München: Oldenbourg.

Mandl, H., Schnurer, K., & Winkler, K. (2003). *Implementierung innovativer Konzepte in Unternehmen. Wissensmanagement und E-Learning auf dem Prüfstand der Praxis*. (Forschungsbericht). München: Ludwig-Maximilians-Universität, Lehrstuhl für Empirische Pädagogik und Pädagogische Psychologie.

McGregor, J. (2007). Business brain in close-up. *Business Week, 23*, 68-69.

Möller, H. & Kotte, S. (2014). Standardisierung tut not: Diagnostik im Coaching. *Wirtschaftspsychologie aktuell, 2*, 56-60.

Nerdinger, F. W. (1994). *Zur Psychologie der Dienstleistung. Theoretische und empirische Studien zu einem wirtschaftspsychologischen Forschungsgebiet*. Stuttgart: Schäffer-Poeschel.

Nerdinger, F. W., Blickle, G., & Schaper, N. (2014). *Arbeits- und Organisationspsychologie*. Heidelberg: Springer.

Ostroff, C. (1993). The effects of climate and personal influences on individual behavior and attitudes in organizations. *Organizational Behavior and Human Decision Processes, 56*(1), 56-90.

Parker, S. K. (2003). Longitudinal effects of lean production on employee outcomes and the mediating role of work characteristics. *Journal of Applied Psychology, 88*(4), 620-634.

Paul, J. (2015). *Praxisorientierte Einführung in die Allgemeine Betriebswirtschaftslehre* (3. Aufl.). Wiesbaden: Springer Gabler.

Peters, T., & Ghadiri, A. (2011). *Neuroleadership – Grundlagen, Konzepte, Beispiele*. Wiesbaden: Gabler.

Probst, G., Raub, S., & Romhardt, K. (2012). *Wissen managen* (7. Auflage). Wiesbaden: Gabler.

Reinhardt, R. (Hrsg.) (2014). *Neuroleadership: Empirische Überprüfung und Nutzenpotenziale für die Praxis.* München: DeGruyter.

Reinmann-Rothmeier, G. (2001). *Wissen managen: Das Münchener Modell.* (Forschungsbericht Nr. 131). LMU München: Lehrstuhl für Empirische Pädagogik und Pädagogische Psychologie.

Rosenstiel, L. V., Molt, W., & Rüttinger, B. (2005). *Organisationspsychologie.* Stuttgart: Kohlhammer.

Schein, E. H. (1995). *Unternehmenskultur: Ein Handbuch für Führungskräfte.* Frankfurt a. M.: Campus.

Schuster, C. (2006). Organisational Culture Inventory – Nutzung von Kultur als Treiber erfolgreichen Wandels. In Bertelsmann Stiftung (Hrsg.), *Messen, werten, optimieren* (S. 20-25). Gütersloh: Bertelsmann Stiftung.

Silverthorne, C. (2001). Leadership effectiveness and personality: A cross cultural evaluation. *Personality and Individual Differences, 30*(2), 303-309.

Sparrow, B., Liu, J., & Wegner, D. M. (2011). Google effects on memory: Cognitive consequences of having information at our fingertips. *Science, 333*(6043), 776-778.

Sutter, J. (2015). *Grafische Visualisierungen bei der Stellenübergabe: Ein Werkzeug zur Externalisierung von implizitem Wissen.* Heidelberg: Springer Gabler.

Wagner, J. A., Leana, C. R., Locke, E. A., & Schweiger, D. M. (1997). Cognitive and motivational frameworks in US research on participation: A meta-analysis of primary effects. *Journal of Organizational Behavior, 18*(1), 49-65.

Weber, R., Fichter, C. & Basel, J. (2014). *Leadership-Barometer 2014. Herausforderungen von Führungskräften in der Schweiz.* Stiftung Kalaidos Fachhochschule. https://www.kalaidos-fh.ch/de-CH/Athemia-Angebote-fuer-Unternehmen/Leadership-Barometer

Wilpert, B. (1994). Participation research in organizational psychology. In G. d'Ydewelle, P. Eelen, & P. Bertelson (Eds.), *International Perspectives on Psychological Sciences* (Vol. 2, pp. 293-310). Hove: Erlbaum.

Wimmer, R. (2004). *Organisation und Beratung – Systemtheoretische Perspektive für die Praxis.* Heidelberg: Carl-Auer Verlag.

Wiswede, G. (2012). *Einführung in die Wirtschaftspsychologie* (5. Auflage). München: Reinhardt.

Wolfangel, E. (2017). Die Mär vom rasenden Fortschritt. *Technology Review, 6*, 28-36.

Yemm, G. (2012). *FT essential guide to leading your team: How to set goals, measure performance and reward talent.* Harlow: Pearson UK.

Yukl, G. (2012a). *Leadership in Organizations* (7. Auflage). New Jersey: Prentice Hall.

Yukl, G. (2012b). Effective leadership behavior: What we know and what questions need more attention. *The Academy of Management Perspectives, 26*(4), 66-85.

9 Personal

Sherin Keller, Christian Fichter und Jörn Basel

9.1	Personalauswahl – 194		9.2	Personalentwicklung – 201
9.1.1	Arbeits- und Anforderungsanalyse – 194		9.2.1	Prozess der Personalentwicklung – 201
9.1.2	Personalmarketing – 195		9.2.2	Methoden der Personalentwicklung – 204
9.1.3	Berufliche Eignungsdiagnostik – 196			
				Literatur – 207

© Springer-Verlag GmbH Deutschland 2018
C. Fichter (Hrsg.), *Wirtschaftspsychologie für Bachelor*
https://doi.org/10.1007/978-3-662-54944-5_9

Lernziele

- Wissen, wie man geeignetes Personal findet und gewinnt.
- Die Qualität von Leistungs- und Persönlichkeitstests einschätzen können.
- Die Unterschiede zwischen den verschiedenen Auswahlverfahren kennen.
- Die Zuverlässigkeit von Assessment-Centern einschätzen können.
- Den typischen Prozess der Personalentwicklung kennen.
- Die Bedeutung des Lerntransfers bei der Personalentwicklung verstehen.
- Sinn und Zweck von Coaching verstehen.
- Die Seriosität von Coachings beurteilen können.

Der Umgang mit Mitarbeitern gestaltet sich in vielerlei Hinsicht komplexer als der Umgang mit Maschinen. Während eine Maschine aufgrund ihrer Funktionalität ausgewählt wird, weder Motivationsprobleme noch Veränderungswünsche kennt und ihre Leistung mehr oder weniger widerstandslos auf gleichem Niveau erbringt, bedarf es einiges mehr, um einen Menschen als Mitarbeiter für eine Organisation zu gewinnen, ihn zu halten, zu fördern und ihm ein Umfeld zu bieten, in dem er sich wohlfühlt und langfristig eine gute Leistung erbringen kann und will.

Obwohl hinsichtlich Wahrnehmung, Informationsverarbeitung oder Motivation allgemeine psychologische Prinzipien gelten, gibt es doch erhebliche Unterschiede zwischen den Menschen. Mit diesen Unterschieden und ihren Auswirkungen auf Arbeit und Organisation befasst sich die Personalpsychologie. Im Wesentlichen geht es dabei um die Auswahl von Personal, um die Beurteilung seiner Leistung und um seine Entwicklung.

9.1 Personalauswahl

Kernfragen bei der Personalauswahl:
- **Welche** Mitarbeiter benötigen wir?
- **Wo** finden wir diese?
- **Wie** wählen wir die richtigen aus?

Jede Organisation wünscht sich Mitarbeiter, die möglichst viel zum Erfolg beitragen. Welche Mitarbeiter sind das aber genau? Wo findet sie diese und wie macht sie auf sich aufmerksam? Und vor allem: Wie wählt sie genau jene Mitarbeiter aus, die die höchste Erfolgswahrscheinlichkeit versprechen?

Diese Fragestellungen sprechen vier wichtige Themen der Personalauswahl an: Die **Arbeits- und Anforderungsanalyse** zur Festlegung der Eigenschaften, Kenntnisse und Fähigkeiten, die ein neuer Mitarbeiter mitbringen sollte; das **Personalmarketing** mit der Aufgabe, mögliche neue oder auch bestehende Mitarbeiter ausfindig zu machen, zu gewinnen und an das Unternehmen zu binden; die **Eignungsdiagnostik** mit dem Ziel, geeignete von weniger geeigneten Bewerbern zu unterscheiden; und schließlich die verschiedenen **Auswahlverfahren**, derer sich die Eignungsdiagnostik bedienen kann.

9.1.1 Arbeits- und Anforderungsanalyse

Grundlage jeder Personalauswahl ist die Kenntnis der **Anforderungen** an eine Stelle.

Dazu wird eine **Arbeits- und Anforderungsanalyse** durchgeführt.

An einen Polizisten werden andere Anforderungen gestellt als an einen Chirurgen – und Fertigkeiten, die einen erfolgreichen Friseur ausmachen, decken sich nicht mit den Anforderungen, die ein Hochschuldozent erfüllen sollte. Mithilfe der Arbeits- und Anforderungsanalyse können diese Anforderungen systematisch erhoben werden. Je nach zeitlichen und finanziellen Ressourcen und der zu besetzenden Stelle bieten sich dazu verschiedene methodische Zugänge an (Eckardt & Schuler, 1992, S. 536 ff.).

- Bei der **erfahrungsgeleitet-intuitiven** Methode wird eher qualitativ vorgegangen. Die zu untersuchende berufliche Tätigkeit wird hinsichtlich ihrer Arbeitsmittel, Werkstoffe, Daten, Stelleninhaber, Schnittstellen und Umweltbedingungen analysiert, um daraus die Anforderungen abzuleiten. Die Methode wird gewöhnlich von berufserfahrenen Experten durchgeführt.
- Ähnlich funktioniert die **arbeitsplatzanalytisch-empirische Methode.** Diese bedient sich standardisierter Vorgehensweisen zur Erhebung von Informationen zu einer konkreten Tätigkeit. Die beispielsweise durch Fragebogen oder Interviews erhobenen Daten werden dann wie bei der erfahrungsgeleitet-intuitiven Methode durch Experten in Anforderungen übersetzt.
- Mit der **personenbezogen-empirischen Methode** schließlich wird versucht, die Anforderungen mittels statistischer Zusammenhänge zwischen Personenmerkmalen und Erfolgs- oder Zufriedenheitskriterien einer Tätigkeit abzuleiten. Zum Beispiel könnte man untersuchen, wie stark der berufliche Erfolg von Vertriebsmitarbeitern von deren Extraversion abhängt.

In der Praxis wird aufgrund knapper Ressourcen oft pragmatisch die erfahrungsgeleitet-intuitive Methode angewendet.

9.1.2 Personalmarketing

Einem Unternehmen stehen im Rahmen des Personalmarketings zahlreiche Möglichkeiten zur Verfügung, mit neuen oder bestehenden Mitarbeitern zwecks Besetzung einer Stelle in Kontakt zu treten. Wendet es sich an Personen außerhalb der Organisation, spricht man vom **externen Arbeitsmarkt**. Richten sich die Rekrutierungsanstrengungen an bestehende Mitarbeiter, spricht man vom **internen Arbeitsmarkt**. In Tab. 9.1 sind einige Vorteile des internen resp. externen Arbeitsmarkts dargestellt.

> Man unterscheidet zwischen dem **internen** und dem **externen Arbeitsmarkt**.

Unabhängig davon, ob innen oder außen gesucht wird, verfolgen die Maßnahmen und Aktivitäten des Personalmarketings vor allem ein Ziel: geeignete Mitarbeiter zu identifizieren, für eine längerfristige Mitarbeit zu gewinnen und an die Organisation zu binden (Moser & Sende, 2014, S. 101). Dabei dient das Personalmarketing insbesondere dazu, als attraktiver Arbeitgeber wahrgenommen zu werden. Personalmarketing kann in drei Arbeitsbereiche gegliedert werden (Tab. 9.2; nach Felser, 2010, S. 11 ff.).

> Das Personalmarketing verfolgt vor allem ein Ziel: **geeignete Mitarbeiter** zu **identifizieren**, für eine längerfristige Mitarbeit zu **gewinnen** und an die Organisation zu **binden**.

Welche Möglichkeiten zur externen Suche von Personal am häufigsten eingesetzt werden, zeigt eine Studie des Personaldienstleisters Kienbaum (2015; Abb. 9.1).

Tab. 9.1 Die Vorteile des internen und externen Arbeitsmarkts (nach Kolb, 2010).

Interner Arbeitsmarkt	Externer Arbeitsmarkt
Aufstiegspotenzial für bestehende Mitarbeiter, dadurch Motivationspotenzial	Gewinnung von neuem Wissen und neuen Ideen
Durchschaubare Personalpolitik	Keine Probleme mit ehemaligen Kollegen, die zu Vorgesetzten werden
Mitarbeiter kennt den Betrieb und ist im Betrieb bekannt	Externer Bewerber ist nicht betriebsblind
Geringe Personalbeschaffungskosten	Größere Auswahl an potenziell geeigneten Bewerbern
Schnelle Neubesetzung der Vakanz	Kein Versetzungskarussell

Tab. 9.2 Die drei Arbeitsbereiche des Personalmarketings (nach Felser, 2010).

Arbeitsbereich	Themenfelder (Beispiele)
Personalforschung	– Demografische Entwicklung im Hinblick auf den Fachkräftebedarf – Merkmale (Lebensstil, Einstellung, Werthaltung) der Mitarbeiterzielgruppe – Mitarbeiterbefragungen
Internes Personalmarketing	– Maßnahmen zur langfristigen Bindung der bestehenden Mitarbeiter an die Organisation (Gehalts- und Bonussysteme, Arbeitszeitmodelle, Karrieremöglichkeiten, Gesundheitswesen, Betriebsklima etc.)
Externes Personalmarketing	– Nach außen gerichtete Positionierung der Organisation als attraktiver Arbeitgeber (Auswahl der Kommunikationskanäle, inhaltliche Gestaltung der Botschaften) – Auswahl der Rekrutierungskanäle – Bewerbermanagement

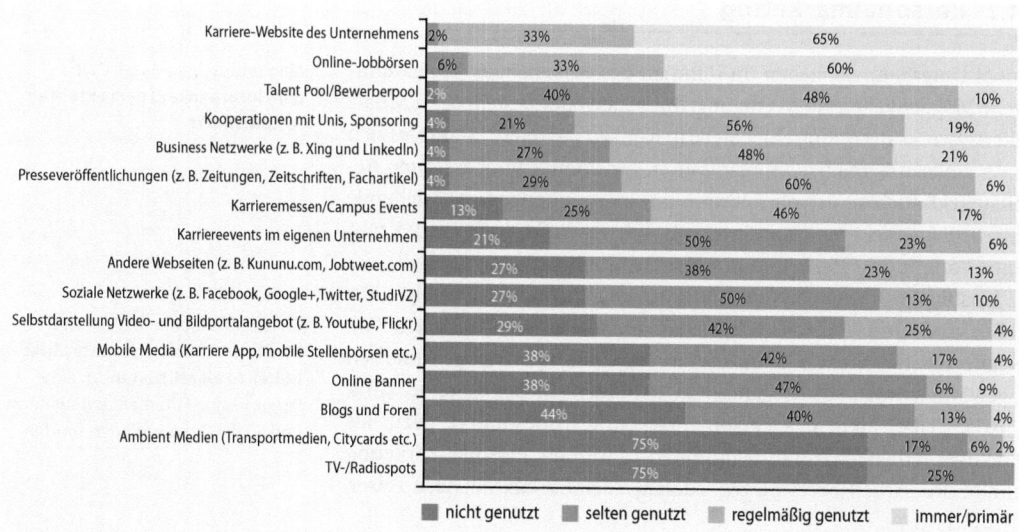

Abb. 9.1 Kommunikationsmöglichkeiten im Rahmen des Personalmarketings (mit freundlicher Genehmigung der Kienbaum Communications GmbH & Co. KG)

Exkurs

Gravitation und organisationale Sozialisation

Hatten Sie schon einmal das Gefühl, Ihre Arbeitskollegen ticken eigentlich ganz ähnlich wie Sie? In der Tat haben verschiedene empirische Studien gezeigt, dass sich die Persönlichkeiten der Mitarbeiter eines Unternehmens ähnlicher sind als es zu erwarten wäre (Schneider et al., 2001).
Eine mögliche Erklärung für dieses Phänomen bietet die **Sozialisation**, die innerhalb einer Organisation stattfindet. Gemeint ist damit die implizite und explizite Vermittlung von Kenntnissen, Fertigkeiten, Fähigkeiten, Überzeugungen, Werthaltungen und Normen, die eine neu in die Organisation eintretende Person dazu befähigt, die an sie gestellten Handlungsanforderungen zu erfüllen (Nerdinger et al., 2014, S. 71 ff.). Organisationale Sozialisation erfolgt in erster Linie über informelle Prozesse, kann aber auch mittels personalpolitischer Instrumente beeinflusst werden, z. B. Einarbeitungs- oder Mentoringprogramme, Schulungen oder gemeinsame Sportaktivitäten.
Ähnlichkeit unter Arbeitskollegen kann aber auch durch **Gravitation** zustande kommen. Damit ist gemeint, dass sich Menschen von bestimmten Organisationen angezogen fühlen, also zu denjenigen Organisationen »gravitieren«, die ähnliche Werte und Normen vertreten wie sie selber. Bewerber wählen in der Regel selber aus, auf welche Stellen und bei welchen Unternehmen sie sich bewerben (Selbstselektion). Damit haben sie bereits etwas gemeinsam: Sie fühlen sich vom gleichen Unternehmen angesprochen. Das Unternehmen wiederum berücksichtigt diejenigen Bewerber für eine engere Auswahl, von denen es sich eine gute Passung für die offene Stelle verspricht (Fremdselektion), was die Homogenität unter den eingestellten Mitarbeitern noch weiter erhöht.

9.1.3 Berufliche Eignungsdiagnostik

Die **berufliche Eignungsdiagnostik** befasst sich mit der Frage, wie gut **jemand zu einer Tätigkeit passt**.

Wie wird unter allen Bewerbern diejenige Person identifiziert, die dem Anforderungsprofil am besten entspricht? Inwiefern passen die Kenntnisse, Fähigkeiten und Eigenschaften einer Person, aber auch ihre Interessen, Bedürfnisse und Werthaltungen zur fraglichen Tätigkeit? Mit dieser Passung beschäftigt sich die berufliche Eignungsdiagnostik.

Zahlreiche Studien haben gezeigt, dass längst nicht alle Auswahlverfahren den Berufs- oder Ausbildungserfolg einer Person gleich gut vorhersagen können. Die Güte der einzelnen Verfahren unterscheidet sich sogar sehr, wobei die drei Hauptgütekriterien quantitativer Forschung auch hier gelten. Im Hinblick auf die Personalauswahl lassen sie sich so beschreiben:

- **Objektivität**: Es sollte keine Rolle spielen, wer den Test durchführt und auswertet, oder ob er online oder auf Papier durchgeführt wird.
- **Reliabilität**: Ein Test sollte bei wiederholter Durchführung beim selben Bewerber auch zum selben Resultat führen.
- **Validität**: Ein Test sollte tatsächlich diejenigen Merkmale messen, die er messen soll, z. B. Konzentrationsfähigkeit.

> **Auswahlverfahren unterscheiden sich** hinsichtlich Objektivität, Reliabilität und Validität.

Eine für die Eignungsdiagnostik wichtige Unterkategorie der Validität ist die **prognostische Validität**. Sie sagt aus, wie gut ein Verfahren den zukünftigen Berufserfolg vorhersagen kann. Weiter gesteigert werden kann die Validität durch Kombination verschiedener Auswahlverfahren; man spricht dann von **inkrementeller Validität**.

Gerade weil sich die Güte verschiedener Personalauswahlverfahren stark unterscheidet, sollte in der Praxis auf einen hohen Qualitätsstandard geachtet werden. Ein Unternehmen, das die Eignung seiner Bewerber aufgrund graphologischer Gutachten oder astrologischer Tierkreiszeichen bestimmt, genügt einem solchen Standard nicht. Aus diesem Grund gibt es Normen, die Organisationen mit Empfehlungen dabei unterstützen sollen, ihre eignungsdiagnostischen Abklärungen transparent, vergleichbar und in hoher Qualität durchzuführen – in Deutschland die Norm DIN 33430. Weitere Informationen dazu finden Sie unter
▶ http://www.din33430portal.de/

> Die **prognostische Validität** sagt aus, wie gut ein Verfahren den Berufserfolg vorhersagen kann.
>
> Den Validitätszuwachs durch Kombination verschiedener Auswahlverfahren nennt man **inkrementelle Validität**.
>
> **DIN 33430** enthält Empfehlungen für eignungsdiagnostische Abklärungen.

Eignungsdiagnostische Verfahren

Die eignungsdiagnostischen Verfahren lassen sich in eigenschafts-, simulations- und biografieorientierte Ansätze unterteilen. Für eine möglichst valide Einschätzung des zukünftigen Berufs- oder Ausbildungserfolgs einer Person sollten alle drei berücksichtigt werden. Man spricht dabei vom trimodalen Ansatz der Eignungsdiagnostik (Schuler, 2014, S. 157).

- Der **eigenschaftsorientierte Ansatz** erklärt Berufserfolg aufgrund von relativ stabilen Persönlichkeitseigenschaften. Als relativ stabil gelten z. B. Intelligenz, Extraversion oder Gewissenhaftigkeit. Zu den typischen eigenschaftsorientierten Verfahren zählen Fähigkeitstests (z. B. Intelligenztests), Persönlichkeitstests (z. B. der NEO-FFI) oder Interessenstests.
- Der **simulationsorientierte Ansatz** erklärt Berufserfolg anhand von erfolgsrelevantem berufsbezogenem Verhalten. Typische Verfahren sind Arbeitsproben, Fallstudien oder Rollenspiele. Das Assessment-Center kann ebenfalls dazu gezählt werden, beinhaltet aber nicht nur simulationsorientierte Verfahren.
- Der **biografieorientierte Ansatz** dient dazu, Prognosen über zukünftiges erfolgsrelevantes Verhalten anhand von vergangenem Verhalten zu stellen. Zu den typischen Verfahren zählen die Analyse von Lebenslauf und Zeugnissen, biografische Fragebögen und biografische Interviews.

> Der **trimodale Ansatz** der Eignungsdiagnostik umfasst **eigenschafts-, simulations- und biografieorientierte** Einschätzungen des zukünftigen Berufs- oder Ausbildungserfolgs einer Person.

Häufig eingesetzte Auswahlverfahren:
– Analyse der Bewerbungsunterlagen
– strukturierte Interviews durch die Personalabteilung
– Analyse von Online-Bewerbungen
– strukturierte Interviews durch die Fachabteilung
– Assessment-Center
– Referenzauskünfte

In der Praxis kommen ganz unterschiedliche Verfahren zur Anwendung. Eine Aufzählung der Einsatzhäufigkeit eignungsdiagnostischer Auswahlverfahren in deutschen Unternehmen (Schuler et al., 2007) ergab, dass nahezu 100% der 125 befragten Unternehmen auf eine Analyse der Bewerbungsunterlagen setzten, sozusagen der Klassiker unter den biografieorientierten Ansätzen. Mit über 80% ebenfalls prominent vertreten waren strukturierte Interviews, von der Personalabteilung durchgeführt. Schon 2007 gaben 70% an, Online-Bewerbungen zu analysieren – diese Zahl dürfte inzwischen ebenfalls gegen 100% tendieren. Strukturierte Interviews durch die Fachabteilung wurden von 64% der Unternehmen durchgeführt, und Assessment-Center von knapp 58%. Im selben Bereich liegt auch das Einholen von Referenzauskünften. Arbeitsproben wurden immerhin von knapp 45% der befragten Unternehmen eingesetzt, Leistungstests von 41%, strukturierte Telefoninterviews von 32%, Intelligenztests von 30% und Persönlichkeitstests von 20%. Sehen wir uns vier bekannte eignungsdiagnostische Verfahren einmal genauer an:

Analyse der Bewerbungsunterlagen

Bewerbungsunterlagen liefern **Anhaltspunkte zu Sorgfalt, Gewissenhaftigkeit oder Interesse** eines Bewerbers.

Obwohl sich das Einreichen der Bewerbungsunterlagen heute vorwiegend online und vielfach über vordefinierte Formulare abspielt, werden von den Unternehmen nach wie vor vollständige Bewerbungsunterlagen verlangt, bestehend aus einem Motivationsschreiben, einem tabellarischen **Lebenslauf**, den **Abschlusszeugnissen** und Diplomen sowie den **Arbeitszeugnissen**. Bereits die Vollständigkeit der Bewerbungsunterlagen, deren optische Gestaltung oder logische Struktur können erste Anhaltspunkte für Sorgfalt, Gewissenhaftigkeit oder Interesse des Bewerbers liefern. Großes Analysepotenzial weist insbesondere der Lebenslauf auf. Er kann z. B. hinsichtlich Lückenlosigkeit, Zeitbedarf für Aus- und Weiterbildungen, Qualifikationen, Fokus auf die berufliche Entwicklung, Häufigkeit der Arbeitgeberwechsel oder geografische Mobilität untersucht werden (Watzka, 2014, S. 41).

Interviews

In der beruflichen Eignungsdiagnostik kommen **unstandardisierte, teilstandardisierte und vollstandardisierte** Interviews zum Einsatz.

Im Rahmen der beruflichen Eignungsdiagnostik spricht man oft von **unstandardisierten**, **teilstandardisierten** und **vollstandardisierten** Interviews. Bei einem unstandardisierten Interview ist nur der Zweck bekannt, z. B. »Kennenlernen des Bewerbers«. Die Fragen ergeben sich dann im Verlauf des Gesprächs. Ein teilstandardisiertes Interview kommt zum Einsatz, wenn eine gewisse Vereinheitlichung und Vergleichbarkeit angestrebt wird – eine klar festgelegte Abfolge von Fragen, in der eine jeweils identische Wortwahl aber nicht gewollt oder nicht machbar ist. Ein vollstandardisiertes Interview hat einen klar definierten Aufbau, wird nach einheitlichen Maßstäben ausgewertet und schafft somit eine Vergleichbarkeit der Bewerber. Ein Beispiel hierfür ist das multimodale Interview. Es besteht aus acht Komponenten: Gesprächsbeginn, Selbstvorstellung, freiem Gesprächsteil, Berufsinteressen, biografiebezogenen Fragen, Tätigkeitsinformationen, situativen Fragen und Gesprächsabschluss. Mit Ausnahme von Gesprächsbeginn und -abschluss sowie der Information zur Tätigkeit können alle Interviewkomponenten so gestaltet werden, dass die Antworten der Bewerber hinsichtlich Eigenschaften, Verhalten oder Biografie mithilfe einer Skala eingeschätzt und verglichen werden können (Schuler, 2014, S. 306 ff.).

Assessment-Center

Assessment-Center (AC) gehören zu den multiplen Verfahrenstechniken – multipel, weil sie eigenschafts-, simulations- und biografieorientierte Ansätze kombinieren. Sie werden zur Auswahl von potenziellen neuen Mitarbeitern (Auswahlassessments) oder zur Entwicklung bestehender Mitarbeiter (Entwicklungsassessments) eingesetzt. Bei einem **Einzelassessment** wird eine einzelne Person (der Assessee) eingeschätzt. An einem **Gruppenassessment** nehmen typischerweise vier bis zwölf Personen gleichzeitig teil, wobei die Einschätzung durch mehrere Beurteiler (die Assessoren) erfolgt. Klassische Aufgaben, die in einem Assessment-Center bearbeitet werden, sind unter anderem auf das zukünftige Tätigkeitsfeld abgestimmte Arbeitsproben und Aufgabensimulationen, Gruppendiskussionen oder Gruppenaufgaben, Rollenspiele, Interviews, Selbstvorstellung, Leistungs- und Persönlichkeitstests und Präsentationen. Assessment-Center sollten nach dem Prinzip der inkrementellen Validität gestaltet werden: Jedes zusätzlich eingesetzte diagnostische Instrument sollte einen zusätzlichen Beitrag zur Prognose des zukünftigen Berufserfolgs beitragen (Kleinmann, 2013; Schuler, 2014, S. 272).

> **Assessment-Center** kombinieren eigenschafts-, simulations- und biografieorientierte Ansätze und gehören deshalb zu den **multiplen Verfahrenstechniken**.

Leistungs- und Persönlichkeitstests

Tests gelten als Routineverfahren, die eingesetzt werden, wenn eines oder mehrere empirisch abgrenzbare Persönlichkeitsmerkmale untersucht werden sollen. Das Ziel von Tests besteht aus möglichst quantifizierbaren Aussagen zu den Merkmalen eines Bewerbers, wobei man je nach Art der zu erfassenden Merkmale von Leistungs- oder Persönlichkeitstests spricht. Prototypisch für Leistungstests sind **Intelligenztests**. Damit werden entweder die allgemeine kognitive Leistungsfähigkeit (»General Mental Ability«, GMA) oder spezifische Bereiche der kognitiven Leistungsfähigkeit (verbale Intelligenz, räumliches Vorstellungsvermögen, Merkfähigkeit etc.) erfasst. Werkzeuge zur Messung von Persönlichkeitsmerkmalen sind beispielsweise das **NEO-Persönlichkeitsinventar** (Ostendorf, 2005) oder das Bochumer Inventar zur berufsbezogenen Persönlichkeitsbeschreibung (BIP; Hossiep & Paschen, 2003). Weitere Testverfahren, die auch im deutschsprachigen Raum an Bedeutung gewinnen, sind Integritätstests. Diese verfolgen das Ziel, kontraproduktives Verhalten vorherzusagen (Hossiep & Bräutigam, 2007).

> **Tests** werden eingesetzt, wenn **Persönlichkeitsmerkmale erfasst** werden sollen.
>
> Man unterscheidet zwischen **Leistungstests und Persönlichkeitstests**.

Aussagekraft von Eignungsdiagnostik

Um es vorweg zu nehmen: Ein einzelnes Verfahren, das höchst zuverlässig den zukünftigen Berufserfolg vorhersagen kann, gibt es zurzeit nicht. Auch unterscheidet sich die prognostische Validität teilweise massiv (z. B. kann ein Intelligenztest bis zu 25% des Ausbildungserfolgs erklären, während die Vorhersagekraft graphologischer Gutachten gegen Null geht). Aber auch bei einer 25-prozentigen Varianzaufklärung bleibt vieles ungeklärt, und außerdem hängt die prognostische Validität stark von der Operationalisierung des Kriteriums Berufserfolg ab.

Die prognostische Validität wird als Korrelation zwischen dem **Prädiktor** (etwa Schulnoten) und dem **Kriterium** (etwa eine Leistungsbeurteilung durch den Vorgesetzten) angegeben und daher als Validitätskoeffizient r ausgedrückt. Werden also z. B. Schulnoten als Prädiktor des Berufserfolgs eingesetzt, besitzen diese ungefähr eine prognostische Validität von $r = .45$. Das bedeutet, dass gut 20% der Varianz in den

> Die **prognostische Validität** wird als Korrelation zwischen Prädiktor und Kriterium angegeben und als **Validitätskoeffizient r** ausgedrückt.

Leistungsbeurteilungen durch die Schulnoten erklärt werden. Ein eignungsdiagnostisches Verfahren mit einer prognostischen Validität von $r = .50$ darf als sehr gut eingestuft werden, während eine prognostische Validität von $r = .20$ die Untergrenze der Brauchbarkeit darstellt.

Betrachten wir nun die prognostischen Validitäten häufig eingesetzter Auswahlverfahren, wenn sie als Einzelverfahren eingesetzt werden. Von Intelligenztests war eben schon die Rede. Sie führen die Liste an, gefolgt von Tests der Fachkenntnis, Schulnoten und der Probezeit, die alle eine prognostische Validität von rund $r = .45$ aufweisen. Ebenfalls gute Vorhersagekraft besitzen strukturierte Interviews und allgemeine Persönlichkeitstests ($r = .40$) sowie Arbeitsproben und biografische Fragebogen ($r = .35$). Die Validität von Assessment-Centern, wie sie heutzutage in der Praxis eingesetzt werden, erreicht mit $r = .25$ gerade noch ausreichende Werte.

> Eine **vergleichsweise gute prognostische Validität** besitzen Intelligenztests, Fachkenntnistests, Schulnoten, die Probezeit, strukturierte Interviews und allgemeine Persönlichkeitstests.

Werden die einzelnen Verfahren miteinander kombiniert, kommt die inkrementelle Validität zum Tragen. Multimodale Potenzialanalysen beispielsweise kombinieren eigenschafts-, simulations- und biografieorientierte Verfahren und können so eine prognostische Validität von bis zu $r = .60$ erreichen. Werden Intelligenztests zusammen mit Arbeitsproben eingesetzt, werden Validitäten von rund $r = .55$ berichtet (Schuler, 2014, S. 342).

> **Inkrementelle Validität** bezeichnet eine Erhöhung der Validität, die durch den Einsatz zusätzlicher Verfahren entsteht.

Man sollte sich bewusst machen, dass die prognostische Validität eine statistische Angabe ist, die nur die Möglichkeit eines Zusammenhangs ausdrückt. Auswahlverfahren mit höheren Validitätskoeffizienten ermöglichen zwar verlässlichere Vorhersagen. Das schließt aber nicht aus, dass es sich auf der individuellen Ebene auch mal anders verhalten kann.

Abschließend soll erwähnt werden, dass selbst das beste Auswahlverfahren Machtansprüchen oder strategischen Interessen von Entscheidungsträgern unterworfen sein kann (Cascio & Reynolds, 2011). Und natürlich büßt der Nutzen eines Auswahlverfahrens an Wert ein, wenn die Nachbearbeitung des Auswahlprozesses schlecht organisiert ist, etwa wenn so lange mit den Einstellungszusagen an qualifizierte Bewerber gewartet wird, dass sich diese in der Zwischenzeit anderweitig verpflichtet haben.

Exkurs

Die Qualität von Leistungs- und Persönlichkeitstests

Das Angebot an diagnostischen Tests ist breit und unübersichtlich. Mit Ihrem neu erworbenen Wissen über die berufliche Eignungsdiagnostik können Sie Leistungs- und Persönlichkeitstests kritisch hinterfragen, denn ein Test sollte auf einer wissenschaftlich fundierten Theorie basieren. Im Bereich der Intelligenztests sind beispielsweise das Primärfaktorenmodell von Thurstone (Thurstone & Thurstone, 1941) oder die Theorie der fluiden und kristallinen Intelligenz (Horn & Cattell, 1966) zu nennen; im Bereich der Persönlichkeitstests die Big-Five-Dimensionen oder die Theorie der drei Hauptmotive Anschluss, Leistung und Macht. Nebst den drei Hauptgütekriterien, die Sie sich stets vor Augen halten sollten, gilt es auch, den Fairness-Gedanken miteinzubeziehen (ergeben sich Nachteile, wenn der Test nicht in der eigenen Muttersprache absolviert werden kann?), die Unverfälschbarkeit zu berücksichtigen (kann das Testresultat von der Testperson manipuliert werden?) und die Zumutbarkeit eines Tests zu hinterfragen (stehen die zeitlichen, psychischen und körperlichen Strapazen eines Tests in einem vernünftigen Verhältnis zu seinem Nutzen?). Mit diesem Exkurs möchten wir Sie nicht dazu auffordern, Tests zu verweigern, die Sie im Rahmen zukünftiger Auswahlverfahren vielleicht absolvieren sollen. Aber wir möchten Sie dazu anregen, sich differenziert mit den jeweiligen Tests auseinanderzusetzen und sich ihrer Vor- und Nachteile bewusst zu sein.

An dieser Stelle sollte kein Zweifel mehr bestehen, dass eignungsdiagnostische Verfahren von großem Nutzen sein können. Aber in welchem Verhältnis steht dieser Nutzen zu den Kosten? Wir erörtern dies im ▶ Webexkurs »Kosten und Nutzen eignungsdiagnostischer Verfahren«.

> **Webexkurs »Kosten und Nutzen eignungsdiagnostischer Verfahren«**

9.2 Personalentwicklung

Das Schicksal der meisten Organisationen hängt ganz wesentlich von ihren Mitarbeitern ab. Dabei kommt es nicht nur darauf an, die richtigen Personen auszuwählen, sondern auch, diese für die optimale Ausführung ihrer Aufgaben zu qualifizieren. Dies geschieht im Rahmen der Personalentwicklung (PE). PE unterstützt die Mitarbeiter auch, ihre berufliche Qualifizierung weiter auszubauen. Dies nützt nicht nur der Organisation, sondern auch den Mitarbeitern selber. Weil sich die Personalentwicklung an der langfristigen strategischen Ausrichtung eines Unternehmens orientiert, spricht man oft von **strategischer Personalentwicklung** (Meier, 1991, S. 6).

Je nach Art des Wissens oder der Fähigkeiten und Fertigkeiten, die vermittelt werden sollen, stehen unterschiedliche Methoden zur Personalentwicklung zur Verfügung. Bevor wir Ihnen eine Auswahl von Verfahren und Instrumenten vorstellen, betrachten wir den zugrundeliegenden Prozess.

> Personalentwicklung **qualifiziert Mitarbeiter** für die optimale Ausführung ihrer Aufgaben.

9.2.1 Prozess der Personalentwicklung

Personalentwicklung (PE) wird nicht zu einem bestimmten Zeitpunkt oder auf einen bestimmten Termin hin betrieben, sondern sie ist ein fortlaufender Prozess. Basis sämtlicher PE-Maßnahmen ist die Bedarfsanalyse. Dabei werden die Arbeitsplatzanforderungen, die im Rahmen der **Arbeits- und Anforderungsanalyse** erhoben wurden, mit dem aktuellen Qualifikationsniveau der Mitarbeiter verglichen. Dieser Soll-Ist-Vergleich kann für einzelne Mitarbeiter, aber auch für ganze Organisationseinheiten durchgeführt werden. In der anschließenden Planungsphase wird definiert, welche Methoden wie und für welche Empfängergruppe eingesetzt werden. Dabei werden Inhalt, Struktur und didaktische Ausgestaltung einer PE-Maßnahme bestimmt, die Teilnehmenden und die passende Methode ausgewählt, geeignete Trainer gesucht, die Rahmenbedingungen geplant und die Kosten budgetiert. In der Durchführungsphase schließlich findet die ausgewählte PE-Maßnahme statt. ◘ Abb. 9.2 zeigt eine Übersicht der verschiedenen Prozessphasen.

> Personalentwicklung (PE) ist ein **fortlaufender Prozess**, bestehend aus:
> – Bedarfsanalyse
> – Planungsphase
> – Durchführungsphase
> – Transfer
> – Evaluation

Lerntransfer bei der Personalentwicklung

Eine besonders wichtige Phase innerhalb des PE-Prozesses ist der **Lerntransfer** (Kanning, 2014, S. 506 ff.), denn das im Rahmen einer PE-Maßnahme Gelernte soll ja im Arbeitsalltag umgesetzt werden können. Je nach Ähnlichkeit zwischen PE-Maßnahme und praktischem Anwen-

> Besonders wichtig im PE-Prozess ist der **Lerntransfer**: Das vermittelte Wissen soll im Arbeitsalltag umgesetzt werden können.

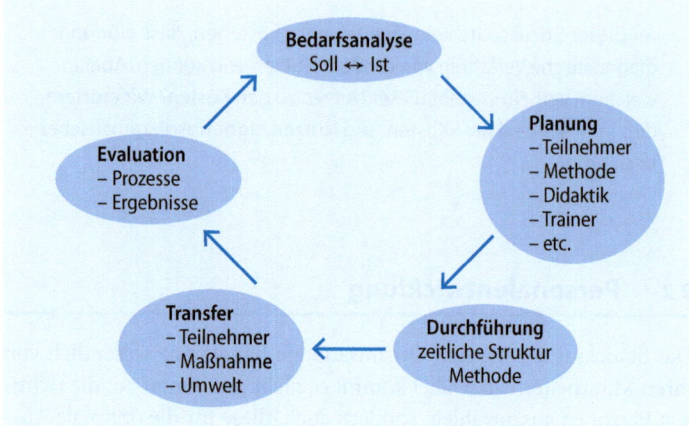

Abb. 9.2 Prozess der Personalentwicklung (nach Kanning, 2014, S. 507, mit freundlicher Genehmigung von Hogrefe)

Je ähnlicher das vermittelte und das am Arbeitsplatz benötigte Wissen, desto kleiner die **Transferdistanz** und desto einfacher der Lerntransfer.

dungsfeld gestaltet sich dieser Transfer einfacher oder schwieriger. Diese inhaltliche Ähnlichkeit wird **Transferdistanz** genannt (Solga et al., 2011). Nimmt ein Mitarbeiter des Verkaufsinnendienstes an einer Telefonschulung zum Thema »Umgang mit Reklamationen« teil, so kann von einer geringen Transferdistanz ausgegangen werden. Absolviert hingegen das ganze Verkaufsteam ein Outdoor-Training, mit dem Ziel, Kommunikation, Kooperation und Konfliktfähigkeit zu fördern, wird es schon schwieriger, das im Training Erlebte in der beruflichen Alltagssituation umzusetzen. Die Situation im Training (z. B. gemeinsamer Bau eines fahrttüchtigen Floßes) weicht stark von der Situation im praktischen Arbeitsalltag ab, und es muss zuerst erkannt werden ob, wo und wann eine Anwendung des Gelernten überhaupt Sinn macht; die Transferdistanz ist hier also groß. Trotzdem herrscht kein Mangel an Outdoor-Trainings für die Personalentwicklung. Übungen wie das »Spinnennetz« (die Teilnehmer müssen durch ein zwischen Bäumen aufgespanntes Netz aus Seilen befördert werden), der »Vertrauens-Fall« (ein Teilnehmer lässt sich von einer erhöhten Plattform nach hinten fallen und wird von seinen Kollegen aufgefangen), Kletter- und Abseilübungen oder eben der Floßbau erfreuen sich einiger Beliebtheit. Können dabei wirklich berufliche Kompetenzen entwickelt werden? Empirisch fundierte Studien dazu fehlen bis heute. Es ist aber anzunehmen, dass sich Outdoor-Trainings wohl als motivierende Anreize, weniger aber zur Kompetenzentwicklung eignen (Kanning, 2013).

Wie gut der Transfer gelingt, hängt nicht nur von der Gestaltung einer PE-Maßnahme ab, sondern auch von Merkmalen der Teilnehmer und ihrer Arbeit (Baldwin & Ford, 1988). Verschiedene Untersuchungen zeigen, dass Intelligenz, Gewissenhaftigkeit, Motivation, Job Involvement, Freiwilligkeit und Alter einen Einfluss auf den Lerntransfer haben (Blume et al., 2010). Intelligenz kommt einem offenbar nicht nur beim Lernen zugute, sondern auch bei der Umsetzung des Gelernten in die Praxis. Blume et al. (2010) beschreiben vier weitere Faktoren, die sich positiv auf den Transfer auswirken:

- Gewissenhaftigkeit: Besonders gewissenhafte Mitarbeitende fühlen sich nach einer PE-Maßnahme stärker verpflichtet, das Gelernte im Arbeitsalltag umzusetzen.

Der **Lerntransfer hängt** nicht nur von der Gestaltung einer PE-Maßnahme ab, sondern auch **von Merkmalen der Teilnehmer**. Dazu zählen:
– Intelligenz
– Gewissenhaftigkeit
– Motivation
– Job Involvement
– Freiwilligkeit
– Alter

- Motivation: Teilnehmer, die einen Sinn hinter einer PE-Maßnahme sehen oder die sich aus eigenem Antrieb weiterentwickeln möchten, werden versuchen, das Gelernte im Arbeitsalltag so gut wie möglich umzusetzen.
- Job Involvement: Eine hohe Identifikation mit der eigenen beruflichen Tätigkeit führt zu einer höheren Bereitschaft, Zeit in eine PE-Maßnahme zu investieren.
- Freiwilligkeit: Eine Teilnahme auf freiwilliger Basis ist förderlich für einen erfolgreichen Transfer.

Auch das Alter hat einen Einfluss auf den Lerntransfer: Jüngere Teilnehmer lernen im Durchschnitt schneller als ältere und zeigen einen besseren Lernerfolg (Kubeck et al., 1996).

Damit der Transfer des Gelernten in die Arbeit gelingt, sollte die Zeitspanne zwischen der PE-Maßnahme und der ersten Anwendung möglichst kurz gehalten werden. Dies setzt voraus, dass dem Mitarbeiter Aufgaben übertragen werden, die das Umsetzen der Lerninhalte überhaupt ermöglichen. Natürlich ist auch die Unterstützung durch Vorgesetzte oder Kollegen förderlich, etwa in Form von Anteilnahme, Hilfsbereitschaft, Reduktion der Arbeitsbelastung oder Coaching (Salas & Cannon-Bowers, 2001). Auch sollten klare Transferziele vereinbart und deren Erfüllung innerhalb eines bestimmten Zeitraums mit dem Mitarbeiter besprochen werden (Sonntag & Schaper, 2006). Sind in einer Organisation solche Bedingungen gegeben, so kann man ihr eine **positive Lernkultur** bescheinigen (Sonntag, 2006).

Die letzte Phase einer PE-Maßnahme besteht aus ihrer Evaluation. Je positiver die Ergebnisse ausfallen, desto einfacher werden die Investitionen gegenüber der Geschäftsleitung zu rechtfertigen sein. Eine exakte monetäre Nutzenanalyse für die Personalentwicklung ist allerdings oft schwierig oder sogar unmöglich. Ein bekanntes Modell zur Evaluation von PE-Maßnahmen stammt von Kirkpatrick (1994; ◘ Tab. 9.3). Während die erste von vier aufeinander aufbauenden Stufen noch relativ einfach umzusetzen ist, kann die vierte Stufe – wenn überhaupt – nur sehr aufwendig erreicht werden.

> Weitere **Maßnahmen für guten Lerntransfer**:
> – kurze Zeitspanne zwischen PE-Maßnahme und Anwendung in der Praxis
> – Unterstützung durch Vorgesetzte und Kollegen
> – Besprechen und Überprüfen der Transferziele

◘ **Tab. 9.3** Evaluationsmodell nach Kirkpatrick (1994)

Stufe	Beschreibung	Fragestellungen
Reaktionen	Abholen des subjektiven Erlebens und der affektiven Reaktionen der Teilnehmer. Kann mittels Fragebogen erfolgen.	Wie hat die Maßnahme den Teilnehmern gefallen? Wie haben sie den Durchführungsort/Trainer etc. erlebt? Was haben sie ihrer Meinung nach Wichtiges gelernt?
Lernen	Ermitteln des objektiven Lernerfolgs, beispielsweise durch Tests.	Was haben die Teilnehmer tatsächlich gelernt? Welches neue Wissen haben sie erworben? Welche neuen Verhaltensweisen haben sie gelernt?
Verhalten	Überprüfen der Umsetzung des Gelernten am Arbeitsplatz. Dies kann durch Verhaltensbeobachtungen oder Befragungen von Vorgesetzten, Mitarbeitern oder Kunden erfolgen.	Wie setzen die Teilnehmer Lerninhalte am Arbeitsplatz um? Lassen sich neu erlernte Verhaltensweisen beobachten?
Ergebnisse	Aufzeigen des Einflusses einer PE-Maßnahme auf messbare Ergebniskriterien eines Unternehmens, z. B. Produktivität, Absentismus, Mitarbeiter- oder Kundenzufriedenheit.	Lassen sich positive Zusammenhänge zwischen der PE-Maßnahme und wirtschaftlichen Erfolgsgrößen belegen?

Einer einzelnen PE-Maßnahme kann in der Regel kein erheblicher Einfluss auf wirtschaftliche Ergebniskriterien nachgewiesen werden, denn diese hängen meist von vielen weiteren Variablen ab. So könnte etwa die Umsatzsteigerung einer Verkaufsorganisation durchaus mit einem Kommunikationstraining zusammenhängen – aber sie könnte eben auch durch zahlreiche weitere Faktoren herbeigeführt worden sein, etwa durch eine positive Entwicklung der gesamtwirtschaftlichen Lage oder durch eine bessere Produktqualität. Die schwierige Zuordnung eines konkreten monetären Nutzens zu einer PE-Maßnahme und die schwierige Identifikation aller Einflussfaktoren auf das Ergebniskriterium sind mitunter Gründe, warum die Evaluationsphase in der Praxis vernachlässigt wird.

> Eine **exakte monetäre Nutzenanalyse für die Personalentwicklung** ist schwierig, denn die Ergebniskriterien hängen von zahlreichen weiteren Einflussfaktoren ab.

9.2.2 Methoden der Personalentwicklung

Für die Personalentwicklung steht eine Vielzahl von Methoden zur Auswahl, für unterschiedliche Themen, Zielgruppen und Budgets. Kanning (2014, S. 530 ff.) unterteilt diese Methoden in fünf Klassen: Training, Beratung, computergestützte Methoden, erlebnisorientierte Methoden und Führung.

> PE-Methoden umfassen **fünf Klassen**:
> – Training
> – Beratung
> – computergestützte Methoden
> – erlebnisorientierte Methoden
> – Führung

Training Trainingsmethoden werden insbesondere zur Vermittlung von Wissen und konkreten Verhaltensweisen eingesetzt. Folgende beispielhafte Inhalte von Trainings kennen Sie vielleicht aus eigener Erfahrung: Zeitmanagement, Präsentationstechnik, Mitarbeitergespräche führen, Reklamationsmanagement, Excel, Englisch, interkulturelle Kompetenz, ... die Liste ließe sich fast beliebig fortsetzen. Entsprechend unterschiedlich können Trainings gestaltet werden. Verbreitete Methoden und Elemente sind:

- **Frontalunterricht:** Klassischer Frontalunterricht im Unterrichts- oder Vorlesungsstil. Bei guten rhetorischen Fähigkeiten des Trainers und sinnvollem Medieneinsatz ist eine gute Wissensvermittlung möglich.
- **Diskussionsrunden:** Ermöglichen ein aktives Interagieren innerhalb der Teilnehmergruppe. Nachteilig ist, dass der Redeanteil der Teilnehmer stark variieren kann.
- **Kartenabfrage:** Zu einem bestimmten Thema schreibt jeder seine Anliegen, Gedanken und Ideen auf Kärtchen, die anschließend thematisch gruppiert an Stellwände gepinnt und besprochen werden. Vorteilhaft ist, dass sich die Teilnehmer gleichermaßen einbringen können.
- **Gruppenübungen:** Die Teilnehmer werden in Gruppen eingeteilt und erhalten den Auftrag, beispielsweise gemeinsam ein Thema zu diskutieren, eine Problemlösung zu entwickeln oder Ideen auszutauschen. Anschließend werden die Gruppenarbeiten im Plenum vorgestellt und diskutiert.
- **Rollenspiele:** Hier steht oft das Erlernen neuer Verhaltensweisen im Vordergrund. In einer aus dem Berufsalltag gegriffenen Situation haben die Teilnehmer die Möglichkeit, Verhaltensweisen zu üben, z. B. lösungsorientierte Gesprächsführung.
- **Development-Center:** Dieses ist ähnlich aufgebaut wie ein Assessment-Center, allerdings nicht vor dem Hintergrund der Eignungs-

diagnostik, sondern der Verhaltensänderung. Die Teilnehmer durchlaufen Übungen wie Rollenspiele oder Gruppendiskussionen und werden dabei beobachtet. Zwischen den Übungen erhalten sie Feedback, das sie in den Folgeaufgaben umsetzen können.
- **Behavior Modeling:** Hier geht es darum, zu einer konkreten Fragestellung (z. B. »wie gehe ich mit Kundenreklamationen um?«) Verhaltensregeln zu definieren, diese beispielsweise in Form von Videoaufzeichnungen zu studieren und dann im Rahmen von Rollenspielen zu üben.

Beratung Im Gegensatz zum Training richtet sich Beratung an Einzelpersonen, und zwar in Form von Coaching oder Mentoring. Gegenstand eines Mentorings ist keine Problemstellung, sondern vielmehr die Förderung der beruflichen Leistungsfähigkeit des Mentees durch einen erfahrenen Mentor. Der Mentor steht dem Mentee mit Ratschlägen zur Seite, stellt ihm sein Netzwerk zur Verfügung, gibt ihm Insiderwissen weiter und unterstützt so aktiv dessen Karriere. Zudem zielt ein Mentoring darauf ab, den Mentee längerfristig ans Unternehmen zu binden.

Computergestützte Methoden Heutzutage werden im Rahmen der Personalentwicklung immer öfter computergestützte Methoden eingesetzt. Sie eignen sich besonders gut für die Vermittlung von Wissen; aber auch Verhaltensweisen können computergestützt eingeübt und reflektiert werden. Zu unterscheiden sind beispielsweise folgende Methoden: Online-Unterricht, Lernprogramme, Simulationen, Videotutorials oder Diskussionsforen.

Erlebnisorientierte Methoden Klassische Vertreter der erlebnisorientierten Methoden sind die eben diskutierten Outdoor-Trainings. Die Teilnehmer werden in ungewöhnliche Situationen gebracht, die sich meist sehr vom Arbeitsalltag unterscheiden. Die Transferdistanz zwischen Training und Arbeit ist groß. Zwar werden Outdoor-Trainings von den Teilnehmern oft positiv eingeschätzt, doch arbeitsbezogene Lerneffekte sind davon nicht zu erwarten (ausgenommen vielleicht für Förster und Bergführer …).

Führung als Instrument der Personalentwicklung Eine Führungskraft kann direkt auf die Entwicklung ihrer Mitarbeiter Einfluss nehmen. Sechs Möglichkeiten werden in ◘ Tab. 9.4 dargestellt.

Tab. 9.4 Führung als Instrument der Personalentwicklung (nach Kanning, 2014, S. 552)

Expertenrolle	Die Führungskraft unterstützt den Mitarbeiter bei schwierigen oder neuen Aufgaben.
Delegieren	Die Führungskraft vertraut dem Mitarbeiter neue und anspruchsvollere Aufgaben an.
Partizipation	Die Führungskraft involviert den Mitarbeiter in seinen Arbeitsalltag und in spezifische Aufgaben, die der Mitarbeiter später übernehmen soll.
Tägliche Rückmeldung	Die Führungskraft lobt im Arbeitsalltag und gibt Hinweise zur Verbesserung.
Leistungsbeurteilung und Mitarbeitergespräche	Die Führungskraft gibt fundiertes, systematisches Feedback in Bezug auf einen längeren Arbeitszeitraum.
Zielsetzung	Die Führungskraft definiert mit ihrem Mitarbeiter herausfordernde und präzise Ziele, um seine Kompetenzen in die gewünschte Richtung weiterzuentwickeln.

**Webexkurs
»Coaching«**

Ein wichtiges Instrument der Personalentwicklung haben wir bislang noch nicht angesprochen: **Coaching**. Dieses genießt große Popularität – nicht nur bei denen, die Coaching in Anspruch nehmen, sondern auch bei denen, die als Coaches arbeiten wollen. Daraus ergibt sich für Wirtschaftspsychologen eine ganze Reihe von Fragen, denn Coaching ist nicht klar definiert, und nicht jedes Coaching wirkt. Auf diese Fragen gehen wir im ▶ Webexkurs »Coaching« ein.

**Webexkurs
»Leistungsbeurteilung«**

Richtig ausgewählte und entwickelte Mitarbeiter sind nicht nur motiviert, sondern auch leistungsfähig – wie leistungsfähig, zeigt die **Leistungsbeurteilung**. Dieser kommt in der psychologischen Personalarbeit eine ganze Reihe wichtiger Funktionen zu, die wir im ▶ Webexkurs »Leistungsbeurteilung« aufzeigen.

**▶ Webexkurs
»Ältere Mitarbeiter«**

Nicht nur Organisationen werden älter, sondern auch ihre Angehörigen. Es liegt auf der Hand, dass damit Veränderungen verbunden sind: nicht nur physisch und kognitiv, sondern auch motivational. Welches dabei die psychologisch relevanten Aspekte sind, erfahren Sie im ▶ Webexkurs »Ältere Mitarbeiter«.

? Kontrollfragen

1. Welche Fragen sollte sich ein Unternehmen stellen, bevor es den Prozess der Personalauswahl startet?
2. Welche Vor- und Nachteile sehen Sie, wenn ein Unternehmen auf dem internen Arbeitsmarkt rekrutiert?
3. Was versteht man unter prognostischer Validität?
4. Wie aussagekräftig sind Arbeitsproben im Bewerbungsverfahren?
5. Wie lässt sich bei der Leistungsbeurteilung Beurteilungsfehlern und Urteilstendenzen entgegenwirken?
6. Was ist mit der »Transferdistanz« einer PE-Maßnahme gemeint?
7. Worin liegt das Problem, wenn man den Nutzen einer PE-Maßnahme monetär angeben will?
8. Welche Trainingsmethoden sind im Rahmen von Personalentwicklungs-Maßnahmen gängig?
9. Wie sinnvoll ist es, zwecks Personalentwicklung eine Schlauchbootfahrt auf einem reißenden Fluss zu unternehmen – und warum?
10. Wie läuft Coaching ab?
11. Wie steht es um die Qualität der verschiedenen Coaching-Ansätze?

▶ **Weiterführende Literatur**

Kauffeld, S. (Hrsg.). (2014). *Arbeits-, Organisations- und Personalpsychologie für Bachelor*. Heidelberg: Springer.
Nerdinger, F. W., Blickle, G. & Schaper, N. (2014). *Arbeits- und Organisationspsychologie* (3. Auflage). Heidelberg: Springer.
Schuler, H., & Kanning, U. P. (Hrsg.). (2015). *Lehrbuch der Personalpsychologie* (3. Auflage). Göttingen: Hogrefe.

Literatur

Baldwin, T. T., & Ford, J. K. (1988). Transfer of training: A review and directions for future research. *Personnel Psychology, 41*, 63-103.
Blume, B. D., Ford, J. K., Baldwin T. T., & Huang, J. L. (2010). Transfer of training: A meta-analytic review. *Journal of Management, 36*, 1065-1105.
Cascio, W. F., & Reynolds, R. H. (2011). Die Messung des finanziellen Nutzens in der Personalauswahl. In P. Gelléri & C. Winter (Hrsg.), *Potenziale der Personalpsychologie. Einfluss personaldiagnostischer Massnahmen auf den Berufs- und Unternehmenserfolg* (S. 59-69). Göttingen: Hogrefe.
Eckardt, H. H., & Schuler, H. (1992). Berufseignungsdiagnostik. In R. S. Jäger & F. Petermann (Hrsg.). *Psychologische Diagnostik* (2. Auflage, S. 533-551). Weinheim: Psychologie Verlags Union.
Felser, G. (2010). *Personalmarketing*. Göttingen: Hogrefe.
Horn, J. L., & Cattell, R. B. (1966). Refinement and test of the theory of fluid and crystallized intelligence. *Journal of Educational Psychology, 57*, 253-270.
Hossiep, R., & Bräutigam, S. (2007). Inventar berufsbezogener Einstellungen und Selbsteinschätzungen (IBES) von B. Marcus. *Zeitschrift für Personalpsychologie, 6*, 85-90.
Hossiep, R., & Paschen, M. (2003). *Bochumer Inventar zur berufsbezogenen Persönlichkeitsbeschreibung (BIP)* (2. Auflage). Göttingen: Hogrefe.
Kanning, U. (2013). *Mythos Outdoor-Training*. Haufe Online Redaktion: Kolumne Wirtschaftspsychologie. https://www.haufe.de/personal/hr-management/kolumne-wirtschaftspsychologie-mythos-outdoor-training_80_196362.html
Kanning, U. (2014). Prozess und Methoden der Personalentwicklung. In H. Schuler, & U. P. Kanning (Hrsg.), *Lehrbuch der Personalpsychologie* (3. Auflage., S. 501-562). Göttingen: Hogrefe.
Kienbaum (2015). *Ergebnisbericht der HR-Trendstudie 2015*. http://www.kienbaum.ch/Portaldata/1/Resources/downloads/brochures/Kienbaum_HR-Trendstudie_FINAL.pdf
Kirkpatrick, D. L. (1994). *Evaluating training programs: The four levels*. San Francisco: Berret-Koehler.
Kleinmann, M. (2013). *Assessment-Center* (2. Auflage). Göttingen: Hogrefe.
Kolb, M. (2010). *Personalmanagement. Grundlagen und Praxis des Human Resources Managements*. Wiesbaden: Gabler.
Kubeck, J., Delp, N. D., Haslett, T. K., & McDaniel, M. A. (1996). Does job-related training performance decline with age? *Psychology and Aging, 11*, 92-107.
Meier, H. (1991). *Personalentwicklung*. Wiesbaden: Gabler.
Moser, K., & Sende, C. (2014). Personalmarketing. In H. Schuler & U. P. Kanning (Hrsg.), *Lehrbuch der Personalpsychologie* (3. Auflage, S. 99 148). Göttingen: Hogrefe
Nerdinger, F. W., Blickle, G., & Schaper, N. (2014). *Arbeits- und Organisationspsychologie* (3. Auflage). Heidelberg: Springer.
Ostendorf, F. (2005). NEO-Persönlichkeits-Inventar – revidierte Form. In W. Sarges & H. Wottawa (Hrsg.), *Handbuch wirtschaftspsychologischer Testverfahren* (2. Aufl., S. 575-581). Lengerich: Pabst Science Publishers.
Salas, E., & Cannon-Bowers, J. A. (2001). The science of training: A decade of progress. *Annual Review of Psychology, 52*, 471-499.
Schneider, B., Smith, D. B., & Paul, M. C. (2001). P-E fit and the attraction-selection-attrition model of organizational functioning: Introduction and overview. In M. Erez, U. Kleinbeck, & H. Thierry (Eds.), *Work motivation in the context of a globalizing economy* (pp. 231-246). Mahwah, NJ: Erlbaum.
Schuler, H. (2014). *Psychologische Personalauswahl: Eignungsdiagnostik für Personalentscheidungen und Berufsberatung* (4. Auflage). Göttingen: Hogrefe.

Schuler, H., Hell, B., Trapmann, S., Schaar, H., & Boramir, I. (2007). Die Nutzung psychologischer Verfahren der externen Personalauswahl in deutschen Unternehmen. Ein Vergleich über 20 Jahre. *Zeitschrift für Personalpsychologie, 6*(2), 60-70.

Solga, M., Ryschka, J., & Mattenklott, A. (2011). Personalentwicklung: Gegenstand, Prozessmodell, Erfolgsfaktoren. In J. Ryschka, M. Solga, & A. Mattenklott (Hrsg.), *Praxishandbuch Personalentwicklung: Instrumente, Konzepte, Beispiele* (3. Auflage, S. 19-34). Wiesbaden: Gabler.

Sonntag, K. (2006). Ermittlung tätigkeitsbezogener Merkmale: Qualifikationsanforderungen und Voraussetzungen menschlicher Aufgabenbewältigung. In K. Sonntag (Hrsg.), *Personalentwicklung in Organisationen* (3. Auflage, S. 206-234). Göttingen: Hogrefe.

Sonntag, K., & Schaper, N. (2006). Wissensorientierte Verfahren der Personalentwicklung. In H. Schuler (Hrsg.), *Lehrbuch der Personalpsychologie* (2. Auflage, S. 253-280). Göttingen: Hogrefe.

Thurstone, L. L., & Thurstone, T. G. (1941). *Factorial studies of intelligence*. Chicago: University of Chicago Press.

Watzka, K. (2014). *Personalmanagement für Führungskräfte: Elf zentrale Handlungsfelder*. Wiesbaden: Springer Gabler.

Geld, Gesellschaft, Entwicklung

Kapitel 10	Finanzpsychologie – 211
	Felix Schläpfer und Christian Fichter

Kapitel 11	Gesellschaft – 241
	Felix Schläpfer und Christian Fichter

Kapitel 12	Entwicklung – 263
	Felix Schläpfer und Christian Fichter

Kapitel 13	Schlussbemerkungen – 277
	Christian Fichter, Jörn Basel und Sarah Chiller Glaus

Die beiden vorangehenden Themenbereiche befassten sich mit wirtschaftlichem Verhalten auf der Mikroebene, also dem Verhalten von Individuen bei der Produktion und beim Konsum von Gütern. Viele der dort behandelten Aspekte spielen auch im Folgenden eine wichtige Rolle. Doch im Zentrum der Betrachtung stehen nun die Wechselwirkungen des individuellen Verhaltens mit Vorgängen, die sich auf gesamtwirtschaftlicher und gesellschaftlicher Ebene abspielen. Ein Beispiel dafür sind die Auswirkungen der Konsumentenstimmung auf die wirtschaftliche Konjunktur – welche ihrerseits auf die Konsumentenstimmung zurückwirkt.

So wie die bisher behandelten Themen für die Gestaltung von Produkten, Organisationen, Arbeitsverhältnissen und Kundenbeziehungen von Interesse sind, so sind die Zusammenhänge zwischen dem individuellen Verhalten und dessen gesellschaftlichen Auswirkungen grundlegend für die Gestaltung der Regeln des Wirtschaftens. Mit diesen Zusammenhängen befassen sich zwar auch die traditionellen ökonomischen Modelle, die in den folgenden Kapiteln immer wieder Ausgangspunkt unserer Überlegungen sind. Aber dank wirtschaftspsychologischer Erkenntnisse können viele dieser Zusammenhänge besser erklärt werden, und es ergeben sich Hinweise, wie – manchmal mit minimalen Eingriffen – positive Entwicklungen angeschoben und gesellschaftliche Ziele besser erreicht werden können.

10 Finanzpsychologie

Felix Schläpfer und Christian Fichter

10.1	Geld – 212	10.4	Finanzmarktregulierung – 223
10.1.1	Geld und Vertrauen – 212		
10.1.2	Bedeutung und Verwendung von Geld – 212	10.5	Sparen und Vorsorgen – 225
10.1.3	Geldwert und Geldwahrnehmung – 213	10.5.1	Sparmotive – 225
		10.5.2	Einfluss von Referenzgruppen auf das Sparverhalten – 226
10.2	Entscheidungen über Finanzen – 214	10.5.3	Maßnahmen zugunsten von Sparen und Vorsorge – 227
10.2.1	Präferenzen, Vorstellungen und Entscheidungen – 214		
10.2.2	Erwartungsnutzentheorie – 215	10.6	Lohn – 228
10.2.3	Prospect Theory – 215	10.6.1	Löhne als Marktpreise – 229
10.2.4	Weitere Präferenzanomalien – 217	10.6.2	Persönlichkeitsfaktoren und Lohn – 230
10.2.5	Heuristiken bei Finanzentscheidungen – 217		
		10.7	Steuern – 231
10.3	Anlegerverhalten (Behavioral Finance) – 218	10.7.1	Begründungen für Umverteilung über Steuern – 231
10.3.1	Übersicht – 218	10.7.2	Steuerwahrnehmung – 232
10.3.2	Grenzen der Arbitrage – 219	10.7.3	Steuerverhalten – 233
10.3.3	Psychologie der Akteure – 221	10.7.4	Unternehmenssteuern – 236
10.3.4	Anwendung auf Anlegerverhalten – 221	10.7.5	Transferleistungen – 236
10.3.5	Auswirkung auf Aktienkurse – 221		
			Literatur – 237

© Springer-Verlag GmbH Deutschland 2018
C. Fichter (Hrsg.), *Wirtschaftspsychologie für Bachelor*
https://doi.org/10.1007/978-3-662-54944-5_10

Lernziele

- Psychologische Grundlagen und Bedeutungen von Geld verstehen.
- Geldwert und Geldwahrnehmung unterscheiden können.
- Die Annahmen der traditionellen Finanzmarkttheorie kennen.
- Wissen, wie sich Prospect Theory und Erwartungsnutzentheorie unterscheiden.
- Einblick in das Verhalten von Anlegern gewinnen.
- Sparmotive und individuelle Unterschiede beim Sparen kennen.
- Die Höhe von Löhnen psychologisch und ökonomisch erklären können.
- Psychologische Determinanten des Steuerverhaltens kennen.

Bekanntlich lässt sich das Geschehen an der Börse oder an den Finanzmärkten nur verstehen, wenn man die Psychologie ihrer Akteure berücksichtigt. Aber auch in anderen finanziellen Zusammenhängen finden sich psychologische Phänomene: Menschen nehmen Änderungen von Preisen wahr, reagieren auf Lohnänderungen, sorgen für ihr Alter vor und zahlen Steuern. Die Finanzpsychologie, wie sie in diesem Kapitel umrissen wird, befasst sich mit solchen Fragen. Zunächst befassen wir uns aber mit zwei ganz grundlegenden Themen: mit der

Rolle von Vertrauen für die Verwendung von Geld, und mit den Aspekten von Geld, die über dessen ökonomische Funktion als Zahlungsmittel hinausgehen.

10.1 Geld

10.1.1 Geld und Vertrauen

Geldsysteme beruhen auf Vertrauen in Institutionen, die den Wert des Geldes absichern.

Geld ist Vertrauenssache – und das schon seit eh und je. Die verbreitete Vorstellung, dass Münzen historisch aufgrund der physischen Qualitäten des Metalls wertvoll waren, entspricht nicht dem heutigen Wissensstand. Im Gegenteil, der **Hauptgrund für den hohen Wert** von Edelmetallen war genau deren Rolle als staatlich anerkanntes Geld (Benes & Kumhof, 2012, S. 12). Die Verwendung solcher Münzen beruhte wie bei heutigen gesetzlichen Zahlungsmitteln (Münzen und Banknoten) auf **Vertrauen** darin, dass dieses Geld auch in Zukunft als Zahlungsmittel angenommen wird, dass die Wirtschaft auch in Zukunft die Güter herstellt, die man sich mit dem Geld kaufen möchte, und dass der Geldwert stabil bleibt. Letzteres setzt voraus, dass die Geldmenge mit der realen wirtschaftlichen Produktion im Einklang ist. Ohne dieses Vertrauen würde niemand Güter für Geld hergeben, oder für Geld arbeiten. Für die Akzeptanz von elektronischem Buchgeld auf Bankkonten brauchen die Sparer sogar noch zusätzliches Vertrauen, denn dieses Geld ist kein gesetzliches Zahlungsmittel – es darf als Zahlungsmittel abgelehnt werden. Zudem kann es bei einem Bankzusammenbruch verloren gehen, setzt also auch Vertrauen in die Bank voraus. Außerhalb von Krisenzeiten werden solche Tatsachen leicht vergessen. Aber die Rolle von Vertrauen für den Wert von Geld wird uns regelmäßig vor Augen geführt, z. B. in den heftigen Kursbewegungen der Krypto-Währung Bitcoin. Der Wert von Bitcoin-Geld beruht auf dem Vertrauen darauf, dass die dezentrale Datenbank dieses Geldsystems einwandfrei funktioniert und dass die Geldmenge einer wirksamen Kontrolle unterliegt. Es ist aber immer wieder vorgekommen, dass Bitcoin-Börsen gehackt wurden oder dass andere Probleme aufgetreten sind, woraufhin das Vertrauen in die Währung jeweils zurückging und der Kurs sofort einbrach.

10.1.2 Bedeutung und Verwendung von Geld

Geld hat Bedeutung **über die Funktion als Tauschmittel hinaus.**

Geld hat **primär eine ökonomische Funktion,** etwa als **Tauschmittel,** mit dem Grundbedürfnisse wie Essen, Wohnen und Kleidung gedeckt werden können. Mit dem Besitz von Geld steigt aber auch der **Einfluss** auf die eigene Umwelt, und Geld hat sogar **Symbolkraft**: Es steht für Erfolg, Macht, Status, Unabhängigkeit und Sicherheit. Geld erhält damit auch eine Bedeutung, die unabhängig von seiner Kaufkraft ist (Wiswede, 2012, S. 161). Allerdings fällt Geld aus normativen Gründen in manchen Situationen als Tauschmittel außer Betracht. So sind etwa Geldgeschenke unter Erwachsenen verpönt, da sie als unpersönlich und fantasielos wahrgenommen werden. Vor allem aber gibt es viele Dinge, die wir nicht für Geld (oder irgendeine andere Bezahlung) tun möchten. Einer verunfallten Person möchten wir bedingungslos erste Hilfe leisten

– und wir hoffen, dass uns in derselben Situation ebenfalls unentgeltlich geholfen würde. In manchen Zusammenhängen kann Bezahlung als Anreiz sogar die intrinsische Motivation für eine Tätigkeit untergraben (Frey & Jegen, 2001). Analog dazu können monetäre Anreize, die sich gegen unerwünschte Verhaltensweisen richten, dazu führen, dass diese noch häufiger werden. Als z. B. ein Kinderhort in Israel damit begann, für verspätetes Abholen der Kinder saftige Bußen zu verteilen, wurden die Verspätungen nicht seltener, sondern häufiger (Gneezy & Rusticchini, 2000). Der Grund: Mit der Möglichkeit, für Verspätungen zu bezahlen, wurde die soziale Norm, den Anderen nicht warten zu lassen, durch ein finanzielles Tauschgeschäft ersetzt und somit untergraben. Der Verwendung von Geld als Tauschmittel sind also psychologische Grenzen gesetzt.

Weil sich längst nicht alle Bedürfnisse im Tausch gegen Geld decken lassen, können beim Geldbesitz **Sättigungseffekte** eintreten. Allerdings gibt es dabei individuelle Unterschiede; aufgrund der erwähnten symbolischen Bedeutungen von Geld können bei manchen Personen Sättigungseffekte ausbleiben. Unterschiedlich empfunden wird auch der Verlust von Geld beim Kauf von Gütern: Manche Menschen sind eher sparsam oder sogar geizig, andere eher verschwenderisch. Zudem kann die **Erscheinungsform** des Geldes eine Rolle spielen: Vielen Menschen fällt das Geldausgeben mit der Kreditkarte leichter als mit Bargeld (Wiswede, 2012, S. 161). Weiter hat der **Kontext der Transaktion** einen Einfluss; beim Weihnachtseinkauf etwa sind viele Käufer weniger preisbewusst als im Alltag. Schließlich kommt es auch darauf an, wie das Geld erworben wurde – ob es sich um hart verdientes Geld, um Kapitalgewinne oder um geerbtes Vermögen handelt. Dies kann mit der Theorie der mentalen Buchführung (»Mental accounting«) erklärt werden (Thaler, 1985): Wir verbuchen Transaktionen auf verschiedenen mentalen Konten und sind je nach Konto unterschiedlich preissensitiv.

> Der Verwendung von Geld als Tauschmittel sind **psychologische Grenzen** gesetzt.

> Der **Umgang mit Geld** ist stark kontextabhängig und individuell unterschiedlich.

10.1.3 Geldwert und Geldwahrnehmung

Mit Geldwert wird die Gütermenge bezeichnet, die mit einem bestimmten Geldbetrag gekauft werden kann. In traditionellen ökonomischen Modellen spielt es für unser Verhalten keine Rolle, ob die Preise stabil sind oder ob der Geldwert durch Inflation laufend abnimmt. Denn wenn alle Preise und Löhne steigen, bleiben die Preisrelationen und die Kaufkraft konstant und es werden dieselben Güter konsumiert und produziert. Doch **die Geldwahrnehmung muss nicht dem tatsächlichen Geldwert entsprechen.** In der Realität sind die nominalen (nicht teuerungsbereinigten) Preise kognitiv oft leichter abrufbar als die realen (teuerungsbereinigten) Preise. Menschen tendieren deshalb dazu, in nominalen Preisen zu denken, auch wenn die realen Preise relevant wären. Ältere Menschen erinnern sich beispielsweise, wie wenig ein Kilogramm Brot oder eine Mahlzeit in ihrer Jugend gekostet hat, und denken, das Essen sei heute enorm teuer. Tatsächlich ist aber die Arbeitszeit, die wir aufwenden, um unser Essen zu verdienen, in den vergangenen Jahrzehnten stark gesunken.

Das Phänomen, dass wir oft auch dann in nominalen Geldeinheiten denken, wenn die realen Einheiten relevant wären, wird als **Geldillusion**

> Der **Geldwert** misst die Kaufkraft von Geld.

> Der **wahrgenommene Wert** von Geld kann sich vom tatsächlichen unterscheiden.

> Da viele Arbeitnehmer **in nominalen Geldeinheiten** denken, können Unternehmen in Jahren mit hoher Inflation leichter die Reallöhne senken.

oder Geldwertillusion bezeichnet. Diese hat wichtige Einflüsse auf wirtschaftliche Entscheidungen, insbesondere auf Arbeitsmärkten. Eine nominale Lohnerhöhung um 2% in Zeiten von 4% Inflation wird in der Regel positiver beurteilt als 2% Lohnsenkung in Zeiten mit 0% Inflation (Shafir et al., 1997), obwohl beide Situationen einer realen Lohnsenkung um 2% entsprechen. Aus diesem Grund können Unternehmen in Jahren mit hoher Inflation ohne großen Widerstand von Arbeitnehmerseite die Reallöhne senken. Wenn sie dafür auch mehr Arbeitskräfte einstellen, kann die Arbeitslosigkeit zumindest kurzfristig reduziert werden (Akerlof et al., 2000). In Jahren mit geringer Inflation ist dies weniger gut möglich, denn die Lohnsenkung würde sich negativ auf die Motivation der Arbeitnehmer auswirken. Auch ein zweiter Mechanismus kann zu diesem Ergebnis führen: Eine Geldillusion bei den Anbietern auf Gütermärkten kann – neben den Anpassungskosten – bewirken, dass die nominalen Preise für gewisse Güter nicht entsprechend der Inflation ansteigen, sondern ihr hinterherhinken. Die Güter werden also billiger, die Nachfrage steigt und die Beschäftigung erhöht sich aufgrund der höheren Nachfrage (Blanchard & Gali, 2007).

Bei sehr starker Inflation oder bei Währungsumstellungen haben Individuen Mühe, den Geldwert einzuschätzen, und die Preise werden als intransparent wahrgenommen. Diese Unsicherheit über den Geldwert wird von Ökonomen als das eigentliche Hauptproblem hoher Inflationsraten angesehen. Die psychologisch beeinflusste **Wahrnehmung des Geldwertes hat also insgesamt weitreichende Auswirkungen**, nicht nur auf individuelles Verhalten, sondern auch auf die Löhne und die Nachfrage und somit auf den Konjunkturverlauf.

10.2 Entscheidungen über Finanzen

10.2.1 Präferenzen, Vorstellungen und Entscheidungen

> **Finanzentscheidungen** sind meistens **Entscheidungen unter Unsicherheit.** Dabei spielen individuelle **Präferenzen und Vorstellungen** eine Rolle.

Entscheidungen über Anlagen, Versicherungen, Vorsorgemöglichkeiten und ähnliche finanzielle Angelegenheiten sind meistens Entscheidungen unter Unsicherheit. Im Fall von Versicherungen müssen wir uns beispielsweise zwischen sicheren, aber geringen Verlusten (Versicherungsprämien) und unwahrscheinlichen, aber hohen Verlusten (unversicherte Kosten im Schadensfall) entscheiden. Wie wägen wir zwischen solchen Alternativen ab? Im Folgenden befassen wir uns mit zwei **Theorien über individuelle Präferenzen,** die im Zusammenhang mit Finanzen besonders wichtig sind. Unter Präferenzen verstehen wir dabei individuelle Vorlieben zwischen den Alternativen, die zur Auswahl stehen. Neben individuellen Präferenzen sind aber auch die **Vorstellungen**, die wir uns über die Alternativen machen, für unsere Entscheidungen relevant, denn meistens sind uns die zur Auswahl stehenden Alternativen und deren Konsequenzen nicht genau bekannt. Damit befassen wir uns in einem Abschnitt über Urteilsheuristiken.

10.2.2 Erwartungsnutzentheorie

Die dominierende Entscheidungstheorie in den Wirtschaftswissenschaften ist die Erwartungsnutzentheorie (Expected Utility Theory; Von Neumann & Morgenstern, 1944; Savage, 1954). Sie geht davon aus, dass Menschen »rational« handeln – womit zwei Dinge gemeint sind: (a) **Menschen bilden im Durchschnitt korrekte Vorstellungen** über ihre Umwelt und das Verhalten anderer Menschen; und (b) in Entscheidungen berechnen sie den subjektiven Nutzen aller verfügbaren Entscheidungsalternativen und wählen dann diejenige Alternative, die den **größten erwarteten Nutzen hat**. Rechnerisch bedeutet dies, dass jemand, der eine Entscheidung trifft, für jede Alternative j den folgenden Ausdruck berechnet:

$$EU_j = \Sigma u_{jk} p_{jk} \quad (k = 1 \text{ bis } n)$$

wobei
EU_j: subjektiver Gesamtnutzen von Alternative j
u_{jk}: subjektiver Nutzen der Konsequenz k bei Wahl von Alternative j
p_{jk}: subjektive Wahrscheinlichkeit, dass Konsequenz k bei Wahl von j eintritt

> Die dominierende Entscheidungstheorie in den Wirtschaftswissenschaften ist die **Erwartungsnutzentheorie**.

Die Theorie geht davon aus, dass Individuen stabile Präferenzen haben, die etwa von Emotionen oder von der Art und Weise, wie das Entscheidungsproblem dargestellt wurde, unabhängig sind. Zum Beispiel gibt es Personen, die in Entscheidungen unter Unsicherheit risikoscheu sind, und es gibt solche, die risikofreudiger sind. Außerdem geht die Erwartungsnutzentheorie davon aus, dass die Berechnung des erwarteten Nutzens von Handlungsoptionen anhand der möglichen Konsequenzen mit mathematischer Genauigkeit erfolgt.

Als erste Näherung des menschlichen Entscheidungsverhaltens ist diese Theorie lange weitgehend unangefochten geblieben. Sie ist auch heute noch das **Rückgrat vieler ökonomischer Analysen.** Eine wichtige Rolle spielt die Erwartungsnutzentheorie heute aber insbesondere als **normative Theorie** – also als Theorie, die nicht in erster Linie beschreibt, wie sich Menschen verhalten, sondern wie sie sich verhalten *sollten*, um ihren Nutzen zu maximieren. Als beschreibende (deskriptive) Theorie wird heute zunehmend die Prospect Theory herangezogen.

> **Im Rahmen der Erwartungsnutzentheorie gelten Präferenzen,** die dem subjektiven Nutzen der einzelnen Entscheidungskonsequenzen zugrunde liegen, **als stabil**.

10.2.3 Prospect Theory

Die psychologische Entscheidungsforschung hat sich eingehend mit der Frage befasst, wie sich Akteure bei finanziellen Entscheidungen **tatsächlich verhalten**. Probanden wurden dabei (oft in Glücksspielen) mit vielen Varianten finanzieller Entscheidungen konfrontiert; ihre Entscheidungen wurden erfasst und analysiert. Beispielsweise wurde gefragt: »Bevorzugen Sie einen sicheren Gewinn von 500 Euro oder einen Gewinn von 1 000 Euro mit einer Wahrscheinlichkeit von 50%?« Oder: »Bevorzugen Sie einen sicheren Verlust von 500 Euro oder einen Verlust von 1 000 Euro mit einer Wahrscheinlichkeit von 50%?« Dabei zeigten sich starke Abweichungen von den Vorhersagen der Erwartungsnutzen-

> Die psychologische Entscheidungsforschung zeigt, dass sich Individuen in finanziellen Entscheidungen **nicht »rational« im Sinne der ökonomischen Theorie** verhalten.

theorie. Insbesondere werden **Verluste stärker empfunden als Gewinne**, d. h. Verluste werden durch Gewinne gleicher Höhe nicht aufgewogen. Dieses Phänomen wird als **Verlustaversion** (»Loss aversion«) bezeichnet. Zudem stellte sich heraus, dass die individuelle Risikoneigung je nach Bereich (Gewinne oder Verluste) systematisch variieren kann.

Die Erkenntnisse aus einer Vielzahl experimenteller Untersuchungen wurden von Kahneman und Tversky (1979) in der **Prospect Theory** zusammengefasst. Auch die Prospect Theory geht davon aus, dass Menschen ihren individuellen Nutzen maximieren. Allerdings laufen Entscheidungen nach dieser Theorie anders ab. Die Prospect Theory unterscheidet zwei Entscheidungsschritte:

1. **Editierung**: In diesem Schritt wird das Entscheidungsproblem psychologisch vereinfacht. Beispielsweise werden die in einem Glücksspiel vorkommenden Zahlenwerte gerundet.
2. **Evaluation**: Das editierte Entscheidungsproblem wird evaluiert. Den möglichen objektiven Ergebnissen werden dabei psychologische Nutzen zugeordnet (Wertfunktion). Zudem werden den objektiven Wahrscheinlichkeiten Entscheidungsgewichte zugeordnet (Entscheidungsgewichtungsfunktion).

Die **Wertfunktion**, die den verschiedenen möglichen Ergebnissen einen psychologischen Nutzen zuordnet, ist gemäß der Prospect Theory s-förmig und asymmetrisch (Abb. 10.1). Die Ergebnisse werden relativ zu einem **Referenzpunkt** bewertet. Als Referenzpunkt dient dabei typischerweise der aktuelle Besitzstand (Status quo). Das bedeutet nichts anderes, als dass Gewinne und Verluste grundlegend unterschiedlich bewertet werden und die Bewertungsfunktion am Referenzpunkt einen Knick aufweisen kann. Wie die Abbildung zeigt, ist die Wertfunktion im Gewinnbereich konkav und im Verlustbereich konvex (s-Form). Dieser Verlauf spiegelt die Tatsache wider, dass wir uns im Gewinnbereich (etwa im Umgang mit Geld, aber auch generell) risikoscheu und im Verlustbereich risikosuchend verhalten. Die Asymmetrie der s-förmigen Kurve widerspiegelt die erwähnte Beobachtung, dass Verluste schwerer wiegen als Gewinne gleicher Höhe (Verlustaversion).

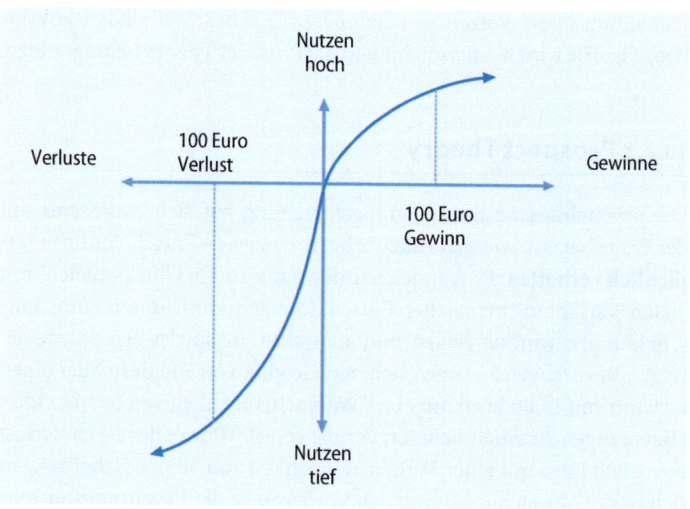

Abb. 10.1 Wertfunktion gemäß der Prospect Theory (nach Kahneman & Tversky, 1979, S. 279, republished with permission of John Wiley and Sons Inc, © 1979; permission conveyed through Copyright Clearance Center, Inc.)

Hinzu kommt, dass in Entscheidungen unter Unsicherheit hohe Wahrscheinlichkeiten untergewichtet und tiefe Wahrscheinlichkeiten übergewichtet werden (**Entscheidungsgewichtungsfunktion**). Letzteres zeigt sich etwa daran, dass wir für eine Verringerung der Wahrscheinlichkeit eines bestimmten Verlusts von 0,5 % auf 0 % höhere Versicherungsprämien zu zahlen bereit sind als für eine Verringerung der Wahrscheinlichkeit von 1 % auf 0,5 % – obwohl es sich um eine Risikominderung im genau gleichen Ausmaß handelt.

Das Zusammenspiel der s-förmigen Wertfunktion mit der zu hohen Gewichtung kleiner Wahrscheinlichkeiten führt zum sog. **vierfachen Muster der Risikopräferenzen**: Bei tiefen Eintrittswahrscheinlichkeiten sind wir im Gewinnbereich risikoliebend (und spielen z. B. Lotto, obwohl wir auch Versicherungen abschließen) und im Verlustbereich risikoscheu (»Certainty effect« – wir versuchen, eine unwahrscheinliche negative Konsequenz noch vollständig auszuschließen). Bei hohen Eintrittswahrscheinlichkeiten hingegen sind wir im Gewinnbereich risikoscheu und im Verlustbereich risikosuchend (»Possibility effect«). Wir halten gewissermaßen »verzweifelt« an der Hoffnung fest, einen absehbaren Verlust doch noch zu vermeiden – auch auf die Gefahr hin, noch viel mehr zu verlieren. Diese Aussagen der Prospect Theory wurden in zahlreichen Experimenten bestätigt. Unsere Entscheidungen weichen damit in vielen Aspekten von der Erwartungsnutzentheorie ab, in welcher weder Referenzpunkte eine Rolle spielen noch kleine und große Wahrscheinlichkeiten unterschiedlich gewichtet werden.

> **Entscheidungen unter Unsicherheit zeigen zwei Regelmäßigkeiten:**
> – Verluste wiegen schwerer als Gewinne gleicher Höhe
> – Hohe Wahrscheinlichkeiten werden untergewichtet, tiefe übergewichtet.

> Die Bewertung von Gewinnen und Verlusten und die Gewichtung von Wahrscheinlichkeiten ergeben ein **vierfaches Muster der Risikopräferenzen.**

10.2.4 Weitere Präferenzanomalien

Neben den Präferenzanomalien, die in der Prospect Theory beschrieben werden, existieren noch weitere Abweichungen von Präferenzen gegenüber der ökonomischen Erwartungsnutzentheorie. Eine davon ist die **Ambiguitätsaversion**: Wir bevorzugen bekannte Risiken gegenüber unbekannten. Ein Beispiel dafür ist das Phänomen, dass viele Menschen lieber eine Kugel aus einer Urne mit 50 roten und 50 weißen Kugeln ziehen als aus einer Urne mit 100 Kugeln, von der sie aber nicht wissen, wie viele Kugeln weiß und wie viele rot sind. Eine weitere Präferenzanomalie ist **zeitinkonsistentes Verhalten**: Werden Versuchspersonen vor die Wahl gestellt, heute 10 Euro oder morgen 20 Euro zu erhalten, so werden häufiger die 10 Euro gewählt, als wenn die Wahl lautet, in 365 Tagen 10 Euro zu erhalten oder in 366 Tagen 20 Euro. Schließlich sind auch Präferenzen, die von **Emotionen** abhängen, nicht mit der ökonomischen Theorie konform. Es konnte beispielsweise gezeigt werden, dass Börsenkurse von der Wetterlage beeinflusst werden (Hirshleifer & Shumway, 2003).

> **Weitere Abweichungen der Präferenzen** von den Annahmen der Erwartungsnutzentheorie werden durch Ambiguitätsaversion und Emotionen verursacht.

10.2.5 Heuristiken bei Finanzentscheidungen

Die Prospect Theory beschreibt Verhaltensphänomene, die schon in einfachen Geldspielen beobachtet werden können, in denen die objektiven Konsequenzen und Wahrscheinlichkeiten der Alternativen klar definiert und bekannt sind. In den meisten realen Finanzentscheidungen kommt nun ein weiteres Element hinzu: Der Entscheider hat nämlich keine exakte Vorstellung von den Alternativen und muss daher die relevanten Informationen selbst zusammensuchen und verarbeiten. Allerdings sind Informationsbeschaffung und -verarbeitung zeitraubend und kognitiv anspruchsvoll; sie sind – aus ökonomischer Sicht – mit Kosten verbunden. **Akteure stoßen dabei an zeitliche und kognitive Grenzen und behelfen sich deshalb in vielen Fällen mit Heuristiken**. Diese sind zwar oft ein gutes Mittel, wenn es darum geht, mit begrenztem Aufwand in komplexen Situationen »brauchbare« Entscheidungen zu treffen. Sie können aber auch zu Urteilsfehlern oder Urteilsverzerrungen führen. Beispielsweise wird leicht verfügbare Information überbewertet (Verfügbarkeitsheuristik); Akteure bewerten die Wahrscheinlichkeit von Ereignissen danach, wie gut sie bestimmten Prototypen entsprechen (und denken beispielsweise, dass Start-up-Unternehmen meist erfolgreich sind, weil der Prototyp des Start-up-Unternehmens erfolgreich ist; Repräsentativitätsheuristik); sie halten hartnäckig an vorhandenen Vorstellungen fest (»Belief perseverance«); sie nähern numerische Urteile an verfügbare Vergleichswerte an (Ankerheuristik) oder sie behelfen sich, indem sie Entscheidungen anderer Akteure imitieren (Herdenverhalten).

> Wenn die möglichen **Konsequenzen und deren Wahrscheinlichkeiten** – anders als etwa beim Münzwurf – **nicht bekannt** sind, müssen wir sie abschätzen. Dabei verwenden wir oft Heuristiken.

Wir haben in diesem Abschnitt zwischen Abweichungen der Präferenzen von der Standardtheorie und Heuristiken, die zu Urteilsverzerrungen führen, unterschieden. Diese Unterscheidung beruht auf dem Verständnis, dass Verlustaversion und andere Abweichungen der Präferenzen von der Standardtheorie nicht auf Urteilsverzerrungen beruhen, sondern Ausdruck allgemeiner menschlicher Präferenzen sind. Andere Autoren wie Montier (2010) erklären jedoch auch Phänomene wie Verlustaversion mit Urteilsverzerrungen. Montier **klassifiziert Urteilsverzerrungen nach ihren Ursachen** und unterscheidet dabei **Heuristiken** oder Informationsverarbeitungsfehler (Beispiele: Verlustaversion, Emotionen, Imageeffekte), **Selbstbetrug** (Beispiel: übersteigertes Selbstvertrauen) sowie **soziale Interaktion** (Beispiel: Herdenverhalten). In den folgenden Abschnitten befassen wir uns nun damit, wie sich diese Abweichungen von der Erwartungsnutzentheorie in verschiedenen Anwendungsbereichen auswirken: beim Geldanlegen, auf Spar- und Steuerverhalten und auf finanzielle Entscheidungen.

10.3 Anlegerverhalten (Behavioral Finance)

10.3.1 Übersicht

> Die Behavioral Finance fragt, wann und wie das Verhalten von Anlegern **vom Verhalten von rationalen Akteuren abweicht**.

Der wohl bekannteste Anwendungsbereich der Finanzpsychologie ist das Geschehen an der Börse. Börsen sind Märkte, auf denen nach bestimmten Regeln Wertpapiere, Fremdwährungen (Devisen), Waren oder davon abgeleitete Rechte (Derivate) gehandelt werden. Das Teilgebiet der Wirtschaftspsychologie, das sich mit dem Börsengeschehen befasst, ist unter dem Begriff »Behavioral Finance« oder »verhaltensorientierte Finanzmarkttheorie« bekannt. Der Hintergrund, vor dem die Behavioral Finance entwickelt wurde, ist die **traditionelle Finanzmarkttheorie** (▶ Exkurs »Traditionelle Finanzmarkttheorie«). Nach dieser Theorie reichen Modelle mit rationalen Akteuren aus, um das Geschehen auf Finanzmärkten zu erklären. Die **Behavioral Finance hingegen** befasst sich insbesondere mit der Frage, wann und wie das individuelle Verhalten von Anlegern an der Börse von traditionellen ökonomischen Annahmen abweichen kann. Sie untersucht weiter, wie sich diese Abweichungen in ihrer Summe auf die Märkte auswirken und somit Phänomene erklären können, die im Rahmen von Theorien mit rationalen Akteuren nicht plausibel erklärbar sind. Die verhaltensorientierte Finanzmarkttheorie hat aber nicht den Anspruch, die traditionelle Finanzmarkttheorie zu ersetzen, sondern diese zu ergänzen.

Nach einer gängigen Sichtweise beruht die Behavioral Finance-Theorie auf **zwei Säulen** (Barberis & Thaler, 2003): den »Grenzen der Arbitrage« und den empirischen Befunden zur Psychologie der Akteure. Was damit gemeint ist, wird im Folgenden erläutert. Anschließend werden wichtige empirische Phänomene auf Finanzmärkten und im Anlegerverhalten dargestellt und auf der Grundlage psychologischer Erkenntnisse interpretiert.

Exkurs

Traditionelle Finanzmarkttheorie

Aus Sicht der traditionellen Finanzmarkttheorie (z. B. Fama, 1965) sind Modelle mit rationalen Akteuren (im Sinne der Erwartungsnutzentheorie) in der Lage, das menschliche Verhalten an der Börse zu erklären. Aus dem rationalen Verhalten der Akteure wird die **Efficient Market Hypothesis** (Markteffizienz-Hypothese) abgeleitet: Danach entsprechen die Preise von Wertschriften ihrem fundamentalen Wert. Der fundamentale Wert ist der Nettokapitalwert der erwarteten Erträge, wobei angenommen wird, dass die Erwartungen der Investoren bezüglich dieser Erträge alle verfügbaren betriebswirtschaftlichen und weiteren relevanten Informationen einbeziehen. Unter der Markteffizienz-Hypothese gilt: **Die Preise »stimmen«**, und es gibt keine Investitionsstrategie, die besonders hohe risikokorrigierte Erträge abwirft. Begründet wird dies mit der Annahme, dass jegliche Abweichung des Preises einer Wertschrift von ihrem fundamentalen Wert eine Gelegenheit für risikolose Gewinne ist, die durch rationale Marktteilnehmer sofort ausgenützt und damit korrigiert wird (Friedman, 1953). Die Existenz von irrationalen Akteuren (»Noise traders«) wird also anerkannt, aber es wird ihr keine Bedeutung für das Marktergebnis beigemessen.

Was sagt die Behavioral Finance zur Markteffizienz-Hypothese? Der zweite Teil davon – dass es keine Investitionsstrategie gibt, die besonders hohe risikokorrigierte Erträge abwirft – ist aus Sicht der Behavioral Finance tatsächlich weitgehend korrekt. Der einzige kohärente Ansatz für aktives Portfoliomanagement besteht nach Barberis und Thaler (2003) darin, die Fehler der anderen Anleger zu finden. Die erste Komponente – dass die Preise »stimmen« – ist aus dieser Sicht hingegen falsch. Es gibt nämlich wenig Grund zur Hoffnung, rationale Akteure würden die Fehlbewertungen von irrationalen Akteuren systematisch korrigieren (▶ Abschn. 10.3.2).

10.3.2 Grenzen der Arbitrage

Arbitrage bezeichnet die **risikolose (oder beinahe risikolose) Ausnutzung von Kurs-, Zins- oder Preisunterschieden zum Zweck der Gewinnerzielung.** Die traditionelle Finanzmarkttheorie geht davon aus, dass kurzfristig mögliche Abweichungen der Preise vom fundamentalen Wert (durch irrationale Akteure verursacht) von rationalen Akteuren als Arbitragemöglichkeiten erkannt und sofort korrigiert würden. In der Realität sind aber die Möglichkeiten für Arbitrage eng begrenzt: Abweichungen vom fundamentalen Wert werden nicht not-

> Arbitrage ist die (beinahe) **risikolose Ausnutzung von Preisunterschieden zwecks Gewinnerzielung.**
>
> In der Realität sind die **Möglichkeiten für Arbitrage begrenzt** – manchmal sogar bei offensichtlichen Fehlbewertungen.

wendigerweise sofort korrigiert. Dafür gibt es eine ganze Reihe von Gründen:

- Der **fundamentale Wert** von Wertpapieren ist nur sehr ungenau bekannt. Unter- oder Überbewertungen können deshalb nicht leicht festgestellt werden.
- Was immer eine mutmaßliche Unter- oder Überbewertung durch irrationale Akteure verursacht hat, kann sich auch über eine **längere Zeitdauer** auf die Preise auswirken. Anstelle einer raschen Korrektur können sich die Unter- oder Überbewertungen sogar weiter akzentuieren – dies umso mehr, wenn psychologische Phänomene im Spiel sind (wir kommen auf diese zurück).
- **Ungeduldige Gläubiger** können Arbitrage erschweren. Wenn ein kompetenter Portfoliomanager mit seiner Strategie z. B. eine vermutlich länger dauernde Unterbewertung ausnutzen will, kann es sein, dass ungeduldige Gläubiger ihm vorzeitig das Vertrauen entziehen und die Position auflösen.
- Sogar **Herdenverhalten** selbst kann Arbitrage erschweren. Wenn ein Portfoliomanager aus der Herde ausschert und Geld verliert, droht ihm ein Reputationsverlust. Irrt er sich hingegen »mit der Herde«, so wird er für den Schaden weniger verantwortlich gemacht (»Sharing the blame-Effekt«).
- Schließlich ist Arbitrage immer auch mit **Kosten** verbunden, nämlich mit den Kosten, Fehlbewertungen zu identifizieren, und den Kosten für die Transaktionen.

Empirische Befunde bestätigen, dass **Fehlbewertungen nicht immer sofort korrigiert** werden. Das zeigt sich z. B. bei Indexeffekten: Wenn eine Aktie in einen Index aufgenommen wird, steigt ihr Preis meistens an, obwohl ihr fundamentaler Wert durch diese Maßnahme natürlich unverändert bleibt. In einer Studie anhand des S&P 500-Index betrug der Anstieg im Durchschnitt 3,5% (Shleifer, 1986). Als Yahoo 1999 in den S&P 500-Index aufgenommen wurde, stieg der Preis innerhalb eines Tages sogar um 24%. Ein anderes Beispiel sind Spekulationsblasen: Diese dürfte es bei funktionierender Arbitrage nicht geben. Selbst gewaltige Spekulationsblasen, wie etwa die auf dem US-Immobilienmarkt in den Jahren vor 2007, können nicht leicht ausgenutzt werden, da die Dauer der Über- oder Unterbewertung jeweils nicht bekannt ist.

Beispiel

Ein weiteres Beispiel für die Grenzen der Arbitrage lieferte ein Investmentfonds mit dem Börsenkürzel »CUBA« (Thaler, 2015). Der Fonds umfasste zu 69% US-Aktien und ansonsten ausländische Aktien (aber keinerlei Aktien oder sonstige Wertschriften aus Kuba) und wurde vor dem 17. Dezember 2014 zu einem Kurs gehandelt, der etwa 10% unter dem »Net asset value« (Inventarwert des Fonds) lag. Am 18. Dezember 2014 kündigte US-Präsident Obama die Normalisierung der diplomatischen Beziehungen zu Kuba an. Der Kurs des Fonds stieg in den folgenden Tagen um über 70%. Er sank zwar anschließend wieder, bewegte sich aber auch Monate später noch weit über dem Inventarwert. Der CUBA-Fonds reagierte also auf ein Ereignis, zu dem es außer dem Namen keinerlei Bezug gab, was die Irrationalität seiner Käufer belegt. Dennoch konnte diese Irrationalität von rationalen Akteuren nicht leicht ausgenutzt werden. Hätte ein Arbitrageur im Januar 2015 – wohlwissend, dass der CUBA-Fonds mit Kuba nichts zu tun hat – auf einen rasch wieder sinkenden Kurs gesetzt, so wäre er damit auf die Nase gefallen.

10.3.3 Psychologie der Akteure

Die zweite Säule der verhaltensorientierten Anlagetheorie sind die Erkenntnisse aus Untersuchungen zur Psychologie der Akteure. Heute wissen wir, dass zahlreiche Befunde der psychologischen Entscheidungsforschung auch auf Finanzmärkten zu beobachten sind. **Viele Akteure verhalten sich nicht nach den Annahmen des ökonomischen Standardmodells.** Sie sind alles andere als vollständig informiert, sie zeigen Verlustaversion, nutzen Heuristiken und unterliegen Urteilsfehlern. Daraus ergibt sich, dass es auch für Investoren, die dem Stereotyp des Homo oeconomicus nahekommen, nicht immer optimal ist, sich nach dem ökonomischen Standardmodell zu verhalten. Wenn beispielsweise Herdenverhalten die Aktienpreise über den (vermuteten) Fundamentalwert hinaustreibt, so kann es durchaus lohnend sein, noch eine Weile mit der Herde mitzulaufen. Die allgemeineren Erkenntnisse zur Psychologie von Finanzentscheidungen (▶ Abschn. 10.2) können somit zur Erklärung von individuellem Anlegerverhalten wie auch zur Erklärung von Phänomenen auf Ebene des Marktes (Aktienpreise) herangezogen werden.

> Zahlreiche Befunde der **psychologischen Entscheidungsforschung** sind auch **auf Finanzmärkten** zu beobachten.

10.3.4 Anwendung auf Anlegerverhalten

Verschiedene **bekannte Phänomene des Anlegerverhaltens** lassen sich sehr gut mit Abweichungen vom traditionellen ökonomischen Verhaltensmodell erklären. So können beispielsweise übermäßig häufige Transaktionen auf Aktienmärkten plausibel mit der Überschätzung der eigenen Leistung (Fähigkeit als Anleger) erklärt werden, und ungenügende Diversifikation oder ein »Home bias« (die Bevorzugung heimischer Anlagen) mit dem Phänomen der Ambiguitätsaversion. ◘ Tab. 10.1 zeigt mögliche psychologische Erklärungen für einige bekannte Phänomene im Anlegerverhalten. In manchen Fällen sind auch mehrere verschiedene Erklärungen denkbar. So können übermäßig häufige Transaktionen nicht nur mit Überschätzung, sondern auch mit gleichzeitiger Handlungsneigung (»Action bias«) erklärt werden.

Solche Befunde sind für Anleger relevant, denn sie können helfen, eigene Fehler zu vermeiden – oder auch, die Fehler anderer Anleger auszunutzen. Letzteres wird natürlich im selben Maß erschwert, mit dem auch die anderen Akteure die irrationalen Seiten des Anlegerverhaltens verstehen.

> Das **Wissen um häufige Anlegerfehler kann helfen,** diese zu vermeiden.

10.3.5 Auswirkung auf Aktienkurse

Wenn Fehlbewertungen auf Aktienmärkten nicht automatisch korrigiert werden (»Grenzen der Arbitrage«), dann kann sich die Psychologie der Anleger direkt auf die Aktienkurse auswirken. Zwei relativ gut untersuchte Phänomene in diesem Zusammenhang sind die »übermäßige Volatilität« und die »Aktienprämie«.

Tab. 10.1 Abweichungen des Anlegerverhaltens von traditionellen Modellen der Portfoliowahl

Anlegerverhalten	Erläuterung (Beispiele)	Mögliche Erklärungen
Ungenügende Diversifikation	Die Anleger halten zu viele Aktien inländischer Firmen und der eigenen Firma.	Ambiguitätsaversion
Naive Diversifikation	Strategie je 1/n der Ersparnisse in n Anlageoptionen anzulegen (unabhängig von der Art der Anlageoptionen).	Einfachheit (»Simplicity bias«, »Symmetry bias«, »1/n bias«)
Übermäßig häufige Transaktionen	Nach Abzug der Gebühren für Transaktionen liegen die durchschnittlichen Renditen der Anleger deutlich unter denen des Gesamtmarktes.	Überschätzung der eigenen Leistung (»Overconfidence bias«), Handlungsneigung (»Action bias«)
Dispositionseffekt bei Verkaufsentscheiden	Anleger vermeiden es, Aktien und Immobilien zu verkaufen, deren Preis unter dem Kaufpreis liegt.	Verlustaversion (Durch Nichtverkaufen wetten verlustaverse Anleger darauf, dass die Aktie doch noch die Gewinnschwelle erreicht und ein schmerzhafter Verlust so vermieden werden kann.)
Aufmerksamkeitseffekt bei Kaufentscheiden	Gekauft werden vor allem Aktien, die zuvor (stark) an Wert gewonnen oder verloren haben.	Verfügbarkeitsheuristik
Kauf unabhängig von neuer Information	Anleger kaufen Aktien allein deshalb, weil sie sehen, dass der Kurs einer Aktie steigt.	Herdenverhalten
Stimmungseffekte	Anleger in neutraler Stimmung machen die höchsten Gewinne, solche in positiver Stimmung die geringsten.	Einfluss von Emotionen

Verlustaversion und übermäßige Volatilität

Die **hohe Volatilität von Aktienrenditen** lässt sich mit Verlustaversion erklären.

Schon vor langer Zeit wurde festgestellt: **Aktienrenditen weisen** im Vergleich zu Unternehmensgewinnen und Dividenden **auffallend starke Schwankungen** auf (Shiller, 1981). Eine psychologische Erklärung für die übermäßige Volatilität (»Excess volatility«) der Aktienmärkte ist die Verlustaversion (Barberis et al., 2001): Aus Experimenten wissen wir, dass Anleger nach Gewinnen zu Wetten tendieren, die sie sonst nicht eingehen würden, da zukünftige Verluste durch die vorangehenden Gewinne abgefedert würden – und dass sie umgekehrt nach Verlusten besonders vorsichtig sind (Thaler & Johnson, 1990). Offenbar ist die **Verlustaversion der Anleger nach Gewinnen geringer als nach Verlusten**. Dieses Verhalten kann die übermäßige Volatilität der Aktienmärkte direkt erklären: Angenommen, die Unternehmen kündigen hohe Dividenden an und die Aktienkurse steigen. Die Anleger machen nun Gewinne und werden dadurch weniger verlustavers. Sie investieren deshalb vermehrt in Aktien, wodurch die Preise zusätzlich steigen (Barberis & Thaler, 2003, S. 1085). Wenn die Unternehmen aber tiefe Dividenden ankündigen, nimmt die Verlustaversion zu, der Aktienanteil in den Portfolios wird verringert und die Aktienpreise büßen zusätzlich ein. Deshalb sind Aktien volatiler als Dividenden.

Verlustaversion und Aktienprämie

Aktien weisen im Vergleich mit kurzfristigen Anleihen auffallend hohe Renditen auf (man spricht deshalb auch von der »Aktienprämie« oder von »Equity premium«). **Eigentlich müssten die Investoren einen größeren Teil ihres Vermögens in Aktien anlegen** als tatsächlich beobachtet wird. Eine Erklärung beruht auf der mentalen Buchhaltung der Akteure (Thaler et al., 1997). Die Akteure wägen die möglichen Gewinn- und Verlustereignisse gegeneinander ab, wobei Verluste stärker gewichtet werden als Gewinne. Da die Volatilität sehr hoch ist, macht ein Akteur an fast ebenso vielen Tagen Verluste wie Gewinne. Würden Gewinn oder Verlust hingegen nur in jährlichen Abständen betrachtet, so wären die Gewinnjahre schon viel häufiger als die Verlustjahre. Bei Fünfjahresperioden wären Gewinnperioden sogar weit häufiger als Verluste. Die wahrgenommene Attraktivität von Aktien hängt deshalb davon ab, wie oft ein Anleger seine Gewinne bzw. Verluste bilanziert. Wenn nun Aktienbesitzer ihre Gewinne und Verluste häufiger bilanzieren als die Besitzer von anderen Vermögenswerten, dann müssen sie für die **häufigeren Verlusterfahrungen** entschädigt werden, sonst würden sie sich auf diese Art von Anlage gar nicht einlassen. In anderen Worten: Damit Aktien gleich attraktiv sind wie Anleihen, müssen ihre Renditen nicht nur eine Entschädigung für das höhere Risiko, sondern auch eine Entschädigung für die häufigeren Verlusterfahrungen enthalten. In einem Experiment mit fiktiven Anlagen konnte diese Erklärung bestätigt werden: Investoren, die statt monatlichen Gewinn- bzw. Verlustzahlen nur jährliche oder fünfjährliche Zahlen erhielten, investierten einen viel höheren Anteil ihres Vermögens in Aktien (Thaler et al., 1997).

Die **hohe Rendite von Aktien im Vergleich mit Anleihen** kann mit Verlustaversion in Kombination mit einer häufigeren Bilanzierung erklärt werden.

Spekulationsblasen

Eine weitere Auswirkung auf Marktebene sind Spekulationsblasen. Diese entstehen durch gegenseitige psychologische **Ansteckung** von Emotionen, Einstellungen und Erwartungen und damit verbundenem Herdenverhalten von Anlegern auf Märkten. Zudem können Medienmitteilungen zu einem psychologischen **Aufschaukeln** beitragen (▶ Abschn. 11.1). Spekulationsblasen sind in der Regel nicht leicht erkennbar, da bei einem starken Preisanstieg auch andere Ursachen als Ansteckung jeweils nicht ganz auszuschließen sind. So wurden die hohen Aktienpreise während der Dotcom-Blase (▶ Abschn. 1.2.6) beispielsweise damit begründet, dass die alten Gesetze des Wirtschaftens in der »New Economy« eben nicht mehr gelten würden.

10.4 Finanzmarktregulierung

Die Befunde der Behavioral Finance zeigen nicht nur Fallgruben für Anleger auf, sondern sie können auch Hinweise darauf liefern, welche Regulierungen notwendig sind. Ein Beispiel ist die Frage, ob es wohl sinnvoll ist, die Portfoliowahl bei der beruflichen Vorsorge den einzelnen Versicherten zu überlassen (▶ Studie von Cronquist & Thaler, 2004). Was denken Sie?

Studie

Aktive Portfoliowahl in der schwedischen Sozialversicherung (Cronqvist & Thaler, 2004)

Im Jahr 2000 wurde in Schweden eine Teilprivatisierung des Sozialversicherungssystems durchgeführt. Den Versicherten wurde die Möglichkeit gegeben, aus 456 Fonds selbst auszuwählen, in welchen Fonds (maximal fünf) sie ihre Sozialversicherungsbeiträge anlegen wollten. Für alle Versicherten, die den Anlageentscheid nicht selbst tätigen wollten, wurde ein sorgfältig ausgewählter Fonds als Standard vorgegeben. Mittels einer massiven Werbekampagne wurden die Versicherten aber ermutigt, ihre eigene Wahl zu treffen. 66,9% der Schweden bestimmten ihr Portfolio selbst, die übrigen 33,1% ließen ihre Gelder in den Standardfonds einzahlen. ◘ Tab. 10.2 vergleicht das durchschnittliche Portfolio mit dem Standardfonds, der vorgegeben wurde.

Auffallend an den aktiv gewählten Fonds ist der hohe Aktienanteil, ein starker »Home bias« (schwedische Aktien), dass nur 4,1% der aktiv gewählten Anlagen auf einem Index basiert waren und dass Fonds mit sehr viel höheren Gebühren gewählt wurden. Die Zahlen deuten auch darauf hin, dass die aktiven Anleger sich sehr stark durch die positive Kursentwicklung in den Vorjahren beeinflussen ließen. Derjenige Fonds, der mit 4,2% der gesamten Anlagen am meisten gewählt wurde, investierte vorwiegend in schwedische Firmen im Bereich Technologie und Healthcare und hatte in den fünf vorangehenden Jahren mit 534% von allen Fonds am meisten gewonnen. In den drei Folgejahren verlor er 69,5% seines Werts.

Aus den Erkenntnissen der Behavioral Finance ergeben sich Schlussfolgerungen für die **Regulierung der Finanzmärkte**.

Aus den Erkenntnissen der Behavioral Finance ergeben sich verschiedene **Schlussfolgerungen für die Regulierung der Finanzmärkte.** Das Phänomen irrationaler Anleger legt nahe, dass Vorkehrungen getroffen werden müssen, um Spekulationsblasen zu vermeiden und verbleibende gesamtwirtschaftliche – insbesondere konjunkturelle – Risiken zu begrenzen. Dazu gehört auch, dass Finanzinstitute ihren Anlegern die **Anlagerisiken** von komplexen Finanzinstrumenten korrekt und

◘ **Tab. 10.2** Vergleich des Default-Fonds mit dem durchschnittlichen aktiv gewählten Portfolio (Cronqvist & Thaler, 2004).

	Standardfonds	Mittelwert aktiv gewähltes Portfolio
Anlagen (Prozente)		
Aktien	82	96,2
Schweden	17	48,2
Amerika	35	23,1
Europa	20	18,2
Asien	10	6,7
Festverzinsliche Wertpapiere	10	3,8
Hedge funds	4	0
Private equity	4	0
Index-Fonds	60	4,1
Gebühren[1]	0,17	0,77
Anlageerfolg[2]	-29,9	-39,6

[1] Jährlich, in Prozent des Fondsvermögens; [2] Rendite über die Periode 31.10.2000 bis 31.10.2003

transparent kommunizieren müssen. Die Finanzmärkte sind so zu regulieren, dass die Finanzinstitute die nötigen Anreize haben, die von ihnen ausgehenden **Systemrisiken** wirksam zu begrenzen. Die letzte große Finanzkrise ab 2007 hat eindrücklich gezeigt, wie eine ungenügende oder ungeeignete Regulierung im Zusammenspiel mit teilweise irrationalem und teilweise auch durchaus rationalem Verhalten der Marktteilnehmer eine Immobilienspekulationsblase und anschließend eine Banken- und Wirtschaftskrise ermöglicht hat. Der Grund dafür, dass auch individuell-rationales Verhalten die Spekulationsblase und die Krise mitverursachte, waren **soziale Dilemmata**, die nicht rechtzeitig erkannt wurden. (Soziale Dilemmata sind Entscheidungssituationen, in denen individuelle Interessen im Konflikt mit gemeinschaftlichen stehen; Kirchler, 2011, S. 742). Für die CEOs der Finanzinstitute und die Aktionäre war es individuell rational, die Risiken nicht zu kontrollieren, da dies ihre Gewinne und Bonuszahlungen vermindert hätte und da sie davon ausgehen konnten, dass die Institute im Notfall vom Staat gerettet würden. Und für die Regierungen zumindest einiger Länder war es individuell rational, ihre Banken nicht ausreichend zu regulieren, da sie davon ausgehen konnten, dass ein großer Teil der Kosten von Bankenrettungen von anderen Staaten getragen würde.

10.5 Sparen und Vorsorgen

Konsum auf Kredit! Überschuldung der Privathaushalte! Vorsorgelücke! Armut im Alter! Schlagwörter wie diese verdeutlichen, dass Sparen und Vorsorgen Themen sind, die große Betroffenheit auslösen. Was motiviert uns zum Sparen? Wie können Individuen dazu bewegt werden, ausreichend für ihr Rentenalter vorzusorgen? Wie kann verhindert werden, dass sich die privaten Haushalte in einem Land zunehmend verschulden (wobei sich unter Umständen gefährliche Immobilienpreisblasen bilden), oder umgekehrt: dass sie so stark sparen, dass es zu einem wirtschaftlichen Abschwung kommt?

10.5.1 Sparmotive

Grundsätzlich haben wir eine starke Neigung, Bedürfnisse unmittelbar zu befriedigen: ein schönes Kleid, das neueste Smartphone? Am liebsten gleich kaufen! Aber das tun wir (meistens) nicht, sondern wir sparen. Um dies besser zu verstehen, müssen wir uns mit den Motiven der Sparer befassen. Neben konkreten Sparmotiven wie »Autokauf« lassen sich auf einer abstrakteren Ebene verschiedene grundlegende Sparmotive unterscheiden. Wiswede (2012, S. 174) nennt folgende Kategorien von **Sparmotiven:**

- Größere Anschaffungen (Auto, Haus, Urlaub)
- Sicherheitsmotiv (Absicht, den gewonnenen Lebensstandard aufrechtzuerhalten)
- Kontrollmotiv (Bestreben, die eigene Situation unter Kontrolle zu haben, von anderen nicht abhängig zu sein, eher andere von sich abhängig zu machen)

Menschen sparen. Dazu gibt es unterschiedliche Motive.

- Leistungsmotiv (möglichst hohe Erträge als Anreiz und Herausforderung)
- Prestigemotiv (angesammeltes Vermögen als sichtbarer Indikator für Erfolg und Fähigkeit)
- Intrinsisches Motiv (Sparen als Selbstzweck)
- Altruismus-Motiv (Sparen als Vorsorge für andere)

Wichtige übergeordnete Ziele, die zum Sparen motivieren, sind Selbstwert, Freude und Autonomie.

Dies ist nur eine von vielen möglichen Klassifizierungen. Andere Autoren unterscheiden andere Sparmotive. Nach Canova et al. (2005) bestehen zwischen Sparmotiven vielfältige Beziehungen. So kann auch eine größere Anschaffung vordergründig ein Sparmotiv sein, wie beispielsweise ein Haus. Dahinter können aber möglicherweise weitere Motive verborgen sein, etwa Sicherheit oder Autonomie. Gemäß Canova lassen sich Motive nach der Abstraktheit oder Allgemeinheit der mit ihnen verbundenen Ziele ordnen. Am konkretesten sind Ziele wie Ferien, Hobbys, Einkäufe oder Gesundheit. Drei wichtige abstrakte und übergeordnete Ziele, die zum Sparen motivieren, sind **Selbstwert, Freude** (»Self-Gratification«) **und Autonomie** (Canova et al., 2005). Die Aussicht, diese Wünsche zu erfüllen, ist ein starkes Gegengewicht zu unserer Neigung, Bedürfnisse unmittelbar zu befriedigen.

Anhand von Affekten, Plänen und weiteren Merkmalen lassen sich Sparmentalitäten charakterisieren und im Zeitverlauf beschreiben.

Um individuelles Sparverhalten zu erklären sind verschiedene Persönlichkeitsmerkmale, soziökonomische Merkmale, Gewohnheiten und Einstellungen herangezogen worden. Anhand solcher Merkmale können verschiedene **Sparmentalitäten** unterschieden und empirisch erfasst werden. Nach Wiswede (2012, S. 177) umfasst Sparen die folgenden Aspekte (in Klammern Beispiele):

- Wissen (Kenntnisse über Anlageformen)
- Affekte (auf Erspartes stolz sein)
- Pläne (nächstes Jahr mehr sparen)
- Gewohnheiten (monatlich eine bestimmte Summe sparen)
- Erwartungen (eine größere Erbschaft wird erwartet)
- Normen (Erziehungserfahrungen betreffend Sparsamkeit)
- Motive (wenn hohe Verzinsung angestrebt wird, ist die Risikobereitschaft höher)

Anhand dieser Merkmale lassen sich auch Veränderungen der Sparmentalität in einer Gesellschaft über die Zeit nachzeichnen. In den neunziger Jahren wurde auf diese Weise die in Deutschland verbreitete Annahme widerlegt, dass früher in Sachen Sparen »alles besser« gewesen sei. Jugendliche sparten entgegen verbreiteten Annahmen nicht weniger als früher, die Auseinandersetzung mit dem Thema Sparen war sogar deutlich gewachsen (Wiswede, 2012, S. 177).

10.5.2 Einfluss von Referenzgruppen auf das Sparverhalten

Für das Sparverhalten von Individuen und ganzen Bevölkerungen spielen Referenzgruppen wahrscheinlich eine wichtige Rolle.

Spare ich mehr, wenn meine Freunde mehr sparen? Allgemein ausgedrückt: **Hängt das Sparverhalten von Referenzgruppen ab?** Diese Frage ist umstritten. In der ökonomischen Konsumtheorie sind immer noch die Life cycle-Hypothese (Modigliani & Brumberg, 1954) und die Permanent income-Hypothese (Friedman, 1957) vorherrschend. Nach diesen Hypothesen spielen Referenzgruppen keine Rolle, denn die Abwägung von Konsum und Sparen orientiert sich nur am individuell erwarteten Einkommen über den ganzen Lebenszyklus hinweg. Ganz anders sehen das die Vertreter der Relative income-Hypothese. Diese besagt, dass die Sparquote einer Person positiv mit der Einkommensposition innerhalb ihrer Vergleichsgruppe korreliert (Duesenberry, 1949): **Wer im Vergleich zur Referenzgruppe viel verdient, spart auch viel**. Wer im Vergleich zur Referenzgruppe wenig verdient, legt wenig auf die Seite. Die Hypothese konnte z. B. erklären, warum die Sparquote schwarzer Familien in den USA – bei gegebenem Einkommen – höher war als die Sparquote weißer Familien (Mendershausen, 1940). Die Erklärung lautet dahingehend, dass sich schwarze Familien mit einem Einkommen von z. B. 50 000 Dollar im Jahr mit ärmeren (schwarzen) Vergleichsgruppen messen als weiße Familien mit 50 000 Dollar Einkommen (Frank, 2005).

Die ökonomischen Hypothesen können auch andere Phänomene nicht hinreichend erklären, etwa **unterschiedliches Sparverhalten zwischen Ländern oder Gesellschaften.** Tatsache ist: Schon 1980 war die Sparquote in Europa höher als in den USA, und der Unterschied hat sich seither noch vergrößert. Die Wohnfläche der neu gebauten Häuser ist in den USA zwischen 1980 und 2000 mehr als doppelt so schnell gewachsen wie das Medianeinkommen der Familien. Frank (2014) erklärt dies mit »Ausgabenkaskaden« (»Expenditure cascades«). **Menschen orientieren sich in sozialen Vergleichen tendenziell nach oben** (Duesenberry, 1949; Ferrer-i-Carbonell, 2005). Höhere Ausgaben von einigen Personen führen deshalb dazu, dass andere, die auf der Einkommensleiter gerade darunter sind, ebenfalls mehr ausgeben. Dies wiederum habe zur Folge, dass Personen unterhalb der zweiten Gruppe ebenfalls mehr ausgeben, und so weiter. Auf diese Weise könnte die größere Ungleichheit der Einkommen in den USA im Vergleich zu Europa die tiefere Sparquote der USA erklären. Ebenso könnte die Zunahme der Ungleichheit in den USA seit 1980 der Grund für die Zunahme des Unterschieds in den Sparquoten zwischen USA und Europa sein. Allerdings kommen auch andere Erklärungen für die unterschiedlichen Sparquoten infrage, beispielsweise kulturelle Unterschiede oder Unterschiede in der Regulierung von Hypotheken und Konsumkrediten.

> Möglicherweise verleitet Ungleichheit in einer Gesellschaft zu **geringerem Sparen**, weil sich Individuen im Konsumverhalten tendenziell »nach oben« orientieren.

10.5.3 Maßnahmen zugunsten von Sparen und Vorsorge

Mit welchen Maßnahmen können Menschen zum Sparen motiviert und damit auch vor Verschuldung bewahrt werden? Ein erfolgreicher Ansatz besteht darin, geeignete **Strategien für den Umgang mit den persönlichen Finanzen** zu vermitteln. Personen können bei ihrer Budgetplanung unterstützt und zu verbindlichen Sparvereinbarungen animiert werden. Weiter können Strategien vermittelt werden, die die Selbstkontrolle stärken oder die helfen, einen Aufschub der Bedürfnisbefriedigung als weniger negativ zu empfinden – etwa durch eine **Fokussierung auf positive Ergebnisse des Sparens** in der Zukunft. Allerdings haben die wenigsten Konsumenten einen Sparberater zur Seite. Auch gibt es auf dem Markt keine Anbieter, die den Leuten raten, gewisse Dinge nicht zu kaufen, um mehr zu sparen, denn damit lässt sich schlicht kein Geld verdienen. Das Sparen wirksam fördern, zugunsten der sozialen Sicherheit und der konjunkturellen Stabilität, kann nur der Staat. Der traditionelle Ansatz dazu besteht aus Steuerabzügen auf Einzahlungen in die Vorsorge, wie sie in europäischen Ländern verbreitet sind – also ökonomische Anreize. Ein anderer, psychologisch orientierter Ansatz sind Regulierungen, die Unternehmen vorschreiben, **standardmäßig einen Teil der Löhne direkt in Vorsorgekonten einzuzahlen**. Der volle Lohn wird also nur denjenigen Arbeitnehmern auf das Lohnkonto ausbezahlt, die dies ausdrücklich wünschen. Studien in den USA haben gezeigt, dass auf diese Weise sehr viel mehr Geld in die Vorsorge fließt, als wenn die Arbeitnehmer selber aktiv werden müssten, um Teile des Lohnes in Vorsorgekonten zu überweisen (Madrian & Shea, 2001). Noch einen Schritt weiter in diese Richtung gingen Thaler und Benartzi (2004) in einem Experiment. Sie ermöglichten es den Arbeitnehmern einer Firma, einen Sparplan zu unterzeichnen, bei dem die Sparbeiträge bei jedem Lohnanstieg automatisch erhöht wurden, solange der Arbeitnehmer nichts dagegen unternahm. Innerhalb von etwas mehr als zwei Jahren (drei Lohnerhöhungen) erhöhten sich die durchschnittlichen Sparbeiträge der Arbeitnehmer auf diese Weise von 3,5 auf 11,6%.

Freiwilliges Vorsorgesparen wird dadurch beeinflusst, welche Einzahlungen in die Vorsorge »Standard« sind.

In den USA und in Großbritannien haben diese Ergebnisse zu entsprechenden Regulierungen beigetragen (Madrian, 2014). Ob sich diese tatsächlich positiv auf die gesparten Vermögen auswirken, steht allerdings noch nicht fest. In den USA sind die automatischen Beiträge typischerweise sehr gering (2–4% des Lohnes). Dies könnte etwa dazu führen, dass Personen, die bei aktiver Entscheidung höhere Beiträge einzahlen würden, in diesen tiefen vorgegebenen Beitragssätzen verharren. Auch ist noch wenig darüber bekannt, wie diese Ansätze im Vergleich mit **steuerlichen Anreizen** abschneiden (Madrian, 2014).

Auch auf Ebene des Staates können psychologisch orientierte Instrumente helfen, Ungleichgewichte zwischen Einnahmen und Ausgaben zu korrigieren. So haben die Mitgliedstaaten der EU Richtlinien zur Begrenzung der Defizite und der Staatsverschuldung beschlossen. Verschiedene Länder, darunter Deutschland und die Schweiz, haben als **Selbstbindungsmaßnahme** (»Commitment device«) eine sog. **Schuldenbremse** in die Verfassung aufgenommen, um den Staatshaushalt trotz aller Begehrlichkeiten im Gleichgewicht zu behalten. In Deutschland wurde beschlossen, dass die jährliche Nettokreditaufnahme des Bundes – außer in Rezessionen und bei Naturkatastrophen – maximal 0,35% des Bruttoinlandsproduktes betragen darf und dass eine Nettokreditaufnahme der Bundesländer (ab 2020) ganz untersagt ist. Die Schweizer Schuldenbremse lässt sogar überhaupt keine strukturellen (um Konjunkturschwankungen bereinigten) Defizite zu, und strukturelle Überschüsse fließen in den Schuldenabbau.

Auch auf **staatlicher Ebene** können **psychologisch orientierte Instrumente helfen**, Ungleichgewichte zwischen Einnahmen und Ausgaben zu korrigieren.

10.6 Lohn

Lohn ist viel mehr als nur Geld. Lohn würdigt eine Leistung, führt zu sozialer Anerkennung und gesellschaftlichem Status. Darüber hinaus tangieren Löhne und Lohnverteilungen auch Fragen der Gerechtigkeit und beeinflussen damit den Zusammenhalt in der Gesellschaft. Wie aber werden Löhne festgelegt? Auf diese Frage geben traditionelle ökonomische Modelle eine andere Antwort als die Realität.

10.6.1 Löhne als Marktpreise

Aus ökonomischer Sicht sind Löhne nichts anderes als Preise, die sich aus dem Zusammenspiel von Angebot und Nachfrage auf Arbeitsmärkten ergeben: Arbeit wird von den Unternehmen als Produktionsfaktor nachgefragt und entsprechend ihrem Wertgrenzprodukt (Zunahme des Umsatzes durch eine zusätzlich eingesetzte Arbeitsstunde bei konstanten übrigen Kosten) entlohnt. Auf der Angebotsseite **wägen die Arbeitnehmer Arbeit und Lohn sowie Freizeit gegeneinander ab**. Sie wissen, wie viel ihre Arbeit den potenziellen Arbeitgebern wert ist, und wählen im Rahmen ihrer Möglichkeiten die Art und Menge an Arbeit, die über die ganze Lebensdauer gesehen ihren Nutzen aus Arbeit, Freizeit und Konsum maximiert.

> In der ökonomischen Theorie wird Arbeit genau **entsprechend ihrem Beitrag zum Gewinn** entlohnt, und Arbeiternehmer wägen Arbeit und Freizeit rational gegeneinander ab.

Aus psychologischer Perspektive muss dieses vereinfachende Modell in mehrfacher Hinsicht infrage gestellt werden. Arbeitnehmer **wissen nicht sehr gut, wie viel ihnen mehr Freizeit relativ zu mehr Konsum wert ist**. Eine Studie zeigte dies anhand eines Experiments mit Studierenden der Rechtswissenschaften (Sunstein, 2002). Probanden wurden zufällig in zwei Gruppen eingeteilt und mit unterschiedlichen gesetzlichen Ferienregelungen konfrontiert. Anschließend wurden sie befragt, wie viel Geld ihnen zwei zusätzliche Ferienwochen Wert wären, ausgehend von der jeweiligen Regelung. Es zeigte sich, dass der Wert zusätzlicher Freizeit von der Formulierung der Standardferienregelung abhing. Bei zwei regulären Ferienwochen waren den Probanden zwei zusätzliche Wochen 6 000 Dollar wert). Sie waren aber nur für 13 000 Dollar dazu bereit, bei vier regulären Ferienwochen auf zwei davon zu verzichten!

> Die **Realität weicht vom ökonomischen Standardmodell ab** – in mehrfacher Hinsicht.

Erstaunlicherweise (und konträr zur klassisch ökonomischen Annahme) wissen Arbeitnehmer auch nicht recht, wie viel ihre Arbeit ihren potenziellen Arbeitgebern wert ist. Für viele ist der einzige Anhaltspunkt dafür der Lohn, den sie in der Vergangenheit erhalten haben. In nicht gewerkschaftlich organisierten Branchen sind deshalb die **Löhne verschiedener Unternehmen nur lose über Angebot und Nachfrage miteinander verbunden**, und die Unternehmen haben eine große Freiheit in der Lohnsetzung (Bewley, 1998). Um Lohnunterschiede zwischen Branchen scheinen sich Arbeitnehmer noch weniger zu kümmern, und so können sich teilweise große Unterschiede halten (Thaler, 1989).

Auch wenn die Arbeitnehmer den Wert ihrer Arbeit nicht gut kennen, so spielen ihre Wahrnehmungen von Fairness für sie dennoch eine wichtige Rolle. Nach der **Equity-Theorie** (Adams, 1965; Pritchard, 1969) wird Fairness durch das Verhältnis von Beiträgen und Belohnungen bestimmt. Wird das Austauschverhältnis von Arbeitsanstrengung und Lohn zwischen zwei Personen als unterschiedlich wahrgenommen, so kann beim Schlechterverdienenden das Bedürfnis entstehen, das Austauschverhältnis in Richtung höherer Gerechtigkeit zu verändern – wobei dieses Bedürfnis interessanterweise auch beim Besserverdienenden aufkommen kann. Was die Leistung von Arbeitnehmern angeht, so gehen **Fair wage-effort**-Modelle (Akerlof & Yellen, 1988) davon aus, dass diese davon abhängt, ob die Arbeitnehmer ihren Lohn als gerecht empfinden. Was als gerechter Lohn gilt, hängt unter anderem von Referenzgruppen und von der Arbeitslosenquote ab.

Im Sinne des **Gift exchange**-Ansatzes (Akerlof, 1984) kann es in Anstellungsverhältnissen zu einer Reziprozität zwischen Lohn und Arbeitseinsatz kommen. Arbeitnehmer und Arbeitgeber »beschenken« sich gegenseitig mit höherem Lohn und größerem Arbeitseinsatz. Es kann also für beide Seiten vorteilhaft sein, mehr als das Minimum zu leisten. Ein berühmtes Beispiel dafür lieferte der Industrielle Henry Ford. Im Jahr 1914 senkte er die tägliche Arbeitszeit von 9 auf 8 Stunden. Gleichzeitig hat er die Löhne praktisch verdoppelt, auf 5 Dollar pro Tag für männliche Angestellte über 22. Die Maßnahme zahlte sich aus, denn die enorm hohe Fluktuation (im Jahr 1913 gab es für die insgesamt 14 000 vorhandenen Stellen mehr als 50 000 Neubesetzungen) und die damit verbundenen Kosten für Personalsuche und Ausbildungsprogramme gingen drastisch zurück (Raff & Summers, 1987). Henry Ford schrieb später: »The payment of five dollars a day for an eight hour day was one of the finest cost cutting moves we ever made […]« (Ford, 1922).

Schließlich ist die ökonomische Vorstellung davon, wie sich Löhne bilden, auch deshalb zu eng, weil für viele Menschen **Arbeit einen hohen Eigenwert hat:** Wer von seiner Arbeit erfüllt ist, wägt nicht jede Stunde Arbeit und jeden Euro Lohn gegen Freizeit ab. Das bedeutet nicht, dass man gerne Wochenendarbeit und Überstunden leistet (vielmehr wird das individuell stimmige Optimum an Arbeitsstunden pro Woche angestrebt). Aber dass Arbeit einen Eigenwert hat, kann beispielsweise bedeuten, dass die Höhe von Einkommenssteuern – entgegen ökonomischen Erwartungen – keinen wesentlichen Einfluss auf das Arbeitsangebot hat (▶ Abschn. 10.7).

> Aufgrund von **reziprokem Verhalten** kann sich ein höherer Lohn positiv auf den Arbeitseinsatz auswirken.

10.6.2 Persönlichkeitsfaktoren und Lohn

Zur Erklärung von Lohnunterschieden werden traditionellerweise **Humankapitalvariablen** wie Ausbildung, Berufserfahrung oder Motivation herangezogen. Diese haben natürlich einen Einfluss auf den Lohn, lassen aber einen großen Teil der Lohnunterschiede unerklärt (Bowles et al., 2001). Neuere Studien zeigen, dass auch **Persönlichkeitsmerkmale** Löhne beeinflussen, und dies nicht immer in der erwarteten Richtung.

◘ Tab. 10.3 zeigt die Resultate einer dänischen Studie, die neben dem Einfluss von Hochschulabschluss, Berufserfahrung und weiteren Humankapitalvariablen auch den Einfluss von fünf elementaren Persönlichkeitsmerkmalen (»Big Five«) untersuchte. Beim Merkmal »emotionale Stabilität« beispielsweise wurde, wie zu erwarten, ein positiver Zusammenhang mit dem Lohn festgestellt. Für »Gewissenhaftigkeit« hingegen wurde kein positiver Effekt festgestellt. Beim Merkmal »Verträglichkeit« wurde bei Frauen ein negativer Zusammenhang mit dem Lohn gefunden. Inwiefern solche Zusammenhänge kausal interpretierbar sind, wird durch die Studie zwar nicht beantwortet, aber es erscheint zumindest naheliegend, dass sich Persönlichkeitsmerkmale wie »emotionale Stabilität« auf Teamfähigkeit, Umgangsformen und andere lohnrelevante Variablen auswirken. Ein negativer Effekt von »Verträglich-

> Löhne korrelieren nicht nur mit Humankapitalvariablen, sondern auch mit **Persönlichkeitsmerkmalen.**

Tab. 10.3 Einfluss von Persönlichkeitsmerkmalen auf den Lohn (Nyhus & Pons, 2005)

	Ganze Stichprobe	Männer	Frauen
Extraversion	-	-	-
Verträglichkeit	-*	-	-*
Gewissenhaftigkeit	-	-	-
Emotionale Stabilität	+*	+*	+*
Autonomie	+	+	+

+: positiver Zusammenhang; -: negativer Zusammenhang; *: statistisch signifikant

keit« auf Lohn wiederum könnte z. B. mit höherer Bescheidenheit in Lohnverhandlungen erklärt werden.

Interessanterweise zeigten sich auch **Wechselwirkungen** zwischen Persönlichkeitsmerkmalen und Humankapitalvariablen, beispielsweise, dass bei Personen mit Universitätsabschluss »emotionale Stabilität« für die Höhe des Lohnes weniger wichtig war oder dass »Verträglichkeit« bei Personen mit Universitätsabschluss noch stärker negativ mit dem Lohn korreliert war als bei Personen ohne Universitätsabschluss. Das Fazit der Autorinnen dieser Studie lautet daher, dass bei der Erklärung individueller Lohnunterschiede die Persönlichkeitsmerkmale der Lohnempfänger berücksichtigt werden müssen. Wenn beispielsweise Berufserfahrung mit »emotionaler Stabilität« korreliert, diese aber ignoriert wird, so wird die Bedeutung der Berufserfahrung überschätzt.

10.7 Steuern

Kaum jemand zahlt gerne Steuern. **Könnte man also die Leistungen, die der Staat erbringt, nicht einfach den Märkten überlassen? Leider nein,** denn für viele Leistungen gibt es auf Märkten keine Nachfrage. Der Grund ist, dass diese Leistungen nicht individuell zugeteilt werden können. Wo öffentliche Güter (z. B. Landesverteidigung, Grundlagenforschung) im Spiel sind, muss kollektiv entschieden werden, welche Leistungen und Mengen bereitgestellt werden sollen und wer dafür aufkommt. Deshalb zahlen wir Steuern. Aus wirtschaftspsychologischer Sicht interessieren insbesondere Begründungen von Umverteilung über Steuern, Fragen zur Wahrnehmung der Steuerbelastung sowie Fragen zu den Faktoren, die das Steuerverhalten beeinflussen. Daraus ergeben sich Ansätze, mit denen die Zufriedenheit der Steuerpflichtigen erhöht und die Steuermoral verbessert werden können.

Man kann staatliche Leistungen **nicht ohne Weiteres den Märkten überlassen.**

Es gibt psychologische Ansätze, mit denen die **Zufriedenheit** der Steuerpflichtigen erhöht und die **Steuermoral** verbessert werden kann.

10.7.1 Begründungen für Umverteilung über Steuern

Neben der Bereitstellung von öffentlichen Gütern verfolgt die Besteuerung auch das Ziel, Unterschiede in Einkommen und Vermögen zu verringern. Im Rahmen der traditionellen Ökonomie, die von eigen-

> Fairnesspräferenzen und psychologische externe Effekte sind Gründe dafür, mittels Umverteilung **Unterschiede in Einkommen und Vermögen zu verringern**.

nützigen Akteuren ausgeht, kann Umverteilung damit begründet werden, dass der **Nutzen eines zusätzlichen Euro** bei zunehmendem Einkommen und Vermögen abnimmt. Umverteilung zugunsten tiefer Einkommen erhöht also den Gesamtnutzen. Aus psychologischer Sicht gibt es aber noch weitere Argumente für Umverteilung: Viele Menschen haben eine **Präferenz für Fairness** und eine **Aversion gegenüber Ungleichheit** – sie befürworten also eine als fair empfundene (Um-)Verteilung der Ressourcen, auch wenn sie selbst nicht davon profitieren. Außerdem anerkennt die Verhaltensökonomie, dass nicht nur die absolute, sondern vor allem auch die **relative Einkommensposition** für den subjektiven Nutzen der Akteure eine große Rolle spielt. Verfügt jemand über ein hohes Einkommen, so hat dies einen negativen **psychologischen externen Effekt** auf andere, die dadurch unglücklicher werden (▶ Abschn. 12.3). Umverteilung von Einkommen über Steuern kann aus dieser Sicht – ähnlich der Besteuerung von umweltschädigendem Verhalten – die gesellschaftliche Wohlfahrt erhöhen, indem externe Effekte auf Dritte internalisiert werden.

10.7.2 Steuerwahrnehmung

> Die **Wahrnehmung von Steuern** wird von zahlreichen Faktoren beeinflusst.

Zu den Faktoren, die das **subjektive Erleben der eigenen Steuerbelastung** beeinflussen, gehören nach Einschätzungen von Schmölders (1975) und Wiswede (2012):
- die Höhe der Besteuerung, insbesondere auch im Vergleich zu anderen Personen oder Vergleichsgruppen (auch Staaten),
- das Empfinden, im Sinne der distributiven Gerechtigkeit fair oder unfair behandelt zu werden,
- das Empfinden zur Frage, ob der Staat die Steuergelder effizient oder verschwenderisch verwaltet bzw. in die falschen Kanäle leitet,
- die wahrgenommene Dauerhaftigkeit (Wiederkehr) der Belastung und
- die Spürbarkeit der Steuern, also ob und inwieweit diese überhaupt ins Auge fallen.

Diese Faktoren haben einen Einfluss darauf, ob Steuern als gerechtfertigt wahrgenommen werden oder nicht, und diese Wahrnehmung wiederum beeinflusst **ob versucht wird, Steuern zu hinterziehen** (Wiswede, 2012, S. 170).

> Die **Auswirkungen von Steuern** auf das Arbeitsangebot sind gering (und schwer messbar).

Weiter ist auch die Frage von Interesse, **welchen Einfluss Steuern auf die Anzahl geleisteter Arbeitsstunden haben.** Theoretisch sind zwei gegenläufige Effekte zu erwarten: Steuern können die Arbeitsleistung senken, weil die Arbeit weniger einbringt. Die Arbeitsleistung könnte aber auch zunehmen, weil sich ein angestrebter Lebensstandard sonst nicht halten ließe. Welcher dieser Effekte in welchen Situationen überwiegt, kann nur empirisch beantwortet werden. Neuere Übersichtsstudien kommen zum Ergebnis, dass sich Steuern auf Einkommen bei Männern leicht und bei Frauen stärker negativ auf die Arbeitsleistung auswirken (Saez et al., 2012). Allerdings beruhen diese Studien auf Hilfsannahmen, die von anderen Autoren wiederum infrage gestellt werden (Manski, 2014). Immerhin gibt es plausible Erklärungen dafür, warum der Zusammenhang nicht eindeutig ist: Viele Angestellte können nämlich die Anzahl ihrer Arbeitsstunden nicht selbst wählen, und viele Menschen arbeiten auch aus anderen als aus pekuniären Motiven. Die Höhe der Steuern kann sich also bei diesen Personen gar nicht auf ihr Arbeitsangebot auswirken.

10.7.3 Steuerverhalten

Die **Staaten bekommen nicht alles, was ihnen gesetzmäßig zusteht,** denn eine Minderheit von Steuerpflichtigen verhält sich bei der Finanzierung der Staatsaufgaben als Trittbrettfahrer: Schätzungen zufolge werden 8% der globalen Finanzvermögen vor den Steuerbehörden verborgen (Zucman, 2014). Die EU-Kommission schätzt, dass den Staaten EU-weit durch Steuervergehen jährlich bis zu eintausend Milliarden Euro entgehen (EU-Kommission, 2016). Eine US-amerikanische Studie schätzt, dass 18-19% der Einkommen in den USA nicht ordnungsgemäß versteuert werden (Cebula & Feige, 2012). In vielen weniger entwickelten Ländern ist der Anteil der unversteuerten Einkommen und Vermögen noch höher. Die Zahlen sind naturgemäß mit Unsicherheit behaftet, aber schon die ungefähren Größenordnungen führen die Bedeutsamkeit dieser Thematik vor Augen.

> Eine **Minderheit von Steuerpflichtigen** verhält sich als **Trittbrettfahrer**.

Traditionelle ökonomische Modelle erklären Steuerhinterziehung anhand rationaler Verhaltensmodelle (Becker, 1968): Steuerpflichtige wägen den Nutzen der Hinterziehung gegen die Kosten der Entdeckung rational ab und entscheiden nach ihren individuellen Risikopräferenzen. In der Realität spielen jedoch zahlreiche weitere Faktoren eine Rolle. Im Sinne der Prospect Theory ist zu erwarten, dass die Wahrnehmung des Nutzens einer Steuerhinterziehung davon abhängt, ob beim Ausfüllen der Steuererklärung eine Steuernachzahlung (Verlust) oder eine Steuerrückzahlung (Gewinn) einbezahlter Beträge erwartet wird. Im Einklang mit der Theorie, dass Verluste schwerer wiegen als Gewinne, wurde bei einer erwarteten Steuerrückzahlung eine höhere Steuerehrlichkeit festgestellt als bei einer erwarteten Steuernachzahlung (Engström et al., 2015). Neben der tatsächlichen Höhe der Steuerbelastung ist also auch deren **Wahrnehmung** wichtig. Weiter sind gesellschaftliche **Normen** relevant, die nicht nur individuell, sondern auch von Land zu Land unterschiedlich sind und sich über die Zeit ändern. Beispielsweise akzeptierten die reichen US-Bürger Mitte des letzten Jahrhunderts den Spitzensteuersatz von über 90%, was heute schwer vorstellbar ist.

> Traditionelle ökonomische Modelle nehmen an, dass Steuerpflichtige **Kosten und Nutzen einer Steuerhinterziehung rational abwägen.** In der Realität spielen aber weitere Faktoren eine Rolle.

Psychologische Modelle zum Steuerverhalten, wie dasjenige von Weigel et al. (1987), nennen eine ganze Reihe von psychologischen und sozialen Bedingungen für Steuerhinterziehung. Dazu zählen unter anderem Fairnessvorstellungen, die Wahrnehmung von Gelegenheiten zur Steuerhinterziehung, oder die in der Gesellschaft oder in Branchen verbreiteten Verhaltensmuster und Normen (◘ Tab. 10.4).

> Psychologische Modelle der Steuerhinterziehung unterscheiden Einflüsse **situativer und persönlicher Faktoren.**

Tab. 10.4 Bestimmungsgründe von Steuerhinterziehung (nach Weigel et al., 1987)

Situative Bedingungen		Beispiele
Situative Anreize	Finanzieller Druck	Eigene finanzielle Möglichkeiten, Höhe der Steuer
	Soziale Normen	Gesellschaftliche Duldung kriminellen Handelns
Situative Hindernisse	Fehlende Gelegenheit für Steuerhinterziehung	Klar deklariertes Einkommen
	Legale Kontrollen	Wahrscheinlichkeit einer Steuerprüfung
	Soziale Kontrolle	Anzahl von Bekannten, die Steuern hinterziehen
Persönliche Bedingungen		
Persönliche Anreize	Persönlicher Druck	Wahrgenommene ungerechte Besteuerung
	Persönliche Orientierung	Egoistische Nutzenmaximierung vs. Gemeinsinn
Persönliche Hindernisse	Wahrgenommene Gelegenheiten für Steuerhinterziehung	Einschätzung, Steuern unbemerkt hinterziehen zu können
	Wahrgenommenes Risiko von Steuerhinterziehung	Wahrgenommene Höhe der Sanktionen
	Eigene Intoleranz von Steuerhinterziehung	Einstellungen zur Steuerhinterziehung

Studie

Individuelle Merkmale und Steuerhinterziehung

In der bisher umfassendsten empirischen Studie mit beobachtetem Steuerverhalten wurden in den Niederlanden 71 Steuerhinterzieher und 84 korrekte Steuerzahler untersucht. Parallel zu laufenden Steueruntersuchungen, welche die Daten zur beobachteten Steuerhinterziehung lieferte, wurden die Probanden über zwei Jahre anonym befragt. Es zeigte sich, dass das **per Befragung ermittelte Ausmaß der Steuerhinterziehung** vor allem mit **Einstellungen und subjektiven Normen** zusammenhing (Tab. 10.5, zweite Spalte). Die **beobachtete Steuerhinterziehung** (Tab. 10.5, dritte und vierte Spalte) hingegen korrelierte insbesondere mit **Persönlichkeitsmerkmalen**. Fragen zu spezifischen Einstellungen und subjektiven Normen scheinen also im Bereich des tatsächlichen Steuerverhaltens weniger aufschlussreich zu sein als Fragen zu Persönlichkeitsmerkmalen, etwa Zufriedenheit oder Konkurrenzorientierung. (Nebenbei weist diese Studie auf die Grenzen der Befragungsforschung bei sensiblen Themen hin, rein aufgrund der Tatsache, dass sich die Höhe der erfragten Steuerhinterziehung von der Höhe der beobachteten unterscheidet.)

Beeinflussung von Steuerverhalten

Die Finanzpsychologie liefert relevante Erkenntnisse für **Steuerverwaltungen**.

Besonders wichtig sind empirische Studien zum Steuerverhalten insbesondere für Steuerverwaltungen. Traditionelle Erklärungen der Steuerhinterziehung beruhen wie erwähnt auf einem einfachen ökonomischen Modell des Steuerverhaltens. Darauf gründet auch der herkömmliche Ansatz der Steuerverwaltungen, der primär häufige Steuerprüfungen und harte Strafen vorsieht (**Enforcement-Ansatz**). Auch in diesem »ökonomischen« Ansatz spielen psychologische Phänomene eine Rolle. Beispielsweise ist gemäß Prospect Theory zu erwarten, dass die Überbewertung unwahrscheinlicher Ereignisse (hier: der Entdeckung und Bestrafung) zur Wirksamkeit des Ansatzes beiträgt. Im heute üblichen

Tab. 10.5 Korrelativer Zusammenhang zwischen individuellen Merkmalen und erfragter sowie beobachteter Steuerhinterziehung (nach Hessing et al., 1988, S. 410)

Merkmal		Korrelation mit erfragter Steuerhinterziehung	Korrelation mit beobachteter Steuerhinterziehung	Korrelation mit Höhe der Steuerhinterziehung
Einstellung	Positive Einstellung zu Steuerhinterziehung	.25*	.07	.04
Subjektive Normen	Wahrgenommene Häufigkeit von Steuerhinterziehung im sozialen Umfeld	.22*	.09	.00
	Wahrgenommene soziale Duldung	.22*	.01	.07
	Negative Konsequenzen	.33*	.03	-.02
Persönlichkeitsvariablen	Unzufriedenheit	-.10	.22*	.29*
	Toleranz illegalen Handelns	.01	.17*	.20*
	Konkurrenzorientierung	-.05	.17*	.20*
	Egoismus	-.07	.28*	.36

*Statistisch signifikanter Zusammenhang ($p \leq .05$).

Service-Ansatz wird die Bedeutung des Enforcement zwar weiterhin anerkannt. Zusätzlich präsentiert sich die Steuerverwaltung aber als moderner Dienstleister, und als solcher verhält sie sich kundenorientiert. Durch kundenfreundliche Kommunikation wird beispielsweise Reaktanz bei Steuerpflichtigen verringert.

Aufgrund aktueller Erkenntnisse über die Rolle von sozialen und kulturellen Normen für das Steuerverhalten schlagen Alm und Torgler (2011) ergänzende Maßnahmen vor, die solche Normen stärken sollen (sog. **Trust-Ansatz**):

- Betonung des Zusammenhangs zwischen Steuern und dem Bezug von staatlichen Leistungen
- Aktive Kommunikation (z. B. an neu zugezogene Firmen), dass es »das richtige Verhalten« ist, Steuern zu bezahlen
- Stärkung der Steuerehrlichkeit als Norm, indem Namen von Delinquenten veröffentlicht werden
- Einbinden von Firmen in Kampagnen, die zeigen, dass Steuern zahlen das akzeptierte und ethische Verhalten ist
- Vermeidung von Maßnahmen wie Steueramnestien, die zur Wahrnehmung führen, Steuervergehen seien akzeptabel
- Ernstnehmen von in der Bevölkerung bestehenden Wahrnehmungen von Ungerechtigkeiten in der Besteuerung

Diese Vorschläge beruhen auf der Annahme, dass eine gute Kultur des Steuerzahlens auf einem komplexen Zusammenspiel von Normen, sozialen Einflüssen und Wahrnehmungen von Effizienz und Fairness beruht.

10.7.4 Unternehmenssteuern

*In Unternehmen entscheiden Menschen. Daher sind finanzpsychologische Erkenntnisse auch für die **Besteuerung von Unternehmen** relevant.*

Bei Unternehmen spielen subjektive Wahrnehmungen der Steuerbelastung möglicherweise eine geringere Rolle für das Steuerverhalten als bei Privatpersonen. Letztlich sind es aber wiederum Individuen, die Entscheidungen treffen – über die Standortwahl beispielsweise oder darüber, ob korrekt Steuern bezahlt wird. **Wie gut ist die Steuermoral bei Unternehmen im Vergleich mit Privatpersonen?** Einige Steuerarten, etwa Mehrwertsteuern, können zwar von Unternehmen als auch von Privatpersonen hinterzogen werden, wobei oft eine gegenseitige Übereinkunft zwischen dem Unternehmen und der Privatperson als Käuferin einer Leistung erforderlich ist (Alm, 2012). Dennoch geben Analysen der »Steuerlücke« bei verschiedenen Steuerarten Hinweise auf das Ausmaß der Steuerhinterziehung bei Unternehmen im Vergleich mit Individuen. Nach Schätzungen der britischen Steuerverwaltung werden 5,2% der geschuldeten Einkommenssteuern, Sozialversicherungsbeiträge und Kapitalgewinnsteuern, 10,3% der Mehrwertsteuern, 7,6% der Unternehmenssteuern, 5,3% der Verbrauchssteuern und 4% der übrigen Steuern hinterzogen (HM Revenue & Customs, 2016). Die Steuerlücke ist bei Unternehmen demnach **nicht geringer, sondern eher größer** als bei Privatpersonen. Es ist also davon auszugehen, dass finanzpsychologische Erkenntnisse zum Steuerverhalten auch für die Besteuerung von Unternehmen relevant sind.

Eine Frage, die sich dabei stellt, ist die **nach dem richtigen Maß an Eigenverantwortung** der Unternehmen in Steuerfragen. Einerseits plädieren Unternehmensvertreter heute gerne für ein hohes Maß an Freiheit und Eigenverantwortung. Anderseits erhöht die Eigenverantwortung aber auch die Gefahr von Missbrauch, z. B. extreme Formen der Steueroptimierung. Wenn solche Praktiken überhandnehmen, wie es immer wieder zu beobachten ist, so leiden darunter nicht nur die Unternehmen und Einzelpersonen, die für die Steuereinbußen aufkommen müssen (Avi-Yonah, 2014). Am Ende leiden auch das Image und die Glaubwürdigkeit des freiheitlichen Wirtschaftssystems (▶ Abschn. 11.5). Deshalb liegen klare und verbindliche Regeln der Besteuerung letztlich auch im Interesse der großen Mehrheit von Unternehmen, die ihre Steuern korrekt deklarieren und steuerliche Grauzonen nicht unbotmäßig ausnutzen.

10.7.5 Transferleistungen

*Ein zeitlich begrenztes, garantiertes Mindesteinkommen hat **leicht negative Anreizwirkungen**.*

Sozialhilfe und andere Transferleistungen können als »negative Steuern« aufgefasst werden. Es handelt sich dabei um einen Transfer von Geld zwischen Staat und Bürger – wie bei Steuern, aber in umgekehrter Richtung. Traditionelle ökonomische Modelle gehen davon aus, dass allein die Höhe der Stützung relevant ist für das Verhalten. Diese muss so angesetzt werden, dass durch die Transferleistungen der **finanzielle Anreiz zu arbeiten nicht verloren geht** (man spricht dabei von der Armutsfalle). Bereits in den 1970er-Jahren wurden in den USA Feldstudien zur Wirkung eines staatlich garantierten, bedingungslosen Grundeinkommens durchgeführt. In mehrjährigen Experimenten mit 1 200 Familien wurde festgestellt, dass ein **bedingungsloses**

Grundeinkommen insgesamt zu einer **Reduktion der Erwerbsbereitschaft** führte. Allerdings waren die Effekte schwach. In einem Teil der ländlichen Untersuchungsgebiete hatten die Transfers bei Männern überhaupt keinen Einfluss auf die geleisteten Arbeitsstunden. In den städtischen Gebieten gingen die Arbeitsstunden der Teilnehmenden im Mittel um wenige Prozent zurück (Döring, 2015, S. 158).

Psychologische Studien zeigen, dass neben den finanziellen Anreizen **weitere Faktoren** die Reaktionen auf Transferleistungen beeinflussen. Beispielsweise wurde festgestellt, dass Hilfeleistungen effektiver sind, wenn sie gleichzeitig das **Selbstwertgefühl** stärken (Hall et al., 2014). Nach Mullainathan und Shafir (2013, S. 216) sind für einkommensschwache Eltern kostenlose Kinderbetreuungsleistungen auch deshalb wertvoll, weil sie zur kognitiven Entlastung der Begünstigten beitragen und damit die Bewältigung des beruflichen und privaten Alltags unterstützen (Döring, 2015, S. 292). Möglicherweise spielt auch die **Bezeichnung** einer Transferleistung eine Rolle. Madrian (2014) argumentiert, dass es für die Motivation relevant sei, ob Arbeitslosengelder als »Unemployment insurance« (Arbeitslosenversicherung) bezeichnet werden, wie in den USA, oder ob wie in Großbritannien mit »Jobseeker allowance« (finanzielle Unterstützung für Stellensuchende) die Zugehörigkeit zur Erwerbsbevölkerung betont wird.

> Verschiedene psychologische Faktoren beeinflussen die **Wirksamkeit von Transferleistungen**, etwa von Arbeitslosengeldern.

 Kontrollfragen

1. Was ist die Geldillusion?
2. Wie laufen Entscheidungen nach der Prospect Theory ab?
3. Welche Risikopräferenzen ergeben sich aus den Annahmen der Prospect Theory?
4. Was ist mit Verfügbarkeitsheuristik, Overconfidence bias und Repräsentativitätsheuristik gemeint?
5. Welches sind die beiden Säulen der Behavioral Finance-Theorie?
6. Nennen Sie Beispiele für Abweichungen des Anlegerverhaltens von traditionellen Modellen. Welche Erklärungen gibt es dafür?
7. Nennen Sie grundlegende Sparmotive.
8. Inwiefern folgt die Preisbildung auf Arbeitsmärkten nicht dem ökonomischen Standardmodell?
9. Mit welchen Maßnahmen können die Normen des Steuerzahlens gestärkt werden?

▶ **Weiterführende Literatur**

Döring, T. (2015). Öffentliche Finanzen und Verhaltensökonomik. Zur Psychologie der budgetwirksamen Finanzpolitik. Wiesbaden: Springer Gabler.
Kirchler, E. (2011). Wirtschaftspsychologie (4. Aufl.). Göttingen: Hogrefe.
Lewis, A. (2008). The Cambridge handbook of psychology and economic behavior. Cambridge: Cambridge University Press.
Moser, K. (Hrsg.). (2015). Wirtschaftspsychologie (2. Aufl.). Berlin: Springer.
Wiswede, G. (2012). Wirtschaftspsychologie (5. Aufl.). München: Reinhardt.

Literatur

Adams, J. S. (1965). Inequity in social exchange. In L. Berkowitz (Ed.), *Advances in experimental social psychology* (Vol. 2, pp. 267-299). New York: Academic Press.
Akerlof, G. A. (1984). Gift exchange and efficiency wage theory: Four views. *American Economic Review, 74*, 79-83.
Akerlof, G. A., & Yellen, J. L. (1988). Fairness and unemployment. *American Economic Review, 78*, 44-49.
Akerlof, G. A., Dickens, W. T., & Perry, G. L. (2000). Near-rational wage and price setting and the long-run Phillips curve. *Brookings Papers on Economic Activity, 1*, 1-60.

Alm, J. (2012). Measuring, explaining, and controlling tax evasion: Lessons from theory, experiments, and field studies. *International Tax and Public Finance, 19*, 54-77.

Alm, J., & Torgler, B. (2011). Do ethics matter? Tax compliance and morality. *Journal of Business Ethics, 101*, 635-651.

Avi-Yonah, R. S. (2014). Corporate taxation and corporate social responsibility. *New York University Journal of Law and Business, 11*, 1-29.

Barberis, N., Huang, M., & Santos, T. (2001). Prospect theory and asset prices. *Quarterly Journal of Economics, 116*, 1-53.

Barberis, N., & Thaler, R. A. (2003). A survey of behavioral finance. In G. M. Constantinides, M. Harris, & R. Stulz (Eds.), *Handbook of the economics of finance* (pp. 1051-1121). Amsterdam: Elsevier.

Becker, G. (1968). Crime and punishment: An economic approach. *Journal of Political Economy, 76*, 169-217.

Benes, J., & Kumhof, M. (2012). The Chicago plan revisited. *IMF Working Paper* 12/202. Washington: International Monetary Fund.

Bewely, T. F. (1998). Why not cut pay? *European Economic Review, 42*, 459-490.

Blanchard, O., & Galí, J. (2007). Real wage rigidities and the New Keynesian model. *Journal of Money, Credit and Banking, 39*, 35-65.

Bowles, S., Gintis, H., & Osborne, M. (2001). Incentive-enhancing preferences: Personality behavior and earning. *American Economic Review, 91*, 155-158.

Canova, L., Rattazzi, A. M. M., & Webley, P. (2005). The hierarchical structure of saving motives. *Journal of Economic Psychology, 26*, 21-34.

Cebula, R. J., & Feige, E. L. (2012). America's unreported economy: measuring the size, growth and determinants of income tax evasion in the U.S. *Crime, Law and Social Change, 57*(3), 265-285.

Cronqvist, H., & Thaler, R. H. (2004). Design choices in privatized social-security systems: Learning from the Swedish experience. *American Economic Review, 94*, 424-428.

Döring, T. (2015). *Öffentliche Finanzen und Verhaltensökonomik. Zur Psychologie der budgetwirksamen Finanzpolitik*. Wiesbaden: Springer Gabler.

Duesenberry, J. (1949). *Income, saving, and the theory of consumer behavior*. Cambridge, MA: Harvard University Press.

Engström, P., Nordblom, K., Ohlsson, H., & Persson, A. (2015). Tax compliance and loss aversion. *American Economic Journal: Economic Policy, 7*, 132-164.

Europäische Kommission (2016). *Ein riesiges Problem*. http://ec.europa.eu/taxation_customs/taxation/tax_fraud_evasion/a_huge_problem/index_de.htm

Fama, E. (1965). The behavior of stock market prices. *Journal of Business, 38*, 34-105.

Ferrer-i-Carbonell, A. (2005). Income and well-being: An empirical analysis of the comparison income effect. *Journal of Public Economics, 89*, 997-1019.

Ford, H. (1922). *My life and work*. New York, USA: Garden City.

Frank, R. H. (2005). Positional externalities cause large and preventable welfare losses. *American Economic Review, 95*, 137-141.

Frank, R. H, Levine, A. S., & Dijk, O. (2014). Expenditure cascades. *Review of Behavioral Economics, 1*, 55-73.

Frey, B. S., & Jegen, R. (2001). Motivation crowding theory. *Journal of Economic Surveys, 15*, 589-611.

Friedman, H. (1957). *A theory of the consumption function*. Princeton, NJ: Princeton University Press.

Friedman, M. (1953). The case for flexible exchange rates. In M. Friedman (Ed.), *Essays in positive economics* (pp. 157-203). Chicago: University of Chicago Press.

Garboua, L., Masclet, D., & Montmarquette, C. (2009). A behavioral Laffer curve: Emergence of a social norm of fairness in a real effort experiment. *Journal of Economic Psychology, 30*, 147-161.

Gneezy, U., Rustichini, A. (2000). A fine is a price. *Journal of Legal Studies, 29*, 1-17.

Hall, C., Zhao, J. C., & Shafir, W. (2014). Self-affirmation among the poor – cognitive and behavioral implications. *Psychological Science, 25*, 619-625.

Hessing, D. J., Kinsey, K. A., & Weigel, R. (1988). Exploring the limits of self-reports and reasoned action: An investigation of the psychology of tax evasion behavior. *Journal of Personality and Social Psychology, 54*, 405-413.

Hirshleifer, D., & Shumway, T. (2003). Good day sunshine: Stock returns and the weather. *Journal of Finance, 58*, 1009-1032.

HM Revenue & Customs (2016). *Measuring tax gaps 2016 edition. Tax gap estimates for 2014-15*. London: HM Revenue & Customs Corporate Communications.

Kahneman, D., & Tversky, A. (1979). Prospect theory: An analysis of decision under risk. *Econometrica, 47*, 263-291.

Kirchler, E. (2011). *Wirtschaftspsychologie* (4. Aufl.). Göttingen: Hogrefe.

Madrian, B. C. (2014). Applying insights from behavioral economics to policy design. *Annual Review of Economics, 6*, 663-688.

Madrian, B. C., & Shea, D. F. (2001). The power of suggestion: Inertia in 401(k) participation and savings behavior. *The Quarterly Journal of Economics, 116*, 1149-1187.

Manski, C. F. (2014). Identification of income-leisure preferences and evaluation of income tax policy. *Quantitative Economics, 5*, 145-174.

Mendershausen, H. (1940). Differences in family savings between cities of different size and location, whites and negroes. *The Review of Economics and Statistics, 22*, 122-137.

Modigliani, F., & Brumberg, R. (1954). Utility analysis and the consumption factor: An interpretation of the data. In K. Kurihara (Ed.), *Post-Keynesian economics* (pp. 388-436). New Brunswick, NJ: Rutgers University Press.

Montier, J. (2010). *Die Psychologie der Börse. Der Praxisleitfaden für Behavioral Finance*. München: FinanzBuch.

Von Neumann, J., & Morgenstern, O. (1944). *Theory of games and economic behavior*, Princeton, NJ: Princeton University Press.

Nyhus, E. K., & Pons, E. (2005). The effects of personality on earnings. *Journal of Economic Psychology, 26*, 363-384.

Pritchard, R. D. (1969). Equity theory: A review and critique. *Organizational Behaviour and Human Performance, 4*, 176-211.

Raff, D. M. G., & Summers, L. H. (1987). Did Henry Ford pay efficiency wages? *Journal of Labor Economics, 5*, 57-86.

Saez, E., Slemrod, J., & Giertz, S. (2012). The elasticity of taxable income with respect to marginal tax rates: A critical review. *Journal of Economic Literature, 50*, 3-50.

Savage, L. J. (1954). *The foundations of statistics*. New York: Wiley.

Schmölders, G. (1975). *Einführung in die Geld- und Finanzpolitik*. Darmstadt: WBG.

Shafir, E., Diamond, P., & Tversky, A. (1997). Money illusion. *The Quarterly Journal of Economics, 112*, 341-374.

Shiller, J. R. (1981). Do stock prices move too much to be justified by subsequent changes in dividends? *American Economic Review, 71*, 421-436.

Shleifer, A. (1986). Do demand curves for stocks slope down? *Journal of Finance, 41*, 579-590.

Sunstein, C. R. (2002). Switching the default rule. *New York University Law Review, 77*, 106-134.

Thaler, R. H. (1985). Mental accounting and consumer choice. *Marketing Science, 4*, 199-214.

Thaler, R. H. (1989). Inter-industry wage differentials. *Journal of Economic Perspectives, 3*, 181-193.

Thaler, R. H. (2015). *Misbehaving: The making of behavioral economics*. New York: Norton & Company.

Thaler, R. H., & Benartzi, S. (2004). Save more tomorrow: Using behavioral economics to increase employee saving. *Journal of Political Economy, 112*, 164-187.

Thaler, R. H., & Johnson, E. (1990). Gambling with the house money and trying to break even: The effects of prior outcomes on risky choice. *Management Science, 36*, 643-660.

Thaler, R., Tversky, A., Kahneman, D., & Schwartz, A. (1997). The effect of myopia and loss aversion on risk-taking: An experimental test. *Quarterly Journal of Economics, 112*, 647-661.

Weigel, R. H., Hessing, D. J., & Elffers, H. (1987). Tax evasion research: A critical appraisal and theoretical model. *Journal of Economic Psychology, 8*, 215-235.

Wiswede, G. (2012). *Wirtschaftspsychologie* (5. Aufl.) München: Reinhardt.

Zucman, G. (2014). The missing wealth of nations: Are Europe and the U.S. net debtors or net creditors? *Quarterly Journal of Economics, 128*, 1321-1364.

11 Gesellschaft

Felix Schläpfer und Christian Fichter

11.1	Konjunktur – 242	11.4	Regulierung – 250
11.1.1	Konjunkturindikatoren – 242	11.4.1	Soll man Bürger und Konsumenten »stupsen«? – 250
11.1.2	Erwartungen – 243	11.4.2	Ansätze für Regulierung – 251
11.1.3	Stimmungen – 244		
11.2	Arbeitslosigkeit – 245	11.5	Globalisierung – 253
11.2.1	Folgen von Arbeitslosigkeit – 245	11.5.1	Prozesse der Globalisierung – 253
11.2.2	Ursachen von Arbeitslosigkeit – 246	11.5.2	Konsequenzen für die Gesellschaft – 254
11.2.3	Attributionen zu Arbeitslosigkeit – 247	11.5.3	Zukunft der Globalisierung – 255
11.2.4	Antizipierte Arbeitslosigkeit – 247	11.6	Nachhaltigkeit – 256
11.3	Unbezahlte Arbeit – 248	11.6.1	Problem der Kooperation – 257
11.3.1	Abgrenzungen und Bedeutung – 248	11.6.2	Verhalten der Hersteller und der Verbraucher – 259
11.3.2	Freiwilligenarbeit und ehrenamtliche Tätigkeit – 249	11.6.3	Interventionstechniken – 259
			Literatur – 261

© Springer-Verlag GmbH Deutschland 2018
C. Fichter (Hrsg.), *Wirtschaftspsychologie für Bachelor*
https://doi.org/10.1007/978-3-662-54944-5_11

Lernziele

- Verstehen, weshalb die konjunkturelle Entwicklung nicht zuverlässig vorausgesagt werden kann.
- Wissen, wodurch individuelle Konjunkturerwartungen beeinflusst werden.
- Individuelle Unterschiede bei den Auswirkungen von Arbeitslosigkeit kennen.
- Die Auswirkungen unbezahlter Arbeit auf den Wohlstand einschätzen können.
- Wissen, weshalb Menschen Freiwilligenarbeit leisten.
- Wichtige Ansätze der psychologisch orientierten Regulierung kennen.
- Psychologische Konsequenzen der Globalisierung kennen.
- Interventionen gegen nicht nachhaltiges Verhalten sowie deren Grenzen kennen.

Im letzten Kapitel haben wir gesehen, dass menschliches Verhalten und Erleben nicht nur bei Konsum, Arbeit und Organisation eine wichtige Rolle spielt, sondern auch bei Themen wie Geld, Anlegen, Vorsorge und Steuern. Nun erweitern wir unser Spektrum um einige andere volkswirtschaftlich relevante Aspekte des Wirtschaftens, zu deren Verständnis die Psychologie wesentlich beiträgt: Konjunktur, Arbeitslosigkeit, unbezahlte Arbeit, Regulierung, Globalisierung und Nachhaltigkeit.

11.1 Konjunktur

Für die Erklärung der **konjunkturellen Entwicklung** ist die Psychologie ebenso wichtig wie die Ökonomie.

Konjunktur bezeichnet die **Situation einer Volkswirtschaft**. Sie wird gemessen an der Auslastung der Produktionskapazitäten und weiteren volkswirtschaftlichen Größen wie Nachfrage, Beschäftigung, und Zinsen. Die Konjunktur verläuft **typischerweise zyklisch,** in mehr oder weniger regelmäßigen Auf- und Abschwüngen. Fragen der konjunkturellen Entwicklung sind traditionell die Domäne der Makroökonomie. Doch wie Haushalte auf sinkende Zinsen reagieren oder wie sich eine positive Stimmung von Konsumenten scheinbar ohne Anlass ausbreitet, hat mindestens ebenso viel mit Psychologie wie mit Makroökonomie zu tun. Was Konjunkturprognosen betrifft, so sind die Möglichkeiten ökonomischer Modelle ohnehin sehr begrenzt. Die Wirtschaftspsychologie hat aber das Potenzial, in Zukunft wichtige Beiträge für ein besseres Verständnis makroökonomischer Phänomene zu leisten.

11.1.1 Konjunkturindikatoren

Fragen zur Konjunktur sind von großem Interesse.

Gemessen wird Konjunktur anhand von **Indikatoren**.

Psychologisch interessant sind v. a. die **vorlaufenden Indikatoren**.

Wie wird sich die Konjunktur in den nächsten Monaten entwickeln? Diese Frage interessiert Unternehmen brennend. Denn von der wirtschaftlichen Lage hängen auch die Umsätze der Unternehmen ab, die laufend entscheiden müssen, ob sie ihre Produktion weiter erhöhen oder zurückfahren sollen. Das Interesse ist derart groß, dass selbst für extrem unsichere Prognosen, wie beispielsweise BIP-Prognosen für das übernächste Jahr, eine Nachfrage besteht (Isiklar & Lahiri, 2007). Gemessen und prognostiziert wird die Konjunktur mit verschiedenen **Indikatoren**. Je nachdem, ob Aussagen über die zukünftige, aktuelle oder vergangene Konjunktur gemacht werden sollen, wird von vorlaufenden, gleichlaufenden und nachlaufenden Konjunkturindikatoren gesprochen. Aus psychologischer Sicht sind vor allem die vorlaufenden Indikatoren (die Frühindikatoren) von Interesse. Diese beruhen traditionell zumeist auf Umfrageforschung. Es wird aber auch zunehmend versucht, anhand von Suchverhalten im Internet Hinweise auf den zukünftigen Wirtschaftsgang zu erhalten, etwa anhand von Recherchen für Ferienreisen oder größere Anschaffungen. Die beiden wichtigsten Indikatoren sind die Konsumentenstimmung und die Erwartungen der Unternehmen.

Die wichtigsten vorlaufenden Indikatoren entstammen landesweiten Erhebungen zur **Konsumentenstimmung** und zu den **Erwartungen der Unternehmungen**.

- Als Indikator für die **Konsumentenstimmung** wurde in den USA bereits in den 1950er-Jahren der in ähnlicher Form bis heute verwendete ICS (Index of Consumer Sentiment) entwickelt. Dieser berechnet sich aus den Antworten auf fünf Fragen zur Einschätzung der Wirtschaftslage im vergangenen Jahr (1) und den Erwartungen für die Wirtschaftslage im kommenden Jahr (2), zur finanziellen Lage des eigenen Haushalts im vergangenen und kommenden Jahr (3, 4) sowie zur gegenwärtigen Ratsamkeit größerer Anschaffungen (5). Auf vergleichbare Weise wird die Konsumentenstimmung auch in Deutschland und Österreich (im Auftrag der EU-Kommission) und in der Schweiz (durch das Staatssekretariat für Wirtschaft) erfasst.
- Als Indikator für die konjunkturellen **Erwartungen der Unternehmen** werden Einschätzungen zur aktuellen Geschäftslage, zum

Auftragsbestand, zur Gewinnerwartung oder zur Investitionsneigung erhoben. In Deutschland geschieht dies am ifo-Institut in München (ifo Geschäftsklimaindex), in der Schweiz an der Konjunkturforschungsstelle der ETH Zürich (KOF Geschäftslageindikator), in Österreich am Institut für Wirtschaftsforschung (WIFO-Konjunkturtest).

Die vorlaufenden Indikatoren decken sich kurzfristig recht gut mit den tatsächlichen Verkaufszahlen langlebiger Investitionsgüter wie Autos und Immobilien. Den Konjunkturverlauf erklären können sie aber nicht, denn was genau die Veränderungen in den Indikatoren auslöst, bleibt unbeantwortet. Auch sind mittel- und längerfristige Prognosen nicht möglich oder unzuverlässig.

11.1.2 Erwartungen

Entscheidend für die Entwicklung der Konjunktur sind die individuellen Zukunftserwartungen, die wir als Konsumenten und Unternehmer haben. Darin sind sich Ökonomen und Psychologen einig. Viele Ökonomen gehen allerdings davon aus, dass man diese Erwartungen in vorhersehbarer Weise steuern kann. Sie denken etwa, dass Zinssenkungen zu höheren Konsumausgaben führen, weil die erwarteten Zinserträge sinken, und dass auf diese Weise positive konjunkturelle Entwicklungen ausgelöst werden können. Konsumausgaben hängen aber nicht nur von den Zinsen ab, wie beispielsweise die hohe Sparquote der deutschen Haushalte in den 2010er-Jahren gezeigt hat. Denn tiefe Zinsen bedeuten nicht nur, dass sich Sparen weniger lohnt, sondern beispielsweise auch, dass die zukünftigen Rentenleistungen tiefer sein werden. Und diese Erwartung motiviert die Haushalte nicht eben zum Geldausgeben. Wenn die Haushalte also nicht die Zinserträge, sondern vielmehr die zukünftigen Rentenkürzungen im Blick haben, werden sie eher negative Zukunftserwartungen entwickeln. Aber lässt sich dann überhaupt irgendetwas dazu sagen, wie Erwartungen gebildet werden?

> Die Konjunktur hängt maßgeblich von den **Zukunftserwartungen der Konsumenten und Unternehmer** ab.

Zur generellen Entstehung von Erwartungen nennt Wiswede (2012) eine Reihe von Faktoren, etwa eigene Erfahrungen oder Vertrauen in strategische Personen und Strukturen (◘ Tab. 11.1). Entscheidend für die Dynamik der Erwartungen ist aber, dass sich Menschen in ihren Erwartungen gegenseitig beeinflussen. Dies ist der Hauptgrund, weshalb Konjunkturprognosen so schwierig sind. Solche Beeinflussungen empirisch nachzuweisen ist natürlich schwierig; aber einzelnen Studien gelingt das immerhin teilweise. So fand eine deutsche Zeitreihen-Analyse für die Jahre 2001 bis 2008 Belege dafür, dass eine längerfristige Dominanz von negativen Wirtschaftsnachrichten in den Medien zu pessimistischen Erwartungen führte (Garz, 2013). **Konjunktursignale können sich auf diesem Weg verstärkend auf sich selber auswirken.** Auslöser können durchaus auch vergleichsweise marginale Ereignisse sein, wie z. B. der Konkurs eines im nationalen Bewusstsein verankerten Traditionsbetriebs. Und selbst dann, wenn ein gewichtiger Grund für einen Erwartungsumschwung vorliegt, beispielsweise durch einen kriegerischen Konflikt oder den unerwarteten Ausgang einer Volksabstimmung, können soziale Einflüsse und positive Rückkopplungen

> Konjunkturprognosen sind schwierig, weil sich die Erwartungen der Individuen **gegenseitig beeinflussen**.

Tab. 11.1 Für die Entstehung von Erwartungen relevante Faktoren (nach Wiswede, 2012, S. 135)

Faktor	Erläuterung oder Beispiel
Eigene bisherige Erfahrungen	z. B. Erfahrung eines Börsen-Crashs
Fremde Erfahrungen	z. B. Gespräche über Anschaffungen oder Geldanlagen
Unmittelbarkeit des Zukunftsereignisses	Je näher das Ereignis, desto leichter sind verlässliche Prognosen erhältlich.
Erwartungen anderer	Beeinflussung der eigenen Zukunftserwartungen durch die von anderen.
Nachrichten in Massenmedien	Häufige Ursache, wird verstärkt durch interpersonelle Kommunikation.
Erwartungskontext	Bereichsspezifische Erwartungen sind abhängig von Erwartungen in anderen Bereichen (z. B. Politik/wirtschaftliche Entwicklung).
Vertrauen in strategische Personen	Vertrauen z. B. in Politiker, die mit ihren Entscheidungen bestimmte Zukunftserwartungen mehr oder weniger wahrscheinlich machen.
Vertrauen in Strukturen	Vertrauen in die Stabilität von Institutionen, unabhängig von bestimmten Personen.

den zeitlichen Ablauf des Umschwungs bestimmen. Warum beispielsweise die Zinsen für Interbankfinanzkredite in den USA ausgerechnet am 9. August 2007 sprunghaft angestiegen sind, lässt sich nicht aufgrund von Vorbedingungen eindeutig begründen. Die Finanzkrise hätte also ebenso gut früher oder später beginnen können.

11.1.3 Stimmungen

Im Zusammenhang mit Konjunktur wird oft auch von Stimmungen gesprochen, denn die Konjunktur ist von den Stimmungen der Marktteilnehmer abhängig – und umgekehrt. Ein grundlegendes Konzept dabei ist die **stimmungskongruente Informationsaufnahme**. Je nach Stimmung werden vorzugsweise eher negative oder positive Informationen aufgenommen und verarbeitet. Ebenso ist die Erinnerung positiver und negativer Information stimmungsabhängig. Dies liefert eine zusätzliche Erklärung dafür, warum konjunkturelle Auf- und Abschwünge eine gewisse Persistenz haben.

Vergleichsweise gut erforscht ist die ansteckende Wirkung von Stimmungen auf individueller Ebene (»Emotional contagion«). Stimmungen wirken mittels Stimme, Gestik, Mimik und Verhalten ansteckend auf andere Personen, wobei die Ansteckung bewusst oder unbewusst geschehen kann. Die Tatsache, dass sich Stimmungen schon auf Kleinkinder übertragen, deutet darauf hin, dass die Ansteckung nicht erlernt, sondern »fest verdrahtet« ist (Hatfield et al., 1994). Es wird vermutet, dass dafür bestimmte Nervenzellen im Gehirn des Menschen (und anderen Primaten) verantwortlich sind, die beim Betrachten eines Vorgangs das gleiche Aktivitätsmuster zeigen wie bei eigener Ausführung (Mukamel et al., 2010).

Stimmungen sind zweifellos wichtig für Konsum- und Investitionsentscheidungen und damit für die Konjunktur. Einfache Erklärungen der Konjunktur über Stimmungen führen allerdings nicht weiter, wenn

Je nach Stimmung werden **vorzugsweise negative oder positive Informationen** *aufgenommen.*

Stimmungen haben eine **ansteckende Wirkung**.

die Stimmung anhand derselben Verhaltensweisen gemessen wird wie die Konjunktur – etwa an den Konsumausgaben (Wiswede, 2012, S. 136). Die Stimmung müsste also unabhängig von ihren Verhaltenskonsequenzen erfasst werden, um für die Erklärung der Konjunktur hilfreich zu sein. Dies ist bis heute noch kaum gelungen.

Abschließend ist zum Thema Konjunkturforschung zu sagen, dass die Erwartungen an sie nicht übertrieben werden sollten. Zwar profitiert die Prognosequalität von der Integration der besprochenen psychologischen Konstrukte, aber es bleibt dabei: Die Konjunktur längerfristig vorherzusagen ist prinzipiell unmöglich. Denn wenn wir z. B. wüssten, dass die Aktienkurse konjunkturell bedingt in drei Monaten steigen, dann würden sie schon heute steigen – und in drei Monaten vermutlich wieder fallen. Was die Wirtschaftspsychologie liefern kann, ist ein besseres Verständnis der Mechanismen, die im Konjunkturverlauf eine Rolle spielen. Und damit kann sie auch zu einfache Vorstellungen der Konjunkturzusammenhänge korrigieren. Dies kann helfen, Konjunktureinbrüche und deren negative Folgen (z. B. Arbeitslosigkeit) abzumildern.

> Konjunktur **längerfristig vorherzusagen** ist prinzipiell unmöglich.

11.2 Arbeitslosigkeit

Arbeitslosigkeit hat viel mehr als nur wirtschaftliche Auswirkungen. Kein Wunder, wird sie in Umfragen regelmäßig als **eine der größten Sorgen der Bevölkerung** genannt. Es bietet sich an, die vielfältigen Auswirkungen und Wechselwirkungen von Arbeitsmarktlage, individuellen Lebensumständen und persönlichen Faktoren auf die Arbeitslosigkeit aus einer wirtschaftspsychologischen Perspektive zu betrachten, wie wir es im Folgenden tun werden. Wir erörtern Ursachen der Arbeitslosigkeit und Faktoren, welche die individuellen Reaktionen auf Arbeitslosigkeit beeinflussen. Weiter werden Attributionen im Zusammenhang mit Arbeitslosigkeit sowie das Phänomen antizipierter Arbeitslosigkeit beleuchtet.

11.2.1 Folgen von Arbeitslosigkeit

Eine der Hauptfragen der psychologischen Forschung zum Thema Arbeitslosigkeit ist deren Zusammenhang mit psychischer Gesundheit. Metaanalysen haben ergeben, dass unter den Arbeitslosen im Mittel 34% mit nennenswerten psychischen Problemen kämpfen, während der entsprechende Wert bei Erwerbstätigen mit 16% viel tiefer liegt (Paul & Moser, 2015, S. 265). Befragungen zur Lebenszufriedenheit ergeben übereinstimmend, dass sich Arbeitslosigkeit stärker negativ auf die Zufriedenheit auswirkt als jede andere Ursache (Frey & Frey, 2010). Aber ist dieser Zusammenhang kausal? Oder werden einfach Personen mit psychischen Problemen eher arbeitslos oder finden weniger gut eine neue Anstellung? Auch diese Frage wurde in zahlreichen Längsschnittstudien untersucht. Diese zeigen, dass der Verlust des Arbeitsplatzes im Durchschnitt eine Verschlechterung des psychischen Befindens zur Folge hat, und umgekehrt der Wiedereintritt ins Erwerbsleben eine Verbesserung.

> Arbeitslosigkeit wirkt sich im Durchschnitt **stark negativ** auf die Lebenszufriedenheit aus.

Wie erklärt sich der Zusammenhang zwischen Arbeitslosigkeit und psychischer Gesundheit? Die direkten ökonomischen Wirkungen in Form verminderter Konsummöglichkeiten sind nicht der Hauptgrund. Wichtiger sind die sog. **latenten Funktionen der Erwerbsarbeit,** die durch die Arbeitslosigkeit verloren gehen und Mangelerlebnisse verursachen. Zu diesen Funktionen gehören nach Jahoda (1997) die Auferlegung einer festen Zeitstruktur, die Ausweitung der sozialen Erfahrungen, die Teilnahme an kollektiven Zielsetzungen und Anstrengungen, die Zuweisung von Status und Identität sowie eine vom Arbeitnehmer gewünschte regelmäßige Tätigkeit.

Allerdings ist Arbeitslosigkeit nicht für alle Betroffenen gleich gravierend. Anhand der Resultate verschiedener Studien gibt Kirchler (2011, S. 552 ff.) eine Übersicht über Moderatoren, welche die individuellen Auswirkungen von Arbeitslosigkeit erklären können. Dazu gehören:

> Die **Auswirkungen** der Arbeitslosigkeit sind nicht für alle Betroffenen gleich gravierend.

- Dauer der Arbeitslosigkeit (zunehmende Verschlechterung der Befindlichkeit, dann Stabilisierung nach neun Monaten)
- Subjektive Bedeutung der Arbeit (negative Folgen werden abgeschwächt von geringer Motivation und geringem Involvement)
- Subjektive Ursachen der Arbeitslosigkeit (Frage der Attribution, ▶ Abschn. 11.2.3)
- Persönlichkeitsmerkmale (z. B. Veränderungsbereitschaft, Selbstvertrauen, Intelligenz, Kontrollüberzeugung)
- Soziodemografische Merkmale (insbesondere Alter)
- Persönliche Aktivitäten (Erleichterung durch sinnvolle Tätigkeiten, die den Alltag strukturieren, persönliche Interessen)
- Frühere Erfahrungen mit Arbeitslosigkeit (resultierend in zunehmender Resignation, oder aber im Lernen von Bewältigungsstrategien)
- Soziale, emotionale Unterstützung (Pufferwirkung und Gefühl des Eingebundenseins)

Nach einer Metaanalyse von Paul und Moser (2009) treffen die negativen Auswirkungen der Arbeitslosigkeit Männer stärker als Frauen, der Partnerschaftsstatus hat hingegen keinen Einfluss. Religiosität und verschiedene Aktivitäten und Hobbies wirken sich positiv aus, und in reicheren Ländern wirkt sich Arbeitslosigkeit weniger gravierend aus. Nach Wiswede (2012, S. 156) dürfte vor allem die Kontrollüberzeugung des Betroffenen ein entscheidender Faktor sein, der die individuelle Reaktion auf Arbeitslosigkeit bestimmt – also die Einschätzung der Möglichkeit, bald wieder eine angemessene Arbeit zu finden.

11.2.2 Ursachen von Arbeitslosigkeit

> Arbeitslosigkeit hängt mit **Persönlichkeitsmerkmalen, strukturellen und psychischen Faktoren** sowie **Anreizsystemen** zusammen.

Immer wieder werden mögliche psychologische Ursachen von Arbeitslosigkeit diskutiert. Gesicherte Befunde über **Persönlichkeitsmerkmale**, die Arbeitslosigkeit wahrscheinlicher machen, liegen nach Kirchler (2011, S. 560) nur wenige vor. Anzunehmen sei aber, dass widerstandsfähige, belastbare, extravertierte und normorientierte Personen leichter wieder Anstellungen finden als Personen mit gegenteiligen Eigenschaften. Wiswede (2012, S. 154 ff.) unterscheidet **sozial-strukturelle und psychische Ursachen von Arbeitslosigkeit.** Zu ersteren zählt er die wirtschaftlichen Rahmenbedingungen, aber auch Umfang und Richtung der absolvierten Ausbildung sowie weitere Faktoren, etwa Intelligenz oder den familiären Hintergrund. Als mögliche psychische Ursachen werden veränderte Einstellungen zur Arbeit, verringerte Kompromissbereitschaft oder Abnahme der Arbeitsmotivation genannt. Zudem können nach Wiswede soziale Sicherungssysteme und Gelegenheiten für Schwarzarbeit Arbeitslosigkeit begünstigen.

In diesem Zusammenhang stellt sich die Frage, wie verbreitet **freiwillige Arbeitslosigkeit** vorkommt. Auch hier liegen keine gesicherten Ergebnisse vor, allein schon aufgrund der Schwierigkeit, freiwillige Arbeitslosigkeit zu definieren. Allenfalls würde sich gerade in Ländern mit gut ausgebauten Sozialversicherungen zudem die Frage stellen, weshalb nicht mehr Personen zumindest vorübergehend freiwillig arbeitslos sind, als tatsächlich beobachtet wird. Ein Grund sind vermutlich die latenten Funktionen der Erwerbstätigkeit und erwartete soziale und psychische Folgen der Arbeitslosigkeit, die möglicherweise eine stark abschreckende Wirkung haben.

11.2.3 Attributionen zu Arbeitslosigkeit

Verstärkt wird die psychische Belastung durch Arbeitslosigkeit dadurch, dass diese manchmal voreilig mit mangelnder Arbeitsmotivation, Bequemlichkeit usw. begründet wird. Was ist davon zu halten? Im Umgang mit Arbeitslosigkeit spielen solche Attributionen eine wichtige Rolle. Nach Wiswede (2012, S. 157) kann die Arbeitslosigkeit als vorübergehend (z. B. konjunkturell bedingt) oder als dauerhaft attribuiert werden; ferner als selbstverschuldet (internal) oder als strukturell bedingt (external). Internal attribuiert werden können etwa mangelnde Motivation oder Flexibilität. Externale Attributionen können beispielsweise auf »engstirnige Vorgesetzte« oder »fortschreitende Rationalisierung« zielen. Zwischen den Attributionen Arbeitsloser und deren Wiederbeschäftigung besteht möglicherweise ein Zusammenhang. Eine Studie aus Deutschland zeigt beispielsweise, dass internal attribuierende Arbeitslose schneller eine neue Beschäftigung finden (Uhlendorff, 2004).

> Im **Umgang mit Arbeitslosigkeit** spielen Attributionen eine wichtige Rolle.

11.2.4 Antizipierte Arbeitslosigkeit

Nicht zufällig ist der drohende Verlust von Arbeitsplätzen ein häufig verwendetes und besonders effektives Argument in politischen Wahlen und Abstimmungen (Quattrone & Tversky, 1988). Empirische Untersuchungen belegen, dass bereits Befürchtungen eines Verlusts der Arbeitsstelle große psychische Belastungen darstellen können. Verschiedene Studien untersuchten das Phänomen unter dem Terminus »subjektive Unsicherheit der Arbeitsstelle«. Borg (1992) unterscheidet dabei (affektive) Befürchtungen und (kognitive) Bedenken. Offenbar besteht ein positiver Zusammenhang zwischen Befürchtungen von Stellenverlust und ökonomischer Abhängigkeit, Arbeitsinvolvement und Commitment zum Arbeitgeber. Hingegen besteht ein negativer Zusammenhang zwischen der Bindung an die Stelle und dem Arbeitsinvolvement. Nach Wiswede (2012, S. 158) ist eine subjektive Unsicherheit der Arbeitsstelle

> Auch **antizipierte Arbeitslosigkeit** stellt eine psychische Belastung dar.
>
> Unterschieden werden dabei (affektive) **Befürchtungen** und (kognitive) **Bedenken**.

generell mit geringerer Leistung und negativeren Einstellungen zu allen Aspekten der Arbeit verbunden. Dies wird als Rückzug im Sinn einer Copingstrategie interpretiert, welche die subjektive Belastung reduziert. Die Betroffenen passen demnach ihre Einstellung zur Arbeitsstelle an, um mit einem allfälligen Verlust besser klar zu kommen.

11.3 Unbezahlte Arbeit

Wenn wir von der Wirtschaft sprechen, meinen wir meistens den sog. formellen Sektor der Volkswirtschaft, der durch formalisierte Beschäftigungsverhältnisse gekennzeichnet ist und staatlicher Regulierung und Besteuerung unterliegt. Dieser macht aber nur einen Teil der gesamthaft geleisteten Arbeitsstunden aus. Mit den übrigen produktiven Tätigkeiten – der unbezahlten Arbeit – befassen wir uns in diesem Abschnitt.

11.3.1 Abgrenzungen und Bedeutung

Unbezahlte Arbeit umfasst den Haushaltssektor und den informellen Sektor.

Unbezahlte Arbeit bezeichnet Tätigkeiten, die nicht entlohnt werden, die jedoch von jemand anderem auch für Lohn ausgeführt werden könnten. Dazu gehört der **Haushaltssektor** mit Tätigkeiten wie Hausarbeit, Kinderbetreuung, administrative Arbeiten, Eigenarbeit beim Hausbau etc. und der **informelle Sektor**, wozu etwa die Nachbarschaftshilfe, Gemeinschaftsgärten, ehrenamtliche Tätigkeiten und Realtausch zählen. Als Oberbegriff für diese Tätigkeiten wird manchmal auch die Bezeichnung **Selbstversorgungswirtschaft** verwendet. Es handelt sich dabei im weiteren Sinne um eine Form von Schattenwirtschaft (Schattenwirtschaft im engeren Sinn umfasst hingegen illegale wirtschaftliche Aktivitäten wie Schwarzarbeit, Schmuggel und Drogenhandel; Ernste 2002, S. 7).

Schauen wir uns zuerst ein paar Zahlen an, die uns die Bedeutung der Selbstversorgungswirtschaft vor Augen führen:
- In Deutschland wurde im Jahr 2013 unbezahlte Arbeit im Umfang von 89 Milliarden Stunden geleistet – mehr als die 66 Milliarden Stunden geleisteter Erwerbsarbeit. Die daraus errechnete Bruttowertschöpfung beträgt 987 Milliarden Euro, verglichen mit 2 537 Milliarden, die im Bruttoinlandprodukt erfasst werden (Schwarz & Schwahn, 2016).
- In der Schweiz wurden im selben Jahr 8,7 Milliarden Stunden unbezahlte Arbeit geleistet, was die 7,7 Milliarden Stunden bezahlter Arbeit ebenfalls übersteigt. Die unbezahlte Arbeit wird mit 418 Milliarden Franken bewertet, gegenüber einem Bruttoinlandprodukt von 635 Milliarden (BFS, 2014a, b).
- In Österreich wurden in der Erhebungsperiode 2008/2009 9,7 Milliarden Stunden unbezahlte Arbeit geleistet – auch hier mehr als bezahlte Arbeit (Statistik Austria, 2009).

Unbezahlte Arbeit trägt wesentlich zur **Gesamtproduktion** der Volkswirtschaft und zum **Wohlstand** bei.

Unbezahlte Arbeit trägt somit ganz wesentlich zur Gesamtproduktion der Volkswirtschaft bei. Wie sich der materielle Wohlstand eines Landes entwickelt, hängt damit nicht nur vom Bruttoinlandprodukt ab (dieses umfasst nur die bezahlte Arbeit), sondern auch davon, wie sich die unbezahlte

Arbeit im Haushaltssektor und im informellen Sektor entwickelt. Im Vergleich zu Erhebungen in den 1990er-Jahren nahm die pro Person geleistete unbezahlte Arbeit deutlich ab: in Deutschland beispielsweise bei Frauen von 5 auf 4 Stunden und bei Männern von 2,75 auf 2,5 Stunden pro Tag (Schwarz und Schwahn, 2016). Darin spiegeln sich die zunehmende Erwerbsquote der Frauen und der Trend, für Haushalt und Kinderbetreuung externe Dienstleistungen in Anspruch zu nehmen.

11.3.2 Freiwilligenarbeit und ehrenamtliche Tätigkeit

Ein aus motivationspsychologischer Sicht besonders interessanter Bereich der unbezahlten Arbeit sind **gemeinnützige** Aktivitäten wie Freiwilligenarbeit und **ehrenamtliche** Tätigkeiten, im Englischen zusammenfassend als **Volunteering** bezeichnet. Beispiele sind Engagements in Sportvereinen, Kirchen, kulturellen Institutionen und Jugendorganisationen, oder Hilfeleistungen für bedürftige Menschen, die nicht zum persönlichen sozialen Umfeld gehören. Der Umfang dieser Tätigkeiten liegt gemäß einer Schweizer Erhebung bei etwa 3% der gesamthaft geleisteten Arbeitsstunden (BFS, 2014a). Volunteering erfolgt nicht wie spontane Hilfeleistung aus der Situation heraus, sondern ist das Ergebnis einer bewussten Entscheidung. Was motiviert Personen dazu, langfristig solche Arbeiten zu leisten? Clary et al. (1998) erklären die Motivation mit sechs psychologischen Funktionen von Volunteering, die bei verschiedenen Personen und Tätigkeiten eine unterschiedlich starke Rolle spielen können. Diese Funktionen sind:

- **Werte:** Die Person ist freiwillig tätig, um entsprechend von Werten wie Nächstenliebe zu handeln.
- **Erfahrung:** Man strebt danach, mehr über die Welt zu erfahren und ungenutzte Fertigkeiten einzusetzen.
- **Selbstwert:** Die Person kann durch die freiwillige Tätigkeit persönlich wachsen.
- **Karriere:** Die Person verfolgt das Ziel, Erfahrungen für den Beruf zu sammeln.
- **Soziale Anpassung:** Die Arbeit ermöglicht es der Person, ihre sozialen Beziehungen zu stärken und auszuweiten.
- **Schutz:** Die Person kann mit der Arbeit negative Gefühle wie Schuld reduzieren oder eigene Probleme bearbeiten.

> **Volunteering** umfasst Freiwilligenarbeit und ehrenamtliche Tätigkeiten.
>
> Die **Motivation** dafür kann mit sechs psychologischen Funktionen von Volunteering erklärt werden.

Oft liegen bei freiwilliger Arbeit mehrere dieser Motive gleichzeitig vor.
Neben Motiven sind auch die Merkmale der Aufgaben entscheidend für ein Engagement. Werden Freiwillige danach gefragt, positive Merkmale von Arbeit nach ihrer Relevanz zu ordnen, so steht Sinnhaftigkeit an erster Stelle, gefolgt von Autonomie (Wehner et al., 2006). Beides sind Merkmale, die bei der Erwerbsarbeit gegenüber anderen Arbeitsmotivationen wie Existenzsicherung zurücktreten.

Freiwilligenarbeit wird oft auch von Unternehmen organisiert: Man spricht hierbei von **Corporate Volunteering.** Dabei handelt es sich um gemeinnützige Projekte (z. B. die Instandsetzung eines Wanderweges), die vom Unternehmen organisiert und teilweise auch bezahlt werden und an denen sich die Mitarbeiter eines Unternehmens freiwillig beteiligen können (Wehner et al., 2015, S. 315).

> Sinnhaftigkeit und Autonomie **begünstigen Volunteering**.

Abschließend ist zu erwähnen, dass auch im Rahmen der Erwerbsarbeit Engagements mit **Volunteering-Charakter** vorkommen. Diese gehen über das hinaus, was im Rahmen der Anstellung verlangt wird, werden nicht entschädigt und sind nicht direkt karrierewirksam, weisen aber gemeinnützige Aspekte auf. Ein Beispiel dafür wäre, wenn das Marketingteam auf eigene Initiative den Fahrradunterstand der Firma renoviert.

11.4 Regulierung

> Regulierung bezweckt, dass die **Märkte im Sinne der Gesellschaft** funktionieren. Sie umfasst **rechtliche, marktwirtschaftliche und psychologische** Maßnahmen.
>
> Der **sanfte Paternalismus** als Regulierungsansatz lenkt die Entscheide von Individuen zu ihrem eigenen Vorteil in bestimmte Richtungen, ohne die Wahlfreiheit einzuschränken.

Regulierung umfasst die staatlichen Maßnahmen, die dafür sorgen, dass die Märkte im Sinne der gesetzten wirtschaftspolitischen und gesellschaftlichen Ziele funktionieren. Dabei stehen verschiedene Ansätze zur Verfügung: (1) Gebote und Verbote, (2) marktwirtschaftliche Instrumente (wie Lenkungssteuern auf Alkohol, Tabak oder Energieverbrauch) sowie (3) die auf psychologischen Einsichten beruhende Lenkung des Konsumenten- und Bürgerverhaltens. In den letzten Jahren ist vor allem der letztgenannte Ansatz sehr populär geworden. Zahlreiche nationale Regierungen haben Verwaltungseinheiten geschaffen mit der Aufgabe, Regulierungen mittels psychologischem Know-how so zu verfeinern, dass die gesetzten Ziele mit möglichst wenigen Verboten oder anderen Einschränkungen der individuellen Wahlfreiheit erreicht werden können. Ausgelöst wurde diese Entwicklung insbesondere durch Arbeiten des Rechtswissenschaftlers Cass Sunstein und des Verhaltensökonomen Richard Thaler, die für diesen Regulierungsansatz die Bezeichnungen »**Libertarian paternalism**« (liberaler oder sanfter Paternalismus) und »**Nudge**« (Stupser) geprägt haben (Sunstein & Thaler, 2003; Thaler & Sunstein, 2008). Psychologische Erkenntnisse sind aber auch hilfreich, um die Wirkung von marktwirtschaftlichen Instrumenten sowie Geboten und Verboten besser zu verstehen.

11.4.1 Soll man Bürger und Konsumenten »stupsen«?

> **Entscheidungsfehler**, die »Stupsen« nahelegen, können vier Themen zugeordnet werden:
> – Trägheit und Aufschieben
> – Darstellung und Präsentation
> – Soziale Einflüsse
> – Schwierigkeiten im Umgang mit Wahrscheinlichkeiten

Die wissenschaftlichen Erkenntnisse, die für psychologische Ansätze der Regulierung relevant sind, können nach Sunstein (2011) vier Themenbereichen zugeordnet werden:
- **Trägheit und Aufschieben**: Diese Tendenzen im menschlichen Verhalten können sich negativ auf persönliche Gesundheit, finanzielle Sicherheit, Einhaltung von Gesetzen oder politische Beteiligung auswirken. Vorgegebene Standards und einfache Handlungsanweisungen können oft helfen, Verhaltensweisen in eine Richtung zu lenken, die aus Sicht des handelnden Individuums erwünscht sind. Beispielsweise ist die Aufforderung, sich impfen zu lassen oder an einer Wahl teilzunehmen wirksamer, wenn gleichzeitig informiert wird, wann und wo geimpft wird oder gewählt werden kann (Leventhal et al., 1965; Nickerson & Todd, 2010).
- **Darstellung (Framing)** und **Präsentation:** Wie Information dargestellt wird, beeinflusst das Verhalten. Werden Personen informiert, dass sie Geld verlieren, wenn sie wenig energiesparende Apparate kaufen, ist dies viel wirksamer als wenn sie darauf hingewiesen werden, dass sie mit energieeffizienten Produkten Geld

gewinnen können (Gonzales et al., 1988; ▶ Kap. 10). Ein Nahrungsmittelhersteller wird weniger verkaufen, wenn er den Fettgehalt seines Produktes mit »enthält 20% Fett« deklarieren muss, als wenn er das Produkt mit »80% fettfrei« bewerben darf. Neben der Darstellungsweise beeinflusst auch die Salienz der Information die Wirkung. Wenn Information über saftige Strafzinsen für die Überziehung von Bankkonten gut sichtbar präsentiert wird, wird weniger überzogen (Stango & Zinman, 2011).
- **Soziale Einflüsse**: Auch die Wahrnehmung davon, was in einer Gemeinschaft die Norm ist, hat einen starken Einfluss auf uns. Das Verhalten anderer wird als relevante Information und Richtschnur für das eigene Verhalten verstanden und daher imitiert. Besonders in komplexen oder ungewohnten Entscheidungssituationen ist Imitation eine bevorzugte und oft auch erfolgreiche Strategie. Soziale Einflüsse spielen zudem eine wichtige Rolle als Grundlage für Kooperation. Denn die Bereitschaft zur Kooperation beruht auf individuellen Fairnessvorstellungen und auf der Erwartung, dass andere Personen ebenfalls kooperieren (Reziprozität) bzw. Nichtkooperation bemerken und bestrafen.
- **Schwierigkeiten im Umgang mit Wahrscheinlichkeiten**: In vielen Bereichen legen Menschen einen unrealistischen Optimismus an den Tag. So schätzen die meisten Menschen ihr persönliches Risiko, krank zu werden, als unterdurchschnittlich ein. Oft werden bei der Einschätzung der Wahrscheinlichkeit von Risiken Heuristiken oder mentale Abkürzungen verwendet: Gerade wenn starke Emotionen im Spiel sind, fokussieren Menschen beispielsweise oft auf das Ergebnis und vernachlässigen dessen Wahrscheinlichkeit in ihrer Entscheidung.

11.4.2 Ansätze für Regulierung

Aus diesen Erkenntnissen ergeben sich nach Sunstein (2011) vier besonders erfolgversprechende Werkzeuge für die Regulierung:
- **Deklarationspflichten** können Konsumenten helfen, informierte Entscheide zu treffen. Bei Raucherwaren beispielsweise sind in der EU zwei Drittel der Vorder- und Rückseite der Verpackung für aufklärende Texte und Warnbilder reserviert. Bei Geräten erleichtern Energieetiketten die Wahl energiesparender Modelle. Deklarationspflichten bei Lebensmitteln, die berücksichtigen, wie Konsumenten Informationen verarbeiten, erleichtern Preisvergleiche und begünstigen eine bewusste und gesunde Ernährung.
- **Vorgegebene Standardoptionen** (»Defaults«) können gesellschaftlich relevante Strategien stark beeinflussen. Ein Beispiel dafür ist die Regulierung von Organspenden. In vielen Ländern Europas wird davon ausgegangen, dass mit einer Organspende einverstanden ist, wer dies nicht aktiv ablehnt (»Opt out«). In der Schweiz, in Deutschland oder in den USA geht man von der umgekehrten Annahme aus (»Opt in«). In Ländern mit Opt out-Ansatz sind jeweils über 90% der Personen bereit, ihre Organe zu spenden, während in den USA nur 28 Prozent ihre Organe explizit zur Verfügung stellen (Sunstein & Thaler, 2003).

> Vier **Werkzeuge des sanften Paternalismus** sind besonders erfolgversprechend:
> – Deklarationspflicht
> – Standardoptionen
> – Salienz
> – Normen

- **Erhöhung der Salienz**: Die Ziele des Regulators können zuweilen bereits durch eine erhöhte Salienz der Eigenschaften eines Produktes erreicht werden. Ein Beispiel dafür sind die Alkoholsteuern in den USA. Es gibt Belege dafür, dass die separate Ausweisung des Preisaufschlags durch die Steuer einen stärkeren Effekt auf den Alkoholkonsum hat, als wenn die Steuer bereits im Preis inbegriffen wäre (Chetty et al., 2009). Dass die Salienz eine Rolle spielt, zeigt sich schon daran, dass Informationen, die den Kaufentscheid nicht eben fördern, gern im Kleingedruckten zu finden sind, solange der Regulator keine auffälligen Hinweise auf die Schädlichkeit eines Produktes verlangt (wie z. B. bei Zigarettenpackungen).
- **Unterstützung sozialer Normen**: Soziale Gewohnheiten und Normen wirken ansteckend. Menschen, die mit anderen Menschen zusammenleben oder arbeiten, welche sich gesund ernähren, tun dies oftmals selber (Langley, 1977). Wer von übergewichtigen Menschen umgeben ist, wird mit erhöhter Wahrscheinlichkeit ebenfalls übergewichtig (Christakis & Fowler, 2009, S. 105-112). Der Regulator kann Normen stärken, indem er darauf hinweist, dass »die meisten Menschen« sich daran halten. Beeinflussung durch soziale Normen gibt es aber ebenso im Bereich unerwünschten Verhaltens. Wird die öffentliche Aufmerksamkeit auf ein weit verbreitetes Fehlverhalten gelenkt, kann dieses Verhalten sogar verstärkt werden (Cialdini et al., 2006). Bei erfolgreichen Regulierungen gehen Regeln und soziale Normen oft Hand in Hand. So wären viele Verhaltensregeln – etwa Rauchverbote in öffentlichen Verkehrsmitteln – ohne unterstützende soziale Normen kaum durchsetzbar. Umgekehrt können gesetzliche Regeln und die Bestrafung von Zuwiderhandlungen die betreffenden sozialen Normen stärken.

Sanfte Regulierung ist populär, aber nicht alle Ziele lassen sich auf diesem Weg gleich gut erreichen.

Psychologische Ansätze in der Regulierung sind heute populär. Wo Urteilsfehler und Selbstkontrollprobleme zu schlechten Entscheidungen führen, können Deklarationsvorschriften und andere sanft-paternalistische Regulierungen viel Schaden vermeiden. Diese Ansätze haben aber ihre Grenzen. Nicht alle Ziele lassen sich gleich gut mit sanften, psychologisch inspirierten Ansätzen erreichen (▶ Exkurs »Sanfter Paternalismus und sanfte Wohltätigkeit«). Beispielsweise war die Wirkung von Kalorien-Labels in New York und von Informationen zum Stromverbrauch in Großbritannien enttäuschend (Loewenstein & Ubel, 2010). Insbesondere wenn soziale Dilemmata im Spiel sind, weil individuelle Fehlentscheidungen auch öffentliche Kosten zur Folge hätten, sind Lenkungsabgaben oftmals die passendere Maßnahme als unverbindliche Stupser. Schließlich ist zu erwähnen, dass es für manche Probleme auch privatwirtschaftliche Lösungen gibt. Ein Beispiel dafür sind Bewertungen von Anbietern oder Dienstleistungen, die Konsumenten im Internet abgeben. Diese bieten den Anbietern die Gelegenheit, eine Reputation aufzubauen, was es wiederum zukünftigen Konsumenten ermöglicht, vertrauenswürdige von weniger vertrauenswürdigen Anbietern und Produkten zu unterscheiden (▶ Exkurs »Vergleichs-, Bewertungs- und Empfehlungssysteme: Perspektiven und Gefahren« in Kapitel 2).

> **Exkurs**
>
> **Sanfter Paternalismus und sanfte Wohltätigkeit**
>
> Was gemeinhin als sanfter Paternalismus bezeichnet wird, umfasst genau genommen zwei ziemlich verschiedene Anwendungsbereiche: sanften Paternalismus und sanfte Wohltätigkeit. **Sanfter Paternalismus** im engeren Sinn bezeichnet einen Regulierungsansatz, der die Wahlfreiheit der Individuen gewährleistet, aber die Individuen **zu ihrem eigenen Vorteil** in bestimmte Richtungen lenkt (Sunstein & Thaler, 2003). Ein Beispiel für eine solche Regulierung sind Vorschriften für auffällige Hinweise zu den gesundheitlichen Risiken von Raucherwaren, auf den Produkten selbst und in der Werbung. Ein anderes Beispiel wäre eine Regulierung, die von Schulkantinen verlangt, dass sie die Süßigkeiten in ihrem Angebot nicht zuvorderst präsentieren. Die Wahlfreiheit der Schüler und Schülerinnen wird nicht eingeschränkt, aber ihr Verhalten wird sanft in die gewünschte Richtung gesteuert.
> **Sanfte Wohltätigkeit** (»Libertarian benevolence«) versucht, Verhalten **zum Vorteil der Allgemeinheit** zu lenken, ohne ein solches Verhalten einzufordern. Regulierungen können also nicht nur die Interessen der Entscheidungsträger beeinflussen, sondern auch das Wohl von Dritten. Das wichtigste Beispiel ist wohl die Annahme der Bereitschaft zur Organspende bei allen Personen, die dies nicht explizit ablehnen. Ein weiteres Beispiel ist die Lieferung von Ökostrom mit Preisaufschlag für alle, die sich nicht ausdrücklich dagegen entscheiden. Anwendungen der zweiten Art sind problematischer. Sie ermöglichen ein »Trittbrettfahren« ökonomisch rational handelnder Individuen auf Kosten der schlecht Informierten und Trägen sowie derjenigen, die ihren fairen Beitrag an öffentliche Güter leisten wollen, etwa für eine umweltfreundliche Stromproduktion. Die sanfte Wohltätigkeit läuft damit Gefahr, die Kooperationsbereitschaft der Wohlwollenden zu untergraben. Wenn öffentliche Güter im Spiel sind, sind daher verbindliche Regeln oft fairer und oft sogar unvermeidbar, um Trittbrettfahren zu unterbinden (▶ Abschn. 11.6).

11.5 Globalisierung

11.5.1 Prozesse der Globalisierung

Globalisierung ist eigentlich nichts Neues, sondern findet seit Jahrhunderten statt – besonders in der Wirtschaft, die sich im Lauf der Zeit immer mehr internationalisiert hat. **Globalisierung umfasst aber nicht nur die Wirtschaft,** sondern einen großen Bereich von Phänomenen, etwa Bildung, Kultur, Sprache, Religion oder auch Kunst. Aufgrund der technologischen Entwicklung und der Liberalisierung der Märkte haben sich die Globalisierungsprozesse in den letzten Jahrzehnten nochmals intensiviert. Wichtige Treiber sind die modernen Kommunikationsmittel Fernsehen, Telefon und Internet (◘ Tab. 11.2) sowie die Verbilligung der Transportmittel. Der erleichterte Verkehr und Austausch von Information, Gütern, Personen und Kapital wiederum ist die Grundlage

> Die **Globalisierung** ist **kein neues Phänomen**. Sie hat sich aber in den letzten Jahrzehnten intensiviert.

◘ **Tab. 11.2** Entwicklung der Mobiltelefonverträge und Internetnutzung weltweit

	Jahr 2000	Jahr 2015
Anzahl Mobiltelefonverträge	738 Mio.	7 Mrd.
Anzahl Internetnutzer	400 Mio.	3,2 Mrd.

Quelle: ITU (2015)

für eine rasche weltweite Ausbreitung von innovativen Konsumgütern, Dienstleistungen, Marken, Organisationsformen und Geschäftsmodellen.

Die Globalisierung der Märkte führt zu einer globalen Arbeitsteilung und zu einem globalen Wettbewerb der Unternehmen. Diese sind dabei nicht mehr an einen einzigen Standort gebunden, und viele optimieren ihre Kosten für Produktion und Distribution durch verschiedene Standorte für Verwaltung, Forschung, Produktion und Vertrieb. Dadurch werden nicht nur die Unternehmen selbst, sondern auch die Arbeitskräfte und Unternehmensstandorte vom globalen Wettbewerb erfasst. Textilarbeiterinnen in der Türkei stehen mit Textilarbeiterinnen in Bangladesch im Wettbewerb, australische Bergwerksunternehmen mit britischen, die in Afrika tätig sind, und europäische Städte konkurrieren untereinander um Niederlassungen US-amerikanischer Internetunternehmen.

> Der **Wettbewerb** zwischen Standorten, Unternehmen und Arbeitskräften ist heute **weitgehend globalisiert**.

Die Globalisierung des Wettbewerbs führte zu einer enormen Verbilligung vieler Konsumgüter und damit zu **größerem materiellem Wohlstand.** In einigen Sektoren führte sie aufgrund der härteren Konkurrenz auch zu mehr Innovation und besseren Produkten. Sie **hat aber auch ihre Schattenseiten.** Die einzelnen Länder und Volkswirtschaften verlieren durch den Wettbewerb an Gestaltungsspielraum. Sie sehen sich beispielsweise gezwungen, die Steuerbelastung für ausländische Unternehmen sowie Sozial- und Umweltstandards tief zu halten, um Unternehmen anzuziehen oder nicht zu verlieren. In manchen Entwicklungsländern trägt – nebst Korruption, Misswirtschaft und mangelnder Bildung – die Schwierigkeit der Besteuerung internationaler Konzerne dazu bei, dass die Steuereinnahmen trotz Rohstoffreichtum kaum ausreichen, um die für die wirtschaftliche Entwicklung notwendige Infrastruktur aufzubauen.

> Die Globalisierung hat positive und negative Auswirkungen. Die **Vernachlässigung negativer Auswirkungen** wird zunehmend kritisiert.

Wenn die Globalisierung nicht zu einem ruinösen Wettbewerb auf Kosten der Arbeitnehmer, der Umwelt und der weniger mobilen Steuerzahler führen soll, lassen sich gewisse internationale Standards in Bereichen wie der Besteuerung oder beim Umwelt- und Konsumentenschutz kaum vermeiden. **Die Globalisierung der Standards hinkt allerdings bis heute der Globalisierung der Märkte hinterher.** Dies ist eine wesentliche Ursache für die verbreitete Globalisierungskritik.

> **Mangelnde Standards** für Steuern oder Umwelt- und Konsumentenschutz **fördern Globalisierungskritik.**

11.5.2 Konsequenzen für die Gesellschaft

Die Prozesse der Globalisierung haben auch wichtige psychologische Konsequenzen für die gesellschaftliche und kulturelle Entwicklung (Chiu, 2011). Auf einige dieser Konsequenzen soll hier etwas näher eingegangen werden. Bis vor wenigen Jahrzehnten war das Leben der meisten Menschen in vielen Teilen der Welt noch wenig beeinflusst von irgendeiner globalen, westlichen oder amerikanischen Kultur. Heute ist praktisch allen Menschen eine globale Kultur bewusst, die neben ihrer lokalen Kultur existiert und diese oft auch stark beeinflusst. Nach Arnett (2002) ist die zentrale psychologische Auswirkung der Globalisierung, dass sie die Identitäten der Menschen verändert – insbesondere, wie Menschen über sich selbst in Bezug auf ihre soziale Umwelt denken. Arnett identifiziert vier wesentliche Konsequenzen der Globalisierung:

> Die wirtschaftliche Globalisierung hat eine **globale Kultur** entstehen lassen, die **neben den lokalen Kulturen** existiert.
>
> Als zentrale psychologische Auswirkung **verändert die Globalisierung die Identitäten** der Menschen.

- **Bikulturelle Identitäten**: Viele Kinder und Jugendliche wachsen heute mit einem globalen Bewusstsein auf und entwickeln bikulturelle Identitäten, wie sie früher nur für Immigranten und Angehörige von Minderheiten beschrieben wurden. Jugendliche in aller Welt absolvieren heute international standardisierte Berufsausbildungen, die sie auf Tätigkeiten in der globalen Wirtschaft vorbereiten. Sie entwickeln eine globale Identität, aber gleichzeitig halten sie in Bezug auf Familie und Privatleben an ihrer ursprünglichen Identität fest, die in lokalen Traditionen wurzelt. Mit bikultureller Identität sind sowohl Vorteile (z. B. sich in verschiedenen Kulturen bewegen zu können) als auch Nachteile (z. B. kognitive Dissonanzen aufgrund konfligierender Normen und Werte) verbunden.
- **Identitätskonflikte**: Wenn sich lokale Kulturen infolge der Globalisierung verändern, gelingt es nicht allen Menschen, sich anzupassen und eine bikulturelle Identität zu entwickeln. Das Vertrauen in die eigene Kultur geht verloren, während die globale Kultur unerreichbar bleibt. In nichtwestlichen Kulturen steigt die Anzahl der jungen Menschen, die sich von beiden Kulturen ausgeschlossen fühlen. Die größten Probleme treten dort auf, wo die Unterschiede zur globalen Kultur am ausgeprägtesten sind. Zahlreiche Studien führen erhöhte Raten von Depression, Suizid, Drogenkonsum, bewaffneter Gewalt oder Prostitution bei jungen Menschen auf Konflikte zwischen lokaler und globaler Identität zurück.
- **Selbstgewählte Kulturen**: Infolge der Globalisierung beruht Identität weniger auf vorgeschriebenen Rollen als auf eigenen Entscheidungen über Werte, Beruf und Beziehungen. Ein Teil der Menschen reagiert darauf so, dass sie sich Kulturen anschließen, die mehr Sinn vermitteln und Strukturen vorgeben als die globale Kultur, und die ihnen damit auch manche schwierigen, weltanschaulichen Entscheidungen abnehmen. Diese selbstgewählten Kulturen haben oftmals eine fundamentalistische religiöse Grundlage. Es gibt aber auch nichtreligiöse selbstgewählte Kulturen, beispielsweise die Jugendkultur der »Metalheads«, die um die Heavy Metal-Musik entstanden ist, oder Kulturen auf ethnischer oder nationaler Grundlage.
- **Ausweitung des beginnenden Erwachsenseins**: Als weitere Konsequenz der Globalisierung verlängert sich die Lebensphase, in der junge Erwachsene Ausbildungen absolvieren, partnerschaftliche Beziehungen und Weltanschauungen erproben sowie ihre beruflichen Neigungen und Fähigkeiten sondieren. Die Übergänge zu einer festen Arbeitsstelle, Heirat und Elternschaft finden dann später statt. Arnett interpretiert dies als eigentliche neue Lebensphase, die er als »Emerging adulthood« bezeichnet. Diese existiert in den Industrieländern schon länger und breitet sich heute global aus.

11.5.3 Zukunft der Globalisierung

Die Globalisierung ist in vollem Gang. Als Zwischenbilanz lässt sich sagen, dass mit ihr sowohl negative als auch positive Konsequenzen verbunden sind, und zwar sowohl ökonomische als auch soziale und psychologische. Die große Frage ist, wie die Globalisierung künftig

*Die Globalisierung hat **Gewinner und Verlierer** produziert. Die Akzeptanz weiterer Globalisierungsschritte hängt davon ab, ob diese **zum Nutzen aller** gestaltet werden.*

gestaltet werden soll. Aus wirtschaftspsychologischer Perspektive erscheint **Rücksichtnahme auf die sozialen und psychologischen Konsequenzen unabdingbar.** Heute folgt die Globalisierung Regeln, die weitgehend von reichen Industrienationen und ihren internationalen Konzernen gestaltet wurden. Diese Regeln produzieren zwar viele Gewinner, aber eben auch zahlreiche Verlierer, darunter marginalisierte, arme, isolierte Subkulturen, die nicht am globalen Wohlstand teilhaben können und die sich schlimmstenfalls radikalisierten Gruppen anschließen oder radikale Ideologien übernehmen, um sich an den Gewinnern der Globalisierung zu rächen.

Aber auch breite Bevölkerungsschichten in Industrieländern zweifeln heute an den Vorteilen wirtschaftlicher Globalisierung. Der Hinweis auf positive Impulse für das Bruttoinlandprodukt genügt nicht mehr als Argument für neue Freihandelsabkommen, denn vor dem Hintergrund psychologischer Forschung sind von einer bloßen Erhöhung des materiellen Wohlstands kaum noch Zugewinne an subjektiver Lebenszufriedenheit bei der Bevölkerung zu erwarten (▶ Abschn. 12.3). Dies erst recht nicht, wenn die Wohlstandsgewinne wie beispielsweise in den USA ungleich verteilt sind (Leonhardt & Quealy, 2014). Ob die Bevölkerung weitere Globalisierungsschritte unterstützt, wird deshalb davon abhängen, wie die wirtschaftlichen Gewinne der Globalisierung verteilt und die sozialen Sicherungssysteme und Umweltstandards weiterentwickelt werden.

> Im Kontext der Globalisierung verstärkt sich das alte Phänomen, dass sich verschiedene geografische Regionen und Städte miteinander in einem wirtschaftlichen, sozialen und kulturellen **Standortwettbewerb** befinden. Es ist daher nicht überraschend, dass die Standorte versuchen, ihre Standortqualität zu messen, zu fördern und zu bewerben. Einblick in diese Thematik gewährt der ▶ Webexkurs »Standortwettbewerb«.

🌐 **Webexkurs »Standortwettbewerb«**

11.6 Nachhaltigkeit

*Nachhaltigkeit bedeutet, dass Bedürfnisse nicht auf Kosten der Möglichkeiten **zukünftiger Generationen** befriedigt werden.*

Nachhaltigkeit heißt, dass »… die Bedürfnisse der Gegenwart befriedigt werden, ohne die Möglichkeiten künftiger Generationen zur Befriedigung ihrer eigenen Bedürfnisse zu beeinträchtigen« – so lautet eine vielzitierte Definition des Begriffs »Nachhaltigkeit« durch eine Kommission der Vereinten Nationen (WCED, 1987). Im betriebswirtschaftlichen Zusammenhang werden mit den Begriffen Nachhaltigkeit und Nachhaltigkeitsmanagement Ansätze bezeichnet, die unternehmerischen Erfolg mit der Berücksichtigung sozialer und ökologischer Aspekte verbinden. Allerdings wird das Attribut »nachhaltig« auch vielfach als Worthülse und schwer überprüfbare Komponente von PR-Strategien verwendet.

11.6 · Nachhaltigkeit

11.6.1 Problem der Kooperation

Der wichtigste Grund für nicht nachhaltiges Verhalten in der Wirtschaft sind **soziale Dilemmata: Entscheidungskonflikte zwischen Eigen- und Gemeinnutz**. Aus individueller Sicht erscheint es den Marktteilnehmern in vielen Fällen als vorteilhaft, die Auswirkungen des eigenen Handelns auf Mitmenschen, die Umwelt oder zukünftige Generationen zu vernachlässigen. Für mich als Einzelperson ist es beispielsweise ökonomisch rational, meinen Abfall auf die Straße zu werfen. Einfacher geht es nicht, und die negativen Auswirkungen meines Abfalls auf mich persönlich sind marginal. Das funktioniert natürlich nur, solange es außer mir nur wenige gibt, die ihren Abfall auf den Boden werfen und als **Trittbrettfahrer** davon profitieren, dass die Anderen ihren Abfall nicht auf die Straße werfen. Denn würden alle ihren Abfall einfach auf der Straße entsorgen, so würden sich auch alle an der Unordnung stören (oder an den erhöhten Kosten für die Straßenreinigung). Aus kollektiver Sicht ist es deshalb von Vorteil, Abfalleimer aufzustellen und eine verbindliche Regel einzuführen, dass Abfall nicht auf die Straße geworfen wird.

Ökonomen haben das Trittbrettfahrerproblem im Zusammenhang mit Nachhaltigkeit erkannt und intensiv untersucht. Unter ihnen dominiert heute die Ansicht, dass Nachhaltigkeit am besten durch Änderungen der Regeln des Wirtschaftens erreicht werden kann. Besonders hervorgehoben wird dabei die Rolle von ökonomischen Anreizsystemen, wie beispielsweise Lenkungsabgaben auf CO_2-Emissionen (Frey & Stutzer, 2008). Dem steht die Ansicht vieler Psychologen gegenüber, die sagen, dass es für Verhaltensänderungen vor allem eine Änderung der sozialen Normen braucht. Welche Sichtweise ist richtig?

Um das Potenzial sozialer Normen bei Trittbrettfahrerproblemen besser zu verstehen, haben Verhaltensökonomen in den letzten Jahren zahlreiche Studien durchgeführt. In Experimenten (sog. »Public good games«) wurde untersucht, welchen Anteil ihres Startkapitals die Personen in einer Gruppe in eine gemeinsame Kasse legen, wenn der Inhalt der Kasse anschließend durch den Experimentator verdoppelt und gleichmäßig an alle Personen verteilt wird. Die Situation in diesen Experimenten ist die gleiche wie in Entscheidungen über individuelle Beiträge zur Nachhaltigkeit: Wenn niemand beiträgt, gewinnt niemand; wenn fast alle beitragen, profitieren vor allem diejenigen, die nichts beitragen (also die Trittbrettfahrer); wenn alle beitragen, gewinnen alle. Die klassische ökonomische Erwartung wäre natürlich, dass niemand etwas in die gemeinsame Kasse legt, weil sich alle als Trittbrettfahrer verhalten wollen. Die Resultate der Experimente zeigen aber das folgende Bild (z. B. Frey & Stutzer, 2008):

— Die individuellen Beiträge liegen im Mittel zwischen 40 und 60% des Startkapitals.
— Wird das Spiel mehrmals hintereinander durchgeführt, so nehmen die Beiträge ab, bleiben aber größer als Null.
— Wenn Personen mehrmals mit denselben »Partnern« spielen, so sind die Beiträge höher, als wenn sie mit zufällig gewählten Personen spielen.
— Wird das Spiel mit denselben Personen über eine längere Zeit durchgeführt, so können die Personen lernen zu kooperieren.
— Personen, die denken, dass die Anderen beitragen werden, tragen selber mehr bei.

Aus individueller Sicht ist es vorteilhaft, sich als Trittbrettfahrer zu verhalten.

Ökonomen betonen die Bedeutung von **Regeländerungen** für die Überwindung von Nachhaltigkeitsproblemen.

Experimente zeigen, unter welchen Bedingungen Menschen auch **ohne Regeländerungen kooperieren**.

- Wenn Personen sich ins Gesicht sehen oder kommunizieren können, tragen sie viel mehr bei als wenn sie dies nicht können.
- Personen sind bereit, andere für unkooperatives Verhalten zu bestrafen, auch wenn dadurch nicht nur das Gegenüber, sondern auch sie selbst einen Nachteil haben.
- Die Beiträge nehmen zu, wenn die Möglichkeit besteht, unkooperatives Verhalten zu bestrafen.

> Die meisten Menschen verhalten sich **bedingt kooperativ**.

Das erste Resultat zeigt zwar, dass **nicht alle Personen reine Trittbrettfahrer** sind, wie es die ökonomischen Modelle vorhersagen. Aber es verhalten sich auch nicht alle Personen rein kooperativ, denn die Beiträge von 40 bis 60% sind aus Sicht der Gruppe viel zu tief. (Aus Sicht der Gruppe wäre es rational, 100% des Startkapitals in die Kasse zu legen.) Ein zentraler Befund ist zudem, dass Normen der Gegenseitigkeit (Reziprozität) eine entscheidende Rolle spielen. Die meisten Menschen verhalten sich »bedingt kooperativ«: Sie sind bereit zur Kooperation, sofern andere auch kooperieren. Viele Menschen sind zudem bereit, den ersten Schritt in Richtung einer Kooperation zu tun. Weiter zeigt sich, dass Kooperation in anonymen Transaktionen unwahrscheinlicher ist und dass sozialer Zusammenhalt die Bereitschaft zur Kooperation erhöht, während Heterogenität von Gruppen Kooperation behindert. Diese Strategien müssen sich in Laufe der Evolution als vorteilhaft herausgestellt haben.

Diese Erkenntnisse zeigen: Die Frage, ob in sozialen Dilemmata die ökonomische oder die psychologische Sichtweise zutreffend ist, kann nicht generell beantwortet werden. Es kommt auf die Bedingungen an, unter denen die Personen interagieren. Ein klassisches Beispiel: Zwischen einem einzelnen Landwirt und einem Imker ist Kooperation leicht möglich. Aber in vielen anderen wirtschaftlichen Zusammenhängen sind die Interaktionen so anonym, dass die Überwindung sozialer Dilemmata durch Kooperation kaum möglich ist. **In diesen Fällen können effiziente Ergebnisse nur über verbindliche neue Regeln erreicht werden.**

> Bei der **Lösung globaler Nachhaltigkeitsprobleme** spielen Normen der **Gegenseitigkeit** (Reziprozität) eine tragende Rolle.

Lassen sich die experimentellen Befunde zur Kooperation auch auf die ganz großen globalen Nachhaltigkeitsprobleme übertragen, für deren Lösung eine Kooperation der Länder erforderlich ist? Unter welchen Bedingungen kommt beispielsweise eine erfolgreiche Kooperation in der globalen Klimapolitik zustande? Eine Studie untersuchte dies im Rahmen einer Befragung von je 2 000 Personen in Deutschland, Frankreich, Großbritannien und den USA (Bechtel & Scheve, 2013). Die Autoren untersuchten, wie verschiedene Merkmale einer globalen Klimavereinbarung die individuelle Bereitschaft der Befragten zur Unterstützung der Vereinbarung beeinflussen. Es zeigte sich, dass die Kosten, die Anzahl kooperierender Länder, der Anteil der durch die kooperierenden Länder verursachten Emissionen, die Höhe der Sanktionen bei Nichteinhaltung und die Art des Monitorings einen Einfluss auf die Kooperationsbereitschaft hatten. Den stärksten Effekt neben den Kosten hatte die Anzahl kooperierender Länder. Diese Resultate zeigen: Normen der Gegenseitigkeit sind auch im ganz Großen entscheidend. Viele Menschen sind dann bereit, ihren Teil zur Problemlösung zu leisten, wenn ihre Regierungen im Rahmen einer Vereinbarung sicherstellen, dass auch die anderen Länder ihren Teil leisten. Psychologische Prozesse unterstützen zwar die

Bereitschaft zur Kooperation, die Problemsituation erfordert aber eine Koordination über formale Regeln – bis hin zu Sanktionen.

11.6.2 Verhalten der Hersteller und der Verbraucher

Von Seiten der Hersteller sind nachhaltige Produktionsweisen und Produkte grundsätzlich dann zu erwarten, wenn sich dies auch ökonomisch lohnt. Dies ist der Fall, wenn der Hersteller mit der nachhaltigen Produktion einen **Imagegewinn** erzielen kann, oder wenn er einen **Marktvorsprung** erlangen kann, indem er zukünftige Umweltauflagen oder Änderungen in der Nachfrage durch umweltbewusste Konsumenten antizipiert. Allerdings ist aufgrund der vorangehenden Überlegungen davon auszugehen, dass nachhaltige Produktionsweisen und Produkte am Markt meist nur ein Nischendasein fristen, zumindest solange, bis eine nachhaltigere Produktionsweise durch gesetzliche Bestimmungen zum Standard wird. Außerdem kann es sich für Hersteller lohnen, das Bedürfnis der Konsumenten für nachhaltigen Konsum mit geschicktem Marketing oder mit PR nur sehr oberflächlich zu bedienen (»Greenwash«). Wie wir schon beim Thema Image gesehen haben (▶ Abschn. 6.11), können die Hersteller hier darauf zählen, dass die Verbraucher schlecht informiert, vorurteilsbehaftet und oft mehr an »moralischer Genugtuung« (Kahneman & Knetsch, 1992) als an den tatsächlichen Wirkungen ihres Handelns interessiert sind.

Seitens der Konsumenten wird eine große **Kluft zwischen Einstellungen und Verhalten** festgestellt. Umweltfreundliches Verhalten ist sozial erwünscht, in Befragungen geben sich deshalb viele Leute sehr umweltbewusst und nennen beispielsweise hohe Zahlungsbereitschaften für nachhaltige Produkte. Wirklich erreicht wird umweltfreundliches Verhalten aber vielfach erst durch soziale Normen, oder durch soziale Kontrolle des unmittelbaren Umfelds (Wiswede, 2012, S. 147). Nach einem Modell von van Raaij (1988) bestimmen drei Faktoren, wie sich Einstellungen auf Verhalten auswirken: die Akzeptanz einer persönlichen Verantwortlichkeit, Informationsbemühungen in Bezug auf den Sachverhalt sowie Überlegungen zu Vor- und Nachteilen alternativer Verhaltensweisen. Die Vor- und Nachteile alternativer Verhaltensweisen werden dabei durch das regulatorische und das soziale Umfeld beeinflusst: durch ökonomische Anreize wie Pfandsysteme und dadurch, was meine Freunde davon halten, wenn ich meinen Kehricht nicht regelkonform entsorge. Schließlich scheinen auch Rückmeldungen über den Erfolg umweltfreundlichen Handelns wichtig zu sein, da sie Kontrollüberzeugungen stärken (Wiswede, 2012, S. 148). Meldungen über hohe Recyclingquoten führen demnach nicht zu geringerem Recycling, sondern können im Gegenteil die individuellen Bemühungen sogar verstärken. Dies führt uns zu der Frage, wie nachhaltiges Verhalten gezielt beeinflusst werden kann.

> Nachhaltige Produktionsweisen sind grundsätzlich dann zu erwarten, **wenn sich dies für die Hersteller auszahlt.**

> Umweltbewusster Konsum wird vielfach erst durch **soziale Normen oder soziale Kontrolle** erreicht.

11.6.3 Interventionstechniken

Ökonomen und Psychologen haben sich intensiv mit Strategien befasst, die nachhaltige Verhaltensweisen unterstützen können. Nach Homburg

Interventionen zugunsten von nachhaltigen Verhaltensweisen können bei situativen oder persönlichen Bedingungen ansetzen.

und Matthies (2005) können solche Strategien auf **situative oder persönliche Bedingungen** abzielen. Zu ersteren gehören technische Veränderungen (z. B. Erleichterung nachhaltigen Verhaltens) und finanzielle Anreize (z. B. Steuerersparnis bei schadstoffarmen Fahrzeugen). Zur zweiten Gruppe zählen wissenszentrierte Techniken (z. B. Vermittlung von Handlungswissen, Feedbackwissen) und normzentrierte Techniken (Kampagnen mit Vorbildern, Nutzung von Multiplikatoren).

Die Wirksamkeit von Interventionstechniken, die situative Bedingungen beeinflussen, ist unbestritten. Allerdings können auch Trotzreaktionen (Reaktanz) und Vermeidungsstrategien ausgelöst werden. Was die Beeinflussung persönlicher Bedingungen angeht, so ist **reine Wissensvermittlung zwar oft notwendig, aber nicht hinreichend für eine Verhaltensänderung.** Normzentrierte Techniken wie Selbstverpflichtung und soziale Vorbilder können wirksamer sein und über die Intervention hinaus wirksam bleiben (Wiswede, 2012, S. 149).

Finanzielle Anreize sind **auch aus psychologischer Sicht** ein wichtiger Ansatz für die Verhaltenssteuerung.

Die Wahl geeigneter Interventionen ist heute ein aktives Forschungsgebiet. Allgemein akzeptiert ist, dass die Wirksamkeit von Interventionen sehr weitgehend von psychologischen Faktoren beeinflusst wird. Doch die Hoffnung, deshalb könne auf jegliche finanziellen Anreize als Mittel zur Verhaltenssteuerung verzichtet werden, ist aus psychologischer Sicht nicht zielführend. Denn anders als dies manchmal verstanden wird, geht es bei finanziellen Anreizen wie Pfandsystemen oder Lenkungsabgaben nicht um die Bestrafung nichtnachhaltigen Verhaltens, sondern darum, dass Konsumenten die vollen Kosten ihres Konsums tragen, anstatt Teile davon auf andere abzuwälzen – was nichts als fair ist.

Auf **anonymen Märkten** kann Kooperation kaum ohne verbindliche Regeln sichergestellt werden.

Insgesamt zeigt sich: Appelle an die individuelle Moral, und Versuche, Nachhaltigkeit ausschließlich mit freiwilligen Beiträgen zu erreichen, sind wenig erfolgversprechend. Die Bereitschaft zur Kooperation beruht auf psychologischen Prozessen und auf Normen der Gegenseitigkeit, die auf anonymen Märkten, wie wir sie heute haben, nicht hinreichend wirken können. Aus wirtschaftspsychologischer Sicht und im Sinne der Nachhaltigkeit sind deshalb faire Regulierungen zur Aufrechterhaltung von Normen der Gegenseitigkeit durchaus angezeigt.

? Kontrollfragen

1. Warum sind Konjunkturprognosen so schwierig?
2. Wie wirkt sich Arbeitslosigkeit auf die Lebenszufriedenheit aus und warum?
3. Welche latenten Funktionen hat Arbeit?
4. Was ist Volunteering und welche Motivationen dafür lassen sich unterscheiden?
5. Wie wirken sich die menschlichen Neigungen zu Trägheit und Aufschieben aus, und was könnte von Seiten des Staates dagegen unternommen werden?
6. Welche psychologischen Ansätze zur Regulierung erachten Sie als erfolgversprechend?
7. Inwiefern kann sich die Globalisierung der Märkte negativ auf Arbeitnehmer auswirken?
8. Worin besteht der Zielkonflikt zwischen Wirtschaftsleistung und Lebensqualität von Standorten?
9. Welche Bereiche außer der Wirtschaft umfasst die Globalisierung?
10. Welche positiven und negativen Auswirkungen hat die Globalisierung?
11. Worin besteht die hauptsächliche Schwierigkeit beim Versuch, nachhaltiges Verhalten zu erreichen?
12. Welche Typen von Interventionsstrategien zugunsten nachhaltiger Verhaltensweisen gibt es?

▶ **Weiterführende Literatur**

Kirchler, E. (2011). *Wirtschaftspsychologie* (4. Aufl.). Göttingen: Hogrefe.
Moser, K. (Hrsg.). (2015). *Wirtschaftspsychologie* (2. Aufl.). Berlin: Springer.
Thaler, R. H., & Sunstein, C. R. (2008). *Nudge: improving decisions about health, wealth, and happiness*. Newhaven, CT: Yale University Press.
Wiswede, G. (2012). *Wirtschaftspsychologie* (5. Aufl.). München: Reinhardt.

Literatur

Arnett, J. J. (2002). The psychology of globalization. *American Psychologist, 57*, 774-783.
Bechtel, M. M., & Scheve, K. F. (2014). Mass support for global climate agreements depends on institutional design. *Proceedings of the National Academy of Sciences (USA), 110*, 13763-13768.
BFS (2014a). *Volkswirtschaftliche Gesamtrechnung und Satellitenkonto Haushaltsproduktion*. Neuchâtel: Bundesamt für Statistik.
BFS (2014b). *Schweizerische Arbeitskräfteerhebung (SAKE): Modul Unbezahlte Arbeit*. Neuchâtel: Bundesamt für Statistik.
Borg, I. (1992). Überlegungen und Untersuchungen zur Messung der subjektiven Unsicherheit der Arbeitsstelle. *Zeitschrift für Arbeits- und Organisationspsychologie, 36*, 107-116.
Chetty, R., Looney, A., & Kroft, K. (2009). Salience and taxation: Theory and evidence. *American Economic Review, 99*, 1145-1177.
Chiu, C. Y., Gries, P., Torelli, C. J., & Cheng, S. Y. Y. (2014). Toward a social psychology of globalization. *Journal of Social Issues, 67*, 663-676.
Christakis, N. A., & Fowler, J. H. (2009). *Connected. The surprising power of our social networks and how they shape our lives*. New York: Little, Brown & Company.
Cialdini, R. B., Linda J., Demaine, L. J., Sagarin, B. J., Barrett, D. W., Rhoads, K., & Winter, P. L. (2006). Managing social norms for persuasive impact. *Social Influence, 1*, 3-15.
Clary, E. G., Snyder, M., Ridge, R., Copeland, J., Stukas, A. A., Haugen, J., & Miene, P. (1998). Understanding and assessing the motivations of volunteers: A functional approach. *Journal of Personality and Social Psychology, 74*, 1516-1530.
Ernste, D. H. (2002). *Schattenwirtschaft und institutioneller Wandel: eine soziologische, sozialpsychologische und ökonomische Analyse*. Tübingen: Mohr Siebeck.
Frey, B. S., & Frey Marti, C. (2010). *Glück – die Sicht der Ökonomie*. Chur: Rüegger.
Frey, B. S., & Stutzer, A. (2008). Environmental morale and motivation. In A. Lewis (Ed.), *The Cambridge handbook of psychology and economic behavior* (pp. 406-428). Cambridge: University Press.
Garz, M. (2013). Unemployment expectations, excessive pessimism, and news coverage. *Journal of Economic Psychology, 34*, 156-168.
Gonzales, M. H., Elliot Aronson, E., & Costanzo, M. A. (1988). Using social cognition and persuasion to promote energy conservation: A quasi-experiment. *Journal of Applied Social Psychology, 18*, 1049-1066.
Hatfield, E., Cacioppo, J. T., & Rapson, R. L. (1994). *Emotional contagion*. New York: Cambridge University Press.
Homburg, A., & Matthies, E. (2005). Umweltschonendes Verhalten. In D. Frey, L. von Rosenstiel, & C. Graf Hoyos (Hrsg.), *Wirtschaftspsychologie* (S. 345-352). Weinheim: Beltz.
Isiklar, G., & Lahiri, K. (2007). How far ahead can we forecast? Evidence from cross-country surveys. *International Journal of Forecasting, 23*, 167-187.
ITU (2015). *ICT facts & figures 2015*. Geneva: ICT Data and Statistics Division, International Telecommunication Union.
Jahoda, M. (1997). Manifest and latent funtions. In N. Nicholson (Ed.), *The Blackwell encyclopedic dictionary of organizational psychology* (pp. 317-318). Oxford: Blackwell.
Kahneman, D., & Knetsch, J. (1992). Valuing public goods: The purchase of moral satisfaction. *Journal of Environmental Economics and Management, 22*, 57-70.
Kirchler, E. (1999). *Wirtschaftspsychologie. Grundlagen und Anwendungsfelder der Ökonomischen Psychologie* (2. Aufl.). Göttingen: Hogrefe.
Langley, J. K. (1977). Social networks, health beliefs, and preventive health behavior. *Journal of Health and Social Behavior, 18*, 244-45.

Leonhardt, D., & Quealy, K. (2014, April 23). Middle class is no longer world's richest. *New York Times*, p. A1.

Leventhal, H., Singer, R., & Jones, S. (1965). Effects of fear and specificity of recommendation upon attitudes and behavior. *Journal Personality and Social Psychology, 2*, 20-29.

Loewenstein, G., & Ubel, P. (2010, July 15). Economics behaving badly. *New York Times*, p. A31.

Mukamel, A., Ekstrom, D., Kaplan, J, Iacoboni, M., & Fried, I. (2010). Single-neuron responses in humans during execution and observation of actions. *Current Biology, 20*, 750-756.

Nickerson, W., & Rogers, T. (2010). Do you have a voting plan? Implementation intentions, voter turnout, and organic plan making. *Psychological Science, 21*, 194-199.

Paul, K. I., & Moser, K. (2009). Unemployment impairs mental health: Meta-analyses. *Journal of Vocational Behavior, 74*, 264-282.

Paul, K. I., & Moser, K. (2015). Arbeitslosigkeit. In K. Moser (Hrsg.), *Wirtschaftspsychologie* (S. 263-281). Berlin: Springer.

Putnam, R. D. (2000). *Bowling alone: The collapse and revival of american community*. New York: Simon & Schuster.

Quattrone, G. A., & Tversky, A. (1988). Contrasting rational and psychological analyses of political choice. *American Political Science Review, 82*, 719-736.

Schwarz, N., & Schwahn, F. (2016). Entwicklung der unbezahlten Arbeit privater Haushalte. Bewertung und Vergleich mit gesamtwirtschaftlichen Größen. *Wirtschaft und Statistik, 2*, 35-51.

Stango, V., & Zinman, J. (2014). Limited and varying consumer attention: evidence from shocks to the salience of bank overdraft fees. *Review of Financial Studies, 27*, 990-1030.

Statistik Austria (2009). *Zeitverwendung 2008/09. Ein Überblick über geschlechtsspezifische Unterschiede*. Wien: Statistik Austria.

Sunstein, C. R. (2011). Empirically informed regulation. *The University of Chicago Law Review, 78*, 1349-1429.

Sunstein, C. R., & Thaler, R. H. (2003). Libertarian paternalism is not an oxymoron. *The University of Chicago Law Review, 70*, 1159-1202.

Thaler, R. H., & Sunstein, C. R. (2008). *Nudge: improving decisions about health, wealth, and happiness*. Newhaven, CT: Yale University Press.

Uhlendorff, A. (2004). Der Einfluss von Persönlichkeitseigenschaften und sozialen Ressourcen auf die Arbeitslosigkeitsdauer. *Kölner Zeitschrift für Soziologie und Sozialpsychologie, 56*, 279-303.

Van Raaij, W. F. (1988). Information processing and decision making. Cognitive aspects of economic behavior. In W. F. van Raaij, G. M. van Veldhoven, & K. E. Wärneryd (Eds.), *Handbook of economic psychology* (pp. 75-106). Dordrecht: Kluwer.

WCED (1987). *Our Common Future*. Report of the World Commission on Environment and Development. Genf: Vereinte Nationen.

Wehner, T., Gentile, G.-C., & Güntert, S. T. (2015). Bürgersinn. In K. Moser (Hrsg.), *Wirtschaftspsychologie* (S. 303-322). Heidelberg: Springer.

Wehner, T., Mieg, H., & Güntert, S. (2006). Frei-gemeinnützige Arbeit. In S. Mühlpfordt & P. Richter (Hrsg.), *Ehrenamt und Erwerbsarbeit* (S. 19-39). München: Hampp.

Wiswede, G. (2012). *Wirtschaftspsychologie* (5. Aufl.) München: Reinhardt.

12 Entwicklung

Felix Schläpfer und Christian Fichter

12.1 Entwicklung der Märkte – 264
12.1.1 Individuelle und gesellschaftliche Bedingungen für Entwicklung – 264
12.1.2 Reaktionen auf Wandel – 265

12.2 Wertewandel – 266
12.2.1 Thesen zum Wertewandel – 266
12.2.2 Dimensionen des Wertewandels – 266
12.2.3 Wandel von Werten – oder Wandel von Umständen? – 267

12.3 Wohlstand und Lebenszufriedenheit – 268
12.3.1 Messung von Nutzen in der Wirtschaftswissenschaft – 269
12.3.2 Messung von Lebenszufriedenheit und emotionalem Wohlbefinden – 270
12.3.3 Einkommen, Status und Lebenszufriedenheit – 271

Literatur – 275

© Springer-Verlag GmbH Deutschland 2018
C. Fichter (Hrsg.), *Wirtschaftspsychologie für Bachelor*
https://doi.org/10.1007/978-3-662-54944-5_12

Lernziele

- Psychologische Voraussetzungen wirtschaftlicher Entwicklung kennen.
- Wertewandel beschreiben und beurteilen können.
- Den Unterschied zwischen Lebenszufriedenheit und emotionalem Wohlbefinden kennen.
- Wissen, worin sich die ökonomische und die psychologische Auffassung von Glück unterscheiden.
- Wissen, wie viel Geld es braucht, um glücklich zu sein.
- Die Grenzen des ökonomischen Nutzenkonzeptes kennen.
- Verstehen, weshalb der relative Status mehr gilt als der absolute.
- Die »hedonische Tretmühle« erkennen und vermeiden können.

Die Geschichte der Wirtschaft ist eine Geschichte des Wandels, denn stete Veränderungen von Technik und Wissen erforderten stets auch Anpassungen der wirtschaftlichen Akteure. Möglicherweise hat sich die wirtschaftliche Entwicklung im Laufe der vergangenen Jahrhunderte und Jahrzehnte sogar noch beschleunigt (zumindest subjektiv). Jedenfalls vollzieht sie sich heute in einem Tempo, das ein **Schritthalten als Herausforderung** erscheinen lässt – wobei es natürlich fraglich ist, ob Wandel zu irgendeiner Zeit nicht als Herausforderung angesehen wurde. Auf jeden Fall stellen sich heute in allen Anwendungsbereichen der Wirtschaftspsychologie Fragen im Zusammenhang mit Entwicklung und Wandel. Mit einigen davon befassen wir uns in diesem Kapitel, auf gesamtwirtschaftlicher und gesellschaftlicher Ebene. Dazu suchen wir nach den Ursachen von Wandel, nach dessen Konsequenzen und nach einer Antwort auf die Frage, ob eigentlich die wirtschaftliche Entwicklung auch eine Entwicklung der Lebenszufriedenheit mit sich bringt.

12.1 Entwicklung der Märkte

Märkte sind laufender Veränderung unterworfen. Das zeigt sich ganz augenfällig an den Gütern, die wir kaufen: Smartphones verdrängen herkömmliche Mobiltelefone, Elektroantriebe ersetzen Verbrennungsmotoren, die Digitalisierung revolutioniert den Markt für Finanzdienstleistungen. Direkte Ursache solcher Entwicklungen sind in vielen Fällen technologische Innovationen, die neuartige Produkte ermöglichen. Technologische Innovationen greifen aber als Erklärung für den Wandel zu kurz. Genauso wichtig sind nämlich die psychologischen Hintergründe solcher Entwicklungen. Welche gesellschaftlichen Einstellungen und Denkhaltungen fördern Unternehmertum und Innovation? Und: Wie reagieren die Menschen auf Wandel?

*Technologische Innovationen greifen als **Erklärung für Wandel** zu kurz.*

12.1.1 Individuelle und gesellschaftliche Bedingungen für Entwicklung

Zu den persönlichen Merkmalen, die mit wirtschaftlichem Aufbruch in Zusammenhang gebracht werden, gehören nach Wiswede (2012, S. 116) Empathie, Mobilität, veränderte Einstellungen zu materiellem Fortschritt und zur Kapitalakkumulation, ein verändertes Zeitempfinden, Wissen, Interesse für Arbeit oder auch, ob Individuen bestimmte Ergebnisse ihren eigenen Anstrengungen zuschreiben. **Prozesse kultureller Evolution** könnten zum Erfolg dieser Merkmale beigetragen haben. Es ist denkbar und sogar wahrscheinlich, dass ökonomisch vorteilhafte Verhaltensweisen tradiert wurden und sich so auf wachsende Teile der Bevölkerung ausbreiten konnten.

*Wirtschaftlicher Aufbruch wird mit **persönlichen Merkmalen** in Zusammenhang gebracht.*

Die bis heute meistbeachtete Erklärung für wirtschaftlichen Aufbruch und gesellschaftlichen Wandel lieferte jedoch der Soziologe Max Weber (1934). Er führte Unternehmertum und Kapitalismus auf ethische Vorstellungen und Glaubensinhalte zurück, die sich im Zuge der Reformation in Europa verbreitet hatten, in England unter der Bezeichnung Puritanismus, in Deutschland als Protestantismus oder in Genf als Calvinismus. **Leistung und Erfolg im Diesseits** wurden als Zeichen göttlicher Gunst verstanden. Wer in seinem Leben erfolgreich war, hatte demnach gottgefällig gehandelt. Es liegt nahe, dass diese Vorstellung dem Unternehmertum und dem Aufbruch aus traditionellen Strukturen Auftrieb gab.

***Glaubensinhalte**, die sich mit der Reformation ausgebreitet hatten, begünstigten in Europa Unternehmertum und Kapitalismus.*

Dieser Erklärungsansatz stammt zwar von einem Soziologen, beinhaltet aber auch psychologische Aspekte (Wiswede 2012, S. 115). Aus Sicht der Lerntheorie (Bandura, 1977) ist für Innovationen entscheidend, wie Gesellschaften gewisse Verhaltensweisen belohnen und andere bestrafen (differenzielle Verstärkung). Eine Gesellschaft, in der mutige Unternehmer ein hohes Ansehen genießen, begünstigt Innovationen. Umgekehrt können traditionelle Normen unternehmerisches Denken untergraben (▶ Studie »Wandel der Märkte und soziale Normen«).

Wichtig ist aus Sicht der Lerntheorie auch die gesellschaftliche **Akzeptanz von geschäftlichen Misserfolgen**. Innovation wird vorwiegend dort stattfinden, wo ein geschäftlicher Misserfolg nicht als persönliches Versagen ausgelegt wird und keine soziale Stigmatisierung zur Folge hat. Die bewusst fehlertolerante Kultur der Start-Up-Firmen des

*Auch Sicht der Lerntheorie ist der gesellschaftliche **Umgang mit unternehmerischem Erfolg und Misserfolg** entscheidend für Innovation.*

Silicon Valley scheint diese lerntheoretische These zu bestätigen. Wird der wirtschaftliche Vorteil einer fehlertoleranten Kultur einmal erkannt, so stellt sich natürlich die Frage, weshalb sich diese Kultur nicht überall durchsetzen kann. Die Antwort darauf ist einfach: Weil sich ihre Vorteile ins Gegenteil verwandeln, wenn die Kultur der Fehlertoleranz übertrieben wird. Wenn Fehler als harmlos und als »schon okay« erachtet werden, ja sogar zum guten Ton gehören, so mindert dies die Motivation, sich anzustrengen und Fehler zu vermeiden. Es gehört zur Entwicklung der Wirtschaft ebenso wie zur Entwicklung jedes einzelnen Menschen, sich verbessern und weiterkommen zu wollen. Dass dabei notwendigerweise Fehler passieren, ist klar – zu viele dürfen es aber nicht sein. Vor dem Hintergrund der Lerntheorie erscheint es daher ratsam, eine **Balance aus Fehlervermeidung und Fehlertoleranz** anzustreben.

> **Studie**
>
> **Wandel der Märkte und soziale Normen**
>
> Ein Beispiel aus der Schweizer Landwirtschaft illustriert, wie psychologische Faktoren wirtschaftliche Entwicklung verhindern können. Dank Hochleistungskühen und importiertem Kraftfutter produzieren die Schweizer Landwirte immer mehr Milch. Infolge der hohen Mengen hat sich der Preis, den die Bauern erhalten, im Verlauf der letzten zwanzig Jahre halbiert, und die Landwirte klagen über tiefe Einkommen. Seit Jahren ist allerdings bekannt, dass eine extensive Weidehaltung ohne oder fast ohne Kraftfutter bei tiefen Milchpreisen viel wirtschaftlicher ist als die verbreitete Hochleistungsstrategie (Gazzarin et al., 2011; Blättler et al., 2015). Schätzungen von Experten ergeben, dass tausende von Schweizer Bauern mit mehr Weidehaltung ihr Einkommen sehr stark verbessern könnten. Das Einkommen pro Arbeitsstunde ließe sich in vielen Fällen verdoppeln. Die Milchbauern setzen aber mit wenigen Ausnahmen weiterhin auf die Intensivproduktion mit Hochleistungskühen. Nach Aussage von Bauern, die ihre Tiere stattdessen auf der Weide halten, auf Kraftfutter verzichten und damit gutes Geld verdienen, ist der Grund klar: Ohne Hochleistungskühe erhalten sie unter Berufskollegen weniger Anerkennung und gelten sogar als Außenseiter. Dass dies so bleibt, dafür sorgen auch die Futtermittel- und Landmaschinenhändler mit ihrem Einfluss auf die Landwirtschaftsschulen und die bäuerlichen Medien (Jäggi, 2016). **Es wird also an unwirtschaftlichen Produktionsweisen festgehalten, um gesellschaftliche Anerkennung zu erhalten.**

12.1.2 Reaktionen auf Wandel

Die Reaktionen auf den allgegenwärtigen Wandel sind vielfältig – und manchmal auch scheinbar widersprüchlich. Im Konsumbereich sind viele Menschen zwar offen für neue Produkte und nehmen technische Neuerungen rasch an, beispielsweise Kommunikationsmittel. Gleichzeitig sind heute aber auch althergebrachte Produkte und Produktionsmethoden wieder zunehmend gefragt. Beispiele sind Retro- oder Vintage-Design bei Kleidern, Möbeln oder Lebensmittelverpackungen, Single-Speed-Fahrräder oder der Trend zur Selbstversorgungslandwirtschaft. Interessanterweise sind diese Trends im Konsumverhalten in der städtischen und technologisch aufgeschlossenen Bevölkerung besonders verbreitet. Sie können ein Stück weit als **Gegenreaktion** auf den raschen technologischen Wandel, den Überfluss an immer neuen Konsumgütern und die zunehmende Arbeitsteilung und Technisierung in der Arbeitswelt aufgefasst werden.

> **Neue Konsumprodukte** werden rasch angenommen, aber es gibt auch Gegenreaktionen.

> Wandel, gegen den protestiert wird, stellt sich **im Nachhinein oft als Segen** heraus.

Auch im Bereich der Produktion führte wirtschaftlicher Wandel immer wieder zu Widerstand: Fabriken wurden angezündet und Großverteiler boykottiert. An der Entwicklung geändert hat dies allerdings wenig. Und der Wandel, gegen den protestiert wurde, stellte sich im Nachhinein in vielen Fällen als Segen heraus. Beispielsweise legte die Mechanisierung der Textilindustrie im 19. Jahrhundert, die auch in Deutschland, Österreich und der Schweiz von »Maschinenstürmern« bekämpft worden war, die Grundlage für die Industrialisierung und damit für Beschäftigung und Wohlstand. Technologische Entwicklungen, die wie im Fall der Textilindustrie klaren Mehrwert für die ganze Gesellschaft bringen, sind kaum aufzuhalten. Allerdings können Proteste durchaus eine konstruktive Wirkung haben, wenn es darum geht, neue Geschäftsmodelle so zu organisieren, dass ein allfälliger Mehrwert für die Kunden nicht zulasten der Arbeitnehmer geht.

12.2 Wertewandel

12.2.1 Thesen zum Wertewandel

Werte gelten in der Sozialpsychologie als allgemeine Leitlinien des Verhaltens, aus denen sich Einstellungen und (indirekt) Verhaltensweisen ableiten lassen (Rokeach, 1973; Eagly & Chaiken, 1993). Werte unterscheiden sich von Einstellungen, weil sie sich nicht auf bestimmte Einstellungsobjekte beziehen, sondern auf einer allgemeineren Ebene gelten. Entsprechend der vielen möglichen Einstellungsobjekte haben wir viele Einstellungen, aber nur wenige Werte. Gemessen werden Werte und ihr Wandel vorwiegend anhand von Umfragen, die in regelmäßigen Zeitabständen durchgeführt werden.

> Eine vielbeachtete Dimension des Wertewandels ist diejenige von **materiellen Werten** hin zu **postmateriellen Werten**.

Ein vielbeachteter Aspekt des Wertewandels über die letzten Jahrzehnte ist die Wertsubstitution von materiellen zu sog. postmateriellen Werten wie Selbstentfaltung und Autonomie, der insbesondere bei jüngeren Personen festzustellen ist. Inglehart (1998) erklärt diesen Wertewandel anhand von zwei Hypothesen. Nach der **Knappheitshypothese** halten wir für wertvoll, was knapp ist. Hier zeigt sich eine Parallele zur ökonomischen Theorie. Die **Sozialisierungshypothese** hingegen erklärt Wertemuster über Prägungen in den frühen Lebensjahren. Ein Beispiel: Für Menschen, die in ihrer frühen Entwicklung unter materiellen Entbehrungen gelitten haben, sind materielle Güter manchmal besonders wichtig und bleiben dies zeitlebens, auch wenn die Knappheit längst überwunden ist. Ein Wertewandel hin zu postmateriellen Werten kann demnach mit steigendem Wohlstand sofort (nach der Knappheitshypothese) oder auch erst im Rahmen des Generationenwechsels stattfinden (nach der Sozialisierungshypothese), wobei sich diese Prozesse nicht ausschließen.

12.2.2 Dimensionen des Wertewandels

Während Ingleharts Wertsubstitutionstheorie einen eindimensionalen Wertewandel von materialistischen zu postmaterialistischen Werten beschreibt, läuft der Wertewandel für andere Autoren auf mehreren

Dimensionen parallel ab (z. B. Meulemann, 1996). Früher waren, etwa im Bereich der Arbeit, Pflicht und Gehorsam besonders wichtig, heute wird mehr Wert auf Autonomie gelegt. Werte wie Opferbereitschaft und Disziplin verlieren zugunsten von hedonistischen Werten an Bedeutung. Extrinsische Werte wie Einkommen und Karriere werden von intrinsischen Werten wie Leistungslust, Spaß und Selbstverwirklichung abgelöst. Schließlich wird eine abnehmende Bedeutung der Arbeit (und zunehmende Bedeutung der Freizeit) sowie ein zunehmendes Bedürfnis nach einem kooperativen Führungsstil festgestellt (Wiswede, 2012, S. 141).

Arbeit, Pflicht und Opferbereitschaft verlieren an Bedeutung; **Autonomie, Leistungslust und Spaß** gewinnen an Bedeutung.

Auch im Bereich des Konsums werden verschiedene Veränderungen der Werte diskutiert (Wiswede, 2012, S. 144). Entsprechend der Tendenz zu hedonistischen Werten wird eine stärkere Genuss- und Erlebnisorientierung beschrieben: Im Sinne einer Sublimierung des Konsums wird der Lebensstil wichtiger als der Lebensstandard. Kultivierung von Geschmack und Kennerschaft tritt an die Stelle von Besitz. Außerdem ist eine Individualisierung des Konsums feststellbar. Dieser werde weniger durch soziale Einbindungen bestimmt, sondern im Gegenteil auch als Mittel gesehen, sich von der Masse abzuheben. Nicht zuletzt aufgrund finanzieller Grenzen kommt es dabei zu hybridem Konsum, womit gemeint ist, dass sich Konsum von einzelnen Luxusgütern und Bescheidenheit in anderen Bereichen ergänzen.

12.2.3 Wandel von Werten – oder Wandel von Umständen?

Vorbehalte gegenüber der Wertewandelforschung gehen dahin, dass vorschnell von Wertewandel die Rede ist, wenn sich in Wirklichkeit nur Verhaltensweisen, Einstellungen oder Lebensstile ändern. Tatsächlich sind Änderungen von Verhaltensmustern, Einstellungen und Lebensstilen noch kein Beleg für Wertewandel, denn die Ursachen dafür können nicht nur Änderungen von Werten sein, sondern auch Änderungen von Einkommen, beruflichen Rollen oder wirtschaftlichen Abhängigkeiten. Ein aktuelles Beispiel: Dass sich Einstellungen der Toleranz gegenüber Steuerhinterziehung in letzter Zeit geändert haben, ist wohl nicht Ausdruck eines Wertewandels. Steuerhinterziehung ist asozial, und asoziales Verhalten zu vermeiden ist kein neuer Wert. Viel eher dürften veränderte Umstände der Grund für weniger Toleranz gegenüber Steuersündern sein, etwa die hohe Staatsverschuldung in vielen Ländern.

Änderungen von Verhaltensmustern, Einstellungen und Lebensstilen allein sind **noch kein Beleg für Wertewandel**.

Insgesamt zeigt sich, dass Wertewandel auch über Jahrzehnte hinweg nicht leicht nachzuweisen ist. Resultat dieser Diskussionen sind in vielen Fällen eher einzelne Thesen als eindeutige Zeichen eines Wertewandels – mit Ausnahme der erwähnten, relativ **gut belegten langfristigen Tendenzen zu Autonomie und Hedonismus.** Aus diesem Wertewandel ergeben sich in den Bereichen Arbeit/Freizeit und Konsum auch Konsequenzen für die Praxis – etwa für eine Führung von Mitarbeitern, die deren Autonomiebedürfnisse berücksichtigt (▶ Abschn. 7.2), und für eine Produktgestaltung, die unterschiedlichen Konsumbedürfnissen entgegenkommt (▶ Abschn. 2.1).

Für die wirtschaftspsychologische Praxis sind v. a. die Befunde zum Wertewandel in Richtung **Autonomie und Hedonismus relevant.**

12.3 Wohlstand und Lebenszufriedenheit

Emotionales Wohlbefinden, Glück, Zufriedenheit und eine hohe Lebensqualität sind wichtige Ziele des menschlichen Handelns. Zahlreiche Studien an der Schnittstelle zwischen Wirtschaft und Psychologie widmen sich der Frage, wie diese Ziele erreicht werden können (Ahuvia, 2008a). Dazu muss man zunächst wissen, wie das Erreichen dieser Ziele überhaupt gemessen werden kann. Anschließend kann man untersuchen, ob das wirtschaftliche Handeln von Individuen und ganzen Gesellschaften tatsächlich zu diesen Zielen hinführt.

Begriffe wie **emotionales Wohlbefinden** und **Glück** werden in der Literatur **nicht einheitlich verwendet**.

Maße der Bedürfnisbefriedigung

Emotionales Wohlbefinden, Lebenszufriedenheit und weitere Konzepte werden als Maße der Bedürfnisbefriedigung in der Literatur nicht einheitlich verwendet und oft vermischt (Kahneman & Deaton, 2010). Deshalb werden häufig verwendete Begriffe im Folgenden kurz erläutert.

Emotionales Wohlbefinden (auch: Glück, Wohlbefinden, »well-being«, »happiness«, »hedonic well-being«, »experienced happiness«) bezeichnet in der psychologischen Glücksforschung das subjektive emotionale Wohlbefinden, das aktuelle Glückserleben, die aktuelle Stimmung.

Lebenszufriedenheit (auch: Glück, »life satisfaction«, »life evaluation«, »happiness«) ist in der psychologischen Glücksforschung die Einschätzung der allgemeinen persönlichen Lebenssituation, die aus einer kognitiven Bewertung resultiert.

Bereichsspezifische Zufriedenheiten sind analog zur Lebenszufriedenheit, beziehen sich aber auf einzelne Bereiche wie Einkommen, Partnerschaft usw.

Lebensqualität ist in verschiedenen wissenschaftlichen Disziplinen ein multidimensionales Konstrukt, das nicht direkt erfasst, sondern über Indikatoren wie Einkommen, Lebenserwartung usw. abgebildet wird.

Wohlstand bezeichnet üblicherweise gleichbedeutend mit Lebensstandard den materiellen Wohlstand gemessen am Einkommen.

Nutzen:
a) (Wert, »benefit«) ist in der ökonomischen Theorie die maximale Zahlungsbereitschaft bzw. (bei negativen Werten) die minimale Kompensationsforderung für ein Gut, eine Dienstleistung oder eine politische Alternative.
b) (auch: Entscheidungsnutzen, »utility«, »decision utility«) bezeichnet in der ökonomischen Theorie das Nutzenniveau. Es wird über Entscheidungen definiert: Wer sich für A statt B entscheidet, erreicht mit A (per Definition) ein höheres Nutzenniveau als mit B. Das Nutzenniveau selbst lässt sich aber nicht messen.

Erfahrungsnutzen (»experienced utility«) bezeichnet (in der Verhaltensökonomie) das vom Individuum tatsächlich erlebte Nutzenniveau, das sich erst nach der Entscheidung (und längerfristig) bestimmen lässt. Wenn sich jemand für A statt B entscheidet, kann daraus *nicht* geschlossen werden, dass für diese Person A höheren Erfahrungsnutzen hat als B.

Wohlfahrt (»welfare«) bezeichnet in der ökonomischen Theorie das Aggregat der individuellen Nutzenniveaus, die unterschiedlich gewichtet sein können.
Wohlfahrtsgewinn/-verlust bezeichnet in der ökonomischen Theorie den über die Bevölkerung aggregierten Nutzen (»benefit«).

12.3.1 Messung von Nutzen in der Wirtschaftswissenschaft

Ein wichtiger Hintergrund der heute boomenden psychologischen und verhaltensökonomischen Glücksforschung sind die Grenzen der ökonomischen Konzepte für die Messung von Bedürfnisbefriedigung. Traditionellerweise misstrauen Ökonomen subjektiven Bewertungen und beschränken sich deshalb auf die Analyse von beobachtbaren Entscheidungen, insbesondere auf Märkten. Von diesen Entscheidungen wird angenommen, dass sie den Nutzen der Akteure maximieren. Die Möglichkeit, dass Menschen systematisch Entscheidungen treffen, die ihr Nutzenniveau nicht erhöhen oder gar vermindern, wird ausgeschlossen. Dieser Ansatz in der Ökonomie wirft zwei Probleme auf:

1. Es ist unter dieser Sichtweise **unmöglich, empirisch zu untersuchen, ob die Akteure mit den Entscheidungen tatsächlich ihren Nutzen erhöhen**. Erst im Rahmen der Verhaltensökonomie wird auch in Betracht gezogen, dass Entscheidungen nicht immer vorteilhaft sind. Dazu wurde das Konzept des Erfahrungsnutzens eingeführt, der mit dem Entscheidungsnutzen übereinstimmen kann, aber nicht muss.
2. Es ist zwar möglich, anhand von Zahlungsbereitschaften **Veränderungen von Nutzenniveaus** zu messen. Die **Nutzenniveaus selbst können aber nicht quantifiziert werden**. So bleibt letztlich das Einkommen (und auf aggregierter Ebene das Bruttoinlandprodukt) die einzige messbare Zielvariable menschlichen Handelns. Dies ist ebenfalls ein gewichtiges Handicap der Wirtschaftswissenschaft. Einkommen zu erzielen ist zwar durchaus ein wichtiges Ziel, aber niemand käme auf die Idee, sich nur um dieses eine Ziel zu kümmern.

Hinzu kommt, dass selbst die Veränderungen von Nutzenniveaus von Ökonomen nur bei Marktgütern einigermaßen verlässlich gemessen werden können. Es können zwar auch Befragungen zur Zahlungsbereitschaft für öffentliche Leistungen durchgeführt werden, diese liefern aber bisher keine validen Ergebnisse (Kahneman & Knetsch, 1992; Ariely et al., 2003; Hausman, 2012). Gründe dafür sind kognitive Verzerrungen und strategische Antworten auf Seiten der Befragten. Folglich lassen sich auch gesellschaftliche Wohlfahrtsgewinne und -verluste mit ökonomischen Ansätzen kaum umfassend messen.

All diese Gründe geben alternativen Ansätzen der Messung von Wohlfahrt und Lebensqualität Auftrieb. Dazu gehört auch die psychologische Glücksforschung, der wir uns im Folgenden zuwenden.

> Ein wichtiger Hintergrund der Glücksforschung sind die **Grenzen des ökonomischen Nutzenkonzepts**.

12.3.2 Messung von Lebenszufriedenheit und emotionalem Wohlbefinden

Lebenszufriedenheit

Was macht Menschen glücklich? Damit befasst sich die psychologische Glücksforschung. Dabei sind zwei Konzepte von Glück besonders wichtig. Glück im Sinn von Lebenszufriedenheit bezieht sich auf die kognitive Beurteilung des eigenen Lebens. Psychologen verstehen darunter das, was die Menschen bewerten, wenn sie auf ihre Standardfragen zur Lebenszufriedenheit antworten.

- Im General Social Survey in den USA lautet die Frage beispielsweise: »Taken all together, how would you say things are these days – would you say that you are very happy, pretty happy or not too happy?«
- Im Eurobarometer-Survey wird gefragt: »Sind Sie insgesamt gesehen mit dem Leben, das Sie führen: sehr zufrieden, ziemlich zufrieden, nicht sehr zufrieden oder überhaupt nicht zufrieden?«

Für eine gewisse Validität der Antworten spricht, dass diese mit vielen objektiven Maßen wie Lächeln, Einschätzungen durch Freunde oder Konflikthäufigkeit korrelieren. Die Messung der Lebenszufriedenheit mittels solcher Befragungen ist allerdings nicht unproblematisch. Beispielsweise wurden in den USA schon in den Jahren 1971 und 1972 von zwei renommierten Befragungsinstituten trotz fast identischer Fragen stark unterschiedliche Werte gefunden (Turner & Krauss, 1978). Der wahrscheinliche Grund war, dass innerhalb des Fragebogens zuvor unterschiedliche Fragen vorangegangen waren (Turner & Krauss, 1978; Fischhoff, 1988). In der einen Befragungsreihe – derjenigen mit den höheren Happiness-Werten – waren es Fragen zum Familienleben. Neuere experimentelle Studien zeigen auch allgemeiner auf, dass Fragen zu spezifischen Zufriedenheiten, etwa zur Zufriedenheit mit der Beziehung, starke Effekte auf die Antworten nachfolgender Fragen zur globalen Zufriedenheit haben können (Strack et al., 1988).

Emotionales Wohlbefinden

Das zweite wichtige Konzept von Glück ist das Wohlbefinden, im Sinne des aktuell erlebten emotionalen Empfindens. Kahneman und Deaton (2010) umschreiben emotionales Wohlbefinden als »die emotionale Qualität der alltäglichen Erfahrungen – die Häufigkeit und Intensität der Erfahrungen von Freude, Stress, Traurigkeit, Ärger und Zuneigung, die einen Tag erfreulich oder unerfreulich machen«. Für die empirische Erfassung des emotionalen Wohlbefindens sind zwei Ansätze verbreitet. Bei der »Experience sampling method« notieren die Probanden über einen längeren Zeitraum hinweg mehrmals täglich ihre Befindlichkeit in einem Tagebuch (z. B. Stone et al., 1999). Bei der Tages-Rekonstruktionsmethode (»Day reconstruction method«) lassen die Befragten einen Tag Revue passieren und notieren ihre Erfahrungen und Gefühle (Kahneman et al., 2004). Beide Ansätze ermöglichen eine detaillierte Analyse von Prozessen, die das emotionale Wohlbefinden beeinflussen. Sie sind allerdings aufwendig und deshalb im Vergleich mit Befragungen zur Lebenszufriedenheit weniger gut geeignet für nationale Erhebungen mit großen, repräsentativen Stichproben.

---

*Lebenszufriedenheit bezieht sich auf die **kognitive Beurteilung** des eigenen Lebens.*

*Emotionales Wohlbefinden bezieht sich auf das **aktuell erlebte, subjektive emotionale Empfinden**.*

Wie zu erwarten ist, stehen Lebenszufriedenheit und emotionales Wohlbefinden in Bezug zu den individuellen Lebensumständen – aber auf unterschiedliche Weise. In der bis heute wohl umfangreichsten Studie korrelierten Einkommen und Ausbildung stärker mit der Lebenszufriedenheit, während Gesundheit, Einsamkeit und Rauchen stärker mit dem emotionalen Wohlbefinden in Beziehung standen (Kahneman & Deaton 2010). Eine Veränderung der Lebensumstände, wie z. B. ein Karriereschritt, kann somit beispielsweise die Einschätzung der Lebenszufriedenheit erhöhen, ohne das emotionale Wohlbefinden zu verbessern. Dies könnte damit zusammenhängen, dass nach einem Karriereschritt weniger Zeit bleibt, etwa für die Pflege von Freundschaften, Hobbys und für andere Tätigkeiten, bei denen das emotionale Wohlbefinden besonders hoch ist. Genau dieser Effekt zeigt sich vermutlich in den unterschiedlichen Beziehungen von Lebenszufriedenheit und emotionalem Wohlbefinden zum Einkommen. Das emotionale Wohlbefinden stieg in der erwähnten Studie mit steigendem Einkommen an, aber nur bis zu etwa 75 000 Dollar. Bei der Lebenszufriedenheit hingegen war keine Sättigung feststellbar: Diese stieg auch von 100 000 zu 200 000 Dollar Einkommen noch weiter an.

12.3.3 Einkommen, Status und Lebenszufriedenheit

Das Easterlin-Paradox

Lässt sich aus der positiven Beziehung zwischen Einkommen und Lebenszufriedenheit ableiten, dass die Menschheit mit steigendem Wohlstand immer glücklicher wird? Tatsächlich fand Easterlin (1974) – wie erwartet – einen **positiven Zusammenhang zwischen Einkommen und Zufriedenheit.** Reiche gaben im Durchschnitt höhere Zufriedenheitswerte an als Arme (◘ Tab. 12.1). Dasselbe Bild zeigte sich im Ländervergleich: Leute in reichen Ländern äußerten sich im Durchschnitt zufriedener als Leute in armen Ländern. Im längsschnittlichen Vergleich jedoch verschwand dieser Zusammenhang. Obwohl der materielle Wohlstand inzwischen stark angestiegen war, zeigte sich keine positive Entwicklung der Lebenszufriedenheit (◘ Tab. 12.2). Dieser scheinbare Widerspruch zwischen Querschnitts- und Längsschnitt-Daten ist heute als **Easterlin-Paradox** bekannt.

Inzwischen liegen auch zahlreiche weitere Studien zum Zusammenhang von Einkommen und Lebenszufriedenheit vor. Sie alle zeigen: In der Querschnittsbetrachtung besteht ein positiver Einkommenseffekt. Dieser ist aber erstaunlich schwach; in entwickelten Ländern erklären Einkommensunterschiede nur zwei bis fünf Prozent der Unterschiede in der individuellen Lebenszufriedenheit (Ahuvia, 2008b, S. 201). Ein Teil davon könnte zudem durch indirekte Effekte zustande gekommen sein – beispielsweise, weil Personen mit höherem Einkommen bei der Arbeit oftmals mehr Autonomie haben. Bestätigt wurde auch, dass die durchschnittliche Lebenszufriedenheit der Menschen trotz steigendem Wohlstand nicht gestiegen ist – oder nur so wenig, dass dies statistisch kaum nachweisbar ist.

> Bei querschnittlicher Betrachtung zeigt sich ein **positiver Zusammenhang zwischen Einkommen und Lebenszufriedenheit.**

> Längsschnittlich betrachtet sind die Menschen aber **trotz höherem Einkommen nicht zufriedener** geworden (Easterlin-Paradox).

> Einkommensunterschiede **erklären nur einen geringen Anteil** der individuellen Unterschiede in der Lebenszufriedenheit.

Tab. 12.1 Prozentuale Verteilung der US-Bevölkerung nach »Happiness«, nach Höhe des Einkommens; N = 1517, Umfrage Dezember 1970 (nach Easterlin, 1974)

Income (in $1000)	Very happy	Fairly happy	Not very happy	No answer
15+	56	37	4	3
10-15	49	46	3	2
7-10	47	46	5	2
5-7	38	52	7	3
3-5	33	54	7	6
<3	29	55	13	3

Tab. 12.2 Prozentuale Verteilung der US-Bevölkerung nach »Happiness«, 1946-1970 (nach Easterlin, 1974)

Datum	Very happy	Fairly happy	Not very happy	Other	Anzahl Befragte
Apr 1946	39	50	10	1	3151
Dez 1947	42	47	19	1	1434
Aug 1948	43	43	11	2	1596
Nov 1952	47	43	9	1	3003
Sep 1956	53	41	5	1	1979
Sep 1956	52	42	5	1	2207
Mrz 1957	53	43	3	1	1627
Jul 1963	47	48	5	1	3627
Okt 1966	49	46	4	2	3531
Dez 1970	43	48	6	3	1517

Menschen **gewöhnen sich** an neue Situationen, und deren emotionale Effekte verschwinden weitgehend.

Menschen **beurteilen ihr Einkommen relativ** zu dem von Vergleichsgruppen.

Erklärungen für Easterlins Befunde

Eine zentrale Rolle für den geringen Effekt des Einkommens auf die Lebenszufriedenheit spielen Prozesse der **Adaptation**. Generell überschätzen Menschen, wie stark und vor allem wie dauerhaft Veränderungen der Umstände ihre Lebenszufriedenheit beeinflussen (Gilbert et al. 1998). Menschen gewöhnen sich an neue Situationen – nicht nur hinsichtlich des Einkommens, sondern allgemein – und der emotionale Effekt verschwindet weitgehend (Kahneman & Sugden, 2005). Es gibt sogar Hinweise darauf, dass Personen mit tiefem, aber steigendem Einkommen weniger zufrieden mit ihrem Einkommen sind als Leute mit tiefem, aber stabilem Einkommen (Burchardt, 2005). Burchardt erklärt dies damit, dass erfolgreiche Personen davon frustriert sind, dass sich ihr Lebensstandard nicht noch schneller verbessert.

Eine weitere wichtige Rolle spielen **soziale Vergleiche**. Personen beurteilen ihr Einkommen relativ zu demjenigen anderer, und der relative Status beeinflusst ihre Lebenszufriedenheit (**Statuseffekt**). Wer mehr Einkommen hat und zudem vielleicht in ein anderes Quartier umzieht, beginnt sich mit anderen Leuten zu messen. Das **Anspruchsniveau** ändert sich. Es entsteht erneut eine Diskrepanz zwischen Haben und Wollen.

Allgemein stellt sich daher die Frage, welche Faktoren unser Anspruchsniveau bestimmen. Schon lange wird vermutet, dass für Vergleiche das Einkommen von Nachbarn und anderen nahestehenden Personen eine besondere Rolle spielt. Die empirische Befundlage hierzu ist zwar noch unsicher (Ahuvia, 2008b, S. 209). Doch es deutet einiges darauf hin, dass materielle Normen auf komplexere Art und Weise gebildet werden – und beispielsweise davon abhängen, was jemand mit der gleichen Ausbildung und dem gleichen demografischen Hintergrund normalerweise verdient. Zudem hängt die Beurteilung vom aktuellen, früheren und erwarteten zukünftigen Einkommen ab.

> Das Anspruchsniveau wird vermutlich **auf komplexe Art und Weise** gebildet.

Dass soziale Vergleiche für die Lebenszufriedenheit der Menschen wichtig sind, ist wohl – wie so vieles – kein Zufall, sondern hatte in der Stammesgeschichte des Menschen seinen Sinn. Aus evolutionär psychologischer Sicht ist nämlich **nicht entscheidend, ob ich genug Vorräte habe, sondern wie viel ich im Vergleich mit anderen habe.** Haben alle genug Vorräte, so breiten sich meine Gene nicht aus. Wenn ich hingegen mehr Vorräte habe als meine Nachbarn, so kann ich in einem langen Winter länger überleben. Der andere verhungert, ich kann meine Gene weitergeben.

> Die Rolle sozialer Vergleiche für die Lebenszufriedenheit kann **evolutionspsychologisch** erklärt werden.

Die hedonische Tretmühle

Das Ergebnis von Gewöhnung an einen höheren Lebensstandard wurde sinnbildlich als hedonische Tretmühle bezeichnet (abgeleitet vom altgriechischen Wort für Lust, Freude). **Wir rennen, um uns besser zu stellen, und kommen doch nicht voran.** Dazu ein Beispiel: Ein teureres Auto hebt die Stimmung, aber dies hält nicht lange an, und die Zufriedenheit geht wieder auf ihr ursprüngliches Niveau zurück – bis wir ein noch teureres Auto kaufen. Wenn wir uns bewusst werden, dass uns ein teureres Auto aufgrund der Gewöhnung nicht glücklicher macht, schaffen wir es vielleicht, auf den Kauf zu verzichten. Dem Effekt der sozialen Vergleiche hingegen kann sich der Einzelne kaum entziehen. Den meisten Menschen verlangt es nach immer mehr Besitz, auch wenn sich die durchschnittliche Lebenszufriedenheit damit nicht erhöht.

> Die **hedonische Tretmühle** ist ein Sinnbild für das Streben nach immer höherem Lebensstandard, weil man sich an das Erreichte gewöhnt hat und nur die nächsthöhere Stufe mehr Zufriedenheit verspricht.

Wenn Wirtschaftswachstum (und damit Einkommenswachstum) die durchschnittliche Lebenszufriedenheit nicht erhöht, **so stellen sich grundsätzliche Fragen**: Was ist der Sinn von weiterem Wachstum? Ginge es uns besser, wenn wir alle etwas weniger arbeiten und konsumieren würden und dafür mehr Zeit für Familie und Freunde hätten? Wie angesichts solch unbequemer Fragen zu erwarten, ist Easterlins Befund nicht ohne Widerspruch geblieben. Ein Gegenargument geht dahin, dass der Zusammenhang von Einkommen und Zufriedenheit über die Zeit zwar positiv sei, aber andere negative Trends den positiven Effekt des Wohlstands auf die Zufriedenheit eliminierten, z. B. knapper werdende Ressourcen. Es stellt sich dann allerdings die Frage: Sind diese negativen Trends selber eine Folge des steigenden materiellen Wohlstands?

> Wenn wir trotz wachsender Einkommen nicht glücklicher werden, stellen sich grundsätzliche **Fragen nach den Zielen** des Wirtschaftens.

Eine andere Kritik an Easterlin beruht auf neueren Daten zur Veränderung der Lebenszufriedenheit in Zeitreihen. Veenhoven und Hagerty (2006) fanden einen leicht positiven Trend der Lebenszufriedenheit für die USA und Europa und einen stärkeren Effekt für Entwicklungsländer. Neuere umfangreiche Studien von Easterlin et al. (2010) und anderen Autoren zeigen aber wiederum, dass die Zufriedenheit in den meisten Ländern in Zeitreihen nicht ansteigt und dass positive Trends die Ausnahme sind. Beispielsweise ist die Lebenszufriedenheit in China zwischen 1990 und 2010 zuerst gesunken und erst ab 2003 wieder etwas angestiegen, ohne aber die Werte von vor 1990 zu erreichen (Easterlin, 2012). Aufgrund von Mängeln der Daten kann allerdings nicht abschließend beantwortet werden, ob die Zufriedenheit auf Länderebene über die Zeit stabil geblieben ist oder sich allenfalls doch leicht erhöht hat.

Positionale Güter

Bei positionalen Gütern spielen Vergleichsgruppen eine **besonders wichtige Rolle** für die Bewertung. Deshalb kommt es bei diesen Gütern zu einem **Wettrüsten**, von dem am Ende niemand profitiert.

Wenn wir schon zu viel arbeiten und konsumieren, wie es zahlreiche Studien über den Zusammenhang von Einkommen und Lebenszufriedenheit nahelegen, **konsumieren wir dann wenigstens die richtigen Güter?** Zur Beantwortung dieser Frage folgen wir der Argumentation von Frank (2005): Nicht bei allen Gütern ist die eigene relative Position verglichen mit der von Referenzgruppen gleich wichtig für die Bewertung des Gutes. Güter, bei denen der Vergleich mit Referenzgruppen besonders wichtig ist, werden als positionale Güter bezeichnet, z. B. Autos und Häuser (zumindest für die USA). Die meisten Leute würden beispielsweise lieber in einem kleineren Haus wohnen (z. B. 150 m^2), wenn es größer ist als das ihrer Nachbarn (z. B. 100 m^2), als in einem größeren Haus (z. B. 200 m^2), das aber kleiner ist als das ihrer Nachbarn (z. B. 300 m^2). Bei nichtpositionalen Gütern, beispielsweise Ferien, ist hingegen der Vergleich mit Referenzgruppen relativ unwichtig. Die meisten bevorzugen eine Stelle A, bei der sie drei Wochen Ferien haben und die Kollegen vier, gegenüber einer Stelle B, bei der sie zwei Wochen Ferien haben und die Kollegen eine. Sie wählen also die größere absolute Ferienzeit gegenüber einer geringeren relativen Ferienzeit. Die Folge davon: Bei positionalen Gütern wie Autos und Häusern kommt es zu einem Wettlauf, der wie bei einem Wettrüsten zwischen verfeindeten Nationen auf ein Nullsummenspiel hinausläuft: Wenn alle teurere Autos und Häuser kaufen, hat am Ende niemand etwas gewonnen, aber alle tragen höhere Kosten. Damit lässt sich die eingangs gestellte Frage, ob wir die richtigen Güter konsumieren, beantworten: Leider nein! Wir konsumieren zu viele positionale Güter und zu wenig nichtpositionale. Das Resultat ist ein gesellschaftlicher **Verlust an Wohlfahrt.** Als Lösung schlägt Frank (2005) vor, auf positionale Güter höhere Steuern zu erheben als auf nichtpositionale Güter.

Multiple Ziele

Obwohl Glück vielleicht nicht das ultimative Ziel ist, so ist die **Glücksforschung ein wichtiges Instrument**, um den Erfolg unseres Wirtschaftens zu überprüfen.

Ein Gedanke, der abschließend noch Erwähnung verdient, ist die Frage, **ob Glück im Sinne von Lebenszufriedenheit und emotionalem Wohlbefinden wirklich das ultimative Ziel** ist, oder ob es nicht noch weitere Ziele geben könnte, die sich mit dem Ziel der Lebenszufriedenheit auf gleicher Ebene befinden (Ahuvia, 2008b, S. 216). Mögliche Kandidaten wären etwa Ehre oder die Einhaltung sozialer Normen. Wenn das der Fall wäre, könnte dies eine plausible Erklärung dafür sein, dass wir uns aus Sicht der Glücksforschung nicht optimal verhalten. Dies würde aber auch bedeuten, dass normative Schlussfolgerungen aus der Glücksforschung – etwa, dass wir weniger arbeiten sollten – nicht mehr ohne weiteres zulässig wären. Denn die Annahme dieser Schlussfolgerungen ist, dass wir alle unser Glück maximieren wollen. Trotz dieses kleinen Vorbehalts bleibt die Glücksforschung eine wichtige Ergänzung zur ökonomischen Analyse und ein wichtiges Instrument, um den Erfolg unseres Wirtschaftens zu überprüfen.

> **? Kontrollfragen**
> 1. Inwiefern können gesellschaftliche Bedingungen die wirtschaftliche Entwicklung beeinflussen?
> 2. Nennen Sie eine vielbeachtete Dimension des Wertewandels.
> 3. Weshalb ist es schwierig, Wertewandel nachzuweisen?
> 4. Welche zwei wesentlichen Nachteile hat das traditionelle ökonomische Nutzenkonzept?
> 5. Was wird unter dem Begriff »Lebenszufriedenheit«, was unter »emotionalem Wohlbefinden« verstanden?
> 6. Kann man Lebenszufriedenheit messen?
> 7. Welcher empirische Befund ist als »Easterlin-Paradox« bekannt?
> 8. Wie kann das Easterlin-Paradox erklärt werden?
> 9. Was sind »positionale Güter« und inwiefern können sie die Wohlfahrt negativ beeinflussen?
> 10. Ist Glück wirklich das ultimative Lebensziel?

▶ **Weiterführende Literatur**

Kirchler, E. (2011). *Wirtschaftspsychologie* (4. Aufl.). Göttingen: Hogrefe.
Lewis, A. (2008). *The Cambridge Handbook of Psychology and Economic Behavior.* Cambridge, MA: Cambridge University Press.
Wiswede, G. (2012). *Wirtschaftspsychologie* (5. Aufl.) München: Reinhardt.

Literatur

Ahuvia, A. (2008a). If money doesn't make us happy, why do we act as if it does? *Journal of Economic Psychology, 29*, 491-507.
Ahuvia, A. (2008b). Wealth, consumption and happiness. In A. Lewis (Ed.), *The Cambridge handbook of psychology and economic behavior* (pp. 199-226). Cambridge, MA: Cambridge University Press.
Ariely, D., Loewenstein, G., & Prelec, D. (2003). »Coherent arbitrariness«: Stable demand curves without stable preferences. *Quarterly Journal of Economics, 118*, 73-105.
Bandura, A. (1977). *Social learning theory*. Englewood Cliffs, NJ: Prentice Hall.
Blättler, T., Durgiai, B., Knapp, L., & Haller, T. (2015). Projekt Optimilch: Wirtschaftlichkeit der Vollweidestrategie – Ergebnisse 2000 bis 2010. *Agrarforschung Schweiz, 6*, 354-361.
Burchardt, T. (2005). Are one man's rags another man's riches? Identifying adaptive expectations using panel data. *Social Indicators Research, 74*, 57-102.
Eagly, A. H., & Chaiken, S. (1993). *The psychology of attitudes*. Fort Worth: Harcourt, Brace, & Janovich.
Easterlin, R. A. (1974). Does economic growth improve the human lot? Some empirical evidence. In P. A. David & M. W. Reder (Eds.), *Nations and households in economic growth* (pp. 89-125). New York: Academic Press.
Easterlin, R. A., McVey, L. A., Switek, M., Sawangfa, O., & Zweig, J. S. (2010). The happiness-income paradox revisited. *Proceedings of the National Academy of Sciences, 107*, 22463-8.
Easterlin, R. A., Morgan, R., Switek, M., & Wang, F. (2012). China's life satisfaction, 1990-2010. *Proceedings of the National Academy of Sciences, 109*, 9775-9780.
Fischhoff, B. (1991). Value elicitation – Is there anything in there? *American Psychologist, 46*, 835-847.
Frank, R. H. (2005). Positional externalities cause large and preventable welfare losses. *American Economic Review, 95*, 137-141.
Frey, B. S. (2008). *Happiness. A revolution in economics*. Cambridge, MA: MIT Press.
Gazzarin, C., Frey, H.-J., Petermann, R., & Höltschi, M., (2011). Weide- oder Stallfütterung – was ist wirtschaftlicher? *Agrarforschung Schweiz, 2*, 418-423.

Gilbert, D. T., Pinel, E. C., Wilson, T. D., Blumberg, S. J., & Wheatley, T. P. (1998). Immune neglect: A source of durability bias in affective forecasting. *Journal of Personality and Social Psychology, 85,* 617-638.
Hausman, J. (2012). Contingent valuation: From dubious to hopeless. *Journal of Economic Perspectives, 26,* 43-56.
Inglehart, R. (1998). *Modernisierung und Postmodernisierung. Kultureller, wirtschaftlicher und politischer Wandel in 43 Gesellschaften.* Campus: Frankfurt a. M.
Jäggi, S. (2016, 4. Juli). Die Milchbüchleinrechnung. *Die Zeit* (Schweizer Ausgabe). http://www.zeit.de/2016/28/milchpreise-schweizer-bauern-staat
Kahneman, D., & Deaton, A. (2010). High income improves evaluation of life but not emotional well-being. *Proceedings of the National Academy of Sciences of the United States of America, 107,* 16489-16493.
Kahneman, D., & Knetsch, J. L. (1992). Valuing public goods: The purchase of moral satisfaction. *Journal of Environmental Economics and Management, 22,* 57-70.
Kahneman, D., & Sugden, R. (2005). Experienced utility as a standard of policy evaluation. *Environmental & Resource Economics, 32,* 161-181.
Kahneman, D., Krueger, A. B., Schkade, D. A., Schwarz, N., & Stone, A. A. (2004). A survey method for characterizing daily life experience: The day reconstruction method. *Science, 306,* 1776-1780.
Meulemann, H. (1996). *Werte und Wertewandel. Zur Identität einer geteilten und wieder vereinten Nation.* Juventa: Weinheim.
Rokeach, M. (1973). *The nature of human values.* New York: The Free Press.
Stone, A. A., Shiffman, S. S., & DeVries, M. W. (1999), Ecological momentary assessment. In D. Kahneman, E. Diener, & N. Schwarz (Eds.), *Well-being: Foundations of a hedonic psychology* (pp. 26-39). New York: Russell Sage.
Strack, F., Martin, L. L., & Schwarz, N. (1988). Priming and communication – social determinants of information use in judgements of life satisfaction. *European Journal of Social Psychology, 18,* 429-442.
Turner, C. F., & Krauss, E. (1978). Fallible indicators of subjective state of nation. *American Psychologist, 33,* 456-470.
Veenhoven, R., & Hagerty, M. (2006). Rising happiness in nations 1946-2004: A reply to Easterlin. *Social Indicators Research, 79,* 421-436.
Weber, M. (1934). *Die protestantische Ethik und der Geist des Kapitalismus.* Tübingen: Mohr.
Wiswede, G. (2012). *Wirtschaftspsychologie* (5. Aufl.). München: Reinhardt.

13 Schlussbemerkungen

Christian Fichter, Jörn Basel und Sarah Chiller Glaus

13.1　Evidenz statt Esoterik – 277

13.2　Was kann und darf Wirtschaftspsychologie? – 278

13.2.1　Wie kann man sich wehren? – 281

13.3　Perspektiven – 281

13.3.1　Zur Identität der Wirtschaftspsychologie – 281

13.3.2　Wirtschaftspsychologie in Zukunft – 282

Literatur – 284

© Springer-Verlag GmbH Deutschland 2018
C. Fichter (Hrsg.), *Wirtschaftspsychologie für Bachelor*
https://doi.org/10.1007/978-3-662-54944-5_13

13.1　Evidenz statt Esoterik

Nach der Lektüre dieses Buches wissen Sie, was Wirtschaftspsychologie ist. Aber was ist nicht Wirtschaftspsychologie? Wie die gesamte Psychologie ist auch die **Wirtschaftspsychologie anfällig** für esoterische, parapsychologische oder einfach nur unwissenschaftliche Vereinnahmungsversuche. Ein klassisches Muster dabei ist die vermeintliche Bezugnahme auf die Naturwissenschaften, wenn beispielsweise zur Erklärung psychologischer Phänomene die Quantenphysik bemüht wird, frei nach dem Prinzip: »Quantenphysikalische Phänomene sind seltsam, also ist alles Seltsame quantenphysikalisch erklärbar«, wie es die Neue Zürcher Zeitung (2012) auf den Punkt gebracht hat. Dabei wird jedoch oft die entsprechende Terminologie nicht richtig beherrscht, es wird unzulässig vereinfacht oder es werden Prinzipien des wissenschaftlichen, logischen und um Objektivität bemühten Denkens ignoriert. So kann es vorkommen, dass etwa im Rahmen unseriöser Coachings von mystischen Energien und Energiefeldern die Rede ist, die sich in Meridianen bewegen und alles Mögliche und Unmögliche erklären sollen: Burnout, Führungsschwäche, unzufriedene Kunden, schwankende Börsenkurse und vieles mehr (zur Kritik an solchen Praktiken siehe z. B. Kanning, 2010, 2014).

Wer als Wirtschaftspsychologe ernstgenommen werden will, muss sich **von esoterischen Tendenzen abgrenzen,** und zwar durch Bezugnahme auf wissenschaftliche Methoden, Theorien und Quellen. Ein zentrales Kriterium ist hierbei die Falsifizierbarkeit: Aufgestellte Behauptungen müssen sich überprüfen lassen. Wird beispielsweise von einer bestimmten Interventionsmethode behauptet, dass sich ihre Wir-

> Wirtschaftspsychologie ist anfällig für **unwissenschaftliche Vereinnahmungsversuche.**

> Wirtschaftspsychologen müssen sich auf **wissenschaftliche Methoden, Theorien und Quellen** beziehen.

kung nicht überprüfen lasse, so sollte man von ihrer Anwendung Abstand nehmen. »Energiefelder«, »Quantenkommunikation« und viele weitere unwissenschaftliche Ansätze bedienen zwar die Sehnsucht nach etwas »Höherem«, erfüllen aber das Kriterium der Falsifizierbarkeit nicht. Natürlich: **Wissenschaft ist nicht vor Fehlern gefeit** (sehr empfehlenswerte Lektüre hierzu bieten z. B. Binswanger, 2010, 2016; Ioannidis, 2005; Simmons et al., 2011), aber sie ist wenigstens bemüht, ihre Annahmen in einer kritischen Diskussion zu überprüfen, während Esoteriker eher versuchen, ihre Annahmen durch Abschottung unangreifbar zu machen.

> **Warnhinweise für Pseudowissenschaft**
> Neben dem Kriterium fehlender Falsifizierbarkeit gibt es weitere **Warnhinweise für Pseudowissenschaft** (nach Lilienfeld et al., 2012, S. 21 ff.):
> - **Fehlende peer-reviewte Veröffentlichungen:** Ein Ansatz ohne jeglichen Beleg in einer anerkannten Fachzeitschrift ist kritisch zu bewerten. »Bestseller« sind als Qualitätsnachweis nicht ausreichend.
> - **Fehlen eines definierten Gültigkeitsbereiches:** Wenn ein Modell oder eine Theorie uneingeschränkte Gültigkeit beansprucht, so ist dies ein Indikator für Unwissenschaftlichkeit.
> - **Verwendung einer hypertechnischen Sprache:** Pseudowissenschaften verstecken sich gerne hinter einer überladenen, komplizierten, technisch anmutenden Terminologie, um Wissenschaftlichkeit und Tiefgang zu suggerieren.
> - **Außergewöhnliche Erfolgsversprechen:** Die Vertreter pseudowissenschaftlicher Modelle stehen unter Verkaufsdruck, denn ihre selbstentwickelten Lehren wollen vermarktet werden. Dies führt dazu, dass außergewöhnliche, oft wissenschaftlich anmutende Versprechungen gemacht werden.
> - **Starke Bezugnahme auf anekdotische Berichte und persönliche Erfahrungen:** Statt auf seriöse Studien verweisen pseudowissenschaftliche Publikationen gerne auf Einzelfälle oder anekdotische Berichte, welche die Wirksamkeit einer fraglichen Methode belegen sollen.
> - **Fehlender Bezug zu etablierten Theorien und Ergebnissen:** Der Leitspruch von Google Scholar lautet: »Standing on the shoulders of giants.« Damit ist gemeint, dass gute Forschung immer Bezug auf frühere Forschung nimmt. Fehlen solche Bezüge, so handelt es sich mit großer Wahrscheinlichkeit um einen unwissenschaftlichen Ansatz.

13.2 Was kann und darf Wirtschaftspsychologie?

Mit den von Hugo Münsterberg entwickelten wirtschaftspsychologischen Verfahren kam erstmals eine Frage auf, die bis heute zu hitzigen Diskussionen führt – wir haben sie in diesem Buch bereits mehrfach aufgegriffen: Wie weit darf und soll sich die Psychologie in den Dienst wirtschaftlicher Interessen stellen?

Offensichtlich trugen die von Münsterberg und seinen Mitstreitern entwickelten psychotechnischen Ansätze zum Wohl der Gesellschaft bei. Sicherlich konnte niemand etwas dagegen haben, wenn dank Eignungstests für Straßenbahnfahrer die Unfallzahlen sanken, oder wenn Arbeit und Arbeiter besser zueinander passten. Doch es war und bleibt eine Tatsache, **dass Wirtschaftspsychologie auch zum Nachteil von Arbeitnehmern und Konsumenten eingesetzt werden kann.**

Ängste vor Ausbeutung und Ausnutzung durch eine Wirtschaft, die sich psychologischer Tricks bedient, sind nicht unberechtigt. Bei der Nutzung wirtschaftspsychologischer Erkenntnisse durch Firmen entsteht nämlich ein **Ungleichgewicht der Kräfte,** das dem einzelnen Arbeitnehmer oder Konsumenten zum Nachteil gereichen kann. Es wäre unethisch, diese Hebelwirkung leichtfertig wegzudiskutieren. Deshalb haben wir in diesem Buch an verschiedener Stelle auf diese Problematik hingewiesen (z. B. in ▶ Abschn. 6.7).

Tatsächlich hat das naheliegende Interesse von Firmen an der Wirtschaftspsychologie deren inhaltliche Entwicklung durchaus beeinflusst. Daraus aber zu schließen, es handle sich bei der Wirtschaftspsychologie um eine Servicedisziplin im Dienste unternehmerischer Interessen, wäre zu kurz gegriffen. Dieser Schluss ließe sich auch leicht widerlegen: Bereits Hugo Münsterberg hatte bei der Auswahl von Mitarbeitern deren Wohl im Sinn; und die arbeitspsychologischen Studien in den Hawthorne-Werken haben immerhin die Human Relations-Bewegung eingeleitet und das Elend vieler Fabrikarbeiter gelindert.

Wirtschaftspsychologie kann für Anbieter, Konsumenten und die Gesellschaft als Ganzes von großem Wert sein. Es liegt in unserer Verantwortung als Wirtschaftspsychologen, unser **Wissen zum Wohl aller Marktteilnehmer** einzusetzen. Beispielsweise, indem wir Werbung gestalten, die sowohl für Anbieter wie für Konsumenten nützlich ist, oder indem wir Fabriken und Büros schaffen, in denen Arbeitnehmer **unter bestmöglichen Bedingungen wirken** können. Oder indem wir die Globalisierung so gestalten, dass sie niemanden zurücklässt (▶ Abschn. 11.5). Betrachten wir vor diesem Hintergrund einige Beispiele dafür, was Wirtschaftspsychologie leisten kann.

> Wirtschaftspsychologie kann **gegen die Interessen von Arbeitnehmern und Konsumenten** eingesetzt werden.

> Ängste **vor Ausbeutung** durch eine Wirtschaft, die sich psychologischer Tricks bedient, dürfen **nicht leichtfertig vom Tisch gewischt** werden.

> Wirtschaftspsychologie kann und soll zum **Wohl aller Marktteilnehmer** eingesetzt werden.

> **Beispiel**
>
> **Konsumkredite/Kleinkredite**
> Viele Menschen planen ihre Altersvorsorge nur unzureichend. Beispielsweise in den USA hat der Verschuldungsgrad von Haushalten eine besorgniserregende Höhe erreicht. Ein Grund dafür ist, dass wir aktuellen Wünschen im Hier und Jetzt nur allzu gerne nachgeben (Amar et al., 2011). Daher ist **Werbung für Konsumkredite als moralisch zweifelhaft** zu bewerten. Psychologisch wohlinformiert richten die Kreditinstitute nämlich den Fokus auf das Heute (»Hast du heute kein Geld? Kein Problem, zahl es einfach morgen zurück«) und nutzen so unsere finanzpsychologische Kurzsichtigkeit und unsere impulsiven Konsumgelüste aus. Das Problem der Konsumkredite wird dadurch vergrößert, dass die tatsächlichen (meist horrenden) Zinsen und Gebühren oft in schwer verständlichen prozentualen Zinseszins-Angaben versteckt sind, so dass sich die Gefahr für Fehleinschätzungen und Überschuldung noch vergrößert. Wirtschaftspsychologisches Wissen kann nun entweder dazu eingesetzt werden, die Konsumenten zur Aufnahme von Kleinkrediten zu verführen – oder aber, **um sie davor zu warnen.**

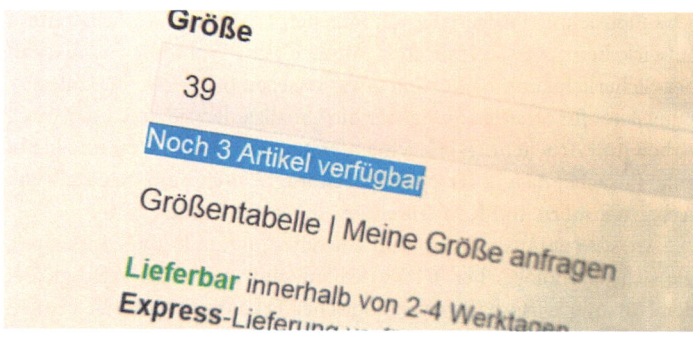

◘ Abb. 13.1 Künstliche Verknappung bei einem Online-Kleiderhändler

Beispiel

Künstliche Verknappung
Manche Anbieter bedienen sich künstlicher Verknappung, um Konsumenten zum Kauf zu drängen. Ein Beispiel dafür bot die Website eines Online-Kleiderhändlers. Dort wurde der Lagerbestand der Produkte mit fiktiven Zahlen angegeben, um der Kundschaft zu suggerieren, dass dieser Artikel bald ausverkauft sein würde. Da diese Zahlen nicht der Realität entsprachen, wurde der Kleiderhändler wegen **Irreführung** abgemahnt (Schmid, 2015). Doch der Psychotrick, eine Ware als knapp und damit als begehrt und wertvoll erscheinen zu lassen, wird nicht nur von Versandhändlern gerne genutzt. Auch viele Reise- oder Hotelbuchungsportale weisen eindringlich darauf hin, dass »gerade jetzt« zahlreiche andere potenzielle Käufer sich für dieses vermeintlich knappe Angebot interessieren, oder dass ein bestimmter Flug bald teurer werden könnte. Konsumenten werden so unter Zeitdruck gesetzt und in ihrer **Entscheidungssouveränität eingeschränkt**. Wirtschaftspsychologisch aufgeklärte Konsumenten sind eher in der Lage, solche Tricks zu durchschauen und ihre Kaufentscheidungen dagegen abzuschotten (◘ Abb. 13.1).

Beispiel

Personalisierte Preise
Manche Anbieter passen die Preise für Konsumgüter mit computergestützten Algorithmen so an, dass die **individuelle Zahlungsbereitschaft maximal ausgenutzt wird**. So kann es passieren, dass, wer direkt zum Online-Shop eines Versandhändlers surft, einen höheren Preis angezeigt bekommt als jemand, der zuvor bei einer günstigeren Konkurrenz oder bei einem Preisvergleichsdienst war. Dies wird von vielen Menschen als unfair empfunden – was in Kundenbefragungen oder Leserkommentaren auch regelmäßig zutage tritt (z. B. hier ▶ http://www.20min.ch/finance/news/story/25517787). Bestimmt hat niemand etwas dagegen einzuwenden, wenn der Bäcker guten Kunden ab und zu ein kostenloses Brötchen mit in die Tüte legt. Weil aber algorithmisch optimierte Preise die sowieso bestehende Informationsasymmetrie zwischen Verkäufer und Käufer auf die Spitze treiben, ist zu dieser Entwicklung eine gesellschaftliche Diskussion entbrannt. Der wirtschaftspsychologische Beitrag zu dieser Diskussion könnte lauten: Anbieter sollten treue oder frühzeitig buchende Kunden (z. B. bei einer Flugreise) belohnen können – aber sie sollten Kunden, die nicht über die Technik, das Wissen oder die Zeit verfügen, um die für sie tiefsten Preise herauszukitzeln, **nicht mit höheren Preisen bestrafen**. Auch hier gilt: Damit diese Debatte in eine Richtung geführt werden kann, welche die gesellschaftliche Akzeptanz des wirtschaftlichen Systems nicht infrage stellt, müssen die Konsumenten über die entsprechenden wirtschaftspsychologischen Argumente ins Bild gesetzt werden.

13.2.1 Wie kann man sich wehren?

Natürlich kann und sollte man **unlauteren Wettbewerb gesetzlich unterbinden** (▶ Abschn. 6.7 und ▶ Abschn. 11.4), aber die Gesetzgebung kann mit der raschen Entwicklung der Märkte nicht immer Schritt halten, und auch Nudging (▶ Abschn. 11.4) hat Grenzen. Genauso wichtig und vielleicht sogar wirksamer ist es daher, Konsumenten über psychologische Tricks ins Bild zu setzen (z. B. durch »Boosts«; Hertwig & Grüne-Yanoff, 2017). Auch im Hinblick auf den in unserer Gesellschaft hoch geachteten Wert der **Eigenverantwortung** sind Verbote weniger wünschenswert als gut informierte Konsumenten. Es ist daher empfehlenswert, wirtschaftspsychologische Inhalte in die Curricula der allgemeinen Schulbildung zu integrieren.

> Märkte entwickeln sich schneller als Regeln. Daher ist es sinnvoll, **Konsumenten präventiv** über psychologische Tricks ins Bild zu setzen, damit sie ihre **Eigenverantwortung wahrnehmen** können.

Exkurs

Staatliche Beeinflussung

Auch **staatliche Akteure verwenden psychologische Tricks.** Bürger sollen »gestupst« werden (vom englischen »to nudge«), damit sie sich so verhalten, wie es ihrem eigenen Wohl entspricht. Auch diese Form von Einflussnahme muss sich einer kritischen Diskussion stellen (z. B. Bruttel et al., 2015). Von manchen werden staatliche Beeinflussungsversuche sogar aus Prinzip abgelehnt. Doch damit wird man der Sache nicht gerecht, denn staatliches Laissez-faire ist in vielen Fällen noch weniger befriedigend.
Betrachten wir dazu ein harmloses Beispiel: die Anordnung von Salat, Hauptgang und Dessert in der Mensa einer staatlichen Schule. Es gibt viele Möglichkeiten, wie die Speisen angeordnet werden können – aber irgendwie müssen sie angeordnet werden. Genau diese Anordnung wird nun aber das **Essverhalten** der Schüler beeinflussen. Angenommen, Versuche hätten gezeigt, dass sich die Schüler gesünder ernähren, wenn der Salat vor dem Kuchen steht statt dahinter: In diesem Fall dürfte wohl kaum jemand etwas dagegen einwenden, wenn die Schulleitung (oder eben die Regierung) dem Kantinenbetreiber vorschreiben würde, den Salat vor den Kuchen zu stellen.
Es gibt aber durchaus auch weniger harmlose Beeinflussungen. Stellen Sie sich ein Gesetz vor, nach dem jeder als potenzieller **Organspender** gilt, der keine gegenteilige Erklärung unterschrieben hat. Ist das noch »Nudge for good« (Thaler, 2015) oder ist das problematisch? Der Vorteil: Die Organspenderrate wäre größer. Problematisch aber wäre, dass wenig informierte Personen (die nichts von dem Gesetz gehört haben) ungefragt zu potenziellen Organspendern gemacht würden – während gut informierte Personen zu einem großen Teil auf die Bereitschaft zum Organspenden verzichten würden, im Wissen, dass sie im Notfall dennoch von einer Organspende profitieren könnten.
Was bedeutet das für die Praxis? Zum Beispiel dies: Ob und wie psychologische Ansätze genutzt werden sollen, darüber muss ein **offener Diskurs** geführt und demokratisch entschieden werden. Und die getroffenen Regelungen müssen schwächere Mitglieder der Gesellschaft und Minderheiten angemessen schützen.

13.3 Perspektiven

13.3.1 Zur Identität der Wirtschaftspsychologie

Wirtschaftspsychologie bleibt oft inkognito. Nicht weil es etwas zu verbergen gäbe, sondern weil die Anwendung psychologischen Wissens in der Wirtschaft **oft unter anderem Namen** geschieht, z. B. als Arbeitspsychologie, Konsumpsychologie, Finanzpsychologie oder auch als Verhaltensökonomie. Ein Hauptgrund dafür ist, dass sich die verschiedenen Bereiche der Wirtschaftspsychologie eher über ihre Anwen-

> Teilbereiche der Wirtschaftspsychologie treten oft **unter eigenem Namen** auf.

dungsgebiete als über den gemeinsamen psychologischen Überbau identifizieren. Doch bereits von Autoren wie Reynaud (1981) wurde angemahnt, **psychologische Konzepte und Methoden im wirtschaftlichen Kontext** auch als solche zu benennen und mit dem Begriff »Wirtschaftspsychologie« zu etikettieren. Auch übernehmen vermehrt Hochschulinstitute und Lehrstühle das Label »Wirtschaftspsychologie«, und sogar Fachgesellschaften und Publikationen adaptieren diesen Namen. Was ist davon zu halten?

*Die **Verwendung des Überbegriffs** »Wirtschaftspsychologie« nimmt zu.*

- Man könnte einwenden, dass Wirtschaftspsychologie nur ein Dach für andere Disziplinen ist, aber über keine eigene **Theoriebildung** verfügt. Tatsächlich bieten für die meisten Fragestellungen der Wirtschaftspsychologie etablierte Theorien aus Sozialpsychologie, Allgemeiner Psychologie und Persönlichkeitspsychologie hinreichend Orientierung. Allerdings lässt sich dies für praktisch jede Richtung der Angewandten Psychologie sagen.
- Für eine konsequente Verwendung des Labels Wirtschaftspsychologie spricht, dass davon eine starke **Signalwirkung** ausgehen würde, die nach innen einend wäre und nach außen die Bedeutung psychologischen Wissens für die Wirtschaft unterstreichen würde.

*Wirtschaftspsychologie sollte **als solche auftreten,** sich dabei aber an bewährten Theorien orientieren.*

Am besten wäre wohl ein Kompromiss: Orientierung an bestehenden, bewährten Theorien, verbunden mit dem identitätserhaltenden Hinweis ihrer Nutzung im Rahmen der Wirtschaftspsychologie – nicht nur aus Gründen des Berufsstolzes, sondern auch, weil sich eine Disziplin ohne eigene fachliche Identität weniger wirksam in das wirtschaftliche Geschehen einbringen kann. Angesichts der psychologischen Herausforderungen der Wirtschaft des 21. Jahrhunderts **wäre es beunruhigend, wenn sich die Wirtschaftspsychologie nicht behaupten könnte.** Dies würde zu einer erneuten Marginalisierung psychologischen Wissens in der Wirtschaft führen, mit den bekannten, schädlichen Folgen für die Gesamtwirtschaft. Damit es nicht so weit kommt, müssen die wirtschaftspsychologischen Teildisziplinen von disziplinären Grabenkämpfen absehen, und Psychologie und Ökonomie müssen die begonnene Zusammenarbeit weiterführen. Ist diese Perspektive realistisch?

13.3.2 Wirtschaftspsychologie in Zukunft

Ja, wir dürfen hoffen, dass Grabenkämpfe überwunden werden können, und dass die **Verbindung von Psychologie und Wirtschaft** von Dauer ist. Die Wirtschaftspsychologie erfährt breite Akzeptanz in der Öffentlichkeit, und Wirtschaftspsychologen verfügen über ein Wissen, das in Zukunft gefragt sein wird. Das zeigen die in diesem Buch behandelten Themen, die allesamt von großer Aktualität sind. Das zeigen auch verschiedene Studien, die sich mit den zukünftigen Herausforderungen der Wirtschaft befassen (z. B. World Economic Forum, 2016; Weber et al., 2014). Auch wird **die wirtschaftspsychologische Agenda** in Zukunft noch umfangreicher werden:

*Die **wirtschaftspsychologische Agenda** umfasst wichtige Themen.*

- **Digitalisierung** hat bereits eine ganze Reihe weitreichender Veränderungen hervorgerufen, die viele Bereiche unseres Lebens wesentlich verändert haben. Ein Ende der Digitalisierung ist nicht absehbar, ganz im Gegenteil. Die durch Digitalisierung bewirkten Fortschritte bei der Automatisierung werden sich von der Produktion auf den Dienstleistungssektor ausweiten, was z. B. die Finanzdienstleister zu fundamentalen Entwicklungsschritten zwingt. Der vernetzte, entgrenzte Lebensstil, der durch das ubiquitäre Internet Einzug gehalten hat, verändert unser Arbeits- und Freizeitverhalten. Immer mehr Menschen können überall arbeiten – aber nirgends mehr abschalten. Das Smartphone hat die Kommunikation erleichtert, im Geschäftlichen wie im Privaten. Aber hat es sie auch verbessert? Oder verstehen sich die Menschen heute weniger gut als früher, weil sie zwar kulturübergreifend kommunizieren können, aber nicht wissen, wie? Wie werden wir dem Übermaß an Informationen Herr, und wie finden wir heraus, welche Informationen stimmen und welche nicht? Eine Beantwortung dieser Fragen ist ohne profundes psychologisches Wissen kaum vorstellbar.

- **Globalisierung** verändert die Wirtschaft, weltweit. Doch es mangelt ihr an gesellschaftlicher Akzeptanz. Kein Wunder, denn manchenorts vermehrt sie den Wohlstand, andernorts aber vermindert sie ihn. Eine für alle Menschen nachhaltige Globalisierung kann nur gelingen, wenn die Wirtschaftspolitik auf die Bedürfnisse der Weltbevölkerung Rücksicht nimmt. Diese Bedürfnisse zu identifizieren und zu kommunizieren ist eine gemeinsame Aufgabe von Psychologie und Ökonomie.
- **Nachhaltigkeit** ist längst kein Modebegriff mehr. In einer globalisierten Welt verlangen die Bürger nach einer Wirtschaft, die sich sozial, ökonomisch und ökologisch nachhaltig verhält, damit Lebensqualität erhalten bleibt und die Ressourcen für kommende Generationen geschont werden. Zur Gestaltung einer nachhaltigen Wirtschaft werden von der Wirtschaftspsychologie entscheidende Impulse verlangt.
- **Migration** ist zwar nichts Neues, aber sie stellt die Volkswirtschaften vieler Länder anhaltend auf die Probe. Es gibt viele Orte, von denen die Menschen wegziehen wollen, aber nur wenige, wo sie einen Platz finden. Dabei migrieren die meisten Menschen nicht freiwillig, sondern weil es ihnen an einer Lebensgrundlage fehlt. Dieses Problem muss von der Politik gelöst werden, aber das kann nur gelingen, wenn die ökonomischen und psychologischen Bedürfnisse der Menschen berücksichtigt werden. Das Wissen über die Psychologie gesamtwirtschaftlicher Prozesse ist hierfür unabdingbar.
- **Vertrauen** der Marktteilnehmer ist eine der wichtigsten Grundlagen der Wirtschaft, in vielerlei Hinsicht: Vertrauen in die politische Stabilität, Vertrauen in die Aufrichtigkeit von Geschäftspartnern, Vertrauen in das Gesetz, Vertrauen in die Funktionsfähigkeit von Produkten, oder Vertrauen darin, dass die Bank Erspartes sicher aufbewahrt. Aber Vertrauen ist keine Selbstverständlichkeit, sondern es muss immer wieder neu hergestellt und aufrechterhalten werden. Das Vertrauen der Marktteilnehmer zu analysieren und zu dessen Schutz beizutragen, ist eine der verantwortungsvollsten Aufgaben, der sich Wirtschaftspsychologen widmen können: bei der Gestaltung von Arbeit, bei der Analyse der Konjunktur, bei der Vergabe von Krediten, bei der Kontrolle von

Werbung, beim Schutz von Konsumenten, bei der Kommunikation von Krisen oder bei der Einschätzung von Risiken, und in vielen weiteren Bereichen, die nach wirtschaftspsychologischem Wissen verlangen.

Diese Agenda umreißt nur einige der großen zukünftigen Herausforderungen, denen sich unsere Gesellschaft gegenübersieht. Um sie zu meistern, braucht es Wirtschaftspsychologen, die sich kompetent und hartnäckig in die kleinen und großen Fragen der Wirtschaft einmischen. Nach der Lektüre dieses Buches haben Sie das Rüstzeug dazu.

⊕ Webexkurs »Wirtschaftspsychologie studieren«

⊕ Webexkurs »Was und wo arbeiten Wirtschaftspsychologen?«

⊕ Webexkurs »Informiert und vernetzt bleiben«

Mehr Wirtschaftspsychologie gibt's im Web:
http://www.lehrbuch-psychologie.springer.com/
▶ Webexkurs »Wirtschaftspsychologie studieren«
▶ Webexkurs »Was und wo arbeiten Wirtschaftspsychologen?«
▶ Webexkurs »Informiert und vernetzt bleiben«
— Aktualisierte Literaturhinweise
— Wirtschaftspsychologisch relevante Websites, Youtube-Kanäle und Blogs
— Facebook-Gruppe zum Buch (https://www.facebook.com/wirtschaftspsychologiefuerbachelor/)

Literatur

Amar, M., Ariely, D., Ayal, S., Cryder, C. E., & Rick, S. I. (2011). Winning the battle but losing the war: The psychology of debt management. *Journal of Marketing Research, 48*, 38-50.

Binswanger, M. (2010). *Sinnlose Wettbewerbe – Warum wir immer mehr Unsinn produzieren*. Freiburg: Herder.

Binswanger, M. (2016, 15. September). *Was die Wissenschaft weiss und was sie glaubt*. NZZ. https://www.nzz.ch/feuilleton/zeitgeschehen/wissenschaftskritik-was-die-wissenschaft-weiss-und-was-sie-glaubt-ld.116772

Bruttel, L. V., Stolley, F., Güth, W., Kliemt, H., Bosworth, S., Bartke, S., Schnellenbach, J., Weimann, J., Haupt, M., & Funk, L. (2014). Nudging als politisches Instrument – gute Absicht oder staatlicher Übergriff? *Wirtschaftsdienst, 94*(11), 767-791.

Hertwig, R., & Grüne-Yanoff, T. (2017). Nudging and boosting: Steering or empowering good decisions. *Perspectives on Psychological Science, 12*(6), 973-986.

Ioannidis, J. P. A. (2005). Why most published research findings are false. *PLoS Medicine, 2*(8), 696-701.

Kanning, U. P. (2010). *Von Schädeldeutern und anderen Scharlatanen: Unseriöse Methoden der Psychodiagnostik*. Lengerich: Pabst.

Kanning, U. P. (2014). Esoterik-Coaching: Hogwarts in deutschen Unternehmen. *Coaching Magazin*. https://www.coaching-magazin.de/bad-practice/esoterik-coaching

Lilienfeld, S. O., Ammirati, R., & David, M. (2012). Distinguishing science from pseudoscience in school psychology: Science and scientific thinking as safeguards against human error. *Journal of School Psychology, 50*(1), 7-36.

Neue Zürcher Zeitung (2012, 16. Mai). *Eine Theorie für Mysteriöses. Von der Quantenphysik zur Quantenreligion*. https://www.nzz.ch/wissen/wissenschaft/von-der-quantenphysik-zur-quantenreligion-1.16902916

Reynaud, P. L. (1981). *Economic psychology*. New York: Praeger.

Schmid, M. (2015, 2. September). *So drängen Zalando und Co die Kunden zum Kauf*. Schweizer Radio und Fernsehen SRF. http://www.srf.ch/konsum/themen/konsum/so-draengen-zalando-und-co-die-kunden-zum-kauf

Simmons, J. P., Nelson, L. D., & Simonsohn, U. (2011). False-positive psychology: Undisclosed flexibility in data collection and analysis allows presenting anything as significant. *Psychological Science, 22*(11), 1359-1366.
Taylor, W. (1911*). The principles of scientific management*. New York: Harper Bros.
Thaler, R. H. (2015). *Misbehaving: The making of behavioral economics*. New York: WW Norton & Company.
Weber, R., Fichter, C., & Basel, J. (2014). *Leadership-Barometer 2014. Herausforderungen von Führungskräften in der Schweiz.* Stiftung Kalaidos Fachhochschule. http://www.kalaidos-fh.ch/Athemia-Angebote-fuer-Unternehmen/Leadership-Barometer
World Economic Forum (2016). Global Challenge Insight Report. *The Future of Jobs. Employment, Skills and Workforce Strategy for the Fourth Industrial Revolution*. http://www3.weforum.org/docs/WEF_Future_of_Jobs.pdf

Serviceteil

Stichwortverzeichnis – 288

Stichwortverzeichnis

A

Action bias 221
Adaptation 272
AIDA-Modell 104
Akteur 221
Aktienkurs 221
Aktienprämie 222
Aktienrendite 222
Ambiguitätsaversion 217
Änderungsresistenz der Konsumenten 46
Anforderungsanalyse 194
Angebot 71
Angst 34
Ankereffekt 53
Ankerheuristik 218
Anlagerisiko 224
Anlegerverhalten 221
Ansatz, trimodaler 197
Anschlussmotiv 30
Anspruchsniveau 273
Arbeit 131
Arbeitsanalyse 133, 194
Arbeitsgestaltung 133
Arbeitslosigkeit 245
– antizipierte 247
Arbeitsmarkt
– externer 195
– interner 195
Arbeitsmotivation 138
Arbeitssicherheit 143
Arbeitszeit, flexible 135
Arbeitszufriedenheit 61, 136
Arbeit, unbezahlte 248
Arbitrage 219
Armutsfalle 236
Assessment-Center 199
Assoziationstest, Impliziter 63
Attribution 247
Ausdrucksmotiv 33

B

Basking in reflected glory (BIRG) 40
Bedürfnis 5, 29
Befragung 89
Begeisterung 63
Behavioral Economics 22
Behavioral Finance 218
Betriebliches Gesundheitsmanagement 140
Bewerbungsunterlagen 198
Bewertungssystem 39
Bewertungssystem, soziales 42
Big Data 91
Blickmessung 91
Brand Awareness 105
Burnout 141
Business Plan 151

C

CEO 153
Change Agent 173
Change Management 175
Coaching 206
Conjoint-Analyse 64
Consideration Set 46
Corporate Volunteering 249
Critical Incident Technique 64

D

Deklarationspflicht 251
Deliberation-without-Attention Effect 48
Denken, lautes 91
Desk Research 88
Dienstleistungsbereitschaft, Kultur der 61
Differenzierung 76
Digitalisierung 170, 187, 282
Dilemma, soziales 225
Dill Scott, Walter 17
Direktmarketing 117
Diskonfirmationsparadigma 62, 84
Dispositionseffekt 222
Dissonanz, kognitive 49, 66
Distinktheit, optimale 42
Dotcom-Krise 23

E

Easterlin-Paradox 271
Efficient Market Hypothesis 219
Eigenverantwortung 281
Eigenwert von Arbeit 230
Eignungsdiagnostik, berufliche 196
Einführungswerbung 101
Einkaufsmotiv 37
Einkaufsmuster 46
Elaboration-Likelihood-Model 104
Elimination by Aspects 47
Empfehlungssystem 39
Empowerment 189
Entrepreneurship 149
Entscheidungsgewichtungsfunktion 217
Entscheidungsstrategien
– kompensatorische 47
– nonkompensatorische 47
Entwicklung 263
Entwicklungspsychologie 3
Equal Weight Rule 47
Erfahrungsnutzen 268
Erotik 33
Erregung 33
Erwartung 243
Erwartungsnutzentheorie 215
Esoterik 277
European Foundation for Quality Management (EFQM) 82
Evolution, kulturelle 264
Extremereignisse, wirtschaftliche 23

F

Falsifizierbarkeit 277
Fast Moving Consumer Goods 75
Faustregel, mentale 48
Filterblase 39
Finanzentscheidungen 214
Finanzmarktregulierung 223
Finanzmarkttheorie, traditionelle 218
Finanzpsychologie 211
Findigkeit, unternehmerische 151
Flow 139
Freiwilligenarbeit 249
Führung 177
Führungsansatz 178
– eigenschaftsorientierter 178
– interaktionsorientierter 180
– situationsorientierter 179
– verhaltensorientierter 178
Führungsinstrument 181
Führungsmodell 181
Führungsstil 178
Führung
– transaktionale 180
– transformationale 180
– wechselseitige 180
Funktionen der Erwerbsarbeit, latente 246
Furcht 34

G

Gap-Modell 84
Gebundenheit 66
Gegenseitigkeit 258
Geld 212
Geldillusion 213

Stichwortverzeichnis

Geldwahrnehmung 213
Geldwert 213
Geltungskonsum 52
Generation X, Y, Z 81
Geschenk 39
Geschichte der Wirtschaftspsychologie 9
Gestaltpsychologie 74
Gewohnheitskauf 45
Gleitzeit 135
Globalisierung 253, 283
Glück 274
Glücksforschung 274
Gravitation 196
Great-Man-Theorie 178
Grundnutzen 80
Gruppenarbeit 145
Gruppendenken 147
Gruppendruck 33
Gruppenzugehörigkeit 40
Güter, positionale 274

H

Handelspanel 88
Hand, unsichtbare 13
Hauptgütekriterien 197
Haushaltspanel 89
Hawthorne-Studien 19
Herdenverhalten 218
Heuristic Systematic Model 105
Heuristik 218
Home bias 221
Home-Office 135
Homo oeconomicus 15
Humankapitalvariablen 230
Human-Relations-Bewegung 19, 279
Hunger 30
Hygienefaktor 137

I

IAREP 22
Image 122
– Messung 123
– Vereinfachungsfunktion 123
Imagedimension 123
Imageeffekt 22, 123
Imageschaden 125
Imagetransfer 125
Imagewerbung 101
Index of Consumer Sentiment (ICS) 242
Industrialisierung 15
Industrie 4.0 170
Informationsverarbeitung, unbewusste 48
In-Home-Test 94
Innovationskultur 73
Intelligenz, künstliche 187
Intelligenztest 199
Interventionstechniken 259
Investment-Modell der Paarbindung 67
Involvement 49
Irrationalität 8

J

James, William 16
Job Characteristics Model 139
Job Crafting 134
Job Enlargement 134
Job Enrichment 134
Job Rotation 134

K

Kahneman, Daniel 22
Kano-Modell 63
Katona, George 21
Kauf
– extensiver 46
– impulsiver 44
– limitierter 49
Kaufentscheidung 42
– Typen von 43
Kaufsucht 37
Kindchenschema 111
Kleinkredite 45, 279
Knappheitshypothese 266
Kommunikation, interkulturelle 183
Kompromisseffekt 53
Konflikt 170
Konformität 33
Konjunktur 242
Konjunkturindikatoren 242
Konsistenz 34
Konsum 29
– symbolischer 33
Konsumentenschutz 81
Konsumentenstimmung 242
Konsument, hybrider 32
Konsumieren, sozialer Kontext beim 40
Konsumkredite 279
Konsummotive 29
– unbewusste 37
Konsumverhalten 40
Kooperation 257
Kostenführerschaft 76
Krisenkommunikation 177
Krisenmanagement 177
Kultur 183
Kundenbindung 65
Kundenkontakt, Mitarbeiter mit 60
Kundenorientierung 60
Kundensegmentierung 77
Kundenzufriedenheit 62
Kundenzufriedenheit, Messung von 63

L

Laddering-Methode 34
Ladengestaltung 75
Lebenszufriedenheit 268, 270
Leistungsbeurteilung 206
Leistungsmotiv 30
Leistungstests 199
Lerntheorie 264
– sozial-kognitive 66
Lewin, Kurt 17
Lexicographic Rule 47
Libertarian benevolence 253
Limited Editions 41
Lohn 228
Loss Aversion 216

M

Machtmotiv 30
Management by Objectives 181
Marken 45
Markenloyalität 45
Markteffizienz-Hypothese 219
Marktforschung 87
– Primärmarktforschung 88
– Sekundärmarktforschung 88
Marktreport 88
Marktüberzeugung 43
Maslow-Pyramide 31, 139
Means-End-Kette 34
Mediation 170
Mere-Exposure-Effekt 107
Methode der kritischen Ereignisse 64
Me-Too-Strategie 78
Migration 283
Mindesteinkommen, staatliches 237
Mitarbeiter, ältere 7, 206
Mitarbeitergespräch 181
Modelle menschlichen Verhaltens 139
Moderation 170
Motivator 137
Multi-Attribut-Entscheidungen 46
Multioptionsgesellschaft 155
Mund-zu-Mund-Propaganda 117
Münsterberg, Hugo 16

N

Nachfrage 29
Nachhaltigkeit 256, 283
Net Promoter Score 65
Neuro-Leadership 95, 183
Neuro-Marketing 94
Neuro-Ökonomie 94
New-Economy-Boom 23
Normen, soziale 265
Nudge 250
Nudge-Unit 24
Nutzen 269

O

Objektivität 197
Online-Einkauf 121
Open Systems-Modell 169
Organisation 163
Organisationsdiagnose 169
Organisationsentwicklung 170
– Evaluation 175
Organisationsklima 168
Organisationskultur 163
– Messung 166
Organizational Culture Inventory (OCI) 166
Orientierung, unternehmerische 151
Overconfidence-Bias 152

P

Pain of Paying 50
Partizipation 187
Paternalismus, sanfter 253
Personal 193
Personalauswahl 194
Personalentwicklung 201
– Lerntransfer 201
– Methoden 204
– Transferdistanz 202
Personalführung 177
Personalmarketing 195
Persönlichkeitsfaktoren 230
Persönlichkeitspsychologie 3
Phase
– präselektionale 43
– selektionale 43
Planning Fallacy 158
Planungsfehler 158
Positionierung 76
Positionierungsmodelle 78
Preise
– personalisierte 280
– gebrochene 53
Preisgestaltung 55
Preisimage 54, 123
Preiskategorien 51
Preis-Qualitäts-Heuristik 52
Preisschwelle 50
Preiswahrnehmung 50
– relative 53
Prestige 33
Produktbewertung 42
Produktdesign 74
Produktentwicklung 71
Produktionsansatz von Dienstleistungen 189
Produktmodifizierung 72
Produktname 73
Produkttests 92
– beschreibender Test 93
– Hedoniktest 93
– In-Home-Test 94

– Sensoriktest 93
– Unterschiedstest 93
Produktverpackung 74
Promotional Mix 116
Prospect-Refuge-Theorie 75
Prospect Theory 215
Pseudowissenschaft 278
Psychologie
– Angewandte 4
– Biologische 3
– Evolutionäre 3
Psychotechnik 16, 18

Q

Qualität 82
– Dienstleistungsqualität 83
– Erfahrungsqualität 82
– Messung von 83
– objektive 84
– Produktqualität 83
– Prüfqualität 82
– Vertrauensqualität 82
Qualitätsmanagement 81
Quengelregal 44

R

Regeln, verbindliche 258
Regulierung 250
Reifegradmodell 179
Reiz des Einkaufens 37
Reliabilität 197
Repräsentativitätsheuristik 218
Reziprozität 230, 258
Risikopräferenz 217
Route
– periphere 104
– zentrale 104
Rücksendung 121

S

Satisficing 48
Schattenwirtschaft 248
Schenken 39
Schmerz des Bezahlens 50
Schnäppchen-Jäger 38
Schuldenbremse 228
Schutz 34
Schwarzarbeit 248
Scott, Walter Dill 101
Selbstmanagement 154
Selbstständigkeit 148
Selbstversorgungswirtschaft 248
Selbstverwirklichung 31
Selbstwertgefühl 40
Self-Monitoring 41
Sensation Seeking 33

SERVQUAL 64, 84
Sexualität 33
Shopping 37
Showrooming 121
Sicherheitskultur 144
Simon, Herbert 49
Sitten und Gebräuche 183
Smart Shopper 32
Smith, Adam 13
Sozialisation, organisationale 196
Sozialisierungshypothese 266
Sparen 38, 225
Sparmentalität 226
Sparmotiv 38, 225
Sparsamkeit 32
Sparverhalten 226
Sponsoring 117
Standardoptionen, vorgegebene 251
Standortwettbewerb 256
Steuerhinterziehung 234
Steuern 231
Steuerverhalten 233
Steuerwahrnehmung 232
Stimuluskontrolle 159
Stress 140
Stressor 140
Subprime-Krise 23
Sucker-Effekt 148
Systemrisiko 225
Systemsicherheit 144
Szenarioverfahren 61

T

Tarde, Gabriel 17
Targeting 118
Tätigkeit, ehrenamtliche 249
Taylorismus 20
Teambuilding 148
Teilzeitarbeit 135
Thaler, Richard H. 250
Tiefeninterview 37
To-Do-Liste 155
Total Quality Management (TQM) 82
Transferleistungen 236
Trend 72
Tretmühle, hedonische 273
Trittbrettfahrer 233, 257
Tversky, Amos 22

U

Überoptimismus 152
Überschwang, irrationaler 23
Umverteilung 231
Umweltpsychologie 75
Ungleichgewicht der Kräfte 279
Unique Selling Proposition (USP) 77
Unternehmensführung 177
Unternehmenssteuern 236

Unternehmerfamilie 149
Unternehmerpersönlichkeit 150
Unternehmertum 148
Unterschied, kultureller 183
unvoiced complaints 64
Unwissenschaftlichkeit 277
Urteilsfehler 218
Urteilsverzerrung 218
Usability 83, 94

V

Validität 197
- inkrementelle 197
- prognostische 197
Vampireffekt 109
Variety Seeking 46
Veblen-Effekt 52
Veblen, Thorsten 17
Verbraucherpanel 89
Verdrängungswerbung 101
Verfahren
- bildgebende 94
- projektive 37
Vergleich, sozialer 272
Vergleichssystem 39
Verhaltensökonomie 22
Verkaufsförderung 118
Verknappung, künstliche 280
Verlustaversion 216
Verschuldung 45
Vertrauen 121, 212, 283
Vertrauensverlust 24
Volatilität 222
Volkswirtschaftslehre 4
Volunteering 249
Vorsorgen 225
Vorsorgesparen 228

W

Wandel 14, 170, 265
Weighted Additive Rule 47
Weisheitslehren 10
Werbeformat 116
Werbepsychologie, Anfänge der 101
Werbewirkung 113
Werbewirkungsmodell 103
Werbung
- als Kunstform 100
- emotionale 107
- formale Gestaltung 109
- Funktionen 101
- Gestaltung 105
- im Internet 118
- informative 106
- Stufenmodell 104
- subliminale 114
- virale 120
- Vorbehalte gegenüber 100

Wertekarte, hierarchische 35
Wertewandel 266
Wertfunktion 216
Wertsubstitution 266
Wiederkaufabsicht 72
Wiederkaufrate 72
Wirtschaftsfeindlichkeit 21
Wirtschaftspsychologie
- Anfänge der 14
- Definition 1
- Geschichte der 9
- Identität 281
- Zukunft 282
Wissensarbeiter 183
Wissensgesellschaft 183
Wissensmanagement 183
- Münchner Modell 185
Wissensüberprüfung 187
Wohlbefinden 270
Wohlfahrt 269
Wohlstand 268
- Demonstration von 40
Word-of-mouth-Marketing 117
Work-Life-Balance 143
Wundt, Wilhelm 15

Z

Zeitgeist 20
Zeitmanagement 155
Zielgruppe 77
Zielsetzungstheorie 140
Zielvereinbarung 181
Zusatznutzen 80
Zwei-Faktoren-Theorie 137
- von Herzberg 63
Zwei-Prozess-Modelle 104

GPSR Compliance

The European Union's (EU) General Product Safety Regulation (GPSR) is a set of rules that requires consumer products to be safe and our obligations to ensure this.

If you have any concerns about our products, you can contact us on ProductSafety@springernature.com

In case Publisher is established outside the EU, the EU authorized representative is:

Springer Nature Customer Service Center GmbH
Europaplatz 3
69115 Heidelberg, Germany

Batch number: 09443724

Printed by Printforce, the Netherlands